本书获国家社科基金项目"社会工作与少年司法的互动研究"（项目批准号：16BSH123）资助

司法能为下一代
做什么？

What Can the Judiciary
Do for the Next Generation?

Research on the Interaction between Juvenile Justice and Social Work

少年司法与社会工作的互动研究

杨　旭 著

上海人民出版社

序　言

　　习近平总书记强调,少年儿童是强国建设、民族复兴伟业的接班人和未来主力军,培养好少年儿童是一项国家战略任务,事关长远。"孩子们成长得更好,是我们最大的心愿。"在撰写这篇序言时,正值新中国少年法庭建立四十周年。回顾过去的四十年,尤其是近十年来,少年司法与社会工作这两个领域交织并共同塑造着我国未成年人犯罪预防的理解和实践。少年司法是衡量一个国家文明法治化程度、法治建设发展水平及完善程度的重要标尺,而少年司法社会工作的发展状况又在某种程度上是少年司法发育程度的重要标志,更是维护社会治安、控制未成年人犯罪的基础性制度,对于确保最有利于未成年人原则在司法中的贯彻与实现意义重大。

　　我们必须认识到,少年司法系统和社工服务在理念和实践中都面临着相似的挑战。它们都致力于理解和应对未成年人犯罪的根源,以及如何通过干预和支持来预防未来的犯罪行为。然而,这些努力往往在实践中是分散的,缺乏协调和整合;同时,承担社会服务功能的社会工作职业与少年司法体系之间的合作存在诸多隔阂与壁垒,社工介入表现出非系统化、非制度化和非健全化特点。这一局面不仅无法体现司法保护,而且不利于降低未成年人犯罪率和帮助罪错未成年人回归社会。少年司法目前亟待解决的核心问题是与社会工作缺乏制度性对话。本书的核心目标是提供一个框架,展示如何通过跨学科合作,将少年司法的法律和惩罚性措施与社会工作的预防和支持性服务相结合,探讨和阐述这两个领域如何互动,协同工作,以实现更全面的青少年发展和福祉。

　　少年司法与社会工作的互动是强化未成年人司法保护的重要路径,少年司法中社会化支持体系的完善,需要充沛、活跃的社会因素,而司法和社会的密切配合是少年司法体系未来发展的方向。基于此,本书以"少年司法与社会工作"对话与互动为研究内容,从少年司法程序中各阶段对社工服务的需求为出发点，全面探讨社会工作介入少年司法领域的路径与模式，在此基础上设计社会工作介入少年司法领域的政策建议与对策方案。

本书的研究有助于加强少年司法体系中未成年人的司法保护，推动和完善我国的少年司法制度。少年司法领域注重使用非监禁化和社会化手段帮助其回归社会。最有利于未成年人原则和保护、关爱、回归社会的价值应当引领少年司法改革的方向。社会工作以其高度的人文关怀精神，对可能或者已经进入司法体系的未成年人有天然的专业服务优势。司法社工的介入可以协助实现司法保护的理念。

探索未成年人犯罪治理体系的手段创新，维护社会稳定，发展服务型社会治理模式。社会公平不能仅依赖国家司法机关的单向推动，也需要来自社会的动力支持。社会工作是社会力量的核心和代表，同时也是整合社会力量的枢纽与关键，契合少年司法的需求，有动力参与到罪错少年的挽救和帮教之中。社会工作介入少年司法体系是柔性社会治理与刚性司法控制相结合的重要创新内容，是国家与社会利益的有机契合。已有的实践和探索都证明两者的合作能有效降低未成年人犯罪率。

在总体框架上，本书深入探讨了社会工作与少年司法两个体系互动的基础理论和实务模式。在分析两个系统的历史背景时，本书探讨了中西方的不同，以及它是如何随着社会观念的变化而演变的；在互动的思想基础方面，对司法与福利因素深入展开，分析不同维度的特点。社工与司法这两个系统都有独立的价值取向和行为规范，整合必须建立在均衡两者的理论基础上。除了少年司法的最小干预与国家亲权理论，目前司法社工介入的理论研究严重匮乏。由于这两个领域在理论、体制以及专业定位上存在较大差异，因此需要从理论上梳理二者共同的交汇点，并对其价值理念差异和专业规范冲突进行调和性纾解。

在理论梳理后，本书深入开展了社会工作与少年司法两个体系互动模式的实务研究。少年司法社工模式的建构必须嵌入中国现有的社会制度体系之中。难能可贵的是，本书对少年司法与未成年人社工互动中的多角色人员开展深入访谈，搜集大量的一手资料，记录了我国少年司法在发展特定阶段的真实情况和客观问题。通过实证研究和案例分析，展示协同工作模式在实践中的成效和挑战。同时对未成年人司法社会工作的多种角色进行探析，为以后政策演进，甚至少年司法法的出台提供扎实的基础。

在我看来,本书的创新与特色有四:一是视角多元化。本书采用跨学科、系统化的问题视角,跳出学科的壁垒,在预防和减少未成年人犯罪的目标下,协同社会工作、社会学、犯罪学、法学等学科的优势,以系统化、整体性和优势视角全面构建少年司法保护网络。二是视野全球化。本书在开展理论分析时,始终立足于少年司法和未成年人司法社工的国际化发展之路,大量参考了国外少年司法制度,比较未成年人司法社工的角色与功能,拓展本土化思路。三是互动模式系统化。创新性提出司法和社工两个领域互动——整合模式。认为社会工作应全面、系统介入少年司法体系,本书将社会工作与司法实务紧密结合在一起,提出整合性互动制度与全系统模式:一方面,通过分流措施将少年从司法体系中分离出来,进行社会服务与矫正,另一方面,司法社工可以通过社会调查制度等进入司法体系。四是衔接策略精准化。司法体系不断通过分流措施将罪错少年交给社会体系进行观护,体现轻刑化、非刑罚化、非监禁化的国际理念。社会工作走进司法领域必须通过制度化路径,在司法体系中获得法律地位。

社会工作的本质符合少年司法的内在需求,社会工作的介入契合少年司法对社会支持体系的需求。我相信,通过深入分析和批判性思考,本书能够为政策制定者、司法工作者、社会工作者以及所有关心青少年福祉的人士提供宝贵的见解和工具,激发对话,促进合作,并推动实践的改进,以便我们能够更有效地支持处于风险中的未成年人,为他们提供一个更坚实的司法保护和更安全的未来。

当我在2007年发表《少年司法与社会工作的整合》一文呼吁发展少年司法社会工作之时,并未预见到少年司法社会工作实践会有今天的进步和发展,也没有预见到少年司法社会工作理论研究会有如此丰富的成果。显然,《司法能为下一代做什么?——少年司法与社会工作的互动研究》堪称代表之作,我愿为之推荐!

姚建龙

2024年11月24日

目 录

下编　互动的内容

上编　互动的基础

第一章 流动与互鉴:少年司法与社会工作的百年互动史

　　青少年犯罪问题是一个超越国界的全球性问题,在如何应对方面,每个国家根据本国政治制度、经济发展、社会文化等多方面因素,贡献各自智慧,探索适合本国国情的未成年人犯罪治理道路。经过多年的沉淀和积累,现代国家努力将社会福利和社会控制结合,降低未成年人犯罪率,帮助未成年人成长。很多国家的少年司法制度中都可以看到社会工作者的身影,本章旨在观古今之变,探寻未成年人司法社会工作从传统到现代的发展迷思;察中西之异,系统梳理少年司法与社会工作全球发展互动与融合史,找到两种制度文明的根源及其互动发展的历史动力。本章发现,少年司法与社会工作的互动路径有:亲和与稳定、冲突与矛盾和中断与后发,这三种路径体现了两者发展的各自张力,未成年人司法社会工作是两种制度互动的产物。

　　在回顾少年司法与儿童福利两种制度文明的发展过程中,我们抱有好奇心:这两个社会制度之间如何关联? 少年司法与社会工作哪一个先产生? 他们的产生是相互独立的还是互相促进的? 这两种文明制度彼此需要而渐行渐近的内在逻辑是什么? 发生了哪些历史事件促成两者之间的密切互动? 历史发展过程中是否有冲突与矛盾? 带着这些问题,我们将开启一段少年司法与社会工作互动的历史之旅。

一、互动的缘起:社会工作与少年司法的问世

(一) 逻辑起点:如何对待儿童的罪错行为?

　　在人类几千年漫长的发展历史中,未成年人权利常常被漠视。我们的先人将儿童当作小大人对待,如将儿童和成年人一起关押在监狱中,认为儿童只是低龄的成年人,没有将儿童当作特殊的存在。其中的原因有多种,一

方面是因为相对于人的成年时期，儿童时期极其短暂，另一方面更重要的是，人类认知的渐进性，人类学、心理学、人本主义等社会科学的知识体系在当时并不存在。大约在 15 世纪，欧洲才出现将儿童视为愉快与乐趣来源的观点，随后，独特的儿童观理念逐渐形成。1979 年，联合国教育、科学及文化组织宣布 1979 年为国际儿童年（International Year of the Child）。随着人类开始"看见"儿童的独特性，人们开始意识到：未成年人如果犯罪，应该采取特殊的方式对待他们，人们开始反思对待未成年人犯错的方式，这种思索也是现代社会少年司法制度和未成年人司法保护的前提与基础。

（二）社会工作：一门助人专业的诞生

社会工作是一门助人的专业，受过专业训练的社会工作者秉持"助人自助"的理念，对个人、家庭、社会问题提供服务，帮助个人、家庭和社会解决问题，促进社会福利，提高社会福祉。社会工作者在实践中尊重人类多样性，利用人文、社会科学和本土知识，着重个人、家庭和社会环境之间的关系调适，并认识到社会、经济和文化因素对个人健康和社会福祉的影响。美国社会工作协会（NASW）道德守则认为："社会工作专业的主要任务是增进人类福祉并帮助满足所有人的基本人类需求，尤其要关注弱势群体、被压迫者的需求并赋予他们权力。"

社会工作的思想起源于几千年前，人类在原始时代就有朴素的互帮互助精神。当发生自然灾害，食物短缺，各种危险来临之际，人们之间互助的愿望从最初的家族内部推广到部落之间。在我国古代，有"老吾老以及人之老，幼吾幼以及人之幼""天下大同""不独亲其亲，不独子其子""矜、寡、孤、独、废疾者皆有所养"的思想。在西方古罗马、古希腊时期也有福利的思想，认为为不幸者解除痛苦是一种宗教上的责任。不论哪一种宗教，都以救助困苦者为宗旨，认为这是死后避免天谴和得救的方法，宗教信仰要求忠实地救助贫民。

1. 慈善工作者—带薪慈善工作者—社会工作者

少年司法制度与社会工作之间的互动有着悠久历史，由于少年司法制度起源于美国，社会工作制度起源于英美，所以我们将以英美为主线，回顾两者的发展路径：司法体系如何对待有罪错行为又被视为弱势和需保护的特殊主体——未成年人？

几百年前,英国的圈地运动与工业革命导致大批失去土地者涌入城市,他们沿街乞讨,社会动荡,贫困人口激增,为了帮助这些贫弱者,1601年英国政府制定了《伊丽莎白济贫法》(The Elizabeth Poor Law),这部法律奠定了政府承担缓解人民物质贫困义务的基础,强调政府的责任,这是社会保障法律的缘起。很多未成年人由于失去父母,生计受到威胁,贫困问题严重,于是出现大量的未成年人偷盗现象。为了解决这一问题,这部法律专门规定了对孤儿进行救济。但是由于当时的社会和经济条件尚不成熟,没有形成系统化、制度化的助人职业。

到了19世纪后期,又一场重大的社会变革发生,但是这一次是发生在美国。美国先后经历了独立战争、南北战争,社会动荡不安,与此同时,大量移民涌入美国,美国面临各种各样的社会和政治问题。很多人生活在极度贫困中,家庭养育儿童的功能在整个社会环境的变革下极不稳定,儿童虐待问题严重,很多流离失所、无家可归的儿童流浪街头,为了生计不得不盗窃和抢劫,未成年人犯罪案件急剧增加。为了缓解大量人口贫困问题,具有宗教背景的人员成立慈善组织会社,在宗教教义的影响下帮助有需要者。

慈善组织会社是社会工作专业产生的摇篮。当时慈善组织会社已经聘用专门的慈善工作者。最早一批授薪的社会工作者出现在20世纪80年代后期的慈善组织会社。社会工作真正成为一个专业之前经历了志愿的慈善工作到授薪慈善工作的历程,社会工作重要的代表人物玛丽·瑞奇蒙德(Mary Richmond)就曾经在慈善组织会社工作。慈善组织会社中的慈善工作者大多是上流社会的女性,她们相信仁慈的行为可以给贫困者带来道德上的提升,为遭受痛苦者与幸运的人建立起友好关系,为雇主和雇员之间建立互利共赢的关系。当时,一些慈善工作人员与当地政府签订合同,工作岗位可能是管理募集资金。最开始提供救济的人往往缺乏足够的知识和技能,为了提高服务质量,他们建立标准并对工作人员进行专业培训。社会工作的专业性是通过发展大学课程来提高的,教授标准化实践。到1900年,美国有138个这样慈善组织会社,工作重点是帮助"有价值的穷人",当时接受服务的群体中,被忽视、虐待或有犯罪行为的儿童是社会工作提供服务的核心群体。

社会工作最初的服务对象是社会中的贫困人员、弱势群体、被剥夺者,但是到20世纪40年代,社会工作拓展了服务领域,社会工作者积极参与到引发变革的社会行动之中。①随着不断发展，社会工作的使命除了帮助经济上处于弱势的群体外，服务对象的范围还拓展到阶段性发展受到抑制者，致力于激发人的潜能，赋权增能，帮助案主及其家庭提高生活质量。同时社会工作积极强调社会变革，在个体能力提升的同时，也注重从宏观层面进行政策改变，呼吁制定更加人性化的政策，开拓职业化舞台。

　　社会工作者协助需要者，改善人类福祉，识别和解决可能影响社会福祉的不公平问题，这种双重聚焦让社会工作具有促进社会稳定与和谐的重要作用。社会工作者是理想主义者，倡导建立平等、公平、正义的社会环境，反对歧视与各种压迫，践行尊重、接纳、非歧视、个别化原则，确保每个人享有基本人权。社会工作思想以人类需求为导向，从保障基本生活需要发展到尊重权利，其主要职责是提供社会福利服务。而成功的社会工作干预是双管齐下的，一方面是宏观层面的社会倡导，另一方面是个人和家庭的个案临床实践，提高案主的社会心理功能与适应能力，两方面互相促进。

　　2. 专业助人的职业——社会工作之诞生

　　对社会工作诞生的时间有不同观点。1897 年 3 月 19 日在费城市民俱乐部会议上《慈善评论》(Charities Review)提到了慈善工作者所需要的素质，因为当时没有正规的培训，所以是以学徒制为基础训练员工。②1898 年美国纽约慈善组织会社第一个开设系统的培训课程。③但也有人认为社会工作的诞生时间更早：布鲁诺(Bruno)在《美国社会工作年会论文集》中的《社会趋势：1874—1946》一文指出，社会工作始于 1874 年。④还有人通过对早期社会工作联合会主席的研究认为社会工作的历史可以追溯到 1872 年。⑤所以，关于社会工作诞生的时间，美国研究者认为最早可以追溯到 19 世纪 70 年代，认为在那时社会工作已经组织化。美国社会工作协会认定社会工作元年是 1898 年，因为当年纽约慈善学院设立了第一个社工教育项目。总之，系统化和专业化的社会工作助人活动产生于 1898 年之前。此

① Albert R. Roberts, David W. Springer(eds.), Social Work in Juvenile and Criminal Justice Settings(3rd ed.), Charles C. Thomas Publisher, 2007.
② ［英］玛丽·埃伦·里士满：《求索的一生》，郑国锋译，华东理工大学出版社 2019 年版。
③ Charles Zastrow, Introduction to Social Work and Social Welfare(9th Edition), Thomson Brooks/Cole, 2008, p.42.
④⑤ ［美］罗伯特·施奈德、洛丽·莱斯特：《社会工作倡导：一个新的行动框架》，韩晓燕等译，格致出版社、上海人民出版社 2011 年版。

时,社会工作这一职业已从非正式性、志愿性奉献转变为一种国际公认的独立的专业与职业。

社会工作诞生之后,各国对这一职业的认识不同,可从对社会工作的界定窥见一斑。"社会工作"翻译自英文 social work。各国采用的名称不完全相同,如意大利语用 Servizio Sociale,意为"社会服务",有的用"社会福利的服务""社会福利"。各国由于发展程度不同,对社会工作的定义也有所差异。1947 年,国际社会对三十余个国家开展调查,发现各国理念不一致。从出于人道主义的慈善事业,到满足不同群体需求的活动,再到保障社会全方位安定,增进人类福祉,提升人的潜能。不同层次的概念反映了人类发展过程中对社会工作的定义从初级到纵深的扩展。

3. 领袖的带领与推动

任何专业的发展都需要领袖式的人物。社会工作的早期发展中,一位领军人物是玛丽·瑞奇蒙德,中国社会工作著作对她介绍较多,认为她是将社会工作专业化的重要人物,尤其以 1917 年她发表《社会诊断》这一里程碑式事件作为这一助人专业正式诞生的标志。她要求国会委员会修改政策,许多新政项目也受到了专业知识的影响。她还为穷人提供个案服务,通过建立专业社会工作教育提高实践标准,是给穷人和有需要的人发展个案工作服务的重要力量。她通过建立专业的社会工作教育,提高实践水平。她还培训过劳工部部长弗朗西斯·帕金斯(Frances Perkins),她在推动改革方面发挥了重要作用,其中包括制定法规、确保美国工人的安全条件及设计和建立社会保障制度。[①]

另一位领军人物是简·亚当斯(Jane Addams)。简·亚当斯是非常著名的社会工作者,在其推动下,社会工作成为一门职业和专业。简·亚当斯在发展社区和社会层面的干预方面,尤其是对城市移民家庭开展城市房屋定居运动(Settlement House Movement)发挥了重要作用。她积极主张社会和政治变革,呼吁对弱势群体建立法律保护,维护他们的权利,如争取妇女的选举权,推动美国制定有关童工的法律,同时推动为少年罪犯建立独立的法庭系统:1899 年,在她的努力下,美国伊利诺伊州库克郡成立少年法

---

① P. J. Day, A New History of Social Welfare(6th ed.), Allyn & Bacon, 2008. B. DuBois, K. Miley, Social Work: An Empowering Profession(7th ed.), Allyn & Bacon, 2010.

庭。1903 年,在她的呼吁下,美国伊利诺伊州颁布《童工法案》(Child Labor Act of 1903)。她倡导在芝加哥成立青少年保护委员会,并被选举为美国慈善与矫正委员会第一任女性主席。①1931 年她获得国际诺贝尔和平奖。简·亚当斯努力呼吁制定政策,不要将儿童视为"小大人",而是将其视为发育上不同的未成年人,他们无法像成年人那样看待世界或作出决定。她提出向儿童提供非公开听证会,对法庭记录保密,并限制其成年后获得记录。②简·亚当斯说:"将未成年人带到法官面前,不要指控他,也不要辩护,法官需要代表未成年人的最大利益。"少年法院的初衷是不让孩子受到与成人一样的刑事处罚,但是事实上,未成年人与成年人一样面临监禁,有的是长期监禁,在诉讼程序中,未成年人往往得不到刑事诉讼的有力保护。

　　在领军人物带领下,社会工作得到政府与社会的重视,其本身也不断提升专业化水平。社会工作专业化的指标之一就是学校培训。1898 年,荷兰阿姆斯特丹成立了社会工作教育学院,学制两年。1904 年,美国纽约社会工作学院成立。加拿大第一所社会工作学校 1914 年成立于多伦多大学。③瑞典的社会工作中央协会成立于1903 年,第一个社会工作者教育计划实施于 1921 年。④

(三)少年司法制度诞生:刑事司法在未成年人群体中的演绎

1.历史背景:避难所与拯救儿童运动

　　工业文明下社会问题滋生,出现了许多相互关联的社会问题,包括住房问题、疾病、失业和贫困。很多儿童无家可归,他们以乞讨和偷窃为生,一旦被捉到,就要和成年人一样承担刑事责任,如年仅 5 岁的孩子和成年人一起被关在监狱中。这些孩子的父母困苦不堪,无力抚养子女。在 18 世纪末和

---

　　①　[美]罗伯特·施奈德、洛丽·莱斯特:《社会工作倡导:一个新的行动框架》,韩晓燕等译,格致出版社、上海人民出版社 2011 年版,第 15 页。

　　②　A. R. Roberts(ed.), Juvenile Justice Sourcebook: Past, Present, and Future, Oxford University Press, 2004.

　　③　Lynn Bushell, Anja Dobri, Mary Birdsell, Jane Stewart, The Role of Social Work in the Youth Justice System: The Canadian Approach, in Robert G. Schwartz, Yifang Chen(eds.), The Role of Social Work in Juvenile Justice: International Experiences, Raoul Wallenberg Institute, 2020.

　　④　Kerstin Nordlöf, The Role of Social Work in Juvenile Justice in Sweden, in Robert G. Schwartz, Yifang Chen(eds.), The Role of Social Work in Juvenile Justice: International Experiences, Raoul Wallenberg Institute, 2020.

19 世纪初,美国不同年龄和性别的青少年被与成年人和精神病患者一同关押在监狱中,这些大型刑罚机构拥挤、破旧不堪。与此同时,美国城市中还有大量贫困儿童,亟须寻找出路。

避难所的出现。作为回应,开创性的刑罚改革者托马斯·埃迪(Thomas Eddy)和约翰·格里斯科姆(John Griscom)组织了防止贫困协会,反对在成人监狱和监狱安置青少年,并敦促建立一种新型的机构。他们的工作促使 1825 年建立纽约避难所,这是第一个收容贫穷和流浪青少年的机构,避免他们走上犯罪道路。在开业三年后,波士顿和费城也开设了类似机构。到 19 世纪 40 年代,美国又建造了 25 个类似设施。①避难所是第一个对青少年予以正式社会控制的专业机构,少年矫正机构先于司法体系分离。②

拯救儿童运动(Child Saving Movement)。社会问题引起了人们的注意,富有公民(主要是妇女)出于帮助穷人的宗教道德,以慈善工作的名义开始美国的"拯救儿童运动"。这场运动旨在挽救可怜的孩子,即使孩子犯罪,也让他们在相对人道的儿童法庭接受审判,而不是接受和成年人一样的刑罚。在这场儿童拯救运动中,早期社会工作者主要的功绩就是改变了对被指控青少年罪犯的政策。③之前,人们认为犯罪由天生的遗传基因导致,但是拯救儿童运动的倡导者认为未成年人犯罪不是宿命,而是他们所处环境造成的,是他们的父母、家庭、生存的环境导致他们犯罪,如果环境改变,这些孩子是可以改变行为的。倡导者共同努力,让孩子们不被送往监狱机构。他们的努力促成少年司法制度诞生。④拯救儿童运动成为一场社会运动,同时也体现了"国家亲权"学说。

2. 跨越百年:从美国第一个少年法庭诞生到全球推广

19 世纪后半期,美国保护儿童与禁止虐待儿童的意识觉醒。有意思的

---

① 参见美国少年刑事司法研究中心网站,http://www.cjcj.org/Education1/Juvenile-Justice-History.html,2017 年 8 月 7 日访问。

② [美]巴里·C.菲尔德:《少年司法制度》,高维俭等译,中国人民公安大学出版社 2011 年版,第 2 页。

③ A. M. Platt, The Rise of the Child-saving Movement: A Study in Social Policy and Correctional Reform, Annals of the American Academy of Political & Social Science, Vol.381, 1969.

④ Center on Juvenile & Criminal Justice, Second Chances: Giving Kids a Chance to Make a Better Choice, http://www.cjcj.org=pubs=archive.php, 2020 年 7 月 30 日访问。

是,在美国先成立了防止虐待动物协会,后来,当发生虐待儿童的事件时,人们却发现竟然没有对儿童的有力保护措施,于是1875年纽约成立了防止虐待儿童协会(The Society for Prevention of Cruelty to Children)。[1]随着儿童保护意识不断发展,人们越来越意识到需要对罪错少年进行特殊保护。

1899年,美国伊利诺伊州建立了全美第一个少年法庭,少年司法制度登上历史舞台,目的是把儿童拯救出来。此时,社会工作首次进入刑事司法体系。在少年司法体系中,不仅有少年犯,还有被忽视和虐待的未成年人。[2]到1925年,美国46个州和哥伦比亚特区设立了少年法庭,在那里,听证会不仅考虑违法行为,还要考虑受虐待和被忽视儿童的需要。到1932年,美国有600个独立的少年法院,[3]2013年发展到1 250个。[4]少年法庭法官的形象不再严肃冰冷,惩罚儿童错误的形象逐渐淡化,取而代之的是一位善良父亲的形象,改变对待儿童的方式,确保儿童可以接受教育,成为勤劳和遵纪守法的公民。

美国少年司法的最初目标是促进刑事司法体系内的儿童福利与儿童权利保护,制度逻辑是将未成年人从成年人的刑事司法制度中分离出来,根据其身心发展特点给予特殊照管与处罚。后来发展出"儿童优先"原则,这一原则要求社会工作和少年司法机构"优先考虑儿童最佳利益,承认他们的需要、能力、权利和潜力"。在这些原则下,法院改进了很多做法。少年法庭虽然起源于采取特殊措施对待有罪错的未成年人的需要,但是事实上在发展过程中,注重对所有未成年人的综合性法律保护,即不仅在刑事案件中,同时也在民事案件中保护弱小的未成年人。如在早期,少年法庭不同程度地打击童工,提高儿童教育水平,强制父母遵守道德,将法庭的监护威胁作为防止父母离婚的压力。[5]

---

①　Tina Maschi, Mary Loukillian, The Evolution of Forensic Social Work in the United States: Implications for 21st Century Practic, Journal of Forensic Social Work, Vol.1, 2011.

②　Albert R. Roberts, David W. Springer(eds.), Social Work in Juvenile and Criminal Justice Settings(3rd ed.), Charles C. Thomas Publisher, 2007.

③　A. Platt, The Child Slaver: The Invention of Delinquency, University of Chicago Press, 1969.

④　Jason Tashea, Youth Courts International: Adopting an American Diversion Program under the Convention on the Rights of the Child, Oregon Review of International Law, Vol.15, 2013.

⑤　Edwin M. Lemert, Choice and Change in Juvenile Justice, British Journal of Law and Society, Vol.3, 1976.

法院既需要了解未成年人类型与环境,又需要有干预能力的人员加入法律程序中。①美国 20 世纪 50—80 年代减少监禁罪犯的改革中,社会工作者成为重要的专业力量,社会工作者在降低监禁罪犯人数、提高罪犯教育程度、缓解贫困、调动社区资源、发展以社区为基础的替代措施、开发监所的治疗项目等方面功不可没,同时很多社会工作者在联邦和州层面都担任了重要司法行政角色。②社会工作服务逐渐成为刑事司法体系中的基本元素:审前调查(pre-sentence investigation)和观护(supervision)。美国开始在少年司法制度中大量增设预审分流项目。社会工作者参与到警察部门、精神病机构、青少年司法项目和缓刑办公室工作中。③到 20 世纪 70 年代初,社会工作学校培训了大约 10% 的矫正从业人员。④美国少年法庭社会工作的利他主义努力很快演变成了社会工作专业明确的概念、程序和理论。社会工作方法适用于少年司法中规定的法院询问程序,而非起诉程序。司法程序应减少形式主义,法院应根据青少年的需求,而非依据犯罪的性质,来决定适当的处理方式。⑤这一时期,司法社会工作者和儿童福利改革者合作,观护受虐待的儿童,这推动了这一领域的州层面以及随后国家层面的很多项目的诞生,并进而推动了 1974 年《儿童虐待预防和治疗法案》(Child Abuse Prevention and Treatment Act)的通过,该法案为儿童虐待评估和治疗小组拨款,通常由医务社会工作者领衔。⑥与此同时,马萨诸塞州的社会工作者杰罗姆·米勒(Jerome G. Miller)制定了一项政策,将青少年司法系统中的青少年从机构转移到规模较小的社区团体,这一政策随后被竞相效仿。1974 年,美国联邦通过《少年司法和犯罪预防法案》(Juvenile Justice and Delinquency Prevention Act),加强了去

---

① Albert R. Roberts, David W. Springer(eds.), Social Work in Juvenile and Criminal Justice Settings(3rd ed.), Charles C. Thomas Publisher, 2007.

② Rosemary C. Sarri, The Future of Social Work in the Juvenile and Adult Criminal Justice, Advances in Social Work, Vol.6, 2005.

③ Tina Maschi, Mary Loukillian, The Evolution of Forensic Social Work in the United States: Implications for 21st Century Practic, Journal of Forensic Social Work, Vol.1, 2011.

④ H. Piven, A. Alcabes, A Study of Practice Theory in Probation and Parole, U.S. Department of Health, Education, and Welfare, 1971.

⑤ J. O. Midgley, The Treatment of Juvenile Offenders, Acta Juridica, Vol.188, 1975.

⑥ P. J. Day, A New History of Social Welfare(6th ed.), Allyn & Bacon, 2008. B. DuBois, K. Miley, Social Work: An Empowering Profession(7th ed.), Allyn & Bacon, 2010.

机构化。①政府为这项法律的实施投入了大量资金,同时也成立了新的联邦机构——少年司法与犯罪预防办公室。

在司法领域经验丰富的社会工作者极大地推动了这一法律的实施,为青少年建立庇护中心,为离家出走的孩子提供辅导服务,各州社会工作者通过少年司法委员会支持这一重要的制度转变。②除了玛丽·瑞奇蒙德和简·亚当斯外,其他社会工作者如茱莉亚·拉斯罗坡(Julia Lathrop)也参与到建立少年法庭的倡导中,呼吁颁布被忽略儿童以及违法儿童治疗和控制的法案。从体系上,美国少年司法系统不仅包括少年法庭,同时包括大量的社会工作儿童服务机构。司法体系认为儿童服务机构是第一位的,这些儿童服务机构往往有悠久历史,具有宗教团体和慈善机构的背景,为有需要的各类儿童提供服务。

在少年司法制度的发展过程中,自从第一个少年法庭在美国诞生,这一思想很快被多国接受并引入实践中,儿童保护人士、机构通过各种各样的社会运动积极推动,少年法庭与少年法院的数量在全球不断增加。1921年荷兰建立少年法院,1923年德国成立少年法院。奥地利1928年出台了少年犯罪立法——《少年法院法》(Juvenile Court Law)。这部法律的主要目的不是刑罚,而是对任何18岁以下的犯罪人员进行教育,并规定应采取的刑事措施、法律程序和需要施加的惩罚,且建议教师和退休的社会工作者参与刑事诉讼程序。③1934年,意大利颁布少年法,其全称是《少年法庭的机构与功能》(1404号皇家法令)("Istituzione e funzionamento del Tribunale per i minorenni" Reglo Decreto Legge n.1404)。④时至今日,少年司法在全球多国得到发展和加强。

二、亲和与稳定:少年司法与社会工作互动路径之一

两种制度有自身的产生逻辑,但是在各自产生之后,呈现渐进性亲和发

---

① Tina Maschi, Mary Loukillian, The Evolution of Forensic Social Work in the United States: Implications for 21st Century Practic, Journal of Forensic Social Work, Vol.1, 2011.

② 何明升主编:《司法社会工作概论》,北京大学出版社2013年版,第182页。

③ Frank D. Hearly, Legislation concerning Juvenile Delinquency in Vienna (Austria), Journal of Criminal Law and Criminology, Vol.35, 1944.

④ 杨旭:《意大利少年司法社会化研究》,中国社会科学出版社2015年版。

展趋势：一方面，少年司法制度日益呼唤代表儿童福利的社会工作，增加儿童的福利因素，另一方面，社会工作专业致力于最大程度地提高个人和社会福祉，看到涉司法领域的未成年人的潜在需要。在少年司法体系中，社会工作者以平等、尊重和理解的态度，协助未成年人，而不是把他们看成罪犯。少年司法制度中福利因素越多的国家，社会工作发挥的作用就越大。

（一）合作共生：少年司法与社会工作互相推动

少年司法制度无论在正式诞生前还是在之后都与社会工作之间有千丝万缕的联系，是少年司法制度中不可或缺的重要角色。在少年司法和社会工作系统正式诞生之前，由于天然的亲缘性和契合性，社会工作已经开始服务有罪错行为的少年，尤其是在缓刑领域。而在全球范围内，社会工作很早就开始与少年司法领域进行合作。自从 1879 年现代社会工作的第一个专业协会——慈善和矫治大会在美国成立，社会工作就开始涉足监狱、少年犯罪与感化院领域。[1]社会工作专业首次正式出现于刑事司法系统中，也开始服务刑事司法制度中的未成年人。之后，世界上很多国家纷纷建立独立的少年司法制度，对社会工作的需求也使得二者形影相伴，在罪错少年的监督、治疗和管理中都离不开社会工作者的身影。

1. 最初合作领域：未成年人的缓刑实践

社会工作参与少年司法的历史源远流长。司法社会工作很早就开始在少年缓刑领域服务，甚至在少年法庭成立之前就已经开始在英美开展服务。1854 年，英国英格兰通过《儿童与青少年法案》(Children and Young Persons Act)率先对未成年人采用特别矫正制度和缓刑制度。1878 年，美国马萨诸塞州正式将缓刑作为少年案件刑罚的替代方案。只要少年犯在缓刑期内没有再犯罪就会被释放。这项创新制度催生了缓刑官角色的诞生。[2]当时虽然还没有专业的社会工作者，但缓刑官的角色与功能相当于社会工作者起到的作用。法院最初将缓刑官角色分配给由法院内部人员担任的志愿者。在少年法庭成立的最初几年，缓刑官与未成年及其家庭合作，这些未成年人往往被指控犯罪，遭到忽视和虐待，或者有抚养问题，志愿缓刑官的最初构

---

① 胡杰容：《司法社会工作介入违法青少年教育监管研究——基于我国澳门特区的实践与经验》，载《江苏大学学报》2015 年第 3 期。

② Clark M. Peters, Social Work and Juvenile Probation: Historical Tensions and Contemporary Convergences, Social Work, Vol.56, 2011.

想是"向儿童及其家庭表达友爱，帮助他们了解法律常识"，①最终，缓刑官的角色由专门化和专业化的社会工作者承担。缓刑官有社会工作背景，并且他们大多完成了罪犯司法学位课程。在美国20世纪初的少年司法改革中，社会工作举足轻重，在少年法庭的发展与缓刑体系中都发挥着引领者的作用。②

　　缓刑服务成为未成年人司法社工的重要业务领域。美国慈善与矫正委员会是19世纪末代表社会工作的唯一组织。缓刑是少年法庭改革中最激进的创新，这一举措实践先行，以朴素的理念为基础，即缓刑官应成为罪错少年的朋友。美国的矫正机构雇用了大量社会工作者开展社会调查和监管服务。社会工作者用敏锐的目光发掘不利于儿童发展的信息，用专业的方法判断家庭对未成年人的影响程度，挖掘家庭改变的动力，唤醒沉睡的正能量，改变可能侵害未成年人权益的情况，必要时向司法系统进行汇报。事实上，在20世纪上半叶，大约一半的缓刑假释官是社会工作者。③一些在缓刑领域工作的人继续认为，接受过社会工作培训的人最有资格成为缓刑官。④到了20世纪60年代，美国社会工作发展繁荣，司法社会工作者也增加了他们在青少年和成人感化服务中的作用。司法社会工作者成为矫正领域的标配，是罪犯康复道路上的核心力量。最终负责缓刑和假释等的矫正机构招收专业的社会工作者来进行社会调查和观护监督功能。法官依赖社会工作者对未成年人犯罪嫌疑人进行调查所得的信息，如犯罪历史、学校表现、服兵役情况、家庭关系、经济状况、性格、身心发育的情况，社会工作者的调查帮助法官作出决策，是判处缓刑还是监禁。所以法官也会向犯罪嫌疑人申明缓刑官也是社会工作者，可以提供社会服务和心理服务。全国犯罪和违法问题委员会（National Council on Crime and Delinquency）执行主任是社

---

① J. Gittens, Poor Relations: The Children of the State of Illinois, 1818—1990, University of Illinois Press, 1994.

② Rosemary C. Sarri, Jeffrey J. Shook, The Future for Social Work in Juvenile and Adult Justice, Advances in Soical Work, Vol.6, 2005.

③ Jane McPherson, Robert G. Schwartz, The Role of Social Work in Juvenile Justice in the USA, in Robert G. Schwartz, Yifang Chen(eds.), The Role of Social Work in Juvenile Justice: International Experiences, Raoul Wallenberg Institute, 2020.

④ J. P. Kenney, D. G. Pursuit, Police Work with Juveniles(2nd ed.), Charles C. Thomas Publisher, 1959.

会工作者米尔顿·雷克特(Milton Lector),他认为缓刑官应该持有社会工作硕士学历。

2. 司法与社会工作:迈向全面合作

19世纪20年代,芝加哥慈善家的崛起对联邦政府,特别是美国儿童局产生了相当大的影响,少年法庭的发展社会工作化,特别是青少年"去法律化"(de-legalizing)或"社会化"(socializing),社会工作者在其中发挥了巨大作用。[①]

早期社会工作者不仅推动了少年法庭的成立,同时也呼吁政府体制中儿童福利和保护力量的加强,如在社会工作者莉莉安·瓦德(Lillian Wald)与佛劳伦丝·凯里(Florence Kelley)的倡导下,美国1912年签署法案,成立美国儿童局,美国儿童局的前几任领导都是社会工作倡导者,如茱莉亚·拉斯罗坡、格蕾丝·阿伯特(Grace Abbott),她们积极参与影响儿童的事务,其中就包括青少年公平、儿童福利等。由于少年犯罪问题的复杂性,要求各专业和体系组成一个系统,社会工作成为少年司法制度中不可或缺的链条,链接各个组织和部门,起到桥梁作用。在少年司法制度建立伊始,管辖范围包括所有未成年人案件,不仅包括青少年犯罪,同时也负责被忽视和虐待的未成年人。到19世纪60年代,服务少年司法的社会工作蓬勃发展,成为其矫正和康复的核心力量。[②]社会工作者对未成年人的矫正工作推广到成年人的康复服务中。新系统有几项创新,如在一些市民的支持下成立青少年精神病研究所,开始对少年司法中的儿童心理进行评估。[③]

(二) 同与异:各国社会工作推动少年司法变革的智慧

在很多选择儿童福利和宽宥文化的欧洲国家,未成年人刑事司法政策较为稳定,例如意大利、法国、英国、北欧国家。意大利的少年司法制度建立于20世纪30年代,与很多欧洲国家相比,并不算早。但是由于其宗教文化,意大利的少年司法以宽宥为特色,社会工作是这一制度中不可或缺的力量。少年刑事司法体系和社会工作服务体系,通过多种分流渠道将少年从刑事司法体系中分离出来,交给司法社会工作,由社会工作者在暂缓起诉、

①　J. O. Midgley, The Treatment of Juvenile Offenders, Acta Juridica, Vol.188, 1975.

②　Albert R. Roberts, David W. Springer(eds.), Social Work in Juvenile and Criminal Justice Settings(3rd ed.), Charles C. Thomas Publisher, 2007.

③　Women Working, 1800—1930, http://ocp. hul. harvard. edu/ww/people_addams. html, 2020年7月30日访问。

缓刑等诉讼程序中,以非监禁为原则,开展项目化服务,只针对具有严重社会危害性的,比如暴力黑社会团伙的未成年人采用监禁刑,其他大部分都会由少年司法社会工作帮助他们顺利回归社会。①尽管在历史发展中,由于个别的少年恶性案件,全国就是否对未成年人宽宥处置也进行过激烈的争论,但最终反对派让步,这使得少年司法与社会工作之间得以持久系统地全面合作。

法国的少年司法制度在起源、路径、青少年犯罪等方面深度嵌入福利主义的思想,法官、社会工作者、问题青少年和家庭一起对这一问题进行讨论。英国的福利主义倾向于注重家庭功能,而法国的社会工作者要求与其他职业、机构、组织密切配合,加强困境青少年及其家庭教育和职业发展机会及其生活质量。②在法国,社会工作者是少年司法的前沿,代表社会力量的创新。自从1983年起,社会工作者在法国少年司法中就扮演核心角色,主要通过预防的方式对被边缘化的青少年进行社会介入,主要集中在青少年的教育、就业和培训领域。③

在英国,少年司法的发展并不一致,更具有革命性的变化发生在苏格兰地区,结果是非专业小组和社会工作咨询代替了青少年法庭。④在苏格兰,1908年之前没有独立的少年司法制度。1908年的《儿童法案》(Children Act 1908)创建了少年法庭,从那时起,少年司法制度就一直在福利照护与司法控制之间摇摆。少年犯是需要治疗还是惩罚,需要关照还是控制,两种声音之间一直没有停止争论。1964年《基尔布兰登报告》(The Kilbrandon Report)对少年司法产生了巨大影响,奠定了少年司法福利的基础,这一思想的变化导致后面很多政策的跟进,而且福利思想的奠基使得未成年人司法社工成为苏格兰少年司法制度的关键角色,非法学专家的引入与未成年人司法社工很大程度上代替了司法机关。在苏格兰,与社会工作紧密连接的少年法律是1989年《儿童法案》(Children Act 1989),这部法律有助于社会工作介入需要帮助的儿童及其父母。这部法律的原则是:儿童应该在自

---

　　①　杨旭:《意大利〈未成年人刑事诉讼法〉评析与启示》,载《青少年犯罪问题》2016年第6期。

　　②③　John Pitts, The New Politics of Youth Crime: Discipline or Solidarity?, Russell House Publishing, p.175.

　　④　Edwin M. Lemert, Choice and Change in Juvenile Justice, British Journal of Law and Society, Vol.3, 1976.

己的家庭中被养育；地方政府要与志愿机构一起支持家庭，提供服务满足家庭需求；提供服务时最好有父母参与；在与理解能力相符合的情况下，儿童应该表达他们的想法和感受，参与到决策中。①

在荷兰，司法系统有着悠久的福利传统。1899 年，荷兰建立了第一所社会工作学校，但直到第二次世界大战后，荷兰社会工作才专业化，其在少年司法系统中的重要性得到提升。今天，儿童保护局提供社会报告。荷兰的社会工作者参与少年司法程序的每个阶段。尽管该制度的惩罚性稍强，但依然很重视青少年的发展。在为未成年人提供照护的服务中，社会工作机构尤其重要，因为这些组织服务机构必须获得政府认证。在荷兰，2014年一项法律规定，23 岁以下的青少年可以被判处少年徒刑。

早在 1811 年，根据奥地利《民法典》，维也纳市创建少年委员会，负责对所有家庭照管和教育缺失、被忽视的未成年人进行监护。少年委员会当时配备了训练有素的社会工作者，并得到私人机构的协助。②

在以高福利著称的北欧国家，儿童福利部门很早就已成立。挪威儿童福利委员会成立于 1896 年，瑞典儿童福利委员会成立于 1902 年，丹麦儿童福利委员会成立于 1905 年。③社会工作服务的内容与未成年人年龄相关，不同年龄段所接受的社会服务不同，由社会工作者，而不是警察，对 12 岁以下的儿童案件负责。瑞典警察局中有社会工作者岗位，他们与其他参与少年司法的人合作，负责在未成年人案件中支持儿童、参与审讯。挪威的少年法庭完全由社会工作者主导。法官的职责是主持庭审和维持适当的法律程序，但由儿童福利办公室提供证据和建议、指导案件进程。在审理案件前，儿童福利办公室向由五名非专业人士组成的委员征求意见。在听证前，"紧急情况下"将未成年人安置在青年之家或精神治疗机构，此时父母的监护权将被撤销。④挪威检察官将未成年人案件直接移交到"社会办公室"（social office，barnevern）。实际上，这是一种未成年人的保护机构。审判结束后，

---

①　Robert Johns，Using the Law in Social Work，Learning Matters，2003.

②　Frank D. Hearly，Legislation concerning Juvenile Delinquency in Vienna（Austria），Journal of Criminal Law and Criminology，Vol.35，1944.

③　J. O. Midgley，The Treatment of Juvenile Offenders，Acta Juridica，Vol.188，1975.

④　Katherine van Wormer，The Hidden Juvenile Justice System in Norway：A Journey Back in Time，Federal Probation，Vol.54，1990.

法官将把未成年人在"社会办公室"中的表现以及证据告知和交给社会工作者，不是以起诉未成年人为目的，而是为了用治疗代替起诉。①

三、冲突与矛盾：少年司法与社会工作互动路径之二

少年司法制度从产生时就充满了悖论，甚至矛盾：一方面需要温暖的儿童福利，另一方面是冰冷的刑事司法，两个功能并存就如水与火共存一样，来自完全不一样的世界，有不同的理念和价值观，两者是否有交汇点，两者能否很好地平衡未成年人的特殊性并无定论，各国在多方利益冲突下不断变革。

这一方面表现得淋漓尽致的是英美国家，尽管其最早建立少年司法制度，但其发展很快就证明，法院的非正式、福利的方法是行不通的。研究表明，美国少年法庭建立的最初几年，未能成功减少并遏制青少年犯罪，其中40％的青少年犯了重罪。②这种失败导致人们寻求一种改进的理论基础指导现实，不再强调以社会因素来解释犯罪行为。在英国英格兰，司法机关越来越关注青少年的反社会行为。青少年犯罪对策小组（youth offender team）由最初的温和方法逐步"变得强硬"，社会工作在青少年犯罪对策小组中的作用逐渐减弱。美国从 20 世纪 60 年代中期开始，紧张关系下社会工作从矫正和缓刑行业撤离。③到了 20 世纪 70 年代，康复的概念引发争议，针对这一概念的批评增多。康复概念凋落，随之而来的是社会工作在少年司法领域的衰退。随着康复理想的消失，监狱中的人文主义也衰落了。很多社区矫正项目被以社区为基础的风险管理项目取代，如电子手铐、居家监禁、集中监督、罚款、社区服务等。④当时监狱负责人说：

很多人批评我们，因为不知道我们的使命是负责提供安全和人性

---

① Katherine van Wormer, The Hidden Juvenile Justice System in Norway: A Journey Back in Time, Federal Probation, Vol.54, 1990.

② David S. Tanenhaus et al. (eds.), A Century of Juvenile Justice, University of Chicago Press, 2002.

③ Clark M. Peters, Social Work and Juvenile Probation: Historical Tensions and Contemporary Convergences, Social Work, Vol.56, 2011.

④ P. Earley, Chief of Prisons Bureau, A Former Guard Stress Value of Staff Training, Washington Post, March 15, 1984, at A19.

化的监狱，而不是惩罚或者让他们康复。我们不得不放弃我们可以改变罪犯的观念，我们改变不了罪犯的行为。我们所能做的是为想改变的罪犯提供机会。①

（一）法学家和社会工作者之间的冲突

这主要表现为不同目标的冲突。少年司法制度建立的目标是为未成年人提供更多福利，但是司法与福利是两种不同的张力，有各自的目标和使命，即使在儿童保护的共同目标下，依然存在诸多问题。纵观全球的少年司法制度，少年司法的历史发展充满着冲突与矛盾，社会服务对未成年人的关心精神与惩罚精神之间充满着摇摆不定与模棱两可，在追求福利和正义的双重目标系统中，社会各方力量相互斗争与妥协，冲突不可避免。在未成年人刑事诉讼司法政策变革的国家，法学家和社会工作者之间由于各自学科立场的不同而有所分歧。随着在美国少年司法体系中社会工作专业发挥越来越大的作用，法学家们不断抱怨社会工作者的影响力越来越大。

美国有人批评社会工作者，比如帕克（Parker）等人评估后发现，20世纪70年代少年司法实践中，在刑事法庭上，是社会工作者而不是法庭专家起主导作用，这让法学家感到不适。他们还批评"与其他参与者相比，社会工作者的地位得到加强"。正如帕克等人强调，（他们）似乎不知道如何重新构造这个系统，倾向于修改现行制度。②1946年，塔彭（Tapon）发表了著名评论，他认为："总体而言，对少年法庭的未成年人给予特殊待遇是一笔不公平的交易。"

（二）重返刑事惩罚：社会工作的回落

少年司法制度最早诞生在美国，在相当长的时间里鼓励非监禁政策。但是20世纪80年代以来，随着青少年犯罪率不断攀升，国家青少年犯罪刑事政策发生转变，对青少年犯罪采取零容忍态度。到了20世纪90年代，由

---

① P. Earley, Chief of Prisons Bureau, A Former Guard Stress Value of Staff Training, Washington Post, March 15, 1984, at A19.

② S. Santatzoglou, "We Were the System": Practitioners' Experiences and the Juvenile Justice Mosaic in the 1980s, in Martin Wasik, Sotirios Santatzoglou (eds.), The Management of Change in Criminal Justice, Palgrave Macmillan, 2015.

于里根时代社区替代项目和基金撤资,缩减预算,培训社会工作者的项目减少,美国的刑事司法领域中社会工作的岗位越来越少。①曾经,少年司法制度以儿童利益最大化为原则,法律正当程序让位于这一原则,法官和法院工作人员的自由裁量权增大,但是随着少年刑事司法政策的改变,刑事司法的色彩回归,法院判决回到惩罚性的老路上。1967年,美国联邦最高法院对In re Cault案(387 U.S. 1)进行了干预,这是一系列扩大宪法保障范围案件的第一起,这些决定极大地改变了少年法院的使命,限制少年法院的管辖范围,并使法院程序更加类似于刑事法院。②

在惩罚与控制的理念下,美国同时也减少了学校社会工作者的培训,社会工作者在司法领域中的实践和研究也大幅度减少。③美国的评论者认为,社会工作者应该倡导惩戒系统的"根本性的改变",与司法系统保持距离,而现实中社会工作者参与司法体系就意味着承认司法权威,这种默默加入并提供服务是一种"职业无能"。于是,未成年人司法社工的人数不断减少,学校社会工作不将预防犯罪作为主要任务。尽管这样,在少年司法领域用康复代替惩罚是共识,这要求更多的司法社会工作者能够为未成年人提供服务。同时,法院在价值观上将未成年人摆在首位,这引发了律师和社会公众关注,认为这是严重的不公正现象。因此,在20世纪50年代和20世纪60年代,通过立法和法院裁决,少年法院的管辖权逐渐缩小。④甚至有人认为少年法院注定会逐渐消失。

缓刑服务曾经是少年司法社会工作帮助未成年人的重要领域,在少年司法制度产生之前就介入未成年人康复中。在缓刑领域,社会工作最早的活动包括深度参与矫正,出席庭审以及服务被囚禁的未成年人。但是随后的发展过程中,出现了衰微的局面。曾经是这一领域关键角色的社会工作,其存在几乎可以忽略不计,监狱管理人员和缓刑部门不再将社会工作者放在优先位置,学校不再开设矫正领域相关课程。近几十年来,该领域的平均

①③　Rosemary C. Sarri, Jeffrey J. Shook, The Future for Social Work in Juvenile and Adult Justice, Advances in Soical Work, Vol.6, 2005.

②　Clark M. Peters, Social Work and Juvenile Probation: Historical Tensions and Contemporary Convergences, Social Work, Vol.56, 2011.

④　Edwin M. Lemert, Choice and Change in Juvenile Justice, British Journal of Law and Society, Vol.3, 1976.

参与率不到该专业的 2％。①社会工作者所扮演的角色和地位较为微弱,与该职业诞生时所起的作用形成了鲜明对比。

在 20 世纪 70 年代,社会工作开始从刑事司法工作中撤退,一直持续到今天。社会工作退出刑事司法正逢惩罚性量刑时代以及社会工作向心理健康和私人诊所发展。这些变化反映,目前在少年司法方面,美国的社会工作和社会工作教育没有得到重视。刑事司法领域通常与美国社会工作机构完全不同。尽管有些大学允许在这两个领域修双学位,但这些领域的教育通常是不重合的。②

英国和美国一样,在经历了对少年犯的宽容之后,由于政党交替,应对少年犯社会问题的政策发生变化,重新回到惩罚的老路上。在之前,社会工作成功地发挥了作用,但是在这一趋势之下,未成年人司法社会工作亦回落。

(三) 冲突的原因分析

首先,强制性环境和不相容的角色。强制性矫正环境不友好,因为人们认为矫正对象无法改好。③社会工作者不愿在强制性环境中与案主互动。矫正制度的强制性与社会工作的本质是不相容的。治疗师不喜欢与非自愿的案主一起工作。有人指出,矫正环境固有的不可避免的强迫性影响了专业社会工作关系的治疗价值。④矫正与社会工作之间的紧张关系让社会工作渐渐淡出。在少年法庭工作的社会工作者很快意识到法庭环境的强制性以及这种环境是如何破坏他们满足当事人需求的目标的。⑤社会工作学者认识到,即使强制性有时可能是与案主关系中不可避免的方面,但不应以此排除积极的社会工作干预。⑥强制在社会工作者的工具箱中占有重要地位。

---

① Clark M. Peters, Social Work and Juvenile Probation: Historical Tensions and Contemporary Convergences, Social Work, Vol.56, 2011.

② Jane McPherson and Robert G. Schwartz, The Role of Social Work in Juvenile Justice in the USA, in Robert G. Schwartz, Yifang Chen(eds.), The Role of Social Work in Juvenile Justice: International Experiences, Raoul Wallenberg Institute, 2020.

③ M. M. Severson, Adapting Social Work Values to the Corrections Environment, Social Work, Vol.39, 1994.

④ E. V. Hollis, A. L. Taylor, Social Work Education in the United States, Columbia University Press, 1951.

⑤ V. Fox, Foreword to the First Edition, in Albert R. Roberts (ed.), Social Work in Juvenile and Criminal Justice Settings(2nd ed.), Charles C. Thomas Publisher, 1997.

⑥ H. Abadinsky, Probation and Parole: Theory and Practice(4th ed.), Prentice-Hall, 1991.

正如一位早期评论员所言，"缓刑仅仅是案件的处理形式，其背后是法律的支撑"。另有人认为，与其他努力使案主的行为符合社会规范的人一样，社会工作者有责任帮助青年人改掉坏习惯。①

归根结底，社会工作的目标与法院的目标存在冲突。刑事调查的目的与为当事人保密的需求相矛盾。法院关注个人罪责，社会工作采用社会原因解释犯罪行为并进行干预，这一方法在法院环境下受到限制。②同时，缓刑官员在执行法院命令时必须高度重视且确保程序正当，这种做法通常被认为比治疗更具惩罚性。③未成年人司法社工对待罪错少年的态度是承认其潜能，认为未成年人需要完全摆脱司法惩罚性，但是法律人士却认为需要对其进行一定惩治。检察官、法官等法律人由于他们接受的法律培训，很难接受专门小组的个别化处遇，导致未成年人重罪轻罚，或被控犯有同一罪行的儿童得到完全不同的"判决"。

其次，社会工作价值观与系统目标的冲突。社会工作的专业伦理是尊重与接纳、个别化、非评判、保密等，显然，社会工作的很多价值理念与少年司法体系是相悖的。最初，美国少年司法诞生的时候明确，对未成年人的法律要包含儿童福利内容。但是在少年司法体系内，社会工作者会感到专业伦理与司法体系冲突。他们加入法律体系，将司法政策落实到行动中，尽量在司法惩罚和儿童福利中找到平衡点。在刑事司法体系中，社会工作者在实施司法政策时，会感到刑事政策是以惩罚性为前提和基础的，这与社会工作的专业伦理形成冲突。如在对未成年人的社区监管中，司法体系要求社会工作者肩负一定任务，这是强制性的，社会工作者不能推辞、不能讨价还价，也不能在他们的干预行为中有所偏差。

最后，司法环境的因素影响学生毕业后的就业意向。一个社会如何才能最好地将社会工作原则引入一个多年来基本上是惩罚性的体系中？在美国，刑事司法专业的大学毕业生比社会工作专业的多，而且他们在司法系统之外几乎没有工作机会。刑事司法专业毕业生的大量供应，以及他们想在

---

① K. L. M. Pray, The Place of Social Case Work in the Treatment of Delinquency, Federal Probation, Vol.9, 1945.

② S. Schwartz, H. V. Wood, Clinical Assessment and Intervention with Shoplifters, Social Work, Vol.36, 1991.

③ Clark M. Peters, Social Work and Juvenile Probation: Historical Tensions and Contemporary Convergences, Social Work, Vol.56, 2011.

这个系统工作的愿望,使得聘用他们变得容易。相比之下,社会工作专业毕业生可以在司法系统之外的许多领域找到工作。他们可以和老人一起工作,或在医院工作,或在学校担任治疗师,或为学生提供咨询,而对涉罪未成年人群体提供服务,社会工作面临的挑战更大,特别是在工资低、工作量大的情况下。一旦社会工作者进入司法系统,他们可能会发现自己有着不同的原则,同时还面临交流的冲突。社会工作专业毕业生与其他职业合作过程中最关键的问题,是互相不了解对方的领域、价值观、实践,不懂得不同专业之间的相处模式,这样难免会有摩擦和冲突。少年司法中,法律的正当程序性与社会工作的保密原则等价值观相冲突。

21 世纪以来,由于以下几个方面原因,美国少年司法中的社会工作又有所发展:(1)美国司法对犯人监禁的时间特别长;(2)有大量少年犯和成年人罪犯有精神问题(40%—70%);(3)根据联邦被害人办公室(Office for Victime of Crime)2005 年数据,2004 年有 2 400 万名 12 岁以上的少年和成年人是犯罪的受害者,同年,通过联邦和州的受害人服务项目,有 1 600 万项服务展开,其中将近一半是家庭暴力的受害者(47.3%);(4)700 万以上的人接受青少年矫正、缓刑、分流等项目;(5)司法社会工作的教育与培训课程逐渐增加,包括儿童监护的评估(父母是否犯重罪、虐待儿童、患有精神疾病等)、加害者的风险评估(是否患有精神障碍、物质滥用,将来是否会有暴力或者犯罪倾向)、准备出席刑事法庭的报告材料、对性侵犯加害者评估再犯危险性、对暴力犯罪的受害者进行危机评估、危机治疗、创伤治疗战略、熟悉对家暴受害女性和儿童的政策和介入战略、受害者的团体治疗、对有自杀倾向的少年和加害者进行治疗、对物质滥用者进行访谈、对少年加害者及其家庭进行多系统治疗、熟悉恢复性司法的政策与实践、采用改变阶段(change of stage)和跨理论模式(transtheory model)来治疗未成年人加害者。①

四、中断与后发:少年司法与社会工作互动路径之三

西方资本主义国家经济发达,福利制度与社会工作的起步较早,而与之

---

① Albert R. Roberts, David W. Springer(eds.), Social Work in Juvenile and Criminal Justice Settings(3rd ed.), Charles C. Thomas Publisher, 2007.

相比,一些发展中国家,如中国、南非、印度等,则由于社会发展的整体原因而出现完全不同的路径,这些国家现代意义上的少年司法制度发展较晚,基本上是近三十年发展起来的,有的国家虽然在 20 世纪初期有了社会工作或者少年司法制度,但是因为战争等原因而中断。随着联合国《儿童权利公约》颁布,参加公约的发展中国家逐步发展与完善本国的少年司法制度,在联合国的指引下利用后发优势快速跟进。这些国家在发展过程中,肩负着对少年罪错行为处置国际化标准的贯彻与执行,同时也要结合本国的社会经济文化环境的发展,探索出与西方截然不同的路径。

在西方,社会工作很早就开始在儿童福利与罪错少年领域开展服务,社会工作是推动少年司法制度出现的重要力量。而我国的路径不同,在我国,少年司法制度是社会发展中内生的产物。改革开放之初,青少年犯罪数量激增,并呈现低龄化趋势,从 1%—2% 上升到 6%—7%,上海市长宁区更是上升到 10%,青少年犯罪成为严重社会问题。上海市长宁区人民法院敏锐地意识到这个问题,1984 年 10 月,建立了新中国第一个少年法庭,对未成年人开设少年法庭,分庭审理、分案审理,用特殊理念和处置方式对待未成年人。这标志着我国少年司法制度的诞生,是原刑事司法体系和人员在工作方式和理念上的一次飞跃。从 1984 年到 2003 年的二十年时间内,少年司法制度在我国被认为是罪错行为少年的希望工程。1988 年 5 月,最高人民法院在上海召开全国法院审理未成年人刑事案件经验交流会,明确提出"成立少年法庭是刑事审判制度的一项改革,有条件的法院可以推广"。

尽管我国古代就有"恤幼""扶弱"的思想,但社会工作是"舶来品",不是我国的内生制度。随着西学东渐,社会工作自 20 世纪 20—30 年代传入我国,与社会工作相关的专业团体相继成立。但在 1952 年,社会工作专业被取消。20 世纪 80 年代高校里重新设置社会工作专业并招生,但是由于司法制度的封闭性,最初的社会工作毕业生几乎无法进入这一领域。

在法院系统内建立少年法庭时,由于当时社会工作在我国并不成熟,因此没有司法社会工作者的参与,司法人员花费大量时间进行案外工作,未检人员和少年审判人员既办案,又帮教,如走访未成年人家庭、判后回访等,工作的边界不清晰。

除了我国,还有一些发展中国家也经历了中断与后发的路径。例如在俄罗斯,社会工作始于 20 世纪初,20 世纪 90 年代中期,政治、经济和社会发生巨大变化，社会工作重新出现，并逐渐获得专业地位。①20 世纪 20 年代，南非的社会工作被公认为一种职业，而茱莉亚·斯洛特-尼尔森（Julia Sloth-Nielsen）则明确表示，这一职业是为贫困白人设计的。直到 20 世纪 90 年代中期，南非非洲人国民大会执政后，福利部才迫使这一制度为所有种族的人服务。也正是在这个时候，南非引入了独立的少年司法系统，为社会工作者发挥作用。少年司法系统的一贯特点是通过立法加以实施。社会发展部长为分流服务提供者维持认证制度。与世界上大多数国家一样，南非在为农村地区提供转介服务方面面临挑战。即便如此，南非还是大大减少了被监禁儿童的数量。南非的立法与英国和北美的趋势并行，他们为青年人设立了改革机构，希望不要在警察牢房中对儿童进行审前拘留，并从理论上阻止了对儿童的拘禁。②

　　印度在 2000 年《少年司法法案》（Juvenile Justice Act）的支持下建立了两个不同的机构——儿童福利委员会和少年司法委员会。少年司法委员会在司法机构中的地位与其他下属法院相同，而儿童福利委员会则属于行政部门，受印度各州的妇女和儿童发展部管理。少年司法委员会由一名治安法官和两名社会工作者组成，其中一人必须是女性，对与青少年有关的所有案件行使权力，不论其犯罪的性质如何。他们根据法律授权，从调查阶段到处置阶段作出决策。法律要求案件的最终判决要由至少两名司法委员会成员签署。社会工作者的存在有助于了解涉案少年在司法框架外的社会经济状况，此外，女性社会工作者的存在得到了法定认可。③

五、全球少年司法与社会工作互动的特点

（一）互相渗透与不均衡：少年司法模式与社会工作角色

　　少年司法与社会工作的互动取决于各自的发展。少年司法制度被誉为司法制度的"明珠"，虽然脱离于刑事司法，但是一直是司法体系的重要部

---

① Catherine A. Hawkins, Karen S. Knox, Gender Violence and Discrimination in Russia: Learning from an American-Russian Partnership, International Social Work, Vol.57, 2014.
② J. O. Midgley, The Treatment of Juvenile Offenders, Acta Juridica, Vol.188, 1975.
③ Anuradha Saibaba, Juvenile Justice: Critically Juxtaposing the Models in India and Singapore, https://law1.nus.edu.sg/asli/pdf/WPS028.pdf, 2020 年 7 月 30 日访问。

门。而对于社会工作来说,这个领域一直在为获得专业认可而苦苦挣扎。西方社会工作发展历史较为悠久的国家,社会工作的认可度高些,但是在发展中国家,社会工作实践起步时间不长,社会认同度较弱。这使得两者互动在一种不对等的情况下发展,展现出极大的不均衡性。

少年司法与社会工作互动的本质是司法与福利的融合,但两种理念截然不同,各国根据不同的国情发展出多种少年司法的模式,包括福利模式、司法与犯罪控制模式、修正的司法模式、合作模式等。福利模式以欧洲部分国家,尤其是北欧国家为代表,司法与犯罪控制模式以美国为代表,修正的司法模式以加拿大和南非为代表,合作模式以英国英格兰和威尔士为代表,各种模式独具特色,都是本国在经济政治文化等制度下的历史选择。

(二) 工作重点的变迁

从全球来看,在少年司法与社会工作互动过程中,工作与服务重点随着时代发展有所变迁。首先,从缓刑矫正转向预防。缓刑是社会工作在司法领域中的最初阵地。在美国,社会工作发展初期开展了大量帮助缓刑未成年人的工作。但是到 20 世纪 50 年代和 20 世纪 60 年代,许多社会工作者对自己在犯罪处遇中的行为有了不同看法。由于法院司法部门能力的增强,社会工作的成效被怀疑,缓刑组织可以自己弥补社会工作留下的专业真空,导致社会工作者在法庭活动中的作用减弱,他们越来越多地转向预防犯罪。预防工作受益于联邦基金会,他们越来越多的任务不涉及减少犯罪(这是少年法庭创始的主要目标),而是使儿童远离法庭。[1]联邦政府为青少年反贫困战争提供了重要支持,让人们更加重视预防犯罪。[2]社会工作者越来越多地参与到社区犯罪预防活动中。

此外,社会工作者在司法领域保护儿童的岗位角色得到拓展。政府儿童福利机构以及少年司法体系改革为社会工作者提供了就业机会。例如,美国伊利诺伊州和纽约市将其少年司法和儿童福利国家机构正式合并。[3]尽管合并可能主要是由经济衰退引起的国家预算需求触发的,但也表明对

---

[1][2]   A. R. Roberts, P. Brownell, A Century of Forensic Social Work: Bridging the Past to the Present, Social Work, Vol.44, 1999.

[3]   J. Bosman, City Signals Intent to Put Fewer Teenagers in Jail, New York Times, January 20, 2010, at A31.

少年服务机构共同使命的认可。这些改革提供了机会,在具有儿童福利服务的机构主持下,以社会工作原则重振少年司法系统。人们关注经济投入的效果,承认少年司法中存在种族差异,这些导致监禁替代方案增加,从而更多情况下会将少年犯安置在需要监督和支持服务的社区。①20 世纪 70 年代及以后,随着少年司法系统的稳定发展,法院和矫正行政人员试图填补新出现的职位。但是,社会工作学校没有响应。②一位评论员估计,在 1975 年和 1976 年,大约有 6%的社会工作硕士进入矫正领域,只满足了不到 20%的需求。③

(三) 互动的产物:未成年人司法社工

少年司法体系中的社会工作者称为未成年人司法社工,未成年人司法社会工作的英文是 Social Work in Juvenile Justice,但目前中文并不统一,也有人称之为"青少年司法社会工作"或者"少年司法社会工作"。如果从概念的逻辑关系而言,未成年人司法社会工作一方面服务社会工作最初关注的弱势群体——儿童与未成年人,另一方面关注司法领域,即两个领域的交叉发展。社会工作者被全世界公认为是儿童保护政策、管理和实践的核心专业团体,从事儿童福利和儿童保护工作。狭义的未成年人司法社会工作服务主要集中在未成年人刑事司法体系内,他们服务的未成年人首要是有罪错行为的青少年,对未成年人提供支持,保障未成年人权利,增强儿童福利,可以在侦查阶段、审查起诉、庭审阶段等各阶段提供服务,为预防青少年犯罪进行宣传,帮助少年犯康复,进行社会观护等。广义上的未成年人司法社会工作还包括对民事领域、行政领域的未成年人服务,服务范围还扩大至受虐待、被遗弃和忽视的儿童、困境儿童。其扎根于儿童福利和少年刑事司法心理健康、教育、社会服务、人权和社会公正,帮助个人、家庭和社区在法律制度、政策倡导方面进行改革,保护未成年人。

国际社会工作者联盟(International Federation of Social Workers)认为,未成年人司法社工主要的工作任务是:(1)了解问题,进行社会变革,了

---

① Reform the Nation's Juvenile Justice System, Annie E. Casey Foundation, 2009.

② Clark M. Peters, Social Work and Juvenile Probation: Historical Tensions and Contemporary Convergences, Social Work, Vol.56, 2011.

③ J. H.Ward, Promises, Failures, and New Promises in Juvenile Justice: Imphcations for Social Work Education in the 1980s, Journal of Gerontological Social Work, Vol.15, 1979.

解罪错青少年群体的需求;(2)解决问题,如人际关系问题、家庭关系问题;(3)赋权,提高青少年的社会福祉,提高他们的独立性。[1]

　　未成年人司法社会工作既是社会工作的一个重要分支领域,也是司法制度中的关键要素。社会工作者天然关注儿童等弱势群体,而司法体系中的未成年人更加具有特殊性,也是一种特殊的困境,他们通过罪错行为来向社会表达一种信号,说明他们在家庭、学校、心理发展、朋辈群体等一方面或者多方面急需加强支持,如曾遭遇虐待,或者作为留守儿童缺少关爱等。

　　青少年司法社会工作具有综合性和跨界性,实践场域受到法律和政策影响,服务的提供受到如儿童福利、精神卫生、教育、卫生、药物滥用、少年司法、司法调解与和解等各方面价值理念、政策的影响,需要在法律框架下结合运用社会工作伦理、方法和技巧。如果是为少年司法程序提供服务,就更加需要了解法律法规和程序。未成年人司法社会工作的服务范畴与其他司法社会工作有重叠。司法社会工作还包括矫正司法社会工作、禁毒社会工作。矫正与禁毒社会工作是按照职能来进行划分的,而未成年人司法社会工作是以服务对象年龄为划分依据,这就必然造成一部分的服务群体之间存在重叠,如吸毒未成年人的社区矫正由谁负责? 这主要是按照地方规定处理。

小结

　　对社会工作与少年司法两种文明起源的考察是我们了解其历史互动的根本。通过大量文献研究,我们得知,社会工作由志愿性助人演变为专业化助人,早期的社会工作者以儿童为服务对象,并推动了少年法庭与少年司法制度的诞生与发展。少年法庭的创办人中有许多是社会工作者——他们看到青少年与成年人的差异,意识到未成年人身心发育的特殊性,致力于在司法体系保护未成年人的利益,社会工作在政策倡导的同时,投入少年司法领域帮助有罪错行为的未成年人。少年司法制度天然需要以治疗和康复为己任的社会工作者。缓刑是早期两者结合的最初领域,随着现代化过程中两种制度的逐步完善与联合国《儿童权利公约》的颁布,两者更为紧密地结合

---

[1]　参见 International Federation of Social Workers,2004。

起来。

回顾历史,少年司法与社会工作在互动融合的过程中,呈现出三种不同张力:亲和与稳定使得二者彼此需要,少年司法成为社会工作重要的服务领域,而社会工作者成为少年司法关键角色;矛盾与冲突让两者在互动中保持彼此独立,尊重对方,随时保持专业性反思;而中断与后发是在部分国家的另一种互动呈现形式,以我国为代表。我国结合西方社会工作与本土化少年司法制度,在社会工作中断若干年后,在司法体系内从嵌入式发展到互动与融合式发展,走出一条与西方完全不同的发展之路。

第二章　司法与福利：少年司法与社会工作互动的思想基础

　　未成年人犯罪是一个不能片面审视的问题。儿童利益最大化是少年司法制度的基石，在此基础上，本书立足国际视野，分析少年司法与福利关系，认为福利因素是少年司法的必然内核，各国少年司法制度的不同就是福利内容体现多少的差异。而在少年司法和社会的关系上，两者并非嵌入或者介入的关系，而是共生关系。无论是福利还是社会因素，都是柔性司法的体现，也反映了少年司法的本质特征。我们需要在儿童福利和儿童权利的视角下，将少年司法作为少年保护体系中的一环，将未成年人犯罪和少年司法问题放在更为广阔的视野下。

　　目前，我国的少年司法制度已经存在并运行了四十年，是时候进行方向性反思。未来发展中，最为重要的是少年司法应该持有什么样的独特理念，这在根本上决定少年司法制度的发展方向，需要我们明确少年司法具有哪些本质内核与特征。在本土化的基础上，吸收和借鉴少年司法制度发展历史较为悠久的国家和地区的经验，在理论、制度框架、实践等诸多方面深入推进改革。

一、少年司法与儿童福利：保护主义还是折中主义？

　　在儿童利益最大化的基础上，我们需要梳理司法与社会、司法与福利，以及司法与儿童权利的关系。少年司法中，少年司法是注重福利还是强调司法？司法与福利是不是两分法（dichotomy），这个问题一直是少年司法制度的基础理论问题，是这一制度发展的关键问题，也是改革过程中避不开的话题。

　　少年司法中存在司法与福利两方面的因素，"司法"以惩罚、控制、强制性为特点，而"福利"则以温和、给予和柔性为内核，司法与福利两个因素完全不同，甚至水火不相容，各制度都有不同目标和服务群体，但是少年司法制度中，在儿童利益最大化的基础上，需要两个因素较好地融为一体。少年司法是注重福利还是强调司法？在国外，这一问题的讨论被称为少年司法的"两分法之争"，成为少年司法制度奠基的核心问题。司法与福利两分法是有问题的，一是过于简单地将少年司法两极化，二是反映了少年司法在理论上的无力。少年司法制度具有双重角色，在儿童利益最大化的基础上，需要较好地将两个因素融合成一体。

对犯罪的未成年人，有人提出应该采取绝对保护主义，不论未成年人出现何种行为都予以保护和照护。还有人提出采取折中主义原则，将司法与福利杂糅起来，一方面关爱，另一方面也要震慑；左手是爱，右手是司法。保护主义和折中主义之争在根本上还是少年司法的"二分法"问题，为解决这一问题，我们需要在儿童福利和儿童权利视角下，将未成年人犯罪和少年司法放在更为广阔的系统框架下，明确在少年司法应该采取的原则：系统原则、福利原则、保护原则，但也不能忽视公共安全利益。法庭需要从长远的方面来进行考虑，而不是眼下的儿童短期福利。[①]

（一）少年司法与福利问题的国际争论与实践

回顾国际社会对司法与福利两分法的讨论，国外少年司法研究人员反思这一问题，因为这是少年司法制度的核心问题。在英国苏格兰，1908年之前没有独立的少年司法制度。1908年《儿童法案》创建了少年法庭，从那时起，就一直在福利与司法之间摇摆。少年犯是需要治疗还是需要惩罚，需要关照还是控制，两种声音之间一直没有停止争论。

这种争论会反映在立法中。例如英国1969年《儿童与青少年法案》，[②]根据这部法律，改革者认为青少年应该完全从已有的司法体系中分离出来。这部法律很好地反映了福利主义与司法主义之间的分歧，也反映了两者之间的妥协。在20世纪80年代的英格兰和威尔士，建立了以司法为主（justice-oriented）的最小司法介入战略（minimalist youth justice strategies），而在法

---

① Robert Johns, Using the Law in Social Work, Learning Matters, 2003, p.57.

② http://www.legislation.gov.uk/ukpga/1969/54，2018年4月2日访问。

国，法官、社会工作者、问题青少年家庭对此展开讨论。印度 2015 年《少年司法（未成年人照护与保护）法》[The Juvenile Justice (Care and Protection of Children) Act，2015]将司法与照护和保护并列，设计出少年司法委员会和儿童福利委员会作为未成年人实践的处置主体，将未成年人加害人处遇和未成年人受害人保护置于一个法律之中，全面规定各类未成年人的司法保护。

福利原则是很多国家法庭处理儿童案件的第一原则。法国少年司法制度在起源、路径、青少年犯罪等方面深度嵌入福利主义思想。在法国，社会工作者是少年司法的前沿与核心角色，代表创新的社会力量，主要通过社会预防与社会介入方式对被社会边缘化的青少年进行社会介入，主要集中在青少年的教育、就业和培训领域。①法国社会工作者代表福利因素，与其他职业、机构、组织密切配合，加强困境青少年及其家庭的教育和职业发展机会，提高其生活质量，在少年司法领域发挥重要作用。加拿大 1933 年《儿童与青少年法案》（Children and Young Persons Act 1933）第 44 条要求对进入少年司法体系的未成年人，无论是少年犯罪嫌疑人还是其他角色，每个法院都要运用福利原则。②英国福利主义倾向于注重家庭功能，③在 1989 年英国《儿童法案》（第一部分）中规定，法庭应该认为儿童福利是最重要的。

芬兰作为北欧国家，向来以高福利著称，其少年司法模式也受到高社会福利模式影响。芬兰 1983 年的《儿童福利法案》（Child Welfare Act 1983）与 2008 年《儿童福利法案》（Child Welfare Act 2008）等几部法律都对触法少年采取保护性措施，对罪错少年处遇和监管等措施都由福利部门承担，严格意义上并没有未成年人刑事司法系统。④注重不去阻断并尽量恢复未成年人的社会化进程，实现"刑事司法系统和社会福利系统之间实现无缝衔接，未满 15 周岁的少年可以进入社会福利系统接受教育或矫治，即使对 15

---

①③ John Pitts, The New Politics of Youth Crime: Discipline or Solidarity?, Russell House Publishing, p.175.

② Raymond Arthur, Protecting the Best Interests of the Child: A Comparative Analysis of the Youth Justice Systems in Ireland, England and Scotland, International Journal of Children's Rights, Vol.18, No.2, 2010.

④ 侯东亮:《芬兰少年司法福利模式及其启示》，载《预防青少年犯罪研究》2012 年第 1 期。

周岁以上的少年触法者,社会福利系统仍然为其福利需要提供帮助"。①在福利化处遇过程中,强调社会力量的介入,设计特殊的调解程序,注重刑罚的非监禁性,多采取社会化替代措施。

然而,福利原则并未在所有国家得到贯彻与施行。这并不意味着法庭不考虑地方政府和父母对孩子所做的,也不意味着这一原则一劳永逸。法庭也不能忽视公共安全利益,例如1998年英国《犯罪与扰乱秩序法案》(Crime and Discorder Act 1998)中强调,法庭需要考虑长远方面,而不是儿童的短期福利。②英格兰《别再找理由》(No More Excuses)白皮书反映了少年福利原则的边缘化,认为对任何犯罪的人,包括少年都需要进行惩罚。因此,国家的立法机构认为,少年司法制度的第一要务是惩罚犯罪,而不是儿童利益最大化。③否则少年司法制度所保护的未成年人就会威胁社会公共安全,少年司法制度应该扮演预防犯罪的角色。英格兰《刑事司法法案》(Criminal Justice Act)第9条和2008年《移民法案》(Immigration Act 2008)重申,审判少年犯的主要原则是预防犯罪和再犯原则。④儿童利益最大化原则让位于预防犯罪,司法系统首要考虑预防犯罪和保护公共利益,这一思想直接导致英格兰对未成年人的高监禁率,受到联合国批评。联合国认为英格兰并没有履行《儿童权利公约》第37条,将拘留作为最后手段,英格兰的儿童权利委员会对这一问题也同样关切。⑤

(二) 司法与福利的各自元素

司法和福利各自包含一系列元素,我们要对司法与福利要素进行分解,这样有助于我们进一步了解其在少年司法制度中的作用。司法模式包含以下要素:(1)法律的正当程序(due process)。注重法律程序,公正审判,一视同仁地对待每个人。(2)尊重律法主义(legalism)。强调法律条文,注重法律强制性。(3)辩护程序(adversarial procedure)。控辩双方努力还原真相。(4)仪式感。法庭上,法官穿法袍,严肃庄严,具有仪式感。(5)公平与

---

① A. R. Roberts(ed.), Juvenile Justice Sourcebook: Past, Present, and Future, Oxford University Press, 2004.

② Robert Johns, Using the Law in Social Work, Learning Matters, 2003, p.57.

③④⑤ Raymond Arthur, Protecting the Best Interests of the Child: A Comparative Analysis of the Youth Justice Systems in Ireland, England and Scotland, International Journal of Children's Rights, Vol.18, No.2, 2010, pp.217—232.

一致性。(6)责任。具有刑事责任能力者,需要为自己的行为承担后果。(7)以行为为导向。注重行为,强调犯罪行为而不是行为者。

而福利模式则强调:(1)弹性程序,不注重固定程序。(2)跨学科合作。需要律师、社会工作者、老师、青年工作者、健康工作者,一起讨论并找到解决问题的最好办法。(3)非问询式的程序。每一方被鼓励发表不同的观点。(4)非正式化。可以在非正式的场合无需着正装,圆桌讨论。鼓励所有方面多表达,包括少年和父母。(5)强调采用专业方法,帮助孩子改变错误行为,远离刑事犯罪。(6)犯调查罪原因。注重青少年福利及其成长,强调解决问题的潜在方式。(7)注重人,强调人而不是其行为。

综上,司法与福利作为两极,各国在少年司法的顶层设计和战略发展中会根据本国社会、经济、文化、福利水平等多方面进行选择,如高福利的芬兰等北欧国家选择福利司法模式,而其他国家,尽管不是福利模式,也会渗透福利思想,因为少年司法制度创设是基于未成年人特殊性。我国少年司法路径选择中,也有人对福利因素提出质疑,认为少年司法的基础理念和实践本身都与福利的理念相左。①

我们认为,福利因素的注入正说明了少年司法是柔性司法,与成年人刑事司法相比有很多特殊之处。如果没有福利因素的注入,就不是真正意义上的少年司法。关键问题是,我们在多大程度上和多大范围上引入福利因素,从立法层面做顶层设计,进而在司法实践层面做进一步延展。就我国少年司法制度而言,制度化福利因素缺失,我国需要导入更多的柔性司法因素。

二、少年司法与儿童权利

少年司法中还存在着重要的价值理念,就是儿童权利。儿童福利带有怜悯弱者和施舍的含义,但是如果从儿童权利的角度而言,司法体系需要看到并尊重儿童在身心发育时期拥有的特殊权利。我们必须建立一个新的文明社会,提供两种不同的社会环境,一个是为成人的,另一个是为儿童的。②

---

① 高键、王淇:《少年司法福利性之质疑》,载《预防青少年犯罪研究》2012 年第 3 期。

② [意]玛利亚·蒙台梭利:《童年的秘密》,单中惠译,中国长安出版社 2010 年版,第 4 页。

儿童世界的建立是以我们尊重其权利为前提的。

儿童权利通过一系列国际公约得以确立。《国际人权公约》对儿童权利进行规定。各缔约国履行尊重、保护和实现人权的法律义务，其中包括儿童人权，相关国际文件包括《国际人权法》、1948 年《世界人权宣言》、1966 年《公民权利和政治权利国际公约》和《经济、社会及文化权利国际公约》，以及《消除一切形式种族歧视国际公约》和《消除对妇女一切形式歧视公约》，这些国际公约框架建立起国际人权保护体系，《国际人权法》的一项基本原则是，它在任何时候都适用于所有人，这意味着《国际人权法》对儿童和青少年也同样适用。

为进一步突出对儿童权利的特殊保护，联合国颁布了一系列儿童权利宣言或公约。1959 年联合国《儿童权利宣言》①规定十原则，包括儿童应享有本宣言所载之一切权利，不因其种族、肤色、性别、语言、宗教、政见等而有任何差别；儿童应该得到特别保护，并应以法律及其他方法予儿童以机会与便利，使其能在自由与尊严之情境中获得身体、心智、道德、精神、社会各方面之健全与正常发展；为达此目的，制订法律应以儿童之最大利益为首要考虑；儿童应享受社会安全之利益，儿童应有权在健康中生长发展，儿童应有获得适当之营养、居住、娱乐、医药、教育之权利；儿童在一切情形之下应在最先受保护与救济之列；儿童需要爱与了解，以利其人格之充分和谐发展；对儿童要加以保护，儿童应享受社会安全之利益，儿童应有权在健康中成长发展。

1989 年联合国《儿童权利公约》②更加完整地阐述了儿童权利，成为各国制定国内儿童保护法律的根本指导原则。这部公约在全球影响广泛，截至 2015 年 10 月，有 196 个缔约国。公约一共 54 条，全面汇集并阐述儿童权利，旨在全方位保护儿童权利，开发儿童全部潜能。公约规定，所有儿童有相同权利，儿童权利包括儿童的生存权、受教育权，经济、社会和文化权，姓名权等多项权利。此外，还号召各国为儿童提供资源，保护儿童免受忽视、剥削和虐待的侵害，帮助其提升技能，确保儿童的生存和最大限度地开发其能力。所有权利都是相互关联的，而且有着相同的重要性。

在儿童权利之外，1985 年，国际社会针对进入司法系统的未成年人制

---

① 联合国公约与宣言检索系统：https://www.un.org/zh/documents/treaty/files/A-RES-1386(XIV).shtml，2018 年 4 月 2 日访问。

② 联合国儿童基金会：https://www.unicef.org/chinese/crc/，2018 年 4 月 2 日访问。

定《联合国少年司法最低限度标准规则》①（又称《北京规则》），为了满足少年犯的不同需要，同时保护他们的基本权利：在诉讼各阶段，应保证基本程序方面的保障措施，诸如假定无罪、指控罪状通知本人的权利、保持沉默的权利、请律师的权利、要求父亲或母亲或监护人在场的权利、与证人对质的权利和向上级机关上诉的权利（第7.1条）。应在各个阶段尊重少年犯享有隐私权，以避免由于不适当的宣传或点名而对其造成伤害（第8.1条）。同时满足社会需要，彻底和公平地执行规则，应努力在每个国家司法管辖权范围内制订一套专门适用于少年犯的法律、规则和规定，并建立受权实施少年司法的机构和机关。详细规定刑事责任年龄、少年司法目的、处置权限、少年权利、保护隐私的原则，并详细就少年司法程序中的调查与检控、审判与处理进行规定，尽量适用非监禁处遇。若适用监禁待遇，被监禁少年的培训和待遇的目标是提供照管、保护、教育和职业技能，以便帮助他们在社会上起到建设性和生产性的作用（第26.1条）。

由于司法体系的特殊性，未成年人权利需要在这个环境中被给予特别保护。如1990年《联合国保护被剥夺自由少年规则》②（又称《哈瓦那规则》）。《联合国保护被剥夺自由少年规则》规定少年司法系统应维护少年的权利和安全，增进少年的身心福祉（第1条）。要求主管机构应不断致力使公众认识到，照料好被拘留的少年，让他们为重返社会做好准备，是一项非常重要的社会服务，为此目的，应采取积极步骤，促进少年与当地社区公开接触（第8条）。规则详细规定了对未成年人限制自由的基本原则、少年司法的设施、分类安置、环境和住宿条件、教育、职业培训和工作、医疗护理等。被逮捕扣押的少年或待审讯（"未审讯"）的少年应假定是无罪的，并当作无罪者对待（第17条）。

三、少年司法与社会支持：嵌入还是共生？

如果将从刑事司法中分离出来的少年司法作为本位，社会因素的注入

---

① 联合国公约与宣言检索系统：https://www.un.org/zh/documents/treaty/files/A-RES-40-33.shtml，2018年4月3日访问。

② 联合国公约与宣言检索系统：https://www.un.org/zh/documents/treaty/files/A-RES-45-113.shtml，2018年4月3日访问。

被很多研究者视为一种嵌入，尤其是以专业助人为宗旨的社会工作，作为福利和社会的代表力量，进入少年司法领域以来，尽管存在诸多契合之处，但是仍然被认为是作为外来因素嵌入少年司法制度中。然而，当我们重新审视少年司法的本质时，发现司法需要社会力量，两者是共生关系。

无论是司法与福利的争论，还是司法与社会的探讨，在本质上都认为社会与福利是柔性力量的因素，因此将司法作为一个体系，将社会或者福利因素作为另一个体系，有人提出双轨制发展路径，或者"两条龙"的发展思路，这在本质上是一致的。在少年司法制度中强调多学科、多机构和多部门的共同参与。

然而，在我国历史文化中，国家与社会的关系直接影响了少年司法中司法与社会支持的关系。尽管国家利益与社会利益有机契合，但是代表国家的司法体系较为强势，拥有话语权，社会支持体系的权利相对薄弱，这在少年司法体系中造成社会支持力量很难进入司法领域，司法权力与儿童权利之间缺乏社会力量监督，同时也鲜有社会力量参与。随着我国少年司法制度逐步建立，学界和实务界都认识到社会支持的重要性，同时也受到国际儿童权利观念的影响，我国司法体系逐步重视儿童权利，主动邀请社会支持力量进入少年司法体系中，倡导社会工作专业人员服务司法体系中分流出来的未成年人，关注未成年人的需求。国家与社会从原来的"命令与服从"模式开始转变为互相增权模式，国家在公共基础设施、公共事业方面打破垄断，引入社会力量，为进入少年司法体系中的未成年人提供更多服务，并将人性化、柔性化的社会工作服务视为公共物品。国家与社会齐心协力，通力合作，控制青少年犯罪。

少年司法体系的建构者需要有全面、系统的思维，在评估和决策过程中，在正确的时间内对未成年人给予恰当帮助。少年司法的发展方向是将司法与社会（福利）及其代表机构融通起来，打破部门之间壁垒，建立起通畅的保护与沟通机制和全方位的处遇体系。调动众多的职能部门和社会机构，尽量将罪错少年移出司法程序，通过早期干预和强有力的社区替代措施进行治疗。

综上，理念是少年司法制度未来发展与改革过程中的首要问题，是指路明灯，理念不定，实际中的诸多措施就会出现矛盾或摇摆。我国的少年司法制度要坚持注入福利因素，加强社会支持，将未成年人的司法保护作为未成年人事业的重要战略部署，不断推进与完善。

第三章　少年司法与社会工作
互动的基础理论

　　实践的深入需要理论指引。少年司法急需对社会工作与司法体系的理论基础进行深入研究。社会工作与少年司法两个体系都有独立的价值取向和行为规范,互动须建立在一定的理论基础上,本章将探究两个体系互动的基础理论。除了少年司法的最小干预与国家亲权理论,目前理论研究匮乏。本章深入分析传统少年司法体系历史发展与现实问题,认为社会工作符合少年司法的内在需求,社会工作的干预契合少年司法对社会服务的需求。

　　少年司法理论和方法的特殊之处是多学科和领域交叉,其理论借鉴了人体生理学、心理学、社会学、犯罪学、法学、社会工作等多学科的贡献,诸多领域的专家学者从本专业出发对未成年人犯罪与司法处遇进行研究,虽在未成年人司法领域尚未达成统一性、共识性的通用理论,但形成了一些相对成熟的理论和方法,这些理论之间相互补充。本章综合已有研究成果,简述常用的少年司法与社会工作发展理论,以期对未成年人犯罪行为治疗提供理论基础。

一、脑神经科学与神经发育理论

　　少年司法制度的前提是人们认为未成年人和成年人有本质不同,未成年人群体比成年人更具可塑性。但是很长时间以来并没有令人信服的理论基础。20 世纪 90 年代中期,美国麦克阿瑟基金会(MacArthur Foundation)启动了一项青少年发展和少年司法研究网络。该研究网络由青少年发展专家劳伦斯·斯坦伯格(Laurence Steinberg)博士率领,由来自不同学科的研究人员和实践者组成,整个研究历时十年,研究成果与结论为美国少年司法提供了丰富养分,对美国少年司法具有导向作用。该研究的重大发现之一就是神经科学对少年司法模式与范式的影响。

这一研究发现,随着个体的成长,大脑不断发育,青少年的冒险行为、易受同伴压力的影响以及改变的能力受到大脑发育程度影响,这一证据有力地证明了青少年与成年人的不同。同时,研究也发现,世界各国未成年人的成长过程中脑神经发育方式基本相同,这是政策制定者对未成年人制定独特处遇方案的基础。

儿童大脑的第一个生长期是在子宫内直到婴儿3岁。因此这段时间对于预防和早期干预尤为重要。神经学研究认为,在大脑发育早期即出生前和幼儿期,各种负面行为对婴儿大脑发育具有破坏性影响,这些负面行为包括遭遇虐待、被忽视和遭受暴力。有人认为,不良的父母依恋关系、直接与间接受虐和创伤会对儿童的大脑发育产生负面影响,并可能导致成年期的情绪和行为不良问题。派瑞(Perry)等人[1]解释了遭遇忽视和创伤经历对婴儿发育的潜在影响,其中包括调节认知、情感、社会和生理功能的神经系统的功能,并可能导致各种困难:例如语言延迟、运动延迟、冲动、烦躁和多动症等。童年经历过创伤的未成年人,童年不良经历对他们大脑发育影响更大,并且能使这些冲动和冒险行为更加明显。儿童在逆境中成长的时间越长,表示他们遭遇不良经历越早,对后期成长的影响就越普遍越持久。研究结果表明,当儿童脱离不良环境时,他们的功能性能力会逐渐恢复,在这种不良环境中所处时间越短,后期恢复得越好。[2]

新兴的神经科学研究证明,个体的认知与功能性发展、情绪调节至少要到25岁左右才完全成熟。在此之前,青春期个体的成熟程度与儿童的生理、情感和心理社会成熟度呈现紧密的相关性。在青春期,个体大脑的神经系统快速发育并逐渐成熟。在这段时期,社会和认知功能受到影响,未成年人偏差行为表现得较为明显,表现出强烈的冲动,从而影响他们的判断力和

---

[1]　B. D. Perry, R. A. Pollard, T. L. Blakley, W. L. Baker, D. Vigilante, Childhood Trauma, the Neurobiology of Adaptation, and Use Dependent Development of the Brain: How States become Traits, Infant Mental Health Journal, 16(4), 1995, pp.271—291.

[2]　B. D. Perry, Childhood Experience and the Expression of Genetic Potential: What Childhood Neglect Tells Us about Nature and Nurture, Brain and Mind, 3(1), 2002, pp.79—100.

对社会的理解能力。①这些大脑与神经系统发育的特点可能会导致未成年人在遇到问题时无法作出正确的判断和决策,一些过激行为就会违反社会规则,引起警察关注。

研究人员克里登(Creeden)在 2013 年提出:"从未成年人发展历史和发展阶段的角度看待未成年人是整个评估和治疗过程的重要基础。"为未成年人服务的工作人员要有从整体发展出发进行评估的视角,此外,工作中还可以辅助应用各种创伤和神经疾病评估的仪器,这有助于了解每个儿童的发育水平,尤其是有行为偏差儿童产生发展障碍的原因。在干预方面,他建议将儿童的神经发育作为一个整体,进行早期发展任务干预(如协调、依恋、身体意识、生理调节、对社会关系线索的准确把握),然后根据儿童个体情况再转移到更高阶段的发展任务(如社会规则和技能、个人责任、理解个人偏差行为对他人的影响)。

在少年司法人员的工作中,很重要的一点是了解儿童所处的关系网,充分考虑当下的发展里程碑,哪些是还未达到的,确保干预措施的重点是帮助他们达到与他们年龄相适应的发展目标。干预措施应适用于儿童的发展阶段,并开展适当的游戏来辅助这一阶段。一旦掌握了"基础"技能,与偏差行为相关的更复杂问题就能得到解决并获得成功。

二、心理弹性理论

弹性的英文是 Resilience,中文翻译又称为抗逆力,通常被定义为应对及克服逆境的能力,即指个体在历经生命中的严重危机事件后,依然能成功应对危机的心理机制。影响未成年人心理弹性的因素按照不同标准有不同分类方式,按照性质与功能可以分为危害性因素和保护性因素;按照范围可分为个体因素、家庭因素和更广泛的社会因素。如果我们能够将所有因素综合考虑,提供一定综合性框架,就可以更好地为未成年人提供保护性因素,培养未成年人的心理弹性,当未成年人面临危害性因素的时候,积极调

---

① D. Chater, Universities of Crime: Young Adults, the Criminal Justice System and Social Policy, Transition to Adulthood Alliance, 2009. S. B. Johnson, R. W. Blum, J. N. Giedd, Adolescent Maturity and the Brain: The Promise and Pitfalls of Neuroscience Research in Adolescent Health Policy, Journal of Adolescent Health, 45(3), 2009, pp.216—221.

动保护性因素来激发其心理弹性。

首先是个体因素：(1)性别因素：研究发现，女孩的心理弹性明显高于男孩；[①](2)人格特征：儿童的心理弹性大多与积极的人格品质呈现正相关，与消极的人格品质呈现负相关；[②](3)社会认知：许多研究表明，作为自我觉知能力组成部分的自我效能感是心理弹性的一个重要的保护因素。[③]

其次是家庭因素，家庭结构变量、家庭功能变量、家庭成员的行为变量都对儿童心理弹性的发展有着深远影响，同时，家庭的依恋关系、家庭支持、父母的养育方式、家庭经济状况、与子女互动时间、家庭相互关怀程度等方面都会影响儿童的心理弹性。

最后是社会因素，包括良好的学校环境、师生关系、朋辈群体关系、归属感和自我价值感等都对青少年心理弹性有影响。

拥有心理弹性的未成年人更易克服生活环境给其带来的困难，作出积极的生活选择，并拥有一个长期向好的发展结果。大多数儿童和未成年人会在周围人的影响下发展心理弹性：包括他们的父母或监护人，家庭成员和其他重要人物。[④]然而，对一些未成年人而言，在他们成长的环境中没有机会从周围人身上发展心理弹性。当地社区和儿童服务提供者可从以下几方面注重并促进儿童发展：心理健康；良好的社交技能，包括同理心、沟通、亲社会行为；解决冲突/问题的能力；自尊和自我控制意识；希望意识、自我成就动机；朋辈群体的积极影响；积极、支持和关心成年人的生活；有意义的参与机会；扩大支持网络。

1997年，吉莉安(Gilligan)将心理弹性的三个基本构建模块描述为：以安全为基础，使未成年人有归属感和安全感；良好的自尊，内在价值观和能力；自我效能感，掌控和控制意识，以及对个人优势和局限的准确理解。[⑤]

① 李志凯：《留守儿童心理弹性与社会支持的关系研究》，载《中国健康心理学杂志》2009年第4期。孙晨哲、武培博：《初中生学校归属感、自我价值感与心理弹性的相关研究》，载《中国健康心理学杂志》2011年第11期。

② J. Block, A. M. Kremen, IQ and Ego-resiliency Conceptual and Empirical Connections and Separateness, Journal of Personality and Social Psychology, 70, 1996, pp.349—361.

③ 张坤：《我国儿童心理弹性研究的回顾与展望》，载《华东师范大学学报》2015年第4期。

④ K. Black, M. Lobo, A Conceptual Review of Family Resilience Factors, Journal of Family Nursing, 14(1), 2008, pp.33—55.

⑤ R. Gilligan, Beyond Permanence? The Importance of Resilience in Child Placement Practice and Planning, Adoption & Fostering, 21(1), 1997, pp.12—20.

在 2006 年，哈克特（Hackett）提出未成年人心理弹性的干预框架，核心要素包括：为年轻人建立支持性专业关系，使他们的生活中至少有一名关键、友好的成年人；帮助年轻人建立积极和互惠的朋辈专业关系；鼓励学校开展干预措施并取得积极效果；培养年轻人的才能和兴趣；通过为主要照护者提供他们可以信任的安全人员来建立家庭抗逆力；鼓励参与和计划，使年轻人和家庭成为计划的中心；为年轻人提供设定、实现目标和支持社会目标的机会。

正如某些风险因素增加了犯罪风险一样，心理弹性因素降低了不良事件的影响并减少犯罪行为的发生，[1]在生活中可以保护未成年人免受伤害。心理弹性的发展是人际关系的结果，可以有效减少危害儿童健康和福祉的不利生理、心理和社会因素的影响。心理弹性被描述为"个人成长过程中的风险因素和保护因素之间的相互作用，中止和扭转可能造成破坏性过程的风险"和"在困难条件下的正常发展"的一种能力。[2]

有罪错行为的未成年人本身具有脆弱性，其中很多人的弹性水平较低，所以应该发展他们的抗逆力，这有助于降低违法犯罪行为。我们必须满足他们更广泛的需求，因为这通常是引发他们犯罪行为的驱动因素。并把心理弹性视为一种保护因素，促进积极社会关系和情感支持的需要，进而降低未来犯罪的可能性。

制定生态观的干预计划。社会工作者，教育、健康服务、司法保护人员在制订干预计划时，应尽可能综合所有可能对儿童产生影响的因素，应从系统的角度来审视儿童的生活环境：生物的、心理的、家庭的、社会网络的、机构的、历史的等，如对儿童攻击行为干预计划应该从儿童、家庭、社区或社会文化环境三个水平上寻求解决的办法。[3]我们应该将心理弹性作为关注重点，不仅增强未成年人个人的心理弹性，同时也将其家庭，甚至社区作为整体，培养应变能力，强调为更易犯罪的问题青少年建立优势资源和增加其保护因素。

---

① R. Borum, P. Bartel & A. Forth, Structured Assessment of Violence Risk in Youth (SAVRY): Professional Manual, PAR, 2006.

② M. W. Fraser & M. J. Galinsky, Toward a Resilience-based Model of Practice, Risk and Resilience in Childhood: An Ecological Perspective, 1997, pp.265—275.

③ 曾守锤、李其维：《儿童心理弹性发展的研究综述》，载《心理科学》2003 年第 6 期。

三、依恋理论

依恋是指某一个体对另外特定个体的长久和持续的情感联结。依恋理论（Attachment Theory）由约翰·鲍尔比（John Bowlby）于 1958 年提出，最早是用来解释婴儿与其养护者之间的情感关系的。根据鲍尔比的观点，"依恋在人的一生中都起着重要的作用"。依恋理论的主题是父母及监护人对婴儿需求作出反应，从而帮助其建立一种安全感。如果未成年人与父母之间有积极的情感联系，他们更倾向于接受父母的管教，从而不容易出现反社会行为。鲍尔比还提出，随着时间推移，孩子变得更加独立，他们会依靠自身内在的依恋模式来指导未来的社会交往。未成年人在生命早期如若未能形成安全依恋，对晚期行为会产生负面影响，并造成行为障碍。在婴儿出生时，针对不规范的行为需要调整，协调和互动才能培养技能，使他们能够遵循从失调到自我调节的自然过程。当照护人员无法满足孩子的恐惧和保护需求，他们就会借助依恋理论，最大限度地提高接受照护的机会。

社会学习理论也认为母亲在喂养婴儿时，温暖的怀抱、抚摸会让婴儿有舒服的感觉，婴儿就喜欢靠近能够提供"奖赏"的人，依恋就此形成。认知学派的依恋理论认为，婴儿需要具备两种能力才能形成依赖，第一种是能区分熟悉的人和陌生人，第二种是具备认知客体永久性的能力，这样才能与照护者形成早期稳定的依恋关系。习性学的依恋理论认为人类婴儿对于抚养照看者的依恋是长期生物进化的结果，是基因所保留下来的人类进化和生存方式的信息，或者说是人类在面对可能的威胁和意识到的危险时所采取的必然的、本能的反应方式。[1]同时，父母对子女的区别对待、虐待和忽视会直接影响未成年人的大脑发育、依恋风格和情绪调节。

在观察孩子和父母之间的依恋关系时，需认识以下四个关键因素：[2]（1）安全避风港。当孩子感觉受到威胁或感到害怕时，他或她可以回到照护人员那里寻求安慰和抚慰。（2）安全基地。人们需要一个信任的、可以依赖

①　谷传华、王美萍：《儿童依恋理论述评》，载《山东师范大学学报（社会科学版）》2000 年第 1 期。

②　M. Ainsworth, M. C. Blehar, E. Waters & S. Wall, Patterns of Attachment: A Psychological Study of the Strange Situation, Hillsdale, Erlbaum, 1978.

并能够为自己提供支持和保护的重要他人,通常照护者为孩子探索世界提供了一个可靠的安全基地。(3)近距离维护。让孩子尽量靠近照护者,从而保证其安全。(4)分离痛苦。当强制婴儿与依恋对象分开时,孩子会感到沮丧和痛苦。

多年来相关研究一直专注于依恋质量与安全性,确定了三种不同的依恋类型:安全依恋(secure attachment)、焦虑—回避型不安全依恋(insecure-avoidant attachment)、焦虑—反抗型不安全依恋(insecure-resistant attachment)。随后梅因(Main)和所罗门(Solomon)确定了第四种依恋类型:混乱型不安全依恋(insecure-disorganised attachment)。[1]安全依恋反映出一致和回应性照护的经历,并产生一种内部工作模式,即他们是可爱的,受他人关心的,他们有信心形成健康良好的关系。焦虑—回避型不安全依恋反映了被拒绝和未被照护的经历,可能导致反应迟钝,因为害怕被他人拒绝而畏首畏尾,变得要求不高且自给自足。焦虑—反抗型不安全依恋或矛盾型依恋反映了不一致的照护经历所导致的内部工作模式,即认为他们不值得他人关注,并倾向于通过风险或强制行为寻求他人的关注和照护。最后混乱型不安全依恋反映了另一种照护经历,其中照护者是令人不安的,但出于习惯,受惊吓的孩子仍从不友善的照护者那里寻求照护和保护。这种经历往往会导致这样一种内部工作模式,即他们不讨人喜欢,他们令人恐惧,而且常常导致未成年人作出不可预测和反复无常的偏差行为。

四、风险、需求、响应模型

未成年人具有冒险精神,他们往往"初生牛犊不怕虎",是天生的"风险家",他们受朋辈群体的影响很大,如果我们能提前更加准确地捕捉和分析其自身与环境中的风险因素,也许可以更好地控制其犯罪。在这样的思路下,一些学者在20世纪80年代深入研究,1990年正式确立风险—需求—响应模型(Risk-need-responsivity Model,RNR)。在这一过程中,安德鲁

---

① M. Main, J. Solomon, Discovery of An Insecure-disorganized/disoriented Attachment Pattern, 1986. M. Main, J. Solomon, Procedures for Identifying Infants as Disorganized/disoriented during the Ainsworth Strange Situation, Attachment in the Preschool Years: Theory, Research, and Intervention, 1, 1990, pp.121—160.

（Andrews）与邦塔（Bonta）有重要贡献，这一模型在 1990 年首次正式确立，[1]并在欧美国家普遍使用，这一模型可以评估罪犯的康复需求、累犯风险以及与监督和规划最相关的因素，已经成为矫正工作的干预工作模式。在评估和改造罪犯领域越来越成功，可能是评估和处理罪犯最有影响力的模型。有研究将这一评估工具应用于刑事司法体系内的精神障碍者身上。[2]

RNR 模型是基于心理学的干预框架，以"犯罪行为心理学"为基础，并在一般人格和认知社会心理理论中加以阐述和语境化。这一模型认为，要想保证对矫正对象的干预效果最佳，必须遵循以下三个核心原则：（1）风险原则——认为犯罪行为能可靠预测，治疗应以高风险罪犯为重点，评估或干预的水平应与风险水平相匹配。（2）需求原则——强调犯罪需求在治疗设计和实施中的重要性；治疗或干预时应关注那些与犯罪行为相关的犯罪需求。（3）响应原则——在获得需求后如何进行回应？提供科学、高效的干预措施，进行个性化干预，促进罪犯康复，帮助他们融入社会。

这一模型自形成以来一直在发展，研究不断推进，邦塔与安德鲁将之分为四个阶段。[3]第一个阶段是专业人员的判断阶段。20 世纪上半叶，罪犯风险的评估专业人员，如缓刑官、监狱工作人员、心理学家、精神病医生、社会工作者，在自身专业培训和经验的指导下，将就谁需要加强安保和监督作出判断。

第二个阶段是精算判断阶段。20 世纪 70 年代随着循证科学发展，人们认识到，风险评估需要更多地依靠精算、循证科学，而不是专业人员的主观判断。人们开始研究测算犯罪风险的工具，进行量化汇总评分。此期间著名的精算风险评估量表有美国制定的显著因子得分[4]和加拿大

---

① D. A. Andrews, J. Bonta, R. D. Hoge, Classification for Effective Rehabilitation: Rediscovering Psychology, Criminal Justice and Behavior, 17, 1990, pp.19—52.

② Jennifer L. Skeem, Henry J. Steadman, Sarah M. Manchak, Applicability of the Risk-Need-Responsivity Model to Persons with Mental Illness Involved in the Criminal Justice System, published online at https://ps.psychiatryonline.org/doi/10.1176/appi.ps.201400448，2018 年 5 月 8 日访问。

③ James Bonta, D. A. Andrews, Risk-need-responsivity Model for Offender Assessment and Rehabilitation 2007-06，https://www.publicsafety.gc.ca/cnt/rsrcs/pblctns/rsk-nd-rspnsvty/index-en.aspx，2019 年 5 月 14 日访问。

④ P. B. Hoffman, J. L. Beck, Parole Decision-making: A Salient Factor Score, Journal of Criminal Justice, 2, 1974, pp.195—206.

惩教署制定的累犯量表的统计信息。①精算方法的优点是数据采集方便，预测准确性更高，能够可靠地区分低风险违规者和高风险违规者，但缺点是静态数据无法反映出动态的变化，测量结果无法令人满意地了解未来工作重点。

第三个阶段使用"风险需求"工具，是基于动态数据的循证阶段。20 世纪 70 年代末和 80 年代初开始研究包含动态风险因素的评估工具，②除了犯罪史和其他静态项目，动态项目调查罪犯不断变化的情况，提供了一种监测项目和监管策略有效性或无效性的方法。第三阶段工具嵌入了动态风险因素（如药物滥用、就业、同伴），因此可以指导惩教人员对这些动态风险因素进行干预。成功地解决这些动态风险因素将有助于降低犯罪风险。动态有效性的证据，即风险分数的变化，标志着犯下新罪行可能性的变化，从单纯预测取向发展为预测为矫正服务的取向，对于惩教计划和负责管理罪犯风险的工作人员来说非常重要。

第四个阶段是系统综合阶段。新的风险评估工具将系统干预和监测与迄今尚未测量的更广泛的罪犯风险因素和其他对治疗重要的个人因素评估结合起来。第四代风险评估工具有服务水平/案例管理库（Level of Service/Case Management Inventory，LS/CMI）等。③

RNR 模型是一个有效的干预框架。模型原则包括总体原则、结构化评估、计划实施、工作人员实践、组织以及风险、需要和响应能力。这些原则的实质是，如果治疗干预注重能够促进学习的个人因素，那么治疗就能得到加强。罪犯和所有人一样，总是根据环境的变化相应调整自我的行为。

基于对风险原则研究的支持，人们采用风险评估工具来识别犯罪需求和个人的风险水平。这些工具是基于多年来收集的与犯罪行为相关的风险和保护因素的研究证据。已经确定的风险因素主要分为个人、家庭、社会，学校和社区。④研究采取更积极、基于整体优势的方法，同时开始关注保护

---

① J. Nuffield, Parole Decision-making in Canada, Solicitor General of Canada, 1982.

② J. Bonta, S. J. Wormith, Risk and Need Assessment, in G. McIvor & P. Raynor(Eds.), Developments in Social Work with Offenders, Jessica Kingsley Publisher, 2007, pp.131—152.

③ D. A. Andrews, J. Bonta, S. J. Wormith, The Recent Past and Near Future of Risk and/or Need Assessment, Crime and Delinquency, 52, 2006, pp.7—27.

④ D. P. Farrington, The Developmental Evidence Base: Psychosocial Research, in D. A. Crighton, G. J. Towl(ed.), Forensic Psychology, Wiley, 2015, pp.161—181.

性因素:主要包括消除风险因素的影响以及预测高风险群体中导致犯罪低概率的因素。①

迄今为止,研究确定,保护性因素与基于心理弹性的方法一致。②虽然风险性和保护性因素之间的相互作用有待检验,但研究表明,犯罪和暴力行为不仅会随着累积风险因素的增加而增加,也会随着累积保护因素的增加而减少。③更全面地了解犯罪行为的保护因素将有助于采用重点突出的有效干预方法。预测累犯风险和确定犯罪需求是在教养、法律和行为健康环境中为青少年罪犯提供循证实践的关键。

专门针对未成年人的暴力犯罪风险测量为 Violence Risk Scale-Youth Version(VRS-YV),有人根据此量表对未成年人暴力犯罪的风险进行测量与研究。④有些国家和地区要求青少年犯罪相关机构必须使用风险评估测量工具,如在 2002 年,英国苏格兰少年司法的标准要求所有的综合评估必须用 Asset/YLS-CMI 或其他专业的风险评估工具。⑤在实践中,又开发出升级版本 YLS/CMI 2.0。这一版本成为青年罪犯风险/需求评估最常用和研究最广泛的工具之一,有助于识别青少年罪犯的风险和优势,并协助制定基于证据的案件管理计划。随后人们开发出青少年服务水平/案例管理清单—筛选版(Youth Level of Service/Case Management Inventory-Screening Version,YLS/CMI-SV),旨在提高对青少年反社会行为风险水平的初步估计,并指明对青少年犯罪者进行干预的领域,很多国家运用这套工具进行实践和研究,如新加坡。⑥

专为青少年犯罪设计的风险/需求评估测试工具是 LSI-R(Level of Service Inventory-Revised),在美国许多州得到广泛应用,比如堪萨斯州要

①② M. M. Ttofi, D. P. Farrington, A. R. Piquero, M. DeLisi, Protective Factors against Offending and Violence: Results from Prospective Longitudinal Studies, Elsevier, 2016.

③ A. K. Andeshed, C. L. Gibson, H. Andershed, The Role of Cumulative Risk and Protection for Violent Offending, Journal of Criminal Justice, 45, 2016, pp.78—84.

④ Keira Stockdale, Mark Olver, Stephen Wong, The Validity and Reliability of the Violence Risk Scale-Youth Version in a Diverse Sample of Violent Young Offenders, Criminal Justice and Behavior, 41, 2013, pp.114—138.

⑤ A Guide to Youth Justice in Scotland: Policy, Practice and Legislation, 2018.

⑥ Chi Meng Chu, Hui Yu, Yirong Lee, and Gerald Zeng, The Utility of the YLS/CMI-SV for Assessing Youth Offenders in Singapore, Criminal Justice and Behavior, 41(12), 2014, pp.1437—1457.

求对每一项重罪定罪都要完成 LSI-R，对一些轻罪定罪也要按照法院的命令完成。测量报告会连同卷宗一起送到法院，法院在使用量刑网格进行量刑后会参考该报告结论，这包括是否允许被告缓刑、入狱或接受社区矫正的监督。该工具重点放在十个领域，每一类都是按累犯重要性排列顺序，依次是：犯罪史、教育/就业、酒精/毒品问题、同伴情况、情感/性格、家庭/军事、态度/个性、食宿情况、休闲/娱乐、经济状况。①

英国英格兰和威尔士转向实施"按比例"的评估干预框架，使用资产作为核心风险评估工具。按比例方法的目的是调整干预强度，以评估再次犯罪可能性和对他人造成严重伤害的风险。凯斯（Case）和海恩斯（Haines）批评了这种方法和"风险因素预防范式"。②他们认为这种方法将注意力集中在基于资产评估的风险类别，以确定加害者接受的监督或干预水平，而不考虑加害者更广泛的个人和社会需求。他们批评该方法，认为实施方法过于简化、偏袒，具有不确定性和低效率，是"消极的"且"成本太高"。③他们认为，少年司法审判应该首先将少年犯视为未成年人，其次才是把他们作为犯罪者，而不是进行风险评估，将所有加害者划分为不同的风险等级。这个模型着重于对未成年人加害者的整体评估，包括他们的个人需求和背景，将未成年人加害者本身视为解决方案的一部分，而不是问题部分，同时也应与其他专业人士、未成年人加害者和家人合作。

一些学者还批评这个模式过于关注犯罪需求，而缺乏对人类基本需求的关注，因为这一方法本身存在缺陷。④对 RNR 模式进一步的批评是，风险因素以一种个体特征的方式呈现，包括个人行为和社会影响等因素，但是这些因素并没有加以区分，只能通过更广泛的社会或经济干预来改变。还有人宣称 RNR 模式易导致对犯罪者社会和结构背景的忽视，会降低对犯罪风险的干预，而过分关注模式本身的缺陷以及加害者本身。⑤

---

①   https://www.copleyroth.com/criminal-defense/level-service-inventory-revised-risk-assessment/，2020 年 6 月 3 日访问。

②   S. Case，K. Haines，Understanding Youth Offending：Risk Factor Research，Policy and Practice，Willan Publshing（UK），2009.

③   S. Case，K. Haines，Taking the Risk out of Youth Culture，Palgrave Macmillan，2016.

④   T. Ward，C. Stewart，Criminogenic Needs and Human Needs：A Theoretical Model，Psychology，Crime & Law，9（2），2003，pp.125—143.

⑤   K. Hannah-Moffat，Gridlock or Mutability：Reconsidering "Gender" and Risk Assessment，Criminology & Public Policy，8（1），2009，pp.209—219.

麦卡拉(McAra)等强调,①对风险性因素的过度关注导致了做法机械化和更严格的政策。苏格兰和威尔士在风险评估、管理和评估框架上的实践标准并不一致。第一个实践标准侧重于风险评估,并指出:"风险评估将涉及识别关键信息,分析其在评估时间和背景中的含义,并根据适当标准进行评估。风险评估将以从各种来源收集的可用信息为基础,以结构化的方式进行,包括适当的工具和专业决策,承认评估的任何限制。与此同时将以负责任的方式传达风险评估,以确保能够有效地理解评估结果并为决策提供信息。风险传达根据犯罪的模式、性质、严重性和可能性进行。"

框架指南还指出,"最好在结构化专业判断的背景下,对犯罪行为风险作进一步评估"。评估中需要综合考虑加害者相关因素,如其发展、性格和环境因素。在资产评估中对各个指标进行打分,并将其总分转换为风险等级。在较小程度上使用 YLS-CMI,但并不鼓励制定完整规则,以便了解与行为有关的潜在驱动因素,并采取与这些因素直接相关的降低风险措施。

五、美好生活模式

近年,托尼·沃德(Tony Ward)及其同事系统地开发了"罪犯康复的美好生活模式"(Good Lives Model,GLM)模型,该模型基于能力的康复理论,是罪犯改过自新的替代方法,重点在于通过帮助当事人获得未来美好生活而降低其再犯风险,已被本地和国际上不同司法管辖区采用。研究表明,幸福感高的人会表现出更多的社会适应性行为。美好生活模式采取更全面和更具建设性的康复方法,通过使罪犯过上更美好的生活,而不是简单地教导罪犯避免再次犯罪,从而防止其再犯。美好生活模式是一个康复框架,而不是治疗计划。因此,这一模式提供康复过程中的重要内容,包括评估、治疗和防止复发。针对犯罪的特定治疗技术(例如社交技能或情绪调节技巧),这些技术或技巧需要大量实战经验,"围绕"美好生活模式来制定美好

---

① L. McAra, S. McVie, H. Croall, G. Mooney, M. Munro, Youth Crime and Justice in Scotland, Criminal Justice in Scotland,2010,pp.67—89.

生活计划,可培养能力并减少动态风险因素(犯罪需求)。从治疗角度来看,有意义的是处理围绕一个人想要和能够实现目标的治疗和管理计划,而不仅仅是列出他们应避免的情况。

美好生活模式①的道德核心是人的尊严,犯罪者有义务尊重他人的福祉和自由,但他们也有权享有同样的幸福。从这个道德起点出发,有两个基本干预目标,即提高罪犯福祉和降低其进一步犯罪的风险。主要目标之一是帮助罪犯提升能力,发掘他们的优势,减少其再次犯罪的风险。

美好生活模式与风险—需求—响应模式相比更加积极,注重评估人的优势,是恢复性的康复模型,也可以说是传统风险—需求—响应模型的替代方法。此外,美好生活模式假设增强个人满足感自然会导致犯罪需求的减少,这一点上 RNR 模式则相反。在过去十年中,该模式已经在实践中得到应用,并获得了积极效果。②美好生活模式专注于达到目标的康复框架,该框架鼓励个人识别和制定以亲社会方式实现个人有意义目标的方式。有人认为,作为一个康复框架,美好生活模式具有灵活性和广度,可以适应青少年罪犯面临的各种风险因素和复杂需求,并且还可以自然适应动态系统(例如家庭和教育系统)框架,在青少年罪犯领域进行循证干预。③

美好生活模式是基于承认罪犯自身力量的方法,这种方法越来越引起人们的关注,并越来越多地被采纳并融入罪犯的康复中,包括有性虐待行为的少年。它旨在降低风险,同时明确支持犯罪者发展更有意义的个人生活。④美好生活模式着重于目标,旨在直接响应罪犯的兴趣、能力和期望。这种康复模式提倡采取积极的、面向社区的康复方法,并鼓励制定干预计划,以确保他们有能力、技能、知识、机会,并能够获得所需的外部资源,让他们在实现自己生活目标的同时,还考虑到公共安全和降低风险

---

① 美好生活模式网站:https://www.goodlivesmodel.com,2017 年 8 月 3 日访问。

② D. A. Andrews, J. Bonta, J. S. Wormith, The Risk-need-responsivity(RNR) Model: Does adding the Good Lives Model Contribute to Effective Crime Prevention?, Criminal Justice and Behavior, 38(7), 2011, pp.735—755.

③ Clare-Ann Fortune, The Good Lives Model: A Strength-based Approach for Youth Offenders, Aggression and Violent Behavior, 38, 2018, pp.21—30.

④ T. Ward, C. A. Fortune, The Good Lives Model: Aligning Risk Reduction with Promoting Offenders' Personal Goals, European Journal of Probation, 5(2), 2013, pp.29—46.

的问题。[1]

美好生活模式是一种基于整体优势的方法，倡导与有犯罪行为的成年人和未成年人合作，旨在帮助个体按照自己的意愿和计划实现更有意义的生活。美好生活模式和传统 RNR 模式对罪犯的干预并不相互排斥。这一模式可以减少或管理风险和需求，提供更全面的以案主为中心且更具吸引力的行动框架。[2]

美好生活模式下，所有个体都有自己的需要和愿望，并寻求"基本的生存需要"，如果实现了就会达到心理健康。这 11 种基本要素被定义为：生活、知识、娱乐、工作、代理、内心平静、友谊/关系、社区、精神、愉悦和创造力。实现基本生存的愿望是正常的，然而一些人试图满足这些需求的方式是不合理的，在这个过程中会伤害他人。这通常是由于缺乏内部或外部资源而无法以亲社会方式满足他们的需求。[3]为了减少再犯罪行为并帮助个人在不伤害他人的情况下实现满意生活，美好生活模式将干预行动视为在个体发展中建立能力、优势、链接机会和资源的行动。

对未成年人来说，从最初美好生活模式中的 11 个"基本需要"缩减为：享受乐趣、实现自我、拥有生命中的人、计划和有所作为、情绪健康、性健康和身体健康。GLM-A 帮助理解诱发年轻人行为的需求，为实施相应干预措施提供信息并确定优先次序，以帮助他们满足需求。[4]

对成年人美好生活模式的研究比较有限，而对儿童和未成年人的研究更是少之又少。从业人员发现它是一种积极激励方法。[5]学界对美好生活

① T. Ward, P. M. Yates, G. M. Willis, The Good Lives Model and the Risk Need Responsivity Model: A Critical Response to Andrews, Bonta, and Wormith, Criminal Justice and Behavior, 39(1), 2011, pp.94—110.

② T. Ward, C. A. Fortune, The Good Lives Model: Aligning Risk Reduction with Promoting Offenders' Personal Goals, European Journal of Probation, 5(2), 2013, pp.29—46.

③ G. M. Willis, P. M. Yates, T. A. Gannon, T. Ward, How to Integrate the Good Lives Model into Treatment Programs for Sexual Offending: An Introduction and Overview, Sexual Abuse, 25(2), 2013, pp.123—142.

④ B. Print, The Good Lives Model for Adolescents Who Sexually Harm, Brandon, Safer Society Press, 2013.

⑤ S. Leeson, M. Ashead, The Response of Adolescents and Practitioners to a Good Lives Approach, in B. Print(ed.), The Good Lives Model for Adolescents Who Sexually Harm, Safer Society Press, 2013. S. Simpson, N. Vaswani, The Use of Safer Lives in Scotland with Young People Displaying Sexually Harmful Behaviours, 2015.

模式的批评是它太专注于个人层面的分析。

六、恢复性司法理论

恢复性司法(Restorative Justice)是刑事司法理念,又称积极司法(Positive Justice)、融合性司法(Reintegrative Justice),也被翻译为修复性司法、修复性正义。传统的刑事司法以报应性司法为基础,注重对犯罪人的惩罚,但事实上将犯罪人关押在监狱中并剥夺自由的方法,很难在犯罪预防和行为治疗方面取得实质性效果。20世纪70年代,加拿大开始采用恢复性司法,提升受害者的地位,着重治疗罪行给被害人和社会所带来的伤害。这一理念迅速被英国、美国、欧洲等国家采用,并在整个世界引发了恢复性司法的热潮。2000年4月第10届联合国预防犯罪与罪犯待遇大会的相关决议中,将恢复性司法作为一种有效的刑事政策向各成员国推广。①

恢复性司法看到了被害人,让罪犯深刻看到自己行为给被害人带来的伤害,让被害人有机会发声,告诉罪犯其罪行给被害人带来哪些创伤,也让罪犯倾听被害人,检讨自己犯罪行为造成的后果和影响,从而在治疗和预防犯罪上取得良好效果,逐步推广到全球多个国家。

恢复性司法是对传统报应性司法的深刻变革,用全新的视角审视罪与罚,鼓励罪犯和被害人之间进行对话与协商,对被害人进行心理疏导、经济补偿,最大限度保护被害人利益。这一理念与传统的惩罚主义不同,认为仅对加害者进行刑事处罚,不一定能够修复犯罪给社会造成的不良后果和影响,为了最大可能地弥补犯罪对被害人带来的伤害,需要看到并提升被害人的地位,修复犯罪破坏的社会关系,通过惩罚加害人之外的方式,降低犯罪对被害人造成的伤害,达到恢复社会长治久安的终极目标。恢复性司法一方面注重修复犯罪给被害人带来的创伤,鼓励被害人表达对犯罪行为的真实想法,力求让被害人的身心能够恢复到犯罪前的状态;另一方面,修复性司法注重犯罪人深刻反省后能够意识到犯罪对社会的破坏性,放弃再犯罪的想法,从而预防犯罪。

---

① 胡剑:《论恢复性司法理念在未成年人刑事司法中的暗合与分野》,载《北京青年研究》2019年第3期。

恢复性司法的理念不仅看到犯罪行为,同时注重加害者所处的社会和环境因素,看到犯罪破坏的正常社会关系和社会秩序。由传统报复性司法下以惩罚加害人为核心,转变为以受害人为核心,注重对犯罪造成的受害人物质和精神损害进行赔偿,追求关系和解与社会安全。

恢复性司法的目标包括:其一,关注被害人被侵害之后的多方面需要,包含物质需求、情感需求、社会认可需求等;其二,帮助加害人对犯罪行为承担应有的责任,除了刑事责任外,还有对被害人的赔礼道歉、诚挚忏悔、经济赔偿等;其三,协助加害人融入社区,并预防其再犯,强调社区对预防和控制犯罪的作用;其四,加害人与被害人双方共同努力下建设有利于预防犯罪的社区环境;其五,避免传统报复性司法制度下的高成本。

在加拿大,恢复性司法最早适用的领域就是青少年罪错群体,这一理念在实践中取得了颇为理想的效果,一方面最大程度地保护了被害人,修复犯罪对被害人产生的巨大影响和冲击,保护被害人利益,同时也给罪错青少年改过自新的机会,通过得到被害人谅解而让未成年加害人真诚悔过,让他们意识到自己犯罪行为带来的负面后果,从根本上避免其再犯。这一理念扩展到世界很多国家,恢复性司法的形式也多种多样。一是沟通,即让加害人与被害人通过见面、非见面的形式进行沟通,让加害人有机会解释犯罪的动因,被害人可以描述犯罪行为对自己生活的影响。不见面的方式可以是让加害人写一封道歉信。二是补偿或者赔偿。加害者的经济条件有限,很可能无法给付大量赔偿金,受害者也不一定渴望金钱或者物质补偿,对话与沟通可以解决他们心中的疑惑。

各个国家在实践中衍生出不同的模式与方法,如奥地利在调解中有标准模式、简式或往返式调解、混合模式、协同模式、接力循环模式。标准模式是指调解员分别会见加害人和受害人,双方均同意调解,这种最为常见。简式或往返式调解是指没有被害人的案件中,如种族冲突案件,替代者充当调解中被害人地位,可能由社会工作者充当这一角色。混合模式是指在合作关系内发生的冲突,如家庭内部矛盾中,调解员单独会见当事人,随后在"调解程序"中重复他们听到的当事人双方描述的案件情况,运用"反馈小组"技巧,即调解员交换他们对案件调解进程的感觉和看法,当事双方只能观望和倾听。协同模式是调解员不与当事双方进行分别会见,调解程序从被害人或犯罪人向调解员叙述案件情况开始,这期间当事人背靠背,不能看对方,如果双方都同意,则继续安排一次三方会谈,每次交谈只限于冲突一方与调解员之间进行,另一方只能倾听。接力循环模式适用于有多个犯罪人的案件。调解员仍会分别会见当事双方,先会见被害人,再到犯罪人。如果所有犯罪人都愿意,则调解程序正式开始:犯罪人一个接一个分别会见被害人并向其道歉。最后所有相关者讨论赔偿问题。①

与成人领域相比,恢复性司法理念更加适合未成年人的身心发育阶段和特点,能让未成年人深刻认识到自己犯罪行为的后果,确保被害人的实质利益被看见,注重修复被害人所遭受的损害和人际关系。主持调解的人可能是教育者、社会工作者、律师、心理学家、教师、社会学家等,他们具有社会科学知识,熟悉未成年人青春期发育特点,能与未成年人进行心与心的沟通。

七、国家亲权理论

"国家亲权"一词来自拉丁语,意为"国家家长"(parent of the country)。在英美法系中,少年司法制度以国家亲权理论为基础。国家亲权理论是指当未成年人遭遇虐待或照管不良时,国家可用公权力剥夺亲权,紧急、强制地介入、干涉儿童成长过程,采取一系列措施将急需救助和监管的儿童置于控制之内,督促问题少年迷途知返并创造条件使其顺利复归社会。②"国家亲权"理论是在 20 世纪早期少年司法与儿童保护主义改革的理论基础。父母无力或不愿承担照护子女义务时,对无法律能力者(如未成年人或者精神障碍者)而言,国家处于监护人的地位,国家代表未成年人的父母行使监护权,享有监护权,承担监护责任。国家亲权理论的原则之一是父母亲权优先,国家亲权积极兜底;原则之二是国家要监测家庭监护状况,评估监护能力。③

国家亲权的基本原理包括:(1)儿童期未成年人无法独自生存,需要

---

① [奥地利]薇罗妮卡·霍芬格、赫里斯塔·伯利坎:《奥地利青少年犯罪被害人—加害人调解》,载[意]安娜·迈什蒂茨等主编:《欧洲青少年犯罪被害人—加害人调解——15 国概览及比较》,中国人民公安大学出版社 2012 年版,第 220—221 页。
② 张鸿巍:《少年司法语境下的"国家亲权"法则浅析》,载《青少年犯罪问题》2014 年第 2 期。
③ 童小军:《国家亲权视角下的儿童福利制度建设》,载《中国青年社会科学》2018 年第 2 期。

有人协助与照管,保证未成年人的基本需要;(2)家庭是未成年人成长的核心与关键,但家庭会由于各种原因而无法承担起照管儿童的功能,此时国家要代替家庭的作用。美国少年司法学家理查德·劳伦斯(Richard Lawrence)与马里奥·黑森(Mario Hesse)主张,"国家亲权"授权少年法院处理急需指导及保护的少年;其后,国家扮演"代理父母"角色,从"儿童最佳利益"角度向少年提供指导并作出响应决定,向窘困且任性的儿童提供关爱及监管服务。①这样,儿童与抽象的国家之间便建立起类似父母—子女的拟制关系,国家通过法院、矫正机构及儿童福利机构来具体实现对儿童的拟制亲权。②国家通过儿童福利机构等一系列保护框架来实现对儿童的拟制亲权。国家监护制度在本质上将未成年人保护作为国家公共利益的范畴。

在早期,少年法庭采用了"国家亲权"理论,认为国家是儿童仁慈的父母,不采用对待成年人的正当程序思维,而是采取个性化方法,调查未成年人犯罪的社会背景及其性格。法官也试图帮助孩子,把有罪错行为的未成年人当作病人,而不是犯人,与此同时雇用社会工作者。

国家职能经历了从守夜人国家到福利国家的转变过程,政府管理模式呈现从自由放任主义至干预主义的发展脉络。相应地,国家对家庭的不干预或者对家庭的介入是与这一脉络发展紧密联系的。③国家亲权学说的本质含义在于强调国家是未成年人的最高监护人,而不是惩办官吏。国家扮演着父母的角色,应为未成年人谋福利,并对他们尽一定的帮助义务。对于违法犯罪的未成年人,国家有权利代表家长,并有义务给予其治疗,帮助其改过自新。公安司法机关在处理未成年人犯罪案件中是国家的代表,属于国家监护人。为此,公安司法机关对未成年犯实施帮教行为是其行使最终监护权、履行国家亲权义务的重要体现。公安司法机关在刑事诉讼中作为未成年人的最终监护人,应如同父母一样全身心呵护未成年人,将未成年人利益置于首要考虑地位。④

---

① R. Lawrence, M. Hesse, Juvenile Justice: The Essentials, Sage Publications, 2009.
② 张鸿巍:《儿童福利法论》,中国民主法制出版社 2012 年版,第 89 页。
③ 郑净方:《国家亲权的理论基础及立法体现》,载《预防青少年犯罪研究》2014 年第 3 期。
④ 安文霞:《论未成年犯刑事司法帮教一体化》,载《中国青年政治学院学报》2014 年第 2 期。

八、人权保障理论

人权保障理论是未成年权利保护的基础,是未成年人权利保障的基石。《世界人权宣言》规定:人人有权享受生命、自由和人身安全(第 3 条);人人完全平等地有权由一个独立而无偏倚的法庭进行公正的和公开的审讯,以确定他的权利和义务并判定对他提出的任何刑事指控(第 10 条)。2004 年3 月,《中华人民共和国宪法修正案》将"国家尊重和保障人权"写入宪法,为保护人权提供了强有力的宪法保障。

儿童权利需要特殊保护。联合国为了保护儿童权利,尤其是在司法体系内儿童的权利,专门制定了保护体系。重要的国际文件包括:1959 年《儿童权利宣言》、1985 年《联合国少年司法最低限度标准规则》、1986 年《关于保护儿童和儿童福利,特别是国内和国际上寄养和收养办法的社会和法律原则宣言》、1989 年《儿童权利公约》、1990 年《联合国预防少年犯罪准则》(《利雅得准则》)、1990 年《联合国保护被剥夺自由少年规则》、1997 年经济及社会理事会关于少年司法的第 1997/30 号决议附件《刑事司法系统中的儿童问题行动指南》、2005 年《关于在涉及罪行的儿童被害人和证人的事项上坚持公理的准则》。

各区域在联合国的框架下,出台专门的普遍性权利保护公约或者宪章,如 1950 年《欧洲人权公约》、1969 年《美洲人权公约》、1990 年《非洲儿童权利和福利宪章》(African Charter on the Rights and Welfare of the Child)。欧洲委员会就未成年人犯罪的应对向成员国提出第 R(87)20 号建议,认为未成年人权利非常容易被忽视,在成人世界中,未成年人没有话语权,经常不被看到。于是,集中体现儿童权利且更具有冲击性的思想——"儿童利益最大化"登上历史舞台。儿童利益最大化原则源于英国普通法,18 世纪初英国法院开始出现以儿童利益为基准来衡量父母监护权归属的判例。现有文献记载,早在 1733 年,英国法庭通过使用儿童利益最大化的措辞来避免因为适用传统的家父监护制度而将未成年人交给不称职的父亲抚养。[①]这

---

① Julia H. Mclaughlin, The Fundamental Truth about Best Interest, Saint Touis University School of Law, Vol.54, 2009, pp.113—123.

一思想成为支撑少年司法制度的"擎天柱",国际社会普遍接受儿童权利保护为最高准则,在解决有关儿童问题、制定、解释相关儿童法律时,该原则为基本依据,是捍卫未成年人权利的根本准则和基本信念,是保护儿童利益和最大限度维护儿童权益的基础。

"儿童利益最大化"的原则最早在 1959 年《儿童权利宣言》中被提出。随后在 1986 年《关于儿童保护和儿童福利、特别是国内和国际寄养和收养办法的社会和法律原则宣言》中得到进一步强化,在 1989 年《儿童权利公约》得到全面推广。至今,这一理念已经成为大多数法治国家在制定与儿童相关政策的基石,对很多国家的法律、家庭、文化等多方面有深刻影响。

《儿童权利公约》缔约国先后将这一原则引入本国法,成为与未成年人保护相关法律的重要内容。如德国《民法典》明确规定保护子女的最大利益,在第 1697 条之一规定,"除法律另有规定外,法院应就本章规定事务之诉讼程序中,斟酌实际情况及各种可能性,并衡量当事人之正当福祉,作出最有利于子女之判决"。印度 2015 年《少年司法(未成年人照护与保护)法》中规定"儿童最大利益",认为这一原则是指任何决定都要以确保未成年人实现个人基本权利和需求,身份认同、社会福祉及身体健康、情感和智力发展为基本原则。我国在立法和未成年人发展政策中,也积极贯彻这一原则,《中国儿童发展纲要(2011—2020 年)》中将儿童利益最大化原则作为基本原则,与依法保护原则、儿童优先原则、儿童平等发展原则和儿童参与原则并列,强调从儿童身心发展特点和利益出发处理与儿童相关的具体事务,保障儿童利益最大化。

第四章　全球比较视野下少年司法与
社会工作的互动

　　全球少年司法具有多元模式,在不同模式下,社会工作的角色和功能有所差异。本章以少年司法的多元模式为出发点,分析典型国家中社会工作在少年司法中的地位与作用,并概括出各国社会工作与少年司法互动的特点。借鉴国外发展经验,分析我国少年司法社会工作薄弱与参与不足的现状及原因,并提出加强我国少年司法社会支持体系的核心问题是大力发展未成年人司法社会工作,提出需要对社会工作者进行立法授权,政府加大资金投入,加强未成年人司法社工的职业化与专业化建设,同时提出社会工作专业服务发展的高级阶段是建立专门的评估与分流中心。

一、多元少年司法模式与社会工作服务

　　少年司法模式是各国根据其经济发展、政治制度、文化历史、教育制度、家庭观念和结构等多种因素作出的现实选择。纵观全球少年司法模式,呈现多元化的趋势。在这一背景下,全球各国少年司法与社会工作的互动呈现不均衡性。不同少年司法模式下社会工作服务的参与程度有所差异,从社会工作参与较少的犯罪控制模式,到由社会工作主导的福利模式,社会工作角色与功能的发挥很大程度上取决于一个国家福利与司法两种思想与各方力量的博弈。

　　很多学者对少年司法模式进行过研究和总结,其中较为著名的是约翰·温特迪克(John Winterdyk)的全球比较研究,他认为少年司法可能没有一种放之天下皆准的模板,不可避免地要呈现多元化。他将全球的少年司法模式归纳为六种,并总结了各种模式的特征,如表4-1:

表 4-1　少年司法模式特征概述

类型	参与模式	福利模式	合作主义模式	修正的司法模式	司法模式	犯罪控制模式
概况	非正式、最低限度的正式干预、再社会化	非正式、全面转介、个别化量刑、弹性化	行政决策、对犯罪进行法庭/监护项目、分流	正当程序、非正式刑事犯罪分级处遇、轻犯者分流、重犯受罚	正当程序、刑事犯罪最小限制、替代性制裁、教育关怀	正当程序、故意侵犯、身份犯罪惩罚及定期刑
关键人物	教育工作者	儿童保育专家	少年司法专家	律师、儿童保育专家	律师	律师、刑事司法行为人
主要机构	社区机构、公民学校和社区机构	社会工作机构	跨部门结构	法律、社会工作机构	法律	法律
任务	帮教小组	诊断	系统干预	诊断、惩罚	刑罚、惩罚	监禁、惩罚
对案主的理解	人性本善	病理学、环境决定	不适应社会生活	减少个人责任	个体责任	责任、问责
干预目的	再教育	提供治疗（国家亲权）	再培训	对治疗行为、规定的批准	行为制裁	保护社会、报应、威慑
目标	教育干预	满足个人需求、康复	警察的执行	尊重个人权利、满足特殊需要	尊重个体权利惩罚	维护秩序
国家/地区	日本	奥地利、荷兰、印度、韩国、意大利、苏格兰、比利时	英格兰、威尔士	加拿大南非保加利亚	德国俄罗斯中国纳米比亚	美国匈牙利

资料来源：John Winterdyk，One Size Does Not Fit All：Juvenile Justice in the International Arena and a Call for Comparative Analysis，2013 Analele Universitatii din Bucuresti：Seria Drept 28，44(2013)。

　　基于表 4-1,在吸收少年司法模式分类标准等合理因素后,笔者认为,司法模式与犯罪控制模式相似,而日本少年司法与福利模式或者合作模式相似,因此笔者将少年司法模式归纳为四类:第一种是以北欧斯堪的纳维亚国家为代表的福利模式,特点是温和的、社会化的;第二种是以英国英格兰为代表的合作模式;第三种是以加拿大为代表的修正司法模式,第四种是以美国为代表的犯罪控制与司法模式。社会工作服务在不同模式中存在差异。下面将以少年司法模式为基础,分析典型国家社会工作与少年司法的互动方式与特点。

(一)福利模式:以北欧国家、英国苏格兰为代表

1.北欧国家

北欧的少年司法是典型的福利模式。北欧国家以高福利著称,未成年人是在爱与保护中成长的,他们的少年司法制度也深深打上了福利制的烙印。丹麦、挪威、瑞典等北欧国家早在19世纪末就相继制定并实施了《福利法》。在1902年,瑞典通过了《营养不良与道德忽略儿童法》(Law on Malnourished and Morally Neglected Children)。在注重福利的历史传统下,北欧国家经历了福利的"黄金时代",后来由于社会经济和政治领域的重大转变,以及全球化、市场不稳定、人口变化等冲击,北欧的福利政策受到巨大挑战,不断有人批判北欧"福利病"——养懒汉的现象。即便如此,在少年司法领域,北欧人依然坚定不移地贯彻福利主义,将有罪错行为的青少年视为未成年人的一部分,用儿童福利的思想对待有罪错行为的未成年人。

地方儿童福利委员会、儿童保护机构和社会工作专业人员在青少年犯罪治理上发挥主要作用,这是北欧少年司法的特点。[1]在北欧,儿童政策的决策者认为,青少年犯罪不是个体的问题,更深层次的原因是社会、家庭问题,是因为其社会需要未得到满足,司法惩罚与震慑不足以发现未成年人的真实需求,而需要合格的社会工作者作为社会福利的重要代表,充分了解未成年人的需求,探寻他们的犯罪原因,然后进行个别化处遇。于是,社会工作责无旁贷地全面深度参与到少年司法体系中。在这样的思想指引下,北欧国家少年司法制度的本质要求是将罪错少年尽可能移到正式司法干预框架之外,转介后由专业的社会工作者、教育工作者、社区工作者、精神病学家、心理学家等专业人员提供服务,觉察并满足未成年人的现实需求,改变其生命动力,保护儿童免受不公正的对待。只有转介到社会服务的方案失败时,案件才可提交法院审理。

---

[1]　Timo Harrikari, Exploring Risk Governance in the Nordic Context: "Finnish Juvenile Crime and Child Welfare", 20 Current Issues Crim. Just. 29, 42(2008).

　　北欧的少年司法由社会工作者主导。其一,社会工作得到立法授权。如芬兰的《儿童福利法》从立法层面细致地规定了儿童权益及儿童保护领域中各种制度,对社会工作者角色的权利和义务作出详细规定,法律从资金来源、人员保障、研究机构等各方面向未成年人保护倾斜,社会工作者提供服务的资金来源明晰,有法律保障。在儿童保护立法下,社会工作者等专业社会服务人员各司其职,编制了一张政府部门、私人机构、社会个体分工明确又密切协作的福利网。在瑞典,根据《未成年人犯罪嫌疑人特别法案》[Act (1964:167) with Special Provisions for Young Offenders],警察在对嫌疑人进行初步调查的同时,需要通知社会工作部门。

　　其二,社会工作代表的福利部门有独立的儿童保护设施,建立了儿童与青少年之家等设施,一旦需要对未成年人进行羁押,则将其安置在青少年之家,保证未成年人犯罪不与成年人一同羁押,避免"交叉感染"。如在挪威,在听证会之前,未成年人被"紧急安置"在青少年之家或精神病院;临时剥夺父母的监护权。①

　　其三,社会工作者广泛参与到司法的各个阶段。如在挪威,未成年人案件完全由社会工作者主导。警官不是将未成年人犯罪案件直接交由检察官,而是将案件先交由负责儿童保护的"社会办公室",这部门主要由社会工作者组成;警方将证据交给社会工作者,不是为了起诉,而是为了治疗;法官在接手案件后,主要的职责是主持司法程序,在听证会上保持适当的合法性,而由儿童福利办公室提出证据和建议,并指导案件的进程。②而在瑞典,根据瑞典《社会服务法案》(Social Service Act,2001:453),社会工作者在整个司法程序中与其他权威司法机构,如警察、检察官和法官紧密合作。③

---

　　① 对进入少年司法体系未成年人进行"治疗"的第一步,是未成年人保护办公室紧急将少年送进青少年之家(类似于收容所)。如果父母或监护人不同意,未成年人保护办公室或儿童福利委员会将召开会议。律师可以在这个阶段代表父母,免收父母律师费。在会议上,保护办公室将听取律师和父母反对这一安排的理由。人们关注的重点不在于罪犯行为本身,而在于如何让孩子得到适当的治疗。Katherine van Wormer, The Hidden Juvenile Justice System in Norway: A Journey Back in Time, 54 Fed. Probation 57, 61(1990).

　　② Katherine van Wormer, The Hidden Juvenile Justice System in Norway: A Journey Back in Time, 54 Fed. Probation 57, 61(1990).

　　③ Kerstin Nordlöf, The Role of Social Work in Juvenile Justice in Sweden, in Robert G. Schwartz, Yifang Chen(eds.), The Role of Social Work in Juvenile Justice: International Experiences, Raoul Wallenberg Institute, 2020.

　　其四,社会工作者是社会服务与社会治理的重要角色。(1)犯罪预防。参与到青少年犯罪预防阶段。在瑞典,一些自治市设立地方性犯罪预防委员会,社会工作者参与其中。(2)多部门联络。2007年,为了更好地协调各部门,瑞典设立国家联络小组,该小组成员来自各个部门,包括警察系统、公诉机关、法院、国家卫生和福利委员会、地方政府、地区协会以及国家预防犯罪委员会的代表。由于社会工作部门与多个司法部门联络,为了降低沟通中出现的各种问题,经瑞典政府授权,公诉机关负责制定少年犯处理过程中司法系统和社会服务部门合作的指导原则。(3)调解。社会工作者也是重要的调解者。社工必须按照儿童的最大利益行事,倾听未成年人的意见,保护未成年人的权利。在恢复性司法的理念下,社会工作者可以担任调解者。调解分直接调解和间接调解,直接调解是加害者与被害人双方通过见面的方式进行调解,间接调解即调解人作为中间人,双方并不见面。间接调解占主导地位的一个假设是调解人的教育和专业背景:他们中许多人是受过专业培训的社会工作者或具有人文背景。[①](4)参与决策。社会工作者是未成年人处置决策部门的重要成员。大部分少年案件决策都由地方委员会作出,未成年人司法社工参与到地方委员会中,除了社会工作者,这个委员会的专家包括教育者、心理学者、律师。[②]社会工作者根据专业知识判断如何处置未成年人最有利于未成年人成长,社会工作者的意见是处置罪错未成年人的重要依据。

　　其五,社会工作者对受虐待、忽视儿童的专业服务。除了在司法案件中帮助未成年人,社会工作者还重点关注遭受虐待、忽视的困境未成年人。如挪威的儿童保护办公室常处理虐待儿童案件,儿童保护委员会将未成年人的监护权交给保护办公室,由社会工作者负责为孩子找到合适的寄养家庭,或者安置在青少年之家;一旦监护权从父母手中转移,如父母想夺回监护权,需承担举证责任;如果父母因酒精成瘾实施家暴,需接受治疗,有些人在治疗后也很难获得子女的监护权。[③]

---

　　① Ivo Aertsen, Restorative Justice through Networking: A Report from Europe, 2007 Acta Juridica 91, 112(2007).

　　② Andrzej Marek, Juvenile Justice in Poland: Its History and Current Development, 14 Rev. Socialist L. 305 (1988), p.311.

　　③ Katherine van Wormer, The Hidden Juvenile Justice System in Norway: A Journey Back in Time, 54 Fed. Probation 57, 61(1990).

2. 英国苏格兰

苏格兰也是少年司法福利模式的典型代表。苏格兰注重儿童和青少年的福利，政府投入资金到儿童福利的各个方面，从专门服务人员到儿童福利设施，如苏格兰地方政府出资建立社区化的儿童之家（Children Home），可以照护 6—8 个孩子，这个保护中心面向所有需要帮助的儿童。政府提供专业化服务，有专门的青少年工作者研究团队、专业服务岗位。苏格兰有 32 个行政区，三分之一的行政区设置稳定的少年司法团队（Youth Justice Team），儿童福利人员都经过专业训练，如注重儿童隐私权利的保护。老师在教育中都特别强调对学生隐私的保护，学生照片如公开必须经过每个同学和家长的同意，任何一个人不同意则不能公开。

苏格兰对待罪错少年的态度是，有罪错行为的儿童也是儿童，是弱势群体，他们可能受过创伤，家庭有各种问题，当未成年人做好准备的时候，工作人员需要和他们一起工作。这样的思想下，少年司法制度的主要作用是帮助未成年人提供更多机会，加强与家庭和社区之间的合作，遵循"为每个孩子争取权利"的指导原则，预防未成年人犯罪或累犯。在 1908 年之前，苏格兰没有独立的少年司法制度。1908 年《儿童法案》规定创建少年法庭，但是关于少年司法思想是以福利为主还是以司法为主的讨论一直没有停止过，直到 1964 年，基尔布兰登委员会的工作报告奠定了福利主义的重要指导性原则，并直接促进了 1968 年苏格兰《社会工作法案》[Social Work (Scotland) Act]的出台。这部法律针对少年司法领域，为社会工作在少年司法体系中的服务进行法律赋权。《社会工作法案》实施之后，以往独立的缓刑制度与其他福利服务相结合，社会工作服务提供社区服刑、释放后的监管，苏格兰地方政府出资购买服务。苏格兰法律还赋予社会工作者调查权，社会工作者有权到未成年人家庭进行调查，如被拒绝，则社会工作者可以请警方一同前往调查。①

苏格兰有专门的未成年人刑事司法研究中心，由政府出资设立，进行扎实的研究，是政府立法与政策的大脑。在研究基础上，设计出切实可行的政策与项目，如多机构公共保护项目、早期干预项目、严重危险行为风险管理、

---

① 如在苏格兰有一个案例，一个 14 岁的孩子是聋人，因侵犯其他人被学校开除了，社会工作者调查后发现孩子家人和孩子没有沟通，孩子的母亲不会手语，社会工作者开始系统地提供支持。

女童保护等,针对不同年龄层次的未成年人提供不同的服务,如对 12—17 岁的未成年人提供免费的咨询与治疗服务,工作人员包括社会工作者、精神科心理医生、医生等,联合学校、家庭、社区等多部门,尽量不将未成年人投入司法体系。

在对待有罪错行为的未成年人时,苏格兰以福利思想为主导,创设了很多独特的制度帮助未成年人,尽可能减少进入刑事司法中的数量,如设置未成年人听证制度(Children's Hearings System)。在苏格兰,根据 1995 年的《儿童(苏格兰)法案》[Children(Scotland) Act 1995],少年犯罪案件有预处置系统,即未成年人犯罪案件首先要送到社会工作者、警察与教育部门组成的综合部门,决定这个案件是由社会工作者进行介入还是进入儿童听证体系。这是重要的前置分流程序,凭借及时、支持性、有效的干预行为,分析儿童犯罪的根本原因,提升罪错儿童的生活机会以防止再犯。来自社会的多种岗位的人组成小组,其中包括社会工作者,由他们确定是将未成年人投入刑事司法体系中,还是通过社会化的方法让他们不中断正常的社会和学习生活。而对有罪错行为需要进行治疗的未成年人,苏格兰创设了安全照管(Secure Care)制度,在社区建立小型照护、学习、管教机构,由专门人员为他们进行针对化的服务,专业人员包括社会工作者,他们与未成年人建立良好的专业关系,了解需求、疗愈创伤、赋权增能、去标签化,提高他们的自信和能力。

社会工作服务是少年司法保护的重要组成部分。1989 年开始,苏格兰开始建立统一的司法社会工作服务机制,社会工作者提供法庭报告、基于社区服务的法庭处置,例如缓刑、社区服务,犯人的监管。1989 年苏格兰的《儿童法案》再次促进了社会工作的发展,明确社会工作在特定情况下为儿童和他们的父母提供服务。社会工作者倾听少年的声音,倡导未成年人权利,站在他们的身边支持他们,社会工作者要掌握犯因性需求,进行需要匹配评估,有针对性地选择服务的方法,这也是服务的核心。

在苏格兰,社会工作会介入少年刑事司法整个程序中。社会工作者等工作人员与少年一同工作,需要未成年人的配合,如果少年无法与小组配合,这意味着案件将重新回到少年法庭,少年法庭有权利激活前面的命令,重新进行审判。苏格兰的管理体系分工明确,密切配合,实施全系统的合作体系,根据国际人权标准对未成年人进行评估,以确保提供全面措施,保护、尊重和实现未成年人的权利。

(二) 合作模式:以英国英格兰为代表

英国英格兰摒弃了儿童违法行为的司法模式。在英格兰,少年法庭主要由社会工作负责,甚至有人认为其是社会工作法庭,或者由非法学专业人士主导,他们处置的自由度不受法律框架束缚,在法律机构进行初步筛选后对案件进行行政处分。①少年法庭管辖少年违法案件,传统意义上与家庭相关的案件由家庭法院管辖。少年法庭在很大程度上依赖专业社会工作者的干预和治疗。

社会工作者帮助青少年成为一个守法者,能作出积极决定,成为对社会有贡献的人。未成年人司法社工需要技巧和知识,这些将帮助他们在刑事司法程序中帮助少年。社会工作者是少年司法分流过程中的重要角色。社会工作者与司法人员保持紧密的连接,随时通过法律规定的各种措施将未成年人从司法体系分流到社会观护体系与社区替代项目和措施中。社会工作者负责社区替代措施。20世纪70年代在英格兰常见的青少年措施是实行机构化,而到了20世纪80年代,机构化的做法被彻底扭转。社会工作者直接参与到少年犯社区替代羁押项目中。在英国,20世纪80年代注重实践,从实践经验中提炼政策,社会工作者负责具体落实社区替代措施,如让青少年在社区中参加陶艺活动。社会工作者参与到特别青少年委员会(Special Youth Authorities)对少年犯罪的预防、保护与照管中。

社会工作者是英格兰少年司法中的重要角色。这些角色得到立法授权,尤其是1998年英国《犯罪与扰乱秩序法案》。在这部法律中,社会工作者成为少年司法体系中重要的角色,与司法人员紧密配合,承担多种任务:(1)社会工作者是青少年犯罪对策小组的重要成员(第39条)。法律规定地方政府在少年司法中扮演重要的角色,由多学科背景的专业人士组建青少年犯罪对策小组,这包括警官、缓刑官、教育者、地方当局社会服务部门的社会工作者、首席教育官(地方当局根据1996年《教育法》任命)提名的人;由卫生当局提名的人。一旦发现有未成年人犯罪,马上由犯罪小组进行介入。(2)社会工作者负责社会调查并向司法人员提交调查报告(Social Inquiry

---

① Edwin M. Lemert, Choice and Change in Juvenile Justice, British Journal of Law and Society Vol.3, No.1(Summer, 1976), pp.59—75.

Reports)。(3)成为合适成年人(第65条)。社会工作者可以担任合适成年人,除了社会工作者外,担任合适成年人的还可以是未成年人的父母或监护人,地方当局或非政府组织安排的人,或者其他18岁或以上能代表未成年人利益的非警务人员。(4)负责养育令、赔偿令、行动计划令的执行(第8、67、70条)。如社会工作者可以成为未成年人赔偿令的负责人员,其他负责者还包括缓刑官和青少年犯罪对策小组的成员。法院在作出赔偿命令之前,应获得并考虑地方当局社会服务部门的社会工作者、缓刑官员或青少年犯罪对策小组成员的书面报告,并指出适合罪犯的工作类型,以及受害人对拟采取命令的态度。而在作出行动计划令时,社会工作者应说明:该未成年人要求;对修复未成年人罪犯的好处;未成年人罪犯的父母或监护人对建议的态度。(5)负责社会观护期或者缓刑期内未成年人的监督(第76条)。

(三)修正的司法模式:以加拿大为代表

在加拿大,少年司法与儿童福利系统并行不悖,社会工作者是社会福利的代表。加拿大许多法院都有专门的社会工作者,社会工作者与心理咨询师一起组成专业项目组,在转介的过程中协助进行评估,照护未成年人,并帮助创建能满足其需要的项目。评估报告需要提供未成年人社会功能、家庭成员、教育史、创伤、精神疾病和心理健康、身体健康、心理教育需求、决策影响、学习情况和犯罪因素等方面的情况,报告对未成年人成长状态给出重要判断,并提出社区支持的建议,通常由社会工作者和其他专业人士负责。

在少年司法中,社会工作者可以担任很多角色,参与从预控到处置的全过程。社会工作者可以接受培训成为缓刑官,当然缓刑官也可以由犯罪学、心理学或社会学专业人员担任。社会工作者还是法律的解释者,由于未成年人不理解晦涩的法律语言,社会工作者可以协助未成年人更好地理解法律定义,成为未成年人理解法律的桥梁。在加拿大,各个州的法律不同,联邦和州法律都对社会工作服务进行规定。如果有些州对未成年人有宵禁措施,则社会工作者与警官、公共律师、学校校长一起,协助完成这一指令。社会工作者参与到未成年人的司法处遇中:警官、社会工作者、青少年缓刑监督官、检察官、法官紧密合作,社会工作者准备缓刑报告,为法庭提供调查报告、听证报告,提出监护计划等。

不仅在刑事案件中,在涉及未成年人的民事案件中,如父母争夺子女监护权的案件,未成年人可以向社会工作者与律师求助。通过社会工作者,未成年人可以向法庭传达自己的诉求,社会工作者至少可以倾听未成年人的想法。①

　　加拿大的儿童福利机构雇用训练有素的社会工作者,帮助儿童和家庭解决困难,关爱遭受虐待、忽视和家庭暴力的未成年人。加拿大的社会工作者有普遍的知晓度和认同度,大人会通过各种方式告诉孩子,当他们遇到困难或者窘境时可以向社会工作者、警察、督察官求助,社会工作者是接受过培训,帮助个人、家庭、社区应对困难情况的人。社会工作者可以在家庭服务机构工作,也可以在集体住宅、医院等地方工作,他们可以帮助遭受虐待或忽视的儿童和青年,帮助个人、家庭处理其他类型的问题和挑战。②社会福利部门有初步证据证明未成年人受到虐待或者忽视,则在紧急情况下有权将未成年人带离家庭,但这通常是社会服务考虑的最后选择。此时社会工作者无需征得未成年人的许可(特别是如果未成年人不满 16 岁),未成年人通常安置在寄养家庭。只有当局认为父母能好好照护子女,未成年人才能被送回家。

　　社会工作者能提供什么样的帮助取决于问题的性质。在紧急情况下,社会工作者的首要任务是把孩子送到安全的地方,可以进行危机干预,或者根据需要立即送医。加拿大还赋予社会工作者在紧急情况下的保护性拘捕权。根据儿童福利法律,如青少年处于危险之中,可能有自残或者伤害他人的危险,社会工作者可以采用强制性保护措施,让青少年快速脱离危险。如果经过进一步调查,当局认定家庭环境不利于未成年人成长,则会在家庭法院举行监护权听证会。法官可以根据州儿童保护法,临时或者永久性将未成年人安置在寄养家庭或其他机构中。③在一般情况下,社会工作者可以与孩子的父母或监护人交谈,解释孩子需要什么,试着说服他们改变他们的行为;向父母或监护人提供如何解决与孩子成长有关

---

　　①　Ned Lecic and Marvin Zuker, The Law is(not) for Kids—A Legal Rights Guide For Canadian Children And Teens, AU Press, 2023, p.111.

　　②　Ned Lecic and Marvin Zuker, The Law is(not) for Kids—A Legal Rights Guide For Canadian Children And Teens, AU Press, p.7.

　　③　Jim Hackler, Antoine Garapon, Chuck Frigon and Kenneth Knight, Locking up Juveniles in Canada: Some Comparisons with France, Canadian Public Policy/Analyse de Politiques Vol.13, No.4(Dec., 1987), pp.477—489.

问题的建议；安排个人或家庭咨询；必要时将儿童从家庭中带走，安置在寄养家庭或集体住宅。

（四）司法与犯罪控制模式：以美国为代表

美国的少年司法经历了从福利模式到司法与犯罪控制模式的循环。少年司法在美国诞生之时采取福利模式；但后来随着未成年人犯罪率的上升，美国对未成年人犯罪采取零容忍态度和高压政策，改变了福利与仁爱的思想，从以福利为导向转变为司法控制与惩罚性模式。20 世纪 90 年代后期，美国每年约有 20 万名 18 岁以下的儿童被当作成年人受审。[1]美国成为司法与犯罪控制模式的代表国家，这造成社会工作在美国少年司法领域中从蓬勃发展到逐渐回落。即便如此，由于美国的儿童福利制度发达，注重儿童福利与儿童权利的保护，社会工作者依然活跃在儿童虐待、忽视等领域，对未成年人给予全方面"天堂式"的保护。

美国自少年司法制度诞生以来从联邦到各州推出诸多少年司法项目，很多需要社会工作者参与。美国设立多个少年加害人和被害人的项目，[2]如以年轻人为重点的"新兵训练营"（boot camp）或"严厉的爱"（tough love）项目。[3]司法部每年会发布几十个项目，每个项目有明确目标，如 2018 年司法部发布的项目达到 72 个，[4]有预防青少年网络犯罪项目等。[5]联邦少年司法和犯罪预防办公室的项目为地方缓刑部门和法院提供资源，追究少年犯责任的方式可以是金钱补偿、社区服务或直接为受害者提供服务。[6]联邦少年司法和犯罪预防办公室为这一项目设置青少年责任奖金。在 20 世纪 80

---

① Jane McPherson and Robert G. Schwartz, The Role of Social Work in Juvenile Justice in the USA, in Robert G. Schwartz, Yifang Chen(eds.), The Role of Social Work in Juvenile Justice: International Experiences, Raoul Wallenberg Institute, 2020.

② 美国少年司法与青少年犯罪预防办公室网站，https://www.ojjdp.gov/programs/index.html，2019 年 12 月 2 日访问。

③ Tina Maschi, Mary Loukillian, The Evolution of Forensic Social Work in the United States: Implications for 21st Century Practic, Journal of Forensic Social Work Vol.1, 2011.

④ 参见 https://ojp.gov/newsroom/pdfs/2018ojpprogramsummary.pdf，2018 年 7 月 13 日访问。

⑤ 美国少年司法与青少年犯罪预防办公室网站，https://www.ojjdp.gov/programs/ProgSummary.asp?pi＝3，2018 年 7 月 3 日访问。

⑥ A. R. Roberts, P. Brownell, A Century of Forensic Social Work: Bridging the Past to the Present, Social Work, 44, 1999, pp.359—369.

年代中期,联邦拨款用于恢复教育、专门培训和技能援助。

　　法律为社会工作干预提供了基础。虽然社会工作者参与美国少年司法体系没有联邦法律依据,但是每个州都在自己的少年司法法律框架内支持社会工作。20世纪90年代中期,美国各州加强了少年犯的惩罚性规定,以治疗、康复或监督为目标,把年轻人从司法体制中"转移"出去,这让社会工作成为必不可少的角色。州法律规定青少年应接受"治疗"服务,降低累犯风险,并提供技能,以支持年轻人重返社会社区。①社会工作者也协助未成年人受害者。社会工作者在评估年轻人的风险和需求,以及转移注意力方面发挥作用,将青少年与社区服务联系起来,以专业优势应对风险、需求。

　　美国每个州都有自己的法律体系,所以少年司法也各具特色,社会工作提供的干预服务很难用统一模式概括。社会工作者可直接为少年提供服务,也可与多学科背景人员展开多样化合作。美国少年司法的项目很多,从各方面切入未成年人的需求,各个州也根据自己的情况设计内容:如以社区为基础的矫正行动,中途计划(half-way programs)和社区法院(community courts),社会工作者会参与其中;美国的社会—警察项目,在警察接到报案的初期有社会工作者介入;②针对青少年帮派数量增加的问题,美国开设数百家儿童指导诊所,雇用社会工作者担任法庭联络员,建立以社区为基础的委员会和预防犯罪项目,重点支持和干预个人,包括辍学儿童和被法院称为"问题家庭"的成员;多维治疗寄养项目,使用重症寄养作为治疗青少年犯罪的替代方法,青少年被单独安置在寄养家庭,由社会工作者提供治疗支持,强化育儿培训,社会工作者与其他专业人士合作,帮助青少年在社区更好地生活。美国科罗拉多州2014年法律(HB14-1023)要求少年司法案件中州

---

　　① Jane McPherson and Robert G. Schwartz, The Role of Social Work in Juvenile Justice in the USA, in Robert G. Schwartz, Yifang Chen(eds.), The Role of Social Work in Juvenile Justice: International Experiences, Raoul Wallenberg Institute, 2020.

　　② 有一则案例:"有一天,一位父亲来到警察局报案,说家里丢了钱,而且肯定是儿子的朋友偷的,他还认为儿子的朋友可能吸毒。他说在报案之前,他和妻子之间的意见不一致。"如果是以前,可能按照警方的方式行事,但是在与社会服务开展合作以后,引入了青少年戒瘾机构的服务,工作人员不仅仅只看到偷窃一个行为,而是将家庭的潜在问题也统筹考虑,合作带来改变。P. Earley, Chief of Prisons Bureau, A Former Guard Stress Value of Staff Training, Washington Post, March 15, 1984, at A19.

政府聘请的法律援助律师雇用社会工作人员，并允许社会工作者的报告成为证据。①社会工作者广泛参与到少年司法体系中的未成年人精神疾病、毒品和酒精依赖、发育障碍、无家可归和虐待与创伤的治疗中。

美国少年司法中的社会工作者可以做法庭的专家证人，在法庭上发表专家意见。同时，社会工作者还具有部分执法权，可以在有利于未成年人的原则下，剥夺父母亲权。社会工作者以多种方式参与恢复性司法，通常是作为培训者，在学校范围内采取措施，营造一种受欢迎的氛围建立未成年人的信任。社会工作者也参与制定针对性的干预措施，解决经常性逃课、扰乱课堂秩序、校园欺凌等特定行为问题。社会工作者学习恢复性司法的技能，以恢复性的方式，了解未成年人行为的影响，让未成年人学会承担责任，对那些受到伤害的人进行补偿。②

社会工作者一方面直接进入少年司法体系内，与未成年人接触并提供服务，另一方面也可以与其他交叉系统的同行并肩作战，如作为跨学科团队的成员，与医疗保健专业人员、教育工作者、法律团队、执法人员和儿童保护人员一起，在学校、社区等领域保护被虐待与忽视的儿童，开展犯罪预防。2019 年 3 月，美国社会工作协会的报告提到，全美国有 65 万名社会工作者，为超过 1 000 万人提供服务。在跨学科团队中，社会工作者贡献了重要的专业技能，包括临床心理健康知识和道德准则。同时，社会工作者在少年司法中扮演着多重角色，发挥多元化功能，他们与未成年加害人或犯罪受害人的家庭合作；与学校合作制定其他纪律措施；作为专家证人在法庭上作证；进行心理健康能力评估；与辩护小组合作等。

社会工作在美国少年司法系统中的应用范围越来越广泛。在美国，到1967 年，三分之一的少年法庭有社会工作者或者缓刑官。③在 1950—1980年减少监禁人员数量的改革中，社会工作是最为重要的专业引领者。社会工作在城市的社区工作、在替代监禁刑的社区矫正、在监狱发展措施中发挥

---

①②   Jane McPherson and Robert G. Schwartz, The Role of Social Work in Juvenile Justice in the USA, in Robert G. Schwartz, Yifang Chen(eds.), The Role of Social Work in Juvenile Justice: International Experiences, Raoul Wallenberg Institute, 2020.

③   Brad Sures, Juvenile Justice System: A Brief Overview, Law Forum 10, No. 2 (Spring 1980), pp.31—32.

了重要作用,甚至在联邦与州层面的政策和行政管理中成为重要角色。①除了传统上对未成年人加害者的社会工作服务,美国未成年人司法社工还有非常广泛的未成年人服务领域,如可以为被监禁父母的子女提供服务。父母被监禁,孩子受到严重的创伤,需要全面介入。在儿童福利体系中,这些是需要保护的群体。当母亲被监禁时,社会工作者可以为子女提供支持,因为大部分情况下他们不会给公共安全带来威胁。一般情况下,祖父母是这些孩子的抚养者,社会工作者此时可以帮助协助申请经济补贴,同时可以帮忙提出寄养申请。②未成年人司法社工还可以为特殊人群提供服务,如针对女孩和女性的服务、精神服务、物质滥用服务。

二、少年司法与社会工作互动的特点

在多国的少年司法实践中,社会工作者已经广泛而深入地参与到少年司法中,承接司法机关分流出来的"非审判事务"。在少年司法制度中,社会工作以各种方式与司法体系进行互动,其他国家也有不同的分流措施和社会工作服务项目,如意大利社会工作通过暂缓判决、司法宽免等分流方式将少年交给社会工作者;澳大利亚配备训练有素的少年司法社会工作者和心理辅导员,在进行专业评估之后指定专业机构进行干预;日本对少年处置措施有保护处分,即交少年鉴别所保护观察、解送教养院、少年院或委托其他福利机构教养、移送儿童商谈所等,司法社会工作在每个环节都有着重要地位。

不同少年司法模式下,司法人员与社会工作在角色与功能互动上存在差异。是否有一种理想或者成熟的互动模式可以借鉴? 事实上,没有绝对的放之天下皆准的理想型,但从对多国少年司法与社会工作的互动模式中,我们可以发现很多共同点。

(一) 互动产物:未成年人司法社工及其角色的多样性

在少年司法与社会工作互动的过程中,产生了一个新职业:未成年人司法社工,即在少年司法体系内从事社会工作的助人者。统揽全球多国,未成

---

①② Rosemary C. Sarri, Jeffrey J. Shook, The Future for Social Work in Juvenile and Adult Justice, Advances in Social Work, Vol.6, 2005.

年人司法社工存在很多不同之处。联合国在少年司法社会工作角色的报告中,认为各个国家少年司法社会工作任务虽有不同,但是大体上都集中在如下领域中:在逮捕时提供帮助和服务(Assisting the child from the moment of arrest);组织分流(Organizing diversion);撰写社会调查报告(Preparing social enquiry reports);在社区里对未成年人进行监督和指导(Supervising young offenders in the community);对即将释放的未成年人进行辅导(Preparation for release);释放后的回访与支持(事后辅导)[Post-release support(aftercare)]。

未成年人司法社工的服务空间包括三方面:完全独立的儿童福利系统服务;儿童福利和司法保护领域重叠区域服务;完全独立的司法领域服务。事实上,很多国家社会工作者的服务空间拓展到其他涉司法领域,例如被害人服务,如性侵儿童的服务;行政案件;治安案件;民事案件,如争夺抚养权案件;儿童保护领域,如被虐待(家暴)、忽视儿童;也拓展到被监禁成年人子女的服务,吸毒人员子女的服务等。未成年人司法社工与学校社会工作者、社区社会工作者、医疗社会工作者存在职能的交叉,需要与其他领域的同行合作。

(二) 对社会工作者的立法授权

很多国家都通过立法明确对少年司法领域的社会工作者进行授权。很多国家陆续颁布自己的少年司法法律体系,有的国家少年司法制度规定在儿童福利法律体系下,如北欧国家、印度,也有些国家建立了独立的少年司法体系,如加拿大《青少年刑事司法法案》(Youth Criminal Justice Act)、法国《未成年人刑事法》,德国《少年法院法》;还有的将少年司法内容规定在儿童与家庭法中,如新西兰《儿童、青少年及其家庭法案》(Children, Young Persons, and Their Families Act 1989)。不论哪一种立法方式,社会工作者作为儿童福利与社会服务的双重代表,明确出现在少年司法以及儿童福利的各种制度之中。未成年人司法社工被赋予对未成年人的社会调查权利、担任合适成年人的权利、保护性拘捕权利、临时剥夺父母监护权的权利、代表未成年人参加诉讼的权利、专家证人的权利等。西班牙第 5/2000 法案规定了社会服务组织参与到诉讼中,进行未成年人保护和矫正服务。这体现在保护措施的执行、采取寄养措施、参与听证会和矫正措施或执行判决的

暂停决定等多方面。①1774/2004 皇家法令（The Royal Decree 1774/2004）
规定专业帮教队干预的权利义务。他们有资格给未成年人援助，并作为未
成年人和受害者之间的调解者。②

（三）社会工作者的职业化发展：政府部门或非营利组织

社会工作者不是志愿者，也不是临时性服务者，而是专业的助人者，这
就需要有稳定的工作岗位。社会工作者不仅需要情怀，也需要有职业尊严，
这体现在稳定的工作岗位和体面的薪金。在少年司法制度中，社会工作者
既可以第三方社会服务者的名义提供服务，也可以在政府提供的工作岗位
就职，如缓刑官、分流官、监督官、调查官、儿童权利督导员、青少年工作者。
政府机构提供的岗位主要是在儿童福利部门或者司法部门，特点是作为政
府工作者，收入稳定；而独立的非营利组织中，社会工作者的岗位可以通过
政府购买服务或通过项目化的方式获得，特点是较为灵活，不受行政化干
预。社会工作的岗位具有专业性，无法由传统意义上的司法人员取代。司
法人员与社会工作者的良好互动，在一定程度上决定了国家司法体系内儿
童保护的力度。但是，在一些国家，未成年人司法社工岗位也根据儿童福利
程度、少年司法理念的变化有所起伏，在福利制少年司法国家，社会工作岗
位保持稳定性，而在少年司法政策改变较大的国家，如美国，社会工作者的
项目与岗位在不同时期有所不同。

（四）社会工作与其他专业整合的全系统工作模式

社会工作者与其他很多提供儿童福利、司法保护的角色一起合作，是少
年司法制度中的关键角色。未成年人犯罪的根源在于社会和家庭，由于他
们心智尚未成熟，未成年人犯罪就像是周围社会环境的一面镜子，折射出一
系列问题：父母的问题、学校教育问题、网络问题、社会问题等，所以整治未
成年人犯罪的少年司法要求全社会各个机构和多专业人士协同合作，任何
一个部门、一个专业都无法从根本上预防和缓解青少年犯罪问题。需要通
过立法设立专业团队，包括法律专家、心理学家、教育工作者和社会工作者，
整个司法程序中还会与警官、检察官、法官、缓刑官、儿童和青年工作者、护

①②　José Luis de la Cuesta，Isidoro Blanco Cordero，The Juvenile Justice System in Spain，Lex ET Scientia. Juridical Series，LESIJ NR. XVI，Vol.1/2009.

士、律师、心理健康专家,还有精神病医生一起工作,需要对未成年人进行家庭治疗,而不仅仅是聚焦个体的康复。

三、国际新兴模式借鉴:评估与分流中心

在社会服务较为发达的国家,近年出现一种新兴的少年司法与社会工作的互动路径——儿童评估中心(Juvenile Assessment Center),这一新兴模式在越来越多的地方得到应用。评估与分流中心类似于超级服务提供者,在儿童进入福利体系、社会组织体系与司法体系之前,首先由这个"超级航母"进行诊断与评估,类似于医院的分诊中心,评估后匹配未成年人的不同需求,将其分配到合适的机构中,由各分支机构提供针对化的服务。评估与分流中心提供评估、转诊和病例管理服务,但不提供直接服务。中心是有偏差儿童行为或者有需要儿童的观测点,同时也是治疗模型的规划点。这一机构链接司法部门、政府福利部门和所有区域内的社会组织,将碎片化的资源进行全面整合。这一机构打破了司法体系与社会服务单线联系的壁垒,将儿童的司法保护置于儿童福利和儿童保护框架下。

评估与分流中心是社会工作、社会服务高级阶段的必然产物。从已有域外实践来看,可以分为三类:第一类是立法主导下成立的评估机构,如日本的未成年人分类中心(Juvenile Classification Homes),特点是自上而下,权责明确,有共同目标,不同专业的人员各司其职,有利于将司法体系与儿童福利体系较好地融合一体。日本未成年人分类中心根据《少年法》(Juvenile Law)建立,功能是向法官提供有关未成年人生理和精神状况的专家建议。他们负责对未成年人进行智商和人格测试。中心由医生、社会工作者、心理学家和社会学家组成。日本全国有 51 所未成年人中心(Juvenile Homes)共有 179 名分类专家。[1]

第二类是地方司法体系主导下成立的评估机构,特点是符合少年司法的实际需求,特定条件是地方有较为发达的社会组织,分类精细,能提供优

---

[1]   Eric Paul Berezin, A Comparative Analysis of the U.S. and Japanese Juvenile Justice Systems, Juv. & Fam. Ct. J. 1982, 33:55.

质的专业化服务。美国的儿童评估中心创建于 1993 年,中心将私人非营利机构与公立学校等资源整合在一起,设置多项计划,提供多种服务,包括心理健康服务、为儿童及其家庭提供住房和其他服务,以及为犯罪和药物滥用提供评估、预防、早期干预和治疗服务、评估和服务协调等。除了规模较大的区域性评估与分流中心外,一些地区的少年法院(如安克雷奇少年法院,Anchorage Youth Court)还将少年司法体系内的非营利组织服务机构和学校、卫生等部门进行整合。①

第三类是非营利组织自发设立的评估机构,社会服务机构历史悠久,服务全面、专业,逐步演化整合成超级服务机构。这一模式是社会工作、社会服务发展高级阶段的模式,是服务职业化与专业化发展到一定阶段的产物,其整合与互补有利于提供更加精准的专业服务。在美国,一些社会工作机构专门服务于少年司法体系,如路易斯安那州的少年地区服务机构(Juvenile Regional Services),社会工作者与其他多学科专业人员组成团队,其中有个案管理人、律师、心理咨询师、医生等,在司法程序内帮助有需要的孩子规划他们的人生,每年对超过 1 000 名少年提供服务和支持。机构认为,这个辩护小组(Defence Team)中的每个角色都至关重要,关系到对少年提供高质量服务。工作包括在法庭代表上少年犯罪嫌疑人,调查公诉机关的起诉与辩护意见;帮助家庭在学校系统中为每个孩子找到合适的位置;支持特别教育服务;以社区为基础的服务,如创伤咨询;调解管理,职业培训;安排少年及其家庭接受政府福利。工作目标是及时了解少年被捕的原因,期望能找长久改变未成年人命运的方法。②

评估与分流中心对儿童进行司法保护服务的重点在于对偏差行为者进行早期干预,工作重点包括对长期旷课和被学校开除的青少年进行综合评估,对青少年性侵犯进行心理健康辅导等,采取举措提前进行预防。中心负

---

① 非营利组织的章程必须规定以下标准和程序:将未成年人绳之以法的制度;州和联邦宪法对未成年人权利的保障;未成年人及其父母或法定监护人同意少年法院对未成年人行使管辖权;裁决或判决的上诉程序;如果未成年人不履行义务,有权向惩教署提出申诉,无正当理由,应遵守少年法院的所有命令。Jason Tashea, Youth Courts International: Adopting an American Diversion Program under the Convention on the Rights of the Child, Oregon Review of International Law 15, No.1(2013), pp.141—166.

② 参见 www.jrsla.org. 2019 年 11 月 30 日访问。

责提供转介服务。①中心需要儿童心理、精神、法律等多方面的专家,警官在案件初期调查的过程中请专家进行风险性评估,以决定是否将其投入司法程序中。

评估与分流中心的特点是社会服务高度的职业化与专业化。建立这样的评估中心需要基础条件。其一,这些国家和地区的社会组织力量较为发达,为未成年人提供的服务多样,社会工作服务覆盖药物成瘾、精神诊治、虐待与忽视等多个方面,各个机构的工作人员有擅长的服务领域,而评估中心进一步整合各个专业机构的功能;其二,未成年人涉司法服务与一般儿童服务紧密结合在一起,需要儿童福利和司法服务方面的专业人员;其三,政府资金投入与社会资金投入相结合,如果资金不到位,服务无法深入展开。

根据这一模式的理念,中心将区域内的机构进行筛选与重整。但是在实施这一模式的时候也存在困境。首先,资金来源困境。美国的儿童评估中心没有可靠、持续的资金来源,可能个别州的资金较充裕,如佛罗里达州。其次,这一工作具有挑战性和危机导向,包括专业人才的挑战、管理信息系统共享与保密的挑战、人员沟通成本的挑战,需要有良好的制度设计避免行政化与官僚化,而以儿童利益最大化为导向来及时、科学地作出评估与分诊。最后,实施的前提是已经建立了较为全面的儿童保护与服务,否则难以启动和落地。

四、完善路径:少年司法与社会工作的制度性融合

借鉴域外经验是为了更好地发展我国少年司法体系。全球少年司法模式与社会工作互动让我们反思,如何在我国实现少年司法与社会工作的有效衔接和高效互动? 这需要深入了解我国国情,进行本土化设计。社会工作是少年司法社会体系的核心与关键,是社会与国家治理现代化的重要内容。社会工作在很多国家的少年司法制度中扮演着重要角色,为分流或者被释放的青少年提供社会工作专业服务,让他们处于监督与管教之下,防止再犯。在借鉴国际少年司法各模式社会工作与司法体系互动的经验基础

---

① James E. Rivers, Robert S. Anwyl, Jvenile Assessment Centers: Strengths, Weaknesses, Aand Potiential, The Prison Journal, Vol.80, No.1, March 2000, pp.96—113.

上,需要对我国少年司法与社会工作两个体系进行建设性互构,加强少年司法领域中社会工作的服务。我国需要立足本土化国情,加强少年司法制度的顶层设计。需要通过立法、政策加强未成年人司法社工队伍建设,完善以司法社会工作为核心的社会系统,加强少年司法与社会支持与服务系统的互动与整合。

(一) 建法立制:颁布《少年司法法》

很多国家都为少年司法单独立法,但是我国至今没有独立的少年实体法和程序法。由于我们长期以刑事司法与惩罚为历史传统,少年司法很多内容缺乏福利因素,没有形成体系完整、结构合理的专门制度,部分立法规范前后矛盾,缺乏科学性和严谨性,心理学等学科的个案引入没有作为常态化的工作机制。因此应尽快制定独立的《少年司法法》,这部法律要植根于司法与社会合作的土壤中,树立系统合作的观念。我们要在儿童利益最大化的原则下,确立少年司法的基本原则和目标,平衡惩罚性与福利性,旨在促进涉罪未成年人的康复和重返社会;预防青少年犯罪;让家庭、父母和社区参与;加强程序保护;鼓励修复对受害者造成的伤害,这些目标的实现都需要司法与社会力量紧密协作。

在组织机构上,应设立统领少年案件审理全程的少年司法部,明确司法部门与社会、民政等部门的合作路径。在程序上探索设立儿童案件听证制度,根据情节轻重程度建立我国未成年人违法与犯罪的分级处遇体系,加强未成年人案件的程序性保护,加强未成年人处罚的创新,如将社会工作服务纳入分流后处遇和刑罚措施中,建立以社会工作为核心的儿童保护机构,在司法系统中大力推动社会支持体系,这是创立与完善我国少年司法模式的必然,也是遵循国际少年司法发展规律的必然。

《少年司法法》中应当明确少年司法的社会支持体系。社会支持体系不是孤立的,也不是司法系统的附属,而具有自己的地位和独特的作用,司法体系要看到社会工作的价值,一方面大力培育社会工作体系,将薄弱的社会支持与服务体系完善起来,另一方面将社会工作者看作自己的伙伴,与社会工作者合作,两者工作分工明确,彼此尊重、彼此依赖,是一个系统与整体,是完成少年司法既定目标的有力队友,缺一不可。如在新西兰,少年司法中的专业人员除了有专业的维护少年权利的律师,法律要求审理法官也要具有特殊技能来了解未成年人特点,同时还有少年司法专业的家庭会议小组协调人、未成年人司法社工和新西兰警察分流专员。①

(二) 颁布《社会工作法》,推动少年司法社会工作的职业化与专业化

我国未来少年司法发展的趋势是逐步建立独立的少年司法制度,在这个制度中,更加关注儿童福利、更加注重保障未成年人权利。在学者的不断呼吁下,司法部门逐渐认识到,加强社会支持体系是少年司法制度的内在逻辑,未成年人回归社会的程度很大程度上取决于其所获得社会支持的程度,加强社会支持体系是我国少年司法实践的迫切需要。

首先,全国司法部门不断提倡引入社会服务与社会支持体系。社会支持体系是少年司法工作必须具有的平台和支柱,否则从司法部门分流出来的人员被"一放了之",难以得到支持,司法工作会陷入僵局,无法避免未成年人"几进宫"的局面,很难实现"教育、感化、挽救"犯罪未成年人的目的。1991 年 6 月"两高"和公安部、司法部联合下发《关于办理少年刑事案件建立互相配套工作体系的通知》;2012 年,最高人民检察院下发《关于进一步加强未成年人刑事检察工作的决定》,2015 年发布《检察机关加强未成年人司法保护八项措施》;2017 年,最高人民检察院颁布《关于开展未成年人检察工作社会支持体系建设试点工作的通知》,社会支持体系的发展势不可挡。2019 年 4 月,最高人民检察院和共青团中央在全国 40 个地区开展社会支持体系建设试点。2021 年 10 月,两部门在全国 80 个地区持续开展社会支持体系示范建设,逐步推动未成年人司法社工服务的标准化与精准化。

其次,少年司法体系需要法律与社会服务的制度化合作。最初,"社会服务"的内容是由司法人员亲自承担的,如"法官妈妈"家访、探望等人文关怀,但是个别法官、检察官的职能拓展无法从制度上满足所有涉司法未成年人的个性化需求。尤其是近些年,随着国际少年司法理念的推广,未成年人检察系统职能全面拓展,以未成年人这一特殊主体为标准所建立的独特业务体系逐渐形成,未检工作逐渐向民事、行政、公益诉讼等各项检察工作方面延伸与推进,形成"捕诉监防一体化",未检工作的社会化属性逐渐加强,

---

① Andrew Becroft, A Paper for The Pacific Justices, Pacific Justices Conference, 5—8 March 2014, Auckland, New Zealand.

司法与社会服务的边界在检察系统逐渐模糊,但是在司法程序的整个阶段,并未构建完善而制度化的社会服务制度。未成年人司法社工是司法人员的合作伙伴,在涉案未成年人回归社会的过程中,未成年人司法社工可以对未成年人开展社会调查、观护帮教、心理疏导、危机干预等社会服务,作为社会支持力量,可以弥补"一放了之"的漏洞,工作人员不仅关注未成年人涉及刑事犯罪的案件事实和相关法律问题,更关注未成年人犯罪原因以及如何帮助他们改过自新,顺利回归社会。社会工作者还可以联系各方面资源,通过整合各方社会资源,为涉案未成年人提供物质、精神、情绪方面的支持。

(三) 未成年人司法社工发展的制度性保障

未成年人司法社工体系的发展需要制度性保障,如人才培养与资金保障。首先,在人才培养机制上,应加大未成年人司法社工的职业化与专业化建设。人是制度落实中最重要的要素,专业化人才队伍建设是未来我国少年司法改革的重中之重。第一,由政府职能部门牵头构建社会工作人才发展体系,弥补社会工作人才需求的缺口,如未成年人司法社工职级晋升薪酬体系、司法社会工作队伍建设政策体系、司法社会工作人才培育规划、司法社会工作资格认证及考核机制,细化司法社会工作人才培养,提高未成年人司法社工的薪酬。第二,加大未成年人司法社工的岗位设置,增加社会工作岗位。国外社会工作者岗位有两类:政府公务员编制与社会组织岗位。鉴于此,我国少年司法体系可以增设少年司法调查官角色,由专业的社会工作专业人员担任,纳入公务员编制;同时大力加强对司法社会工作机构的扶持力度,增设未成年人司法社工岗位,将社会工作服务项目纳入政府购买服务清单,将司法部门购买社会工作岗位作为固定的预算开支。第三,加强高校未成年人司法社工人才培养,建立高校与司法机关的衔接与合作机制,进行人才委托培养,设置必要的法律课程、司法社会工作实践活动。

其次,在资金保障方面,政府加大未成年人司法社工队伍和机构建设的资金投入。第一,司法部门要规定购买社会组织服务的资金总额与比例,将购买社会组织服务作为独立的经费预算项目,以购买岗位的方式与社会组织建立长期合作模式,因为零星采购、项目采购的方式具有不确定性,很容易造成未成年人司法社工岗位不稳定,导致人才流失。为此,要建立政府向社会组织购买服务管理办法、政府购买司法社会工作服务资金管理办法、公共财政支持民办社会工作服务机构办法等专项政策,为司法社会工作服务经费支出提供制度保障。第二,司法部门与民政部门需要共同投入,整合资源,尽快建设困境儿童社区支持机构与未成年人的专门羁押场所,结合青少年犯罪预防对困境儿童、留守儿童提供服务,协调部门之间资金投入与使用,保证不推诿,不留盲点。第三,设立国家少年司法基金。作为政府资金的有效补充,吸引社会资金进入青少年司法社会服务中,通过税收减免等方式鼓励企业加入,同时鼓励企业建立观护基地。

再次,少年司法需要加强各系统合作保障制度。充分调动各系统的积极性,发挥各系统优势。在制度完善的过程中遵循既改变一切,同时也保留一切的理念,保留内在逻辑,改变各个系统之间的合作方式、打通系统之间的壁垒,同时保留原有文化和传统中的精髓,构建符合我国特色的少年司法模式。从未成年人社会与司法保护的理念出发,将少年司法制度作为儿童福利与保护中的一环,建立跨学科、多机构、多部门共同参与和沟通的平台,涵盖预防、侦查、检察、审判和执行等各阶段,探索司法程序与各个社会支持力量(如共青团、民政、人社、教体、妇联等)之间的制度性对话机制,建立长效发展机制和评价管理机制,提高各系统之间的信息沟通效率。

最后,加强少年司法的学术研究,建立国家级综合性研究基地。目前我国少年司法的研究,尤其是少年司法社会支持体系的研究相当薄弱,亟待加强。

小结

我国少年司法制度建设中,一方面社会工作是"舶来品",与美国社会工作推动少年司法制度的历史不同,我国的社会工作是在政府主导推动下在近二十年发展起来的,以社会工作为代表的社会组织力量较为薄弱,内生性不足;另一方面,我国的少年司法制度从传统的刑事司法中脱胎出来,带有强烈的惩罚色彩,儿童福利、社会服务理念的深化需要一定时间。思想种子的转变需要一定时间才能落地开花。在外国学者的眼中,我国的少年司法制度依然是司法模式。但是,我国有一股强大的内在动力推动少年司法体系的改革,由司法模式逐步向合作模式或者修正的司法模式转变,在这个过程中,最重要的问题就是不断加强社会服务和社会支持的专业化建设,积极拓展司法部门与社会组织之间的合作,借鉴国际先进做法的同时,探索本土化少年司法工作内容和方法的创新。

　　一个国家社会工作服务机构的规模与发展程度与其少年司法制度的成熟度息息相关。如少年司法制度历史较长的国家,以社会工作为代表的社会支持体系就较为完善,随着时间积累,司法机构的需求逐渐得到社会服务机构的反馈,同时完成职业化与专业化的发展历程;少年司法制度发展历史较短的国家,也有后发性优势,可以根据国际社会对少年司法的标准和要求,大力完善社会支持体系。我国处于少年司法创新、大力发展未成年人司法社会工作的历史性时刻。与域外发达国家及地区相比,虽然我国少年司法社会工作和支持体系发展较晚,但是可以利用后发优势,学习国外经验。在我国未成年人司法社会工作总体发展较为落后的局面下,北上广深等地的未成年人司法社工进行有益探索,在发展的高级阶段,应该借鉴国际先进经验与新兴模式,建立评估与分流中心。

第五章　全系统模式:少年司法与社会工作合作路径

　　少年司法发展道路上必须面临的问题是处理司法与少年福利、司法与社会之间的关系。各个国家在这个问题上根据本国国情找取适度平衡点。本章系统梳理和比较多国少年司法发展经验与特点,认为少年司法制度领先的国家和地区多采用全系统模式(whole system approach),该模式能较好地融入儿童福利和儿童权利因素,并将未成年人犯罪治理和少年司法放在更为广阔的社会框架下,将少年司法作为少年保护体系中的一环。全系统模式能够平衡少年司法的惩罚性和康复性,聚合司法社会工作、心理学家、教育者等社会各部门和各学科的专业人士,打通目前各系统、部门之间的壁垒。为此,我国可以探索少年司法的全系统模式,制定综合性的少年法典,培养少年司法专业人才,构建专业的司法社会工作队伍,培育社会服务体系,打造现代意义的少年司法制度。

　　在少年司法制度的构建上,业界共识是单纯的司法干预无法有效遏制青少年犯罪,防止其再犯,普遍认为需要以问题为视角,充分打开我们的想象力,突破传统刑事司法的界限,超越刑事司法(extrajudicial),寻求司法与更为广阔的社会领域之合作。为此,有人将司法作为一个体系,将社会或者福利因素作为另一个体系,提出了"司法与社会一条龙""双轨制""一体化""司法社会化""司法的社会支持体系"等发展路径。但是在合作方式上却存在争议。有人提出:"社会的归社会,司法的归司法。"这种观点看到了司法与社会密切合作的必然性,表达了司法与社会各司其职,各自找准自己的位置,专业的力量做专业之事的观点,具有积极意义。但是深入思考,仔细斟酌,这一观点是值得商榷的。这一观点在强调专业化的同时,忽略了司法与社会两者合作的必然性与合作空间,没有看到司法与社会两者不是一般的合作,不是简单的、形式上的合作,更不是貌合神离,而是需要通过制度将司法与社会紧密结合在一起，双方都应该从问题的解决出发，密切配合、相互协调，达到水乳交融、浑然一体的境界。一方面，少年司法中需要渗透进社会福利内容，向柔性方向改革，例如在程序处置、分流转处、社会观护等方面进行彻底改革；另一方面，司法也要向社会领域渗透，尤其是在青少年犯罪预防领域，让青少年懂法、明法、守法。

纵观全球少年司法制度，为了达到上述目标，我们认为应该采用全系统模式的理念，跳出仅通过司法程序和惩罚性制裁来限制犯罪活动的"犯罪控制"模式，打破传统司法的界限，注重多学科、多机构和多部门的共同参与，将青少年罪犯的处遇纳入更为广泛的社会服务体系之中。

一、什么是全系统模式？

全系统模式是在系统理论之后逐渐发展起来的。全系统模式以问题为视角，在全系统中任何系统都不是问题解决的唯一路径，必须通力配合才能取得既定目标。我们要在动态变化中分析各系统在时间推移中的变化路径、各系统层次之间的关系，在对系统作出重大改进之前，不仅要考虑每个系统的贡献，还要考虑整个系统之间如何协同工作，让全系统的总输出大于"其各系统的总和"。通过有效整合各系统之间的合作方式，推动社会变化，优化社会环境，进而达到解决问题的目标。

少年司法的全系统模式是指为了进行青少年犯罪治理，预防与减少青少年犯罪，帮助少年回归社会，并保护社会公共利益，在少年司法体系与超司法体系之间建立起紧密的合作关系，在儿童利益最大化原则下打破专业、领域、角色、部门、机构等之间的壁垒，降低青少年进入司法系统的可能，通过社会服务帮助青少年恢复其社会功能，使其健康成长。

少年司法的全系统模式并非包罗万象，主要包括两大系统：司法系统与社会系统，即少年司法系统和与少年回归社会相关的所有部门和机构。在少年司法系统中，为了实现减少和预防青少年犯罪的目标，我们需要将干预措施向少年司法的上、下游以及左右移动，在未成年人侦查系统、检察系统、审判系统、专门学校系统、少年监狱系统之外，拓展学校和教育系统、社区系统、社会工作系统、精神卫生系统、家庭系统、矫正服务系统、福利系统（民政、公益）、新闻媒体系统、工青妇系统等。我们需要在各个系统之间建立沟通网络,及时发现儿童的忽视、虐待、遗弃等困境,同时对可能成为加害者的未成年人进行早期干预和预防,阻却来自外界,甚至是家庭的侵害。我们将可能影响青少年犯罪的所有因素作为全系统思考的因子,全系统模式不是所涉多方的简单相加,而是各系统之间有机协作、相互配合,达到降低与预防犯罪、青少年更生以及保卫公共安全的最大目标。这仿佛一幅图案复杂的羊毛挂毯,每个系统犹如一种颜色的羊毛线,不同颜色的羊毛线根据图案的需要在一定技法下编织成美妙的图案。

全系统模式早已在全球多个国家进行实践,得到普遍的社会认同。英国苏格兰地方政府调动众多的组织和机构,将罪错少年尽量转移出司法程序,通过早期干预和强有力的社区选择作为治疗措施。在英格兰和威尔士,各方专业人士共同组成的青少年犯罪对策小组,对预防未成年人犯罪起到重要作用,在这个小组中,社会工作者负责撰写调查报告、介入法庭程序,分流后提供观护服务等。加拿大《青少年刑事审判法案》(Youth Criminal Justice Act)中将超司法措施(Extrajudicial Measures)作为整部法律的第一部分,且认为"在青少年犯罪问题上,超司法措施往往更为有效、及时",并制定了一系列系统之间合作的程序和措施。美国的司法机构中,没有任何部门像少年法庭那样广泛地接受各种各样的非司法服务,这包括案件调查、缓刑监督、寄养家庭护理、精神病诊所、拘留所和中途宿舍等,所有这些组成了庞大的全系统合作帝国。意大利从少年司法开始就强调多学科专家合作。行政机构和地方政府中的社会工作和社会服务人员连接机构、家庭和环境资源,是帮助罪错未成年人的重要力量。①

二、为什么需要全系统模式?

首先,青少年犯罪治理的最大困境在于,青少年犯罪问题的原因是相当复杂的,未成年人犯罪在根本上是社会急剧变迁与社会失范的集中反映,是家庭、学校、社区乃至整个社会问题的缩影,法律作为维持社会秩序的工具之一不足以解决问题。社会转型、价值真空、儿童权利观念演变、家庭结构演变、社区治理模式发展、网络空间的渗透、国外思潮的冲击、传统与现代的

---

① 杨旭:《意大利〈未成年人刑事诉讼法〉评析与启示》,载《青少年犯罪问题》2016 年第 6 期。

矛盾、学校欺凌问题,以及毒品的侵袭与蔓延问题、家庭暴力等都对少年犯罪产生深刻的影响。青少年犯罪在一定程度上是社会变迁中必然要付出的代价。治理这一问题也需要在广泛的社会环境中,对青少年犯罪进行社会控制。我国台湾地区学者林纪东在《少年法概论》中写道:"任何犯罪问题,均为社会生活失调之现象,又转而影响社会生活秩序,并非单纯之法律问题,而为整个社会问题之一面,少年犯罪,由于个人原因者少,由于社会原因者多,其所以影响社会安宁秩序者,又不仅止于眼前之时期,且包括无穷无尽之将来,尤不能仅视为单纯之法律问题,而应认为重要社会问题。"①所以仅仅依靠传统的公、检、法等公权力部门进行国家控制的手段无法在根本上抑制未成年人犯罪。从根本上降低未成年人犯罪需要在国家控制的基础上加大社会参与力度。

其次,以往的模式无法有效解决问题,迫切需要突破。少年司法机构具有自相矛盾的双重任务:一方面必须对青少年犯罪进行压制、打击,同时又必须进行修复。如果少年司法机构处置行为的出发点是对罪错少年进行"强制治疗",采用惩罚性措施,很难有实质性效果,反而可能诱发青少年的反社会心理,无法在惩罚性和康复性之间进行平衡,无法激活青少年成长系统中的修复性因素,同时惩罚性模式忽视了被害人的感受和权益,无法弥补犯罪给受害者带来的损失。如果少年司法模式只注重单一的司法介入视角,没有激活社会系统,不能调动社会参与的积极性,无法在动态平衡中发挥各系统的优势,未能在社会服务部门与司法部门之间建立直接、顺畅的对话机制,就会造成各系统中的关键信息在与其他系统进行交换与反馈时被重复、误解,带来时间成本、沟通成本的浪费。另一方面,少年司法从原来的打击、镇压、惩罚的刑事司法理念中脱离出来,向福利化的方向发展,更多地为进入司法体系中的少年提供服务,将对罪错少年的服务看成一种公共物品,是公共安全保障领域中的重要组成部分,加强福利色彩,持续加大少年司法中人性化、符合少年身心特点的公共服务的提供。但是长期以来,我国的少年司法领域都由公、检、法部门进行管控,鲜有空间释放出来给非政府组织,立法体系没有制定并形成合理的司法机构与司法服务机构配合、共同服务少年的机制。这就需要司法机构释放部分空间,让渡给专业的社会服

---

① 林纪东:《少年法概论》,"国立编译馆"1972年版,第7页。

务机构,提高社会的参与热情。

再次,少年司法应该是人性化司法。进入少年司法体系中的未成年人可能具有特殊需要,因此需要专业部门进行介入与支持。比如有的有药物滥用问题,有的被忽视和虐待,有的具有精神疾病,有的监护缺失,因此我们需要深入了解其身心发展的特殊需要,充分考虑每一个未成年加害人的背景和个人特征,采取更加智慧的处置方式,根据各项指标进行有针对性的治疗。在这种制度下,惩罚和威慑的作用有限。[①]在面对复杂问题时,如有危机发生,工作人员往往感到困惑和迷茫,而其他系统的及时介入与干预则是雪中送炭。因此需要在充分考虑加害人系统的基础上,充分调动各个专业系统,转化为整合所有专业方法、保持各系统之间的动态平衡,从不同角度保护未成年人。

最后,国家和社会的利益契合使两者应该在少年司法上采用更多的合作方式,并肩协同,降低未成年人的犯罪率,保障少年权益,实现国家与社会的共赢。无论是司法系统还是社会系统都需要对未成年人进行倾向性保护。很多少年加害者可能是家庭保护或者社会保护不足的受害者,因此我们需要对其在司法系统中进行强化保护。青少年是社会成员的重要组成部分,保护少年也就是保护社会本身,同时也能减少其他社会成员受害的潜在可能性,保障社会的安定与和谐。社会有热情参与到少年司法事务中,而通过社会化参与和服务,可以将缺位的教育、康复、回归社会功能承担起来,减少司法部门的工作压力。

各系统之间由于情境的复杂性,必须合作开展活动,进行跨学科、跨部门的协作。建立全系统模式的价值是无法估量的。打通学科、机构、领域之间的壁垒,增加社会力量参与到少年司法体系中,增加关心未成年人的范围和规模,尽力满足未成年人的成长需要,可以降低青少年犯罪率,最终保护社会公共利益,这具有巨大的潜在社会价值。

三、全系统模式的价值取向

首先,全系统模式可以避免司法与福利二分法的风险,更好地协调少

---

① David Shichor, Historical and Current Trends in American Juvenile Justice, 34 Juv. & Fam. Ct. J. 61, 76(1983).

年司法与福利关系。少年司法是注重福利还是强调司法？司法与福利是不是两分法？这个问题一直是少年司法制度的基础理论问题，是这一制度发展的关键问题，是改革过程中避不开的话题，也是国际社会争论的问题。各个国家在少年司法的顶层设计和战略发展中会根据本国的社会、经济、文化、福利水平等多方面而进行选择和平衡，我们在第四章已充分探讨这一问题。全系统模式下司法与福利都是子系统，各职业机构、组织密切配合改善未成年人生活质量。法官、社会工作者、问题青少年和家庭一起对这一问题进行讨论。

其次，全系统模式能彰显国家与社会的互动发展。梁漱溟在《中国文化要义》中认为，与西方建立在阶级基础上的国家相比，我国的国家与社会关系模糊，国家与社会相浑融。法律本身就是"社会工程"，是法学家、立法者等专业人士为了实现社会公平与社会成员的自由而设计的规则体系。而与成年人司法相比，对少年怜恤等少年司法本身的特殊性与社会公众更加天然地契合，是体现人性化的柔性司法，能极大调动社会力量参与的动力与热情，有助于从根本上预防犯罪。因此我国少年司法的建立要以国家和社会关系为基础，分析现有社会关系并进行重构。全系统模式能体现国家力量与社会力量的协同合作。全系统模式的根本是在国家与社会两者利益一致的前提下，国家让渡给社会一定自治权，通过权力让渡来明晰各自职责，形成国家与社会的协同与合作。法应该从国家单向控制社会的工具，转变为国家和社会双重双向控制的工具，不仅是保护国家，而且也是社会自治和自我保护的工具。①

再次，全系统模式可以打通司法与社会合作的任督二脉，整合司法与社会的优势，加强两者互动。全系统模式的关键是可以平衡司法与社会之间的关系。司法与社会的关系是一体化还是二元化？是嵌入还是共生？如果将从刑事司法中分离出来的少年司法作为本位，社会因素的注入被很多研究者视为一种嵌入、介入，尤其是以专业助人为宗旨的社会工作，作为福利和社会的代表力量，在进入少年司法领域以来，尽管存在诸多契合之处，但是仍然被认为是嵌入少年司法制度中。当我们重新审视

---

① 郭道晖：《多元社会中法的本质与功能——第二次亚洲法哲学大会评述》，载《中外法学》1999 年第 3 期。

少年司法的本质时,发现少年司法与社会两者在根本上是互相需要的,少年司法需要社会力量的介入,社会需要少年司法体系的功能,两者是共生关系。全系统模式可以更好地诠释两者关系,站在大系统的角度,还原少年司法既包含惩罚又涵盖更生要素的双重功能。全系统模式体现国家利益与社会利益的有机契合。国家与社会的利益诉求因情境不同会存在差异,国家与社会的利益契合程度决定国家对社会的支持或限制。①司法是国家为社会提供的公共物品,以满足公正的社会职能。在预防和减少青少年犯罪、帮助少年再社会化的问题上,国家与社会有着共同的利益诉求。少年司法是柔性司法,体现人性化,调动社会参与的动力与热情,有助于"亲民"司法形象的树立。就社会方面而言,降低少年犯罪,保护少年的健康成长是社会利益、公共利益的体现。

最后,全系统模式可以促进理论体系的融合与构建,打破学科与专业壁垒;融通心理学、社会学、法学等多个学科的专业知识,整合相关理论,例如青少年犯罪理论、社会学相关理论、犯罪心理学理论、社会工作的理论与治疗方法等,应用亚文化理论、标签理论、角色理论等众多社会学理论解释少年司法领域中的现象,这极大地拓展了少年司法理论制度上的想象空间,解决了少年司法基础理论不足的问题。

全系统模式是少年司法制度完善的必由之路,也是司法管理创新的重要探索。全系统模式将司法公正置于广泛的社会背景下,超越我国刑事法律的框架,针对违反刑事法律的未成年人,在特殊的实体和程序法律规定中,融入社会化的帮教和支持力量,体现柔性司法的理念。同时,健全社区矫正制度,由少年司法社会工作等专业化的力量进行社会观护,整合社会资源,加强对罪错少年的社会管理,体现罪错少年处罚上的非监禁刑理念;加强少年司法的服务水平,实现社会共融。

四、全系统模式的域外经验及其特点

纵观全球多国少年司法的发展,每个国家由于各自历史、文化、政治、经

---

① 江华、张建民、周莹:《利益契合:转型期中国国家与社会关系的一个分析框架》,载《社会学研究》2011 年第 3 期。

济、教育制度、家庭观念和结构等诸多差异,少年司法制度存在不同之处。但是在成功的模式之中,无一例外都具有全系统处置的特点,这体现在以下几点上。

首先,少年司法系统中的多元化角色参与。少年司法需要针对未成年人身心发展特点融入多专业化角色。日本在少年司法系统中雇用了多元化人员。在处理少年事务方面各角色分工明确,职责具体。①西班牙在少年司法中设立了一个专业团队,包括法律心理学家、教育工作者和社会工作者。西班牙第5/2000法案规定了社会服务组织参与到诉讼中,进行未成年人保护和改造服务。这体现在采取保护措施、寄养措施、参与听证会和矫正措施或执行判决的暂停决定等多方面。②挪威检察官将未成年人案件直接移交到部门的"社会办公室"——实际上这是一个未成年人保护机构。审判结束后,法官将把未成年人在社会办公室中的表现以及警方的证据都交给社会工作者,不是以起诉未成年人为目的,而是为了用治疗代替起诉。③

跨专业的多元角色合作可以贯穿整个少年司法程序中。1999年挪威政府提出了一项针对儿童和青少年犯罪的五年计划,其目的是通过让儿童和少年、父母、志愿组织和团体参与,加强预防和打击青少年犯罪;进一步发展学校、警察、儿童福利服务、教育心理服务、保健服务、儿童和青年精神病机构、文化和休闲时间管理等各种当局和服务机构之间的部门合作。在英国苏格兰,社会工作会介入少年刑事司法整个程序中。④

多元合作也可以体现在少年司法制度中某一阶段。在丹麦,学校(S)、地方社会福利(S)和地方警察(P)之间存在长期系统的跨专业合作。SSP委员会通知学校的学生、老师和家长关于防止酒精和毒品的滥用、预防犯罪和其他各种不良行为等。⑤在少年案件的侦查阶段,泰国组成家庭社区团体会议,会议参与者包括受害者、少年犯、家长或未成年人亲属、心理学家、社

---

①　Eric Paul Berezin, A Comparative Analysis of the U.S. and Japanese Juvenile Justice Systems, Juvenile & Family Court Journal, November 1982.

②　José Luis de la Cuesta, Isidoro Blanco Cordero, The Juvenile Justice System in Spain, Lex ET Scientia. Juridical Series, LESIJ NR. XVI, Vol.1/2009.

③　Katherine van Wormer, The Hidden Juvenile Justice System in Norway: A Journey Back in Time, 54 Fed. Probation 57, 61(1990).

④　Robert Johns, Using the Law in Social Work, Learning Matters, pp.97—98.

⑤　Anette Storgaard, Juvenile Justice in Scandinavia, Journal of Scandinavian Studies in Criminology and Crime Prevention, Vol.5, 2004, pp.188—204.

会工作者、社区代表、保护中心主任、警察调查员、检察官和会议协调员。在会议过程中，提出非检控命令的决定是一项集体决定，是由会议上所有与会者讨论后得出，而署长的作用是将集体决定交付给检察官。①在审判阶段，意大利自从1934年第一个少年法院诞生以来，就通过立法引入心理学、教育学、社会学等专家作为名誉法官。②这种合作也可以直接针对司法程序中的某一制度。日本未成年人分类中心根据《少年法》(Juvenile Law)建立，功能是向法官提供未成年人生理和精神状况的专家建议。他们经常对未成年人进行智商和人格测试。中心由医生、社会工作者、心理学家和社会学家组成。

其次，明确的法律授权，立法规定各种不同角色的配合。全球有多个国家在少年司法制度中明确规定了各种不同角色及其合作，法律中不仅有刑事司法的制度规定，同时还规定了超越刑事司法的内容，如社会服务、社会参与等支持。西班牙第4/1992法案建立了针对青少年犯罪的综合应对体系，此体系集监护、刑罚与社会融合于一体。1998年英国的《犯罪与扰乱秩序法案》规定少年司法需要组成青少年犯罪对策小组，需要组建多学科背景的专业人士，至少包括缓刑官、地方社会服务部门的社会工作者、警官、教育者、地方政府健康部门指定者。有的国家将少年司法立法内容放到更为广泛的儿童照护或者保护立法中，设立专门的法院、程序和量刑政策，来促进少年司法制度中的恢复性、康复性。在新加坡，《儿童与青年人法》(1993年颁布，2001年、2020年修订)是处理少年逮捕案件的核心法规。7岁至14岁未成年人的所犯罪行属于《儿童与青年人法》的适用范围。③西班牙1996年《未成年人保护法》规定，未成年人保护工作被纳入社会服务和民事法庭的职责范围内。法律规定的新诉讼程序以灵活性原则为调查与审判分离开辟了道路。④

再次，协作的项目化。除了明确的立法授权外，为了增加灵活性，很多国家还通过项目形式增加少年司法的多元化合作。荷兰有对青少年犯罪早

---

① Angkana Boonsit, Restorative Justice for Adults and Juveniles in Thailand, 156th International Senior Seminar Participants' Paper, Resource Material Series No.93.

② 杨旭：《意大利〈未成年人刑事诉讼法〉评析与启示》，载《青少年犯罪问题》2016年第6期。

③ Anuradha Saibaba, Juvenile Justice: Critically Juxtaposing the Models in India and Singapore, Working Paper Series No.28.

④ José Luis de la Cuesta, Isidoro Blanco Cordero, The Juvenile Justice System in Spain, Lex ET Scientia, Juridical Series, LESIJ NR. XVI, Vol.1/2009.

期预防和报告的 HALT 项目①；新西兰在恢复性司法下建立家庭会议与社区会议项目；而美国自少年司法制度诞生以来从联邦到各州有对少年加害人和被害人的多个项目，②司法部每年会发布几十个项目；③日本有许多旨在为未成年人提供治疗和教育培训的项目，但其中一个特别项目是专门为未成年人提供社会培训，被称为"社会教育"，旨在培养未成年人健康的社会态度，消除反社会的思想和行为。④新西兰《少年犯法案》(1997 年)(Young Offenders Act)引入早期介入项目，并规定了三种替代方式。泰国 2003 年 3 月青少年观察保护中心(Department of Juvenile Observation and Protection)计划和制定相关规章和指导方针，在未成年人基金会支持下，建立家庭社区团体会议项目。全国 52 个青少年观察保护中心在相关规章和指导方针下实施该项目，社区是这一程序的重要组成部分。⑤

在项目设计上，需要具有针对性，对不同的青少年分级设计。如美国少年司法中，为不同级别和需求的青少年设计不同项目，又称为综合性战略（见图 5-1）。

最后，注重家庭治疗。如果不纠正家庭问题，就无法解决青少年问题。很多未成年人的不良行为甚至触法、犯罪行为都是因为家庭功能缺失造成的。在少年司法体系中，很多国家将家庭治疗作为替代方案。挪威在 19 个城市建立家庭治疗作为替代方案的多系统小组。有些国家建立家事法庭，专门审理家事案件，如日本少年司法制度的独特处之一就是设立家庭法庭辅导员和调解委员会。以这种身份服务的人被从公共部门中选拔出来，他们具有协助调解家事案件的决心和愿望，任期为一年，与仲裁员职责一样，就如何处置案件提出独立和公正的意见。⑥新西兰青少年司法体系将家庭

---

①　Alma Van Hees，HALT：Early Prevention and Repression：Recent Developments and Research，European Journal on Criminal Policy and Research 7：405—416，1999.

②　美国少年司法与青少年犯罪预防办公室网站，https://www.ojjdp.gov/programs/index.html，2018 年 7 月 2 日访问。

③　参见 https://ojp.gov/newsroom/pdfs/2018ojpprogramsummary.pdf，2018 年 7 月 13 日访问。

④　Eric Paul Berezin，A Comparative Analysis of the U.S. and Japanese Juvenile Justice Systems，Juvenile & Family Court Journal，November 1982.

⑤　Angkana Boonsit，Restorative Justice for Adults and Juveniles in Thailand，156th International Senior Seminar Participants' Paper，Resource Material Series No.93.

⑥　Eric Paul Berezin，A Comparative Analysis of the U.S. and Japanese Juvenile Justice Systems，Juvenile & Family Court Journal，November 1982.

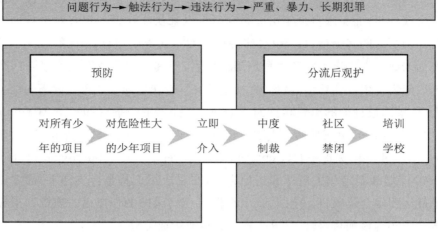

图 5-1　对严重、暴力和长期性少年加害人的综合性战略①

资料来源:Mark W. Lipsey, James C. Howell, Marion R. Kelly, Gabrielle Chapman, Darin Carver, Improving the Effectiveness of Juvenile Justice Programs: A New Perspective on Evidence-Based Practice, p.37。

置于所有青少年决策的核心位置。1989 年《儿童、青少年及其家庭法案》注重家庭的地位及参与,尽可能维持儿童与家庭的关系,并为家庭赋权。该法引入了多元组成的家庭小组会议(Family Group Conference)作为决策主体,在儿童利益最大化原则下不仅规定对少年加害人的处置程序,同时也规定对被虐待少年儿童受害人的保护程序。②还有些国家建立针对少年司法系统的寄养家庭制度。

五、我国少年司法全系统模式的探索路径

全系统模式要求加强顶层设计,立足我国的本土化国情,充分调动我国已有系统的积极性,发挥各系统优势。在制度完善的过程中遵循既改变一

---

①　图中的"中度制裁"(intermediate sanctions)是指美国少年司法系统的系列措施,这些措施以问责制为基础,逐步实施包括奖励、治疗和服务,对少年予以保护并使其对自己的行为负责。

②　Andrew Becroft, Sacha Norrie, It's All Relative: The Absolute Importance of the Family in Youth Justice(a New Zealand Perspective), Paper to be delivered at the World Congress on Juvenile Justice Geneva, Switzerland: 26—30 January 2015.

切,同时也保留一切的理念,保留内在逻辑,改变各个系统之间的合作方式、打通系统之间的壁垒,同时我们也保留原有文化和传统中的精髓,构建符合我国特色的全系统模式。在全系统模式的理念下,从未成年人社会与司法保护的理念出发,将少年司法制度作为儿童福利与保护中的一环,秉承跨学科、多机构、多部门共同参与的原则。我们可以在少年司法整个程序中构建全系统参与的宏观架构,也可以在预防、侦查、检察、审判等各阶段构建全系统模式。

自 1984 年上海长宁区人民法院成立新中国第一个少年法庭开始,我国就一直在创新少年司法的多元角色参与整合与跨部门合作。这些跨部门体现在侦查、检察、审判和矫治等各阶段。例如侦查阶段的"未成年人案件办案组";①在检察阶段"一个核心,两个平台"的福田模式,由检察官、警官、法官、社会工作、帮教专家组成帮教团队,帮助未成年人顺利回归社会;②审判阶段的"少年法庭特邀陪审员"制度,这些特邀陪审员来自工会、共青团、妇联、青保办和离退休老干部关心下一代协会等各个组织。③全系统模式在我国少年案件的司法实践中如火如荼开展起来,各地结合本区域情况进行创新。但是,我国全系统模式的建立尚有很多问题,突出表现在缺乏立法授权、专业化程度低、长期性机制不足,评估与跟进措施要以司法和社会两个系统为支柱,社会系统中以社会工作这一专业队伍为桥梁与核心,广泛连接其他各系统,司法系统要充分与社会工作系统合作,对少年加害人和被害人进行保护。

我国少年司法全系统模式的推广可以着重在以下方面:

第一,在儿童利益最大化的理念下打通民事、刑事、行政的传统立法模式,制定综合性少年法典,对专业化角色进行立法授权。我国未成年人保护法体系尚不健全,诸多内容需要不断完善与细化。在我国建设家事与少年

---

①③　钱晓峰：《少年司法跨部门合作"两条龙"工作体系的上海模式》,载《预防青少年犯罪研究》2015 年第 3 期。

②　王纳、刘佩秋：《少年司法保护创"福田模式"》,载《广州日报》2018 年 6 月 12 日。"一个核心"即以对涉罪未成年人实施精准帮教为核心,组建司法人员、社会工作、帮教专家三方一体的帮教团队,通过"前期诊断—分级矫治—巩固深化"的诊疗模式,帮助涉罪未成年人不再犯并顺利回归社会,同时实现涉罪未成年人的帮教效果与其法律处遇相关联。"两个平台"即智能化信息平台和社会化资助平台。

法庭的现实需要下,需要充分考虑到少年保护问题上民事、刑事、行政法之间的衔接与互通,需要在立法中进一步加强跨部门协作的强制性规定,明确少年儿童加害人和少年被害人的保护方式、程序、负责主体等。也可以根据少年司法的独特性,建立特殊程序法,颁布《未成年人刑事程序法》,融入少年福利与少年保护的因素,规定不同角色的岗位与功能,通过立法明确各自角色的分工。明确立法目的是预防青少年犯罪,恢复犯罪青少年的能力并引导他们重新融入社会,促进对公众的长期保护。

第二,完善以司法社会工作为核心的社会系统,加强少年司法与社会系统的互动与整合。社会工作者是社会各系统中专业的服务力量,少年柔性司法的本质和社会工作"助人自助"之间有着天然契合,因此在少年审判中吸收社会工作的理念与方法非常必要。在少年司法体系分流渠道外,加强社会工作专业机构建设,包括少年保护机构、中途之家、家庭寄养等,承接分流出来的少年的监督与帮教服务。让社会工作者承担社会观护职能。我国在未检阶段设置了附条件不起诉等制度,适用后起到了明显的分流作用。在整个少年司法程序中,设置多个分流渠道,由少年司法社工进行帮教,预防再次犯罪。社会工作在很多国家的少年司法制度中扮演着极为重要的角色,对分流或者释放出来的青少年提供社会工作专业服务,让他们处于监督与管教之下,防止再犯。我们需要在顶层设计上引入社会工作者,发挥社会工作者角色功能,用个案工作、团体工作、家庭治疗等专业方法对加害少年进行治疗。

第三,增设多种专业角色并在立法上赋权,增强少年司法工作人员的专业化。人是制度落实中最重要的要素,专业化人才队伍建设是未来我国少年司法改革的重中之重。一方面,我们要对少年案件侦查、检察和审判人员进行专业培训,培养熟悉少年身心发展特点的执法人员,到岗后还需提供持续教育计划,确保其少年司法工作人员保持最新的技术和接触青少年面临的最新问题。另一方面,需要创新少年案件决策方式,如可以创建少年法官与青年发展顾问合作的少年审判人员机制,顾问团队可以由社会工作者、教育工作者、心理学家等人组成,有女性参与。同时,针对我国少年司法体系中未检人员、少年法官等人员做了大量司法以外工作的现状,亟须引入更加专业的人员来承担不同职能,例如立法可以明确聘请社会工作者承担社会调查职能、担任合适成年人以及临时监护人等角色，法律上为司法社会工作赋权，社会工作通过社会预防与社会介入的方式对被社会边缘化青少年进行社会介入。我们还可以学习国外经验，增设缓刑官岗位，对分流后的青少年进行监督及服务。

第四，注重家庭治疗与社区替代措施，创新全系统参与的未成年人处遇与观护措施。社会工作者、教师、精神科医生按照未成年人犯罪的严重程度，制定治疗方案，对其进行分类、分阶段的社会教育和康复治疗，治疗的内容可以是道德指导、艺术、音乐和体育活动，治疗的地点可以在培训学校、职业培训学校和社区治疗中心，治疗的过程由志愿者予以协助。可以设计替代监管项目，鼓励对罪犯的惩罚和监禁进行康复和个体化治疗，强调非刑事化和去机构的少年司法政策，对青年人的风险和需求因素进行深入评估。针对不同需求，如态度/行为改变，药物滥用和教育/就业、心理健康、亲子关系、精卫服务制定不同干预计划，在治疗策略中需要注重家庭参与，以及社区资源的充分利用。

第五，大力发挥志愿者作用。志愿者是少年司法全系统体系中的重要力量。我们可以大力挖掘退休人员、高校学生、企事业单位人员等多方力量，对他们进行专业培训，提升其参与热情。志愿者可以参与项目并提供服务，为未成年人提供增加就业机会的指导和建议，帮助他们认识到教育的重要性，解决个人问题和规划未来等。志愿者可以成为少年司法程序中任何一个体系的参与者，例如志愿者可以加强法院与社区沟通，可以参与到家庭和社会治疗中，也可以作为社会工作机构的协助者参与到项目中，参与到犯罪预防、家庭调解、司法调解和社会调解中。

除此之外，我们还应该改变少年儿童保护中行政机构繁多、分散、方式不专业等现状，建立专门的儿童保护委员会；建立融民事、刑事和行政为一体的少年法院，我国最高人民法院也在积极探索家事审判与少年审判的协同发展；建立少年警务制度，并纳入社会工作服务内容；加强儿童权利观察员角色，切实保障青少年权利的落实。

综上，全系统理论将各个系统作为少年司法的有机部分，展示各个系统角色的特殊性，全系统模式能够发挥少年司法的双重功能，既具有司法威慑力，又有福利因素，各系统协同作战，携手并进。我们将少年司法作为未成年人保护事业的重要战略部署，不断推进与完善。

因此,全系统模式下的制度重构应包含以下几个方面:(1)颁布独立的少年法。根据少年司法的独特性,建立特殊程序法。因此需要通过立法将各自角色进行明确分工。(2)建立专门少年法院。少年法庭在我国已经运行三十余年,具有一定的社会基础,未来可以建立行政、民事和刑事案件统一管辖的少年法院,这样有利于更好地保护未成年人。(3)培养熟悉青少年发展特点的执法人员。少年案件有自身的独特性,需要执法人员了解未成年人的身心发展特点,少年庭的执法人员多来自刑事司法领域,因此需要对少年案件的侦查人员、检察人员和审判人员进行独特的培训。(4)多学科、多机构、多部门共同参与的原则。这一原则和做法体现在部分发达国家的少年司法制度中。在英国苏格兰,社会工作会介入整个刑事司法程序中,因为苏格兰没有独立的缓刑体系(probation system),而在英格兰和威尔士,缓刑制度却是独立的体系。英格兰与威尔士的缓刑官培训与社会工作的培训完全不同。[1]1998年英国的《犯罪与扰乱秩序法案》规定地方政府在少年司法中扮演重要的角色,他们需要组建多学科背景的专业人士,这包括警官、缓刑官、教育者、社会工作者。这一领域的社会工作帮助青少年成为一个守法者,能作出积极决定,成为对社会有贡献的人。少年司法社工需要技巧和知识,以在刑事司法、法庭程序中帮助少年。(5)更多的分流渠道与社会观护。分流原则是国际倡导的少年司法基本原则之一,符合司法最小干预理念,在整个少年司法程序中,设置多个分流渠道,请社会化力量进行帮教,预防再次犯罪。(6)少年司法的语言使用。法律语言有很强的专业性。社会工作使用的语言由于其强烈的人文关怀倾向,更有当时的主流价值观所推动,价值和伦理倾向显著,而法律的语言则会更加晦涩难懂,但需要努力将二者结合起来,使用一种可以互通的语言。[2]

---

[1]   Robert Johns, Using the Law in Social Work, Learning Matters, pp.97—98.

[2]   Janet Fabb, Thomas G. Guthrie, Social Work and the Law in Scotland (Second Edition), Butterworths, 1997, pp.3—4.

第六章　转介与互动：社会工作参与下 我国少年司法分流制度的重构

　　少年司法从本质上需要注入儿童福利的因素，避免二分法的根本方法是建立全系统模式，而其基础是要建立分流制度，完善从司法系统转介到福利系统的分流路径及转介后的社会工作处遇。本章认为，专业评估是分流的合理依据，我国应在借鉴国外转介和社会工作参与模式基础上，明确分流路径、范围、分级处遇、处置场域、分流官角色、分流项目等方面，重构少年司法分流制度。未成年人司法社工作为社会支持体系的核心力量，承接由司法体系转介出来的未成年人，是儿童福利的代表，他们的参与可以推动未成年人的司法保护和儿童利益最大化的实现。

　　未成年人刑事案件的分流措施是体现儿童权利保护的重要举措，是少年保护理念的落实，是儿童利益最大化原则的体现。1989 年联合国《儿童权利公约》第 40 条第 3 款规定："缔约国应致力于促进规定或建立专门适用于被指称、指控或确认为触犯刑法的儿童的法律、程序、当局和机构，尤应：……(b)在适当和必要时，制订不对此类儿童诉诸司法程序的措施，但须充分尊重人权和法律保障。"第 4 款规定："应采用多种处理办法，诸如照管、指导和监督令、辅导、察看、寄养、教育和职业培训方案及不交由机构照管的其他办法，以确保处理儿童的方式符合其福祉并与其情况和违法行为相称。"《刑事司法系统中的儿童问题行动指南》第 15 条要求会员国，"应对现有的程序进行一次审查，如可能应制定转送教改或其他替代传统刑事司法系统的措施，以避免对受到犯罪指控的青少年实行刑事司法制度。应采取适当的步骤，在逮捕前、审判前、审判和审判后阶段，全国范围都可采用广泛的各种替代和教育措施，以防止重犯并促进儿童罪犯在社会中改过自新"。上述国际条约无一例外都督促各缔约国制定相关程序，以减少或避免少年过早进入正式司法程序。①

一、惩罚与教育的交点：分流是少年司法向社会工作服务的转向阀

　　分流（diversion），又译为转处，是指由社会福利部门等的咨询、工作训练、就业帮助等代替司法机关的审判等活动的社会运动和措施。②少年司法中的分流是指在少年案件中通过法定的分流程序将少年从刑事司法体系中分离出来，由专业的工作人员采用社会化处遇对其进行观护和教育。根据《布莱克法律词典》，分流指针对避免法院对儿童照管不良（child neglect）、未成年人犯罪与越轨（minor/juvenile delinquency）、旷课逃学（truancy）和不服管教（incorrigibility）实施干预之社区计划。③未成年人分流或转向，系指伴随未成年人从法院转移至替代性措施而产生的、由正式司法程序到非司法程序转化的各种社区处分计划或措施之总称。④分流的适用中断了刑事司法介入，暂停刑事司法程序，取而代之的是通过赔偿、恢复原状等康复、治疗和教育的非刑罚方式。⑤分流程序不断将少年从刑事司法程序中"过滤"出来，分流保护措施不断完善的过程也是少年法律走向成熟的过程。分流是国际倡导的少年司法基本原则之一，是少年司法系统的必要组成部分，符合少年司法最小干预的理念，可以防止未成年人受歧视，是儿童权利和儿童福利的内在要求。通过程序化分流方式进行筛分，避免少年正式接触刑事惩罚体系或者在进入司法体系后避免进入下一个程序中。

（一）分流是去污名化、去标签化的重要措施

　　分流概念与分流措施的应用假设是：采用刑事司法措施处置罪错少年弊大于利。对犯罪情节轻微的未成年人而言，最好的办法是减少污名化，让他们在正式的司法制度之外逐渐转轨到正常的成长轨道上。标签理论（la-

---

①④　张鸿巍：《未成年人刑事处罚分流制度研究》，载《中国刑事法杂志》2011年第6期。

②　吴宗宪著：《西方犯罪学》，法律出版社1999年版，第540页。

③　Garner A. Bryan, Black's Law Dictionary(8th edition), West Publishing Company, 2004.

⑤　Sul punto. V. Risoluzioni del XIII Congresso internazionale di diritto penale sul tema "Diversione e mediazione", par I.3 Lett.b).c). in Cass. Pen, 1985, p.534.

beling theory)认为,少年越轨者往往是在社会互动过程中被贴上"坏孩子""不良少年"标签,这些带有耻辱性烙印的"标签"将越轨者同"社会正常人"区分开来。而被贴上"标签"的少年也不知不觉接受社会对其的负面评价,修正了"自我形象",逐渐认同他人观点,确认自己是坏人,久而久之则愈陷愈深。标签理论强调社会的反应是促使初级越轨者最终陷入"越轨生涯"(deviant career)的重要原因。分流程序是标签理论的应用,分流措施使得少年不被标签化和边缘化。《联合国少年司法最低限度标准规则》第1条基本观点认为:"应充分注意采取积极措施,这些措施涉及充分调动所有可能的资源,包括家庭、志愿人员及其他社区团体以及学校和其他社区机构,以便促进少年的幸福,减少根据法律进行干预的必要,并在他们触犯法律时对他们加以有效、公平及合乎人道的处理。"

（二）分流可以减少社会排斥,符合少年司法非监禁化的要求

现在我国少年司法制度的观念与国际基本同步,对未成年人尽量适用非监禁刑和非刑罚化措施。如果对未成年人进行羁押,漫长的司法程序和监禁环境将打断未成年人正常的成长之路,对未成年人身心健康产生负面影响,在羁押环境中可能受到其他被羁押人的负面影响,而长期与社会隔离之后又将面对重新融入社会的尴尬境遇。因此,国际社会将非监禁刑作为未成年人处罚的主导思想。非监禁刑是少年司法制度的内在要求,分流可以减少对行为偏差和罪错少年的社会排斥。《联合国预防少年犯罪准则》规定:"少年司法系统应维护少年的权利和安全,增进少年的身心福祉。监禁办法只应作为最后的手段加以采用。"以社区替代措施来处置少年犯明显优于监禁判决的处置方法。①少年权利委员会在2007年《少年司法中的少年权利》第10条承认:很多国家在达到少年权益保护大会规定的标准上还有很长的路要走。比如在少年诉讼中程序权利的保护,将剥夺自由作为最后的惩罚手段等。②1955年在日内瓦举行的第一届联合国防止犯罪和罪犯待遇大会上通过的《囚犯待遇最低限度标准规则》第61条指出:"囚犯的待遇不应侧重于把他们排斥于社会之外,而应注重他们继续成为组成社会的成

---

① 〔美〕玛格丽特·K.罗森海姆等:《少年司法的一个世纪》,商务印书馆2008年版,第487页。

② Defence for Children International, From Legislation to Action? Trends in Juvenile Justice: Systems Across 15 Countries, Geneva 2007, http://www.defenceforchildren.org/files/DCI-JJ-Report-2007-FINAL-VERSION-with-cover.pdf, 2020年6月3日访问。

员。因此，应该尽可能请求社会机构在恢复囚犯社会生活的工作方面，协助监所工作人员。"1997年《刑事司法系统中的儿童问题行动指南》第15条："应对现有的程序进行一次审查，如可能应制定转送教改或其他替代传统刑事司法系统的措施，以避免对受到犯罪指控的青少年实行刑事司法制度。"应采取适当的步骤，在逮捕前、审判前、审判和审判后阶段在全国范围都可采用广泛的各种替代和教育措施，以防止重犯并促进儿童罪犯在社会中改过自新。对于少年犯案件，应视情况采用非正规的解决争端机制，包括调停和修复性司法做法，特别是与受害者有关的程序。

（三）分流状况是一个国家少年司法模式与发展程度的标志

分流手段是少年司法的本质特征。分流是一种有效的干预方法，促使法律更加人性化，在减少再次犯罪方面起到积极效果。分流可以保障未成年人的人权，节约司法资源，降低经济支出，解决看押机构人满为患的问题，控制再犯率。分流也可以将法庭注意力集中在更严重的罪犯身上。各国少年司法的模式不同，而是否及时将未成年人分流出司法体系，减少监禁刑的适用，是少年司法发展程度的标志，也是衡量少年司法模式的指标之一。在犯罪控制与司法模式的少年司法中，分流路径少，社会观护措施有限，而在福利模式的少年司法中，分流措施通常较多，而且会在预防、侦查阶段就通过分流措施将未成年人转介到社会观护体系中，在整个少年刑事司法程序中都设置分流措施，让少年司法系统中的未成年人在任何时候都可能被移出刑事司法体系。在儿童福利发达的国家，分流将大部分未成年人转移出刑事司法系统，由社会工作采取干预和替代措施。

（四）分流是司法体系与社会工作体系连结与互动的桥梁

分流是少年教育和保护理念的落实与体现，是儿童利益最大化原则的反映。分流促使通过社会康复和沟通的手段来使少年获得教育，以免受到正式司法干预。[1]由于未成年人的自我认知和心智成熟度较差，犯罪受环境影响，如交友不慎或者媒体网络的负面影响，他们的社会阅历少，对外界的辨别能力有限，如果采用正确的教育方式，他们会走上正途。少年刑事司法

---

① Centro di Studi e di Ricerca sulla Giustizia Minorile, Il Processo Penale dei Minori: Quale Riforma per Quale Giustizia, Giuffrè Editore, 2004, p.68.

程序各阶段,立法者应尽量适用分流措施,减少未成年人在司法程序中的停留,最大限度保护少年正常的社会生活。如果说少年法庭的建立是未成年人司法保护制度的发端,分流则是少年制度的核心措施和本质要求,是将未成年人从刑事司法程序转介出来的桥梁,只有通过这个转向阀,才能真正实现少年司法的理念。

分流在少年司法制度中意义重大,而在实践过程中的关键问题是分流之后如何处置? 如果将未成年人一放了之,那么他们意识不到自己行为的错误,将导致再犯率居高不下。因此,分流制度设计中一定要有分流后承接体系的安排,分流需要被记录在案。而专业的社会工作是代表福利制度的最佳选择。分流作为转向阀,连接司法体系与社会福利体系,是两者相互碰撞与博弈后的结果,而社会工作是社会福利的代表,分流将司法体系和社会工作体系"绑"在一起。社会工作者秉持助人自助的宗旨,使用尊重、接纳、个别化、不贴标签等伦理原则,为未成年人赋权增能。我们需要在顶层设计上引入社会工作体系,发挥社会工作者角色的功能,满足未成年人的需求,用个案工作、团体工作、家庭治疗等专业方法对加害少年进行治疗,从根本上预防未成年人犯罪。

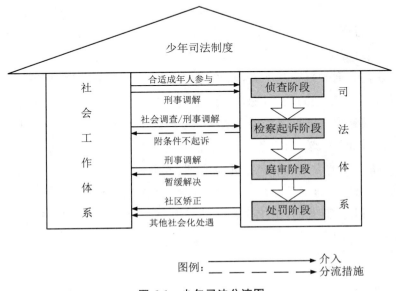

图 6-1 少年司法分流图

二、分流与评估：专业评估是分流的依据

评估是分流制度干预计划的基础，是干预的科学依据。分流制度发挥作用的关键在于评估，即对未成年人再犯可能性、风险性、总体需求等方面进行综合评估，在儿童利益最大化的基础上，充分进行社会调查，判定最有利于未成年人成长的处置方式。评估和制定计划是干预的起点，为此，我们需要确定评估的主体，即谁来进行评估，以及评估的原则和评估的行动指南。

（一）专业的评估小组

对涉司法未成年人的评估极为复杂，需要考虑很多影响因素，而评估人员自身学科背景的不同也会给评估带来极大不确定性，评估者的基本素养和对未成年人的态度也会影响评估的结果。对涉司法未成年人的评估需要有专业的机构和人员，评估者一方面要熟悉法律，了解未成年人行为可能的法律后果，另一方面也要熟悉未成年人的身心特点，能从儿童利益最大化的视角为其设计能从根本上帮助其成长的路径。胜任评估者角色的人选需要具有法学、心理学、社会学、社会工作、教育学等背景，在这一极高要求下，可以组成评估小组，选派不同专业背景的人士，在充分讨论案件的基础上作出决定。

在评估小组中，可以包括警官、社会工作者、教育者、精神健康专家等。社会工作者所受的专业训练正好可以承担社会调查、合适成年人、缓刑官、非监禁刑督导的角色，他们可以根据少年的表现制作社会调查报告、缓刑意见书、非监禁刑的督导意见等，如实提交法官，方便法官及时准确地了解少年进行社会化处遇的表现，配合司法部门在非监禁刑中对少年犯进行心理疏导、活动建议、督导评估，接受从法院分流出来的少年，在社区内进行犯罪预防，提供抑制逃学、家庭危机干预、流浪儿童救助、就业辅导等服务。未成年人司法社工的专业训练包括儿童心理、戒毒戒瘾、社区矫正等多个方面，在评估时可以结合专业心理咨询师、精神分析医生等专业人士意见，给出科学判定。司法部门和社会工作者之间的沟通和联系非常重要，双方可以分享信息，从而确定分流评估与干预措施。

（二）评估的原则

首先，客观中立，不贴标签。评估者要有客观中立的立场，不能进行价值

评判，更不能进行"有罪推定"，不要先入为主地将罪错青少年视为犯罪者。未成年人司法社工要看到，有犯罪行为的未成年人是脆弱而易受伤害的，他们心理可能遭受伤害，他们是正常需求未被满足的孩子。在评估中，要使用中性的称呼，尽量不使用"少年犯""盗贼""罪犯""犯罪人员"等贴标签词语，而尽量使用非价值评判的称呼，如"有罪错行为的青少年""有偏差行为的未成年人"。

其次，合法，尊重意愿。对未成年人进行分流时，应考虑是否符合相关法律法规，以及是否损害公共利益。检察官决定分流时，更为重要的是评估未成年人个体、所处的环境及其对参加分流项目的意愿。

再次，看到需求，个性化处遇。在评估时，要尊重未成年人个体的不同需求，看到其优势，确保任何干预计划以未成年人为中心，考虑个体发育因素、依恋和神经发育因素、犯罪行为理论等，考虑未成年人的身心发育、家庭、朋辈群体、学校和社区、犯罪行为中的性别差异等，以便制定并实施个性化的干预措施。

最后，评估分类。评估的因素分为两类：风险性与保护性因素，评估者列出未成年人个人、家庭、学校、社区、社会各系统中的风险性因素和保护性因素。风险评估帮助从业者了解犯罪风险行为的起源、发展，同时建立起评估和管理之间的联系。风险描述时结合定性分析与数字化评分，体现个体

表 6-1　风险性因素与保护性因素

	风险性因素	保护性因素
个人	冲动；注意问题；低智商；低同理心。	学习成绩好；高智商；高自我控制；低多动行为。
家庭	家长监督不力；父母的物质滥用与心理健康问题；父母对于犯罪行为的态度；区别对待，过于严厉或宽松的纪律；和照护者及兄弟姐妹之间的情感关系不佳。	父母对教育的浓厚兴趣；良好的家长监督；较高的家庭收入；良好的护理关系；与家人的紧密联系。
学校	学习成绩差；出勤率低。	成绩好；良好的教育；持续性教育；和老师维持良好的关系。
社区	社区犯罪率高；社区问题。	社区参与。
社会	同伴犯罪；社会经济匮乏；早期受害。	低同伴犯罪；和朋辈群体有良好的伙伴关系；被抓住的可能性高。

资料来源：Centre for Youth & Criminal Justice: A Guide to Youth Justice in Scotland: Policy, Practice and Legislation, Chapter 3, pp. 10—11, https://cycj.org.uk/wp-content/uploads/2016/06/A-guide-to-Youth-Justice-in-Scotland.pdf, 2018 年 3 月 6 日访问。

特性,与干预计划相结合,同时将风险评估系统化,明确许多与儿童犯罪行为有关的风险因素是无法控制的。

（三）制定全面的风险评估指南

风险评估指南就像地图,我们标识出未成年人在地图中的位置,结合其发展目标为他作出指引,指导其远离导致犯罪的风险、诱惑。风险评估指南需要考虑:（1）个体方面:未成年人行为表现及环境因素、是否存在潜在的生理或神经发育困难,是否有不良的童年经历及其程度,未成年人不良行为的过程、严重程度、性质、强烈程度、周期性、最近变化、现状和未来可能,从而查明青少年需求和风险,风险及保护性因素与个人行为相关性,案主优势、保护性因素和适应性因素、成长历史,当前认知、社交、行为方式,为参与和干预策略提供信息,行为的性质、频率、持续时间和强度,行为的功能分析,以前尝试修正行为的结果。（2）家庭方面:父母或监护人的关注程度、家人合作的意愿、家人之间的关系、子女数、出生顺序、父母受教育水平、父母身心健康,以及父母信仰、态度与学识,对子女的教育方式。（3）社区系统:学校教育、社区安全、儿童慈善机构、医疗保健、儿童娱乐公共设施(如图书馆、博物馆、公园)。（4）社会系统:贫困程度、税收、福利、科技、法律、文化、

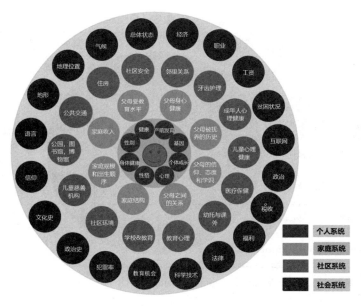

图 6-2   风险评估指南需考虑的各系统因素图

语言、宗教文化、政治。结合上面因素制定指南,告知服务对象干预的强度、持续时间、顺序及可能的风险管理过程。综合上面因素制定评估和服务计划,定期审查,动态评估进展情况,如儿童或未成年人变化,并记录最终结果。

上述评估指标中,各因素的重要程度不尽相同,在风险性因素中可以重点关注未成年人的暴力行为。道格拉斯等研究人员(2011)指出,风险因素与个人暴力行为有关,如果过去的暴力行为对个人未来使用暴力会产生影响,对个人使用非暴力解决问题的能力或非对抗性的人际关系会产生影响,则有必要管理这个因素以降低风险。对可能对他人造成严重伤害的未成年人进行评估,应开展专业指导,并要有专门的实施流程。

在国外,还有一项指标得到特别重视,被作为评估的指标之一,这就是未成年人的精神状况。在精神卫生领域,进行风险评估有助于我们更好地预测行为人未来可能的行动,制定精准的服务策略,应对未来发生的不同情况。精神状况的评估包括以下因素:(1)推论性内容,即对可能的未来进行推测,并对推测作出解释;(2)面向行动协助制订干预计划;(3)理论解释,这是探求问题原因并找到解决方案的指导;(4)个性化因素,尤其是个体过去的经历;(5)叙事疗法,通过语言讲述来表达与评估,而非通过冷冰冰的无个性化的数字;(6)重要的历史信息,以此为基础对未来预测。

评估报告的撰写需要综合上述内容,突出未成年人个体和生存环境的基本情况、个体对分流的回应。在这种情况下,评估报告是实施过程的一部分,表明介入与评估的完成。报告中的反思至关重要,反思干预是如何实施的以及在最初评估中青少年风险和需要是如何被解决的,需要标明参加了几次干预活动,说明青少年在干预中获得了什么或为干预提供了哪些有效信息。还应突出优势,无论是发展中的还是现有的,以及从干预中学习到的任何应用证据都应包括在内。也应该指出未被满足的需求和满足这些需求所做的尝试。此外,也要考虑到分流方案之外的其他支持性介入。[①]当然,评估计划并非一成不变,而是灵活多样的,要以动态系统的观念在实践中进行调整。每个干预都是根据评估,基于我们对当时所掌握知识作出的最好职业判断。

---

① Centre for Youth & Criminal Justice, A Guide to Youth Justice in Scotland: Policy, Practice and Legislation, Section 4, https://cycj.org.uk/wp-content/uploads/2016/06/A-guide-to-Youth-Justice-in-Scotland.pdf, 2018 年 3 月 6 日访问。

三、司法系统到福利系统:域外少年司法分流及社会工作服务

各国少年司法设计不同的分流通道和措施。分流措施多样,在司法程序中有侦查、检察、审判、执行等多阶段化的分流措施将儿童从正式的法庭设置和程序中转出去,防止罪错少年进入少年司法系统。1989 年联合国少年权益保护大会认为:"在少年司法领域的国际发展非常不均衡。"未成年人司法社工是分流后社会化处遇的执行主体。域外很多国家在分流后让职业化与专业化的社会工作者对未成年人进行服务和管教,重视司法社会工作的专业力量。

德国《少年法院法》对情节轻微的未成年人行为偏差案件规定的分流措施包括检察阶段的"不起诉处分""附条件的非诉讼"和"少年法院程序中止"等措施。通过这些分流措施,将未成年人送到非司法程序中,降低司法体系正式的干预。由于分流制度与刑法传统意义上的缓刑颇有异曲同工之妙,且因其非正式性特点,故又称"非正式缓刑"(informal probation)。①《少年法院法》第 5 条规定:"少年违法行为的后果:1.少年实施犯罪行为的,可命令其接受教育措施。2.教育措施不足以处分的,判处惩戒措施或少年刑罚。3.如果安置于精神病院或戒瘾所,法官对其惩罚已无必要的,则不判处惩戒措施或少年刑罚。"

自 19 世纪末以来,美国发展的少年司法系统将未成年人和成年人区别对待,将未成年人从司法系统转移出来并对未成年人提供特殊的服务。美国非政府组织和社区机构提供广泛的分流服务,随着分流的不断应用,进入司法体系的未成年人不断减少,由政府和社区的社会工作机构提供承接服务。过去二十五年来,美国青少年犯罪率一直在下降。结果是系统中的年轻人越来越少,更多的年轻人转向社会服务,被拘留或处置后施以居住教养项目的青年人较少。②美国 2000 年的一项普查显示,有 108 000 多名未成年人被关押在青少年设施中(其中四分之三是公共机构);到 2016 年已经下降

---

① 张鸿巍:《未成年人刑事处罚分流制度研究》,载《中国刑事法杂志》2011 年第 6 期。

② Jane McPherson and Robert G. Schwartz, The Role of Social Work in Juvenile Justice in the USA, in Robert G. Schwartz, Yifang Chen(eds.), The Role of Social Work in Juvenile Justice: International Experiences, Raoul Wallenberg Institute, 2020.

到 4.5 万多人（其中 3.2 万名儿童在公共机构）。[1]在大多数州，联邦和地方政府的社会工作机构负责照料这些分流出来的未成年人，并帮助他们返回社区。沿着分流管道，未成年人司法社工发挥作用，对这些未成年人进行教育。同时，美国对尚不足以拘捕的高危青少年，通过不同形式的社会工作干预进行管控，预防其犯罪，帮助这些孩子诊断问题，进行心理辅导，或者整合资源，协助其就学和就业，同时，将其进一步转介到医院、家事福利机构、教育部门等。

英国英格兰对初犯未成年人有分流和转介系统。2000 年英格兰《刑事法院量刑权限法案》[Powers of Criminal Courts(Sentencing) Act 2000]要求少年法庭对初犯者采用转介方式。转介系统(referral order system)立法依据包括 1999 年《少年司法和刑事证据法案》(Youth Justice and Criminal Evidence Act 1999)，2002 年在全国实施。有罪错行为的未成年人从司法系统进入青少年犯罪对策小组。在恢复性司法的理念下，青少年犯罪对策小组由社会工作者、志愿者组成，小组与司法部门商讨未成年人偏差行为矫正服务期限，通常是三个月到一年，在此期间对未成年人进行社会服务。这个非司法系统小组的目的是与未成年人家庭成员共同探讨少年出现行为偏差的原因，如何进行纠正，如何帮助他们从错误中吸取教训，预防以后再犯。在这个过程中，社会工作是非常重要的力量，社会工作可以评估并实施小组决定，他们的专业职责是进行建议，青少年犯罪对策小组成员不参加决策。至少会有三次会议，也希望受害者能够加入，当然是否参加由受害者自愿决定。[2]

苏格兰少年司法中，社会工作或者矫正机构承担了分流后的服务工作。苏格兰现行大多数的少年司法采取延期诉讼模式，通过分流项目将未成年人分流到社会工作者处，在青少年成功完成分流之前暂停起诉。通常，社会工作涵盖一系列服务领域，比如对未成年人的侵犯行为、酗酒和吸毒、社交能力、教育、就业和培训以及其他问题提供解决策略。苏格兰分流过程有三种不同模型：一是地方检察官随机向社会工作机构分配分流案件。由社会

① Jane McPherson and Robert G. Schwartz, The Role of Social Work in Juvenile Justice in the USA, in Robert G. Schwartz, Yifang Chen(eds.), The Role of Social Work in Juvenile Justice: International Experiences, Raoul Wallenberg Institute, 2020.

② Robert Johns, Using the Law in Social Work, Learning Matters, p.103.

工作机构完成初步评估,并在适当情况下对符合条件的案例进行分流干预。干预过程通常由少年司法系统或青少年小组的工作人员实施。二是警方或社会工作者为地方检察官标记适宜进行分流干预的案件。地方检察官再将分流案件转入社会工作小组,社会工作完成预估工作并提出干预方案。三是社会工作为地方检察官标记合适的案件。分流转介由地方检察官移交给社会工作机构。社会工作机构在完成早期的信息搜集后将案件转介至第三部门,第三部门再进行案件的评估工作并制定分流干预计划。[①]

分流成为其他很多国家少年司法制度的重要内容。加拿大《青少年刑事司法法案》第35条规定了转介至儿童福利机构:"除授权作出的命令之外,少年法庭可以在诉讼的任何阶段,将该名少年转介至儿童福利机构进行评估,以确定该名少年是否需要儿童福利服务。"印度2015年《少年司法(未成年人照护与保护)法》第8(g)条规定:"未成年人在任何阶段都需要照顾和保护,犯罪未成年人同时是需要照顾的未成年人,因此需要将犯罪未成年人的有关事项转交福利委员会,这要求司法委员会和福利委员会的共同参与。"在意大利少年司法体系中,社会工作服务是重要的组成部分,未成年人从刑事司法中分流出来,社会工作者对其通过项目化的方式进行帮教,帮助大部分少年顺利回归社会。在日本,少年案件进行分类处遇和分阶段处遇。经家庭法院分流后分为不同情况:严重的移送至刑事司法系统;其余的采取保护处分,具体分为保护观察、移送到儿童自立支援机构或者儿童养护机构,和移送至对犯罪少年进行矫正教育的少年院。社会帮教是很重要的群众性、社会性手段。[②]

以上可见,分流与转介系统是未成年人保护中司法体系与福利体系相连接的重要渠道和关键程序,很多国家为了弥合司法体系与福利体系二分法的矛盾,在法律中规定两个系统应当合作,密切衔接,合力介入,注重分流后的社会参与,建立广泛的社会支持。分流制度越完善,少年司法制度越发达。

---

① Center for Youth & Criminal Justice, A Guide to Youth Justice in Scotland: Policy, Practice and Legislation, Section 4, https://cycj.org.uk/wp-content/uploads/2016/06/A-guide-to-Youth-Justice-in-Scotland.pdf，2018年3月6日访问。

② 苏明月:《从中日少年案件处理流程与矫正之比较看少年司法模式》,载《青少年犯罪问题》2010年第1期。

四、转介与承接：未成年人司法社工服务融入少年司法体系

我国未成年人案件处置过程中面临着几个亟待解决的问题：一是未达刑事责任年龄者的非刑罚处遇系统薄弱，导致未成年人需求得不到满足，成人后继续犯罪的尴尬局面；二是没有全面建立以社会工作为核心的社会服务体系，未成年人司法社工在全国碎片化分布，没有全国性专业化、职业化社会工作队伍；三是没有科学评估体系，缺乏对触法少年的评估制度，导致分流不及时，目前使用较多的是审查起诉阶段的附条件不起诉；四是没有未成年人专门羁押场所，缺乏教育与惩罚相结合的机构。分流制度下的转介与承接制度是解决上述问题的关键，在设计分流制度过程中，需要对以下几方面问题作出认真思索：

（一）分流路径：司法部门转介到儿童福利（社会工作）机构

转介是分流的表现形式。我国少年司法最大的问题是因循很多成年人刑事司法的程序和措施，并没有独立的少年司法体系，分流中的转介路径少，同时分流后的社会服务与社会支持体系非常薄弱，社会工作等专业的队伍和体系尚未在全国普遍推开，顶层设计需要以分流制度为关键，进一步完善转介和社会工作承接体系。目前，我国少年司法程序中分流路径主要为审查起诉环节的不起诉（含附条件不起诉、情节轻微不起诉、法定不起诉、证据不足不起诉）。附条件不起诉给未成年人设置一定考察期，考察期内未成年人表现良好则可以不予起诉。我们应该增设更多的分流机制，架设分流到社会服务体系的桥梁，这是制度构建的重中之重。

在少年司法程序中增设分流路径，我们面临的问题是：在哪些程序节点进行分流？增加分流路径，要将司法部门与社会工作服务作为少年司法制度的两根支柱，司法与社会、司法与福利联动，社会工作不是司法部门的辅助，而是少年司法内在的必要组成部分。分流阀可以设置在少年司法体系的不同阶段，未成年人可以被分流到其他系统或非托管服务。这些决定点是逮捕拘留、裁决、移送（在某些情况下，移交给成人法院）、处分、处分审查。[①]以分流

---

① Jane McPherson and Robert G. Schwartz, The Role of Social Work in Juvenile Justice in the USA, in Robert G. Schwartz, Yifang Chen(eds.), The Role of Social Work in Juvenile Justice: International Experiences, Raoul Wallenberg Institute，2020.

为契机加强社会工作服务体系，请未成年人司法社工进行帮教，预防再犯，尽量将少年犯移到刑事司法体系之外，减少司法干预。综合我国国情并借鉴国外制度，我国可以设置如下分流路径：

首先，接案分流与儿童听证制度。在既有的司法程序下，决定分流措施的主体通常是警官、检察官或者法官。目前我国的未成年人分流主要集中在审查起诉环节，由检察官作出附条件不起诉和考察帮教决定。很多国家在未成年人案件接案初期，侦查人员或者有报告义务者在获知未成年人的罪错行为后，不直接将行为较轻、初犯、偶犯的未成年人立即投入司法侦查阶段，而是分流给以社会工作服务为核心的儿童听证机构，由社会服务作为前置程序。如以英国苏格兰为代表的儿童听证制度。在儿童听证程序中，专家（非司法人员）对案件进行评估，根据所涉行为的严重程度进行分类，重点进行风险性评估。同时，转介涉及多部门，如卫生健康部门、社会工作、警方、检察官、教育者等，此时需要社会工作协调进行介入和服务。司法与社会服务的介入尽量不要打断未成年人的学习与工作，让未成年人和家庭了解并真正理解现实中发生的情况，尽量不把未成年人投入司法体系中。

其次，侦查阶段的分流。当未成年人涉嫌犯罪时，警察往往是第一个介入者。侦查阶段通常是分流处置的最佳时期，在该阶段分流可以避免未成年人直接进入司法体系和高羁押率。很多国家在这一阶段设置了分流机制或者分流项目。如美国警察在未成年人案件中可以对未成年人进行训诫，让其父母严加管教，还可以将其带回警局。[1]爱尔兰根据2006年《刑事司法法案》(Criminal Justice Act 2006)将未成年人犯罪嫌疑人从刑事司法体系转到警察分流项目(Garda Diversion Programme)中，只要这符合儿童的最大利益，同时不违背未成年被害人的利益。[2]新西兰警察部门有个由专家组成的少年分流小组，80%的未成年人案件由这个小组分流到社区替代措施。[3]在少年案件的侦查阶段，泰国组成家庭社区团体会议，会议参与者包括受害者、少年犯、家长或未成年人亲属、心理学家、社会工作者、社区代表、

---

① 于沛鑫：《美国少年司法分流制度及其对我国的启示》，载《中州学刊》2017年第6期。

② 爱尔兰2001年《儿童法案》第23(2)条[Children Act, Section 23(2)]。

③ Andrew Becrof, Playing to Win—Youth Offenders Out of Court(And Sometimes in)：Restorative Practices in the New Zealand Youth Justice System, Queensland Youth Justice Forum, Vol.15，2015.

保护中心主任、警察调查员、检察官和会议协调员。在会议过程中，提出非检控命令的决定是一项集体决定，由会议上所有与会者讨论后得出，署长将集体决定交付给检察官。①在我国国情下，应当设置专门处理未成年人案件的儿童福利警察（如印度设置未成年人福利警官，专门处置未成年人案件），增加警察的分流权，警方可与社会工作建立合作机制，警察与社会工作者共同作出初步评估，根据经验和当事人行为的严重性作出判断：警方训诫及附条件地将未成年人从正式刑事司法程序中分流到社会工作服务机构。

最后，审理阶段的分流。前面两类分流是审理前分流，在进入司法程序后也可进行分流，审理阶段的分流各个国家有不同的措施，如意大利"中止诉讼并暂缓判决""司法宽免""事实的轻微性"等措施。尽量早地运用分流制度将少年从司法程序中转介出去，通过社会化的观护措施、教育项目等方式改善少年的不良行为，帮助改善家庭的功能，从而在根本上预防青少年犯罪。

（二）分流范围：哪些人可以被分流到社会工作服务体系？

首先，未达刑事责任年龄的触法少年。长期以来，我国对未成年犯罪低龄化无计可施，法律框架下的讨论局限于是否降低刑事责任年龄，这一措施治标不治本。而在社会工作服务参与下，这一问题可以迎刃而解，对低龄的触法少年由社会工作者提供教育治疗服务，既要有一定的惩罚措施，又不中断未成年人的教育之路。

其次，虞犯少年。虞犯概念出现于日本少年司法制度，指未达到犯法程度，但是经常逃课逃学的问题青少年。对有逃学、旷课和其他严重行为偏差的未成年人，我国长期是不纳入法律规制框架的，但是这部分人具有犯罪的高危险性，长期失控将可能威胁社会公众安全。因此，需要对虞犯少年进行全面管控，由专业化、职业化的社会工作者提供服务，如上海 2004 年建立未成年人司法社工队伍，对失学、失业、失管的青少年提供专业服务，赋权增能，帮助他们重塑自我，成为社会建设者。

再次，行为障碍者。未成年人犯罪后处置是下策，更加合理的方式是提供预防式分流干预。如英国苏格兰为患有或疑似患有行为障碍的未成年人提供服务，对有行为障碍者，为 3 至 11 岁未成年人父母提供团体/个人的家

---

① Angkana Boonsit, Restorative Justice for Adults and Juveniles in Thailand, 156th International Senior Seminar Participants' Paper, Resource Material Series No.93, 2014.

长培训项目，为 11 至 17 岁的未成年人提供多模式干预，如多系统治疗。①
同时，我国可以考虑对患有精神疾病、吸毒、酗酒未成年人进行转介服务。

　　最后，进入司法体系但是情节较轻微，或初犯、偶犯的未成年人。如加拿
大《青少年刑事司法法案》第 6(1) 条规定："……警官判断在不采取其他措施
而仅作出警告的情形下，是否足以使少年对其行为负责。若依据第 7 条规定
制定某个项目或者计划，或者经过该名少年的同意，则应当将该名少年转介
至社区内的项目或者机构，以帮助其不再继续实施犯罪。"全国很多城市已经
开展未成年人司法社工服务，司法社会工作机构介入模式的地区差异较大，
社会工作者采取社会化处遇，对未成年人进行帮教。未来可通过立法以转介
令②的形式，将碎片化、不均衡的社会工作服务融入少年司法体系。

---

　　①　这一项目指南建议：与有一定情感成熟度和认知能力的未成年人沟通，可以向他们的父母
或照护者告知其子女参与治疗的方式和进度，并及时告诉他们孩子周围环境的变化情况；注意父
母/照护者可能因为孩子的问题而感到自责，因此要直接解决他们所关心的问题，并列出干预的原
因和目的；对家长/照护者开展需求评估，对照护者提供社交和情感支持。许多家庭存在不同的困
难或需求，家庭要想更好地参与到治疗中，必须先解决当前的困难和需要。专业人士在服务中要善
于与家庭合作，克服障碍，这一点非常重要。参见苏格兰未成年人刑事司法研究中心的《儿童和未
成年人反社会行为和行为障碍：认识和管理》(Anti-Social Behavior and Conduct Disorders in
Children and Young People: Recognition and Management)。
　　②　英国 1999 年《少年司法和刑事证据法案》和 2000 年《刑事法院量刑权限法案》都规定了转
介令。英国 2000 年《刑事法院量刑权限法案》规定了强制转介令和酌情转介令。第 17 条规定：
(1)就以上第 16(2) 条而言，罪犯必须满足以下强制转介条件：(a)对该罪行和任何相关的罪行认罪；
(b)除该罪行和任何相关的罪行外，从未被英国法院定罪；(c)表现良好，从未在英格兰、威尔士或北
爱尔兰受过刑事处罚。第 18 条规定：(1)转介令应(a)确定负责执行该命令的青少年犯罪对策小
组；(b)要求少年犯每次都须参加由少年犯罪小组召开的会议，且(c) 根据第 23 条，指明罪犯与小组
订立的少年协议的有效期(不得少于三个月，亦不得多于十二个月)。(2)根据第(1)(a)款指定的青
少年犯罪对策小组，应当在法院认为犯罪者居住或将要居住的区域内执行转介令。(3)在作出转介
命令时，法院须以易懂的语言向罪犯解释——(a)命令的效力；(b)可能产生的后果。(i)若少年犯
罪者与犯罪工作组根据第 23 条订立的协议未生效；或(ii)罪犯违反了此类协议的任何条款。(4)下
文第(5)至(7)款在以下情况下适用：法院在处置涉及两个或关联性犯罪的罪犯时，对每个或多个犯
罪中的每一个人都要传达转介令。(5)该命令可将罪犯转介至青少年犯罪对策小组。
　　英格兰 1999 年《少年司法和刑事证据法案》规定了转介令的形式，将未成年人转介给青少年犯
罪对策小组，并规定了转介令的条件、一般情形、订立契约。在转介条件中，规定了强制转介和酌情
转介(第 1.2 部分)。强制转介的条件是未成年人认罪且无犯罪史；酌情转介的条件是：(a)法院正
在处理该少年犯的本次罪行，涉及一项或多项相关罪行；(b)该少年犯承认某个犯罪事实，但不承认
所有犯罪事实；(c)除前款所述罪行外，该少年犯从未被英国的法院定罪；(d)在英格兰、威尔士或北
爱尔兰的刑事诉讼程序中，该少年犯从未因态度恶劣而受到具保令。同时，在进行转介时法律要求
法官需考虑以下情况：(a)少年犯年龄；(b)少年犯辩护情况；(c)少年犯已被定罪的罪行；(d)少年犯
前科(如果有)；(e)该少年犯此前所受少年法院的惩戒或其他处罚(如果有)；(f)此前在刑事诉讼程
序中，该少年犯被指控时表现的特质、行为或情况(不论是否犯有同一罪行)。而且规定了作出转介
令后对少年法院其他裁决权的效果(第 1.4 部分)。

(三) 超司法措施:构建立体化、多层次的教育性替代处遇措施

国际公约规定了采取分流措施之后的处置思路,如在 1985 年《联合国少年司法最低限度标准规则》第 11 条说明认为:"观护办法,包括免除刑事司法诉讼程序并且经常转交社区支助部门,是许多法律制度中正规和非正规的通常做法。这种办法能够防止少年司法中进一步采取的诉讼程序的消极作用(例如被定罪和判刑带来的烙印)。许多时候不干预可能是最佳的对策。因而,在一开始就采取观护办法而不转交替代性的(社会)部门可能是适当的对策。当罪行性质不严重,家庭、学校或进行非正规社会约束的其他机关已经以或可能会以适当的和建设性的方式作出反应时,情况尤其是如此。"

超司法措施,或称为社会化处遇,也有人称其为行刑社会化、转处或者社会刑,指对处以非监禁刑的少年通过社会帮教力量在社会场所处以开放式刑罚,是非监禁刑理念下的必然选择。社会化处遇是非监禁刑理念下少年司法发展的必然方向。我国少年司法亟待增加适合未成年人的多元化处遇措施,增加超司法措施,明确超司法措施的目标,[①] 促使未成年犯认识到其行为给被害人带来的伤害并进行补偿,让未成年犯家人及其社区参与超司法措施,实现罪责刑相适应。结合国际公约要求和多国未成年人处遇措施,我国可以纳入如下内容:

首先,教育惩戒措施与职业技能提升。加拿大的"另一条街"计划(A Different Street Programme)专门为 16 至 18 岁释放或分流后的青少年而设计,社会工作人员为年轻人提供密集的咨询服务,并将他们转介到住所以外他们所需的项目。[②] 我国少年司法遵循"教育为主,惩罚为辅"原则,但是缺乏明确的教育措施,可以将司法人员教育训诫作为正式处罚方式;将未成年人送至专门学校就读;未成年人必要的羁押措施中应由专人进行法治和专业知识教育,同时着重提供青少年职业技能培训。

其次,保护处分。我国立法中没有明确规定保护处分制度,但是在实践中部分地区司法机关探索了对未成年人进行保护性处分,司法人员联合社会

---

① 如加拿大《青少年刑事司法法案》第 5 条列举了未成年人超司法措施的五项主要目标:(a)在司法措施之外,能够及时有效地打击犯罪行为;(b)敦促少年认识并且弥补对受害人和社区所造成的损害;(c)鼓励少年的家人(包括合适的近亲属)和社区参与到这些措施的制定和实施的过程中来;(d)使受害人能够有机会参与到这些措施的决定过程中来,并且能够有机会得到赔偿;(e)尊重少年的权利与自由,所采取的措施应当与少年所犯罪行的严重程度相当。

② Robert D. Hoge, Introduction to the Canadian Juvenile Justice System, 139th International Training Course Visiting Experts' Papers, Resource Material Series No.78.

工作者,采取训诫教育、具结悔过、帮教跟踪等措施,帮助未成年人回归社会。

　　再次,未成年人回归社会后监督。加拿大《青少年刑事审判法案》规定,释放后青少年必须接受缓刑官的监督。我国对未成年人进行处罚后,需要有效的监督与回访制度,评估成效。

　　最后,家长处罚和家庭教育。接受处罚后,未成年人最终是要回归家庭的,因此家庭教育意义重大。我们可以探索对罪错少年家长的处罚制度,如罚款,让其意识到监护责任。很多国家将家庭作为处置罪错少年的重要力量,通过社会工作者改善亲子关系,改进家长的教育方式,将家庭处置纳入法律程序。

（四）处置场域:建立少年教育性羁押场所与教育矫治机构

　　目前未成年人的案件中,未成年人因涉案而被关押进看守所,但是我国没有独立的未成年人羁押场所和教育设施,部分看守所做到了未成年人单独监室。很多国家都将未成年人单独羁押,兴建未成年人的教育性羁押场所和教育矫治机构,如印度在 2015 年《少年司法(未成年人照护与保护)法》中规定了观察之家、安全所、特殊之家、儿童之家、安全庇护所等。①加拿大

---

　　① 印度 2015 年《少年司法(未成年人照护与保护)法》第 8(m)条:"定期检查成人监狱,以检查是否有未成年人关押在此,若有此种情况应立即采取措施,将未成年人转移到观察之家"。
　　第 10(2)条规定:"州政府应制定与本法一致的规定:(i)规定任何被指控犯罪的未成年人均可转交给委员会(包括注册的志愿组织或非政府组织);(ii)规定将未成年人犯罪者安置于观察之家或安全所(视情况而定)。"
　　第 47 条(观察之家):"(1)州政府应自行或通过志愿组织、非政府组织在各个地区建立和维护观察所,观察所应根据本法第 41 条进行注册,以便在依法审讯调查期间,暂时接收、照料和抚养犯罪未成年人。(2)州政府认为根据第(1)款注册或维持的机构,适用于依法调查未决期间,暂时接收犯罪未成年人,根据本法的宗旨,可以将这种机构注册为观察所。(3)州政府可根据本法制定的规则,对观察所进行管理和监督,包括观察所为犯罪未成年人提供的康复和社会融入服务,以及准许或撤销观察所的注册资格。(4)未受到父母或监护人监护并送到观察所的犯罪未成年人,应在适当考虑到未成年人的身体和精神状况以及所犯罪行的严重程度之后,根据未成年人年龄和性别加以隔离。"
　　第 48 条(特殊之家):(1)州政府可自行或通过自愿组织、非政府组织建立和维护特殊之家,特殊之家应按照规定的方式在各个区进行注册登记,少年司法委员会依据第 18 条作出的命令,将犯罪未成年人安置在特殊之家进行康复改造。(2)州政府可按照规定对特殊之家进行管理和监督,包括提供未成年人重新融入社会所必需的标准和各种类型的服务,并规定在何种情况下和以何种方式准许或撤销特殊家庭的注册资格。
　　第 49 条(安全所):(1)州政府应在根据第 41 条注册的地区中建立至少一个安全所,以便安置 18 岁以上或 16 岁至 18 岁之间犯下严重罪行的未成年人。(2)每个安全所都应有单独的安排和设施,以便在审讯过程中安置犯罪未成年人。(3)州政府依据第(1)款,规定安全所的类型、提供的设施和服务。
　　第 50 条(儿童之家):(1)州政府可自行或通过自愿组织、非政府组织在地区建立和维持儿童之家,儿童之家应以安置需要照顾和保护的未成年人为宗旨,致力于未成年人的照料、治疗、教育、培训、发展和康复。(2)州政府应根据需要,指定儿童之家为有特殊需求的未成年人提供专门服务。(3)州政府可以根据未成年人的个人照料计划,按规定对儿童之家进行监督和管理,包括儿童之家的标准和服务性质。

《青少年刑事司法法案》将"少年监禁设施"定义为包括安全管制的设施、社区居住中心、儿童救助之家、儿童保育机构或者野外营地。

首先，注重以社区为基础的处遇措施项目，并进行去机构化安置。1990年《联合国预防少年犯罪准则》基本原则 6 规定："在防止少年违法犯罪中，应发展以社区为基础的服务和方案，特别是在还没有设立任何机构的地方。正规的社会管制机构只应作为最后的手段来利用。"以社区替代措施来处置少年犯明显优于监禁判决的处置方法。①根据 1990 年《联合国保护被剥夺自由少年规则》规定，应采取强有力的社区性替代措施等观护手段进行康复。在无限制自由的替代办法下，强调从未成年人被限制自由的角度出发，制定明确的路径规划，在自由被限制期间提供相应支持，支持他们返回社区。将未成年人带离家庭而安置在外面是违反人性的。对他们的家庭感、自我认同感都是具有破坏性的。孩子被带离家庭和亲属，不利于建立自我认同。②

英美国家最初设立少年感化院，对犯罪少年进行感化和预防教育，也往往委托私人团体或机构，取得了显著效果。在美国，联邦政府在 1974 年通过《少年司法和预防犯罪法案》(Juvenile Justice and Delinquency Prevention Act of 1974)，该法提倡：(1)将罪犯安置在限制性最低的适当治疗环境中；(2)建立以社区为基础的方案，取代大型、羁押机构；(3)将青年从正规少年司法系统的处理中转移出去。美国司法部少年司法与青少年犯罪预防办公室还制定公平合理的社区替代措施项目取代未成年人监禁。③加拿大《青少年刑事司法法案》第 3(1)(iii)条将"通过将少年转介至社区项目或者机构的方式，解决引起少年犯罪的环境因素，预防少年犯罪"规定为基本原则。

我国应该以社区替代处遇和接近家庭为原则，在社区建立小型、分散化的教育和矫治机构，与未成年人福利设置相结合。政府加强社区化儿童福

---

① ［美］玛格丽特·K.罗森海姆等编：《少年司法的一个世纪》，高维俭译，商务印书馆 2008 年版，第 487 页。

② 如在 20 世纪 70 年代，新西兰社会福利部门有 28 个机构(现在是 4 个)，同时还有教育和健康部门的机构。这些机构有的地处偏远，与家庭联系不便。1982 年人权委员会披露了一系列的虐待儿童事件。儿童被安置的机构遥远，人权委员会认为不符合联合国公约精神。无论是"儿童矫正"还是"儿童福利"的方法，都无法解决未成年人的不良行为。Robert Ludbrook, Juvenile Justice—New Zealand's Family Oriented Approach, Children Australia Volume 17, No.4, 1992.

③ Kevin Miller and Ann K. Loitta, RECLAIM Ohio：Building Juvenile Justice Infrastructure, Corrections Today, December 2001.

利基础设施的建设，鼓励并支持未成年人司法社工服务机构，司法部门在转介时才能有所依托，将社区打造成少年司法与儿童福利的共同场域，社区小型机构成为涉司法未成年人的替代场所，各社区可与执法部门合作开展此类工作，以确保以最有利于社区和青少年的方式进行处置。

其次，建立家庭式照管机构。《联合国预防少年犯罪准则》第 14 条规定："如缺乏稳定和安定的家庭环境，而社区在这方面向父母提供帮助的努力又归于失败，同时不能依靠大家庭其他成员发挥这种作用的情况下，则应考虑采取其他安置办法，包括寄养和收养。这种安置应尽最大可能仿造成一种稳定和安定的家庭环境，与此同时还应为孩子建立永久感，以避免引起由于连续转移寄养而连带产生的问题。"

联合国倡导家庭式干预与替代措施。分流后有的国家建立青少年保护机构、儿童保护中心、中途之家或者寄养家庭。在国际社会日益认识到儿童保护领域要秉持"去机构化""去犯罪化"理念后，很多国家纷纷采用家庭式照管措施。1997 年《刑事司法系统中的儿童问题行动指南》第 15 条规定："在这些拟采取的措施中，应有家庭参与，如果这样做对儿童罪犯有利的话。"如在挪威，在儿童福利委员会 8 174 名儿童中，约有一半被安置在家庭外，另一半被安置在保护观察室（社会部门）。[1]挪威对社区适应差的青少年，根据《儿童保护法》（Law on Children's Protection）第 16（b）条相关内容，送往儿童之家安置。[2]我国可借鉴国外做法，加强政府和民间组织的合作，在中央和地方层面确立寄养家庭制度，对少年司法中分流出来的少年进行监管与帮教。

（五）设置分流官的角色，鼓励多元化的分流项目

重构我国的分流制度，不仅需要上述分流路径、分流范围、超司法措施及处置场域，还需要专业的分流专员，如津巴布韦的少年司法体系中有专门的分流官。建立独立、专业的缓判考察制度和缓判官岗位，与保护观察制度相配套、相衔接，避免街道司法所、社区身兼数职、难以专注的境遇；避免人员不足、工作难以落实的窘境；[3]社会工作者可以担任分流官角色，统合整

---

① Katherine van Wormer, The Hidden Juvenile Justice System in Norway: A Journey Back in Time, 54 Fed. Probation 57, 61(1990).社会办公室的第一项工作是为所有人创造最好的童年。

② 参见 Katherine van Wormer, The Hidden Juvenile Justice System in Norway: A Journey Back in Time, 54 Fed. Probation 57, 61(1990)。

③ 杨良胜：《对未成年被告人试行"缓判考察"的实践与思考》，载《中国审判》2009 年第 11 期。

个司法体系与儿童福利体系的衔接，运用个别化原则、最小干预原则和儿童利益最大化原则，将未成年人分流到合适的机构和项目中。

同时，我们还可以在国家和地方层面设置多元化分流项目。1976 年，美国联邦司法部"少年司法与犯罪预防署"（Office of Juvenile Justice and Delinquency Prevention）核拨 1 000 万美元，在全美建立起 11 个未成年人分流项目。①随后，美国的州建立了越来越多的分流项目。我国可以建立解决不同问题的分流项目，如专门针对女童设立独立的分流项目，可以在审查起诉环节进行特殊的社会观护；针对精神健康未成年人的分流项目等。分流后司法与社会工作服务之间密切衔接，提供创造性的介入措施，满足青少年需求，降低他们卷入犯罪的风险。未成年人司法社工还可以配合司法部门进行心理疏导、活动建议、督导评估，接受从法院分流出来的少年，在社区内进行犯罪预防，提供抑制逃学、家庭危机干预、流浪儿童救助、就业辅导等服务。

未成年人司法社工不仅通过分流承接司法体系的涉罪未成年人，同时社会工作机构可以开展综合性的未成年人犯罪预防项目，定期与社区、学校、企业、图书馆等联合举办活动，开展公益活动，对不同年龄阶段的少年进行犯罪预防知识讲座，采用未成年人感兴趣的运动会、音乐会、美术展、专项比赛等多样化形式吸引未成年人的兴趣。

小结

综上，分流制度是链接少年司法与儿童福利的桥梁，未成年人司法社工是介入涉罪未成年人帮教的重要途径。司法与社会联手互动可充分回应不同阶段青少年的个别化需求。当然，在这个过程中，我国要加大对儿童福利的财政支持力度，在全国各地建立未成年人司法社工机构和其他儿童福利

---

① Melissa Blanco，Diana Miller，Geoffrey Peck，How Effective Are Virginia's Juvenile Diversion Programs? A Quantitative and Qualitative Assessment for the Virginia State Crime Commission，2007，Retrieved January 5，2011，from www. wm. edu/as/publicpolicy/documents/prs/crime.pdf，2018 年 3 月 6 日访问。

机构,同时对被分流出来的未成年人进行财政支持。①在司法体系之外结合
儿童福利,建立未成年人保护的基础设施和教育机构,培训专业化、职业化
的未成年人司法社工队伍,让未成年人受益于分流制度,将来成为社会的建
设者。

---

① 如印度《少年司法(未成年人照护与保护)法》第39(4)条规定:"当未成年人年满18周岁,
需要照料和保护的未成年人将离开照料机构,犯罪未成年人离开特殊之家或安全庇护所,可以根据
第46条规定获得财政支持,以帮助他们重新融入社会。"

第七章　少年司法与社会工作
互动的亲缘性

　　未成年人司法社工体现少年司法与社会工作两个制度的紧密互动,在实践中发挥了预防青少年犯罪、帮助涉罪少年回归社会的重要作用。但是在理论层面,还有很多问题亟待深入研究,本章回应这些需要,系统阐述少年司法与社会工作两种制度结合的基本问题,包括两者的亲缘性与契合性,未成年人司法社工的角色与功能、服务内容和方法、工作领域等。一方面,需要在宏观制度建构上凸显社会工作在少年司法中的重要地位,同时社会工作也要在互动中回应少年司法的需求,不断提高专业素养,拓展发展空间。

　　自从 1899 年美国伊利诺伊州颁布了世界上第一部《少年法庭法》,并在芝加哥市设立了世界上第一个少年法庭以来,少年司法制度和少年权利保护逐渐受到国际社会的普遍关注,很多国家相继建立了自己的少年司法体系。各国的少年司法制度虽然由于各自经济、社会、政治、文化等有所差异,但是一点却是共同的,即倾向于在少年司法制度中注入更多的福利因素,由惩罚和控制转向康复与治疗。这正与社会工作助人自助的宗旨不谋而合。少年司法社会工作者代表福利因素,将职业化关怀渗透到少年司法程序中,通过专业化方法,矫正罪错少年的行为,调适少年与其家庭和社会环境的不良关系,整合资源,激励、指导志愿者,承认并挖掘少年自身潜力,为他们寻求各种资源,帮助他们摆脱不良境遇。

一、社会工作与少年司法的亲缘性与契合性

(一) 目标与理念、价值观的契合

　　首先,两者的目标都是实现社会的公平正义。司法是国家为社会提供的公共物品,以满足公正的社会职能。少年司法从刑事司法中分离出来,其

目标也要维护法律的公平正义。而该领域的社会工作可以帮助青少年成为守法者，成为能作出积极决定、对社会有贡献的人。其次，少年司法是柔性司法，少年司法既包含惩罚又涵盖更生要素，具有双重功能，社会工作者与处理少年案件的警官、检察官和法官共同担负起双重责任。社会工作以提升弱势群体的福祉为己任，帮助评估并满足少年司法体系中未成年人的需要，有助于还原少年司法的双重功能。最后，少年司法是人性化司法，这与社会工作注重人的全面发展以及尊重、接纳、平等的价值理念相契合。社会工作的接纳原则有利于对少年司法中的未成年人去标签；尊重、平等的原则有助于发现未成年人需求，降低少年犯罪，保护少年的健康成长，最终实现个体的全面发展。

（二）功能的契合

首先，少年司法制度的根本目标在于预防与减少青少年犯罪，帮助其恢复社会功能，促进其身心发展，少年司法中未成年人具有康复性和更生性需求，而社会工作的恢复、发展、预防功能与之相契合。其次，少年司法具有恢复性司法的要素，修补受损的社会关系，深层次化解矛盾，这与社会工作以人为本、赋权增能的理念契合。最后，少年司法有在功能上延展的需求，以改善未成年人所处的环境，从根本上降低未成年人犯罪，这呼唤少年司法需要向前、向后及向左右进行拓展，而社会工作资源整合功能可以满足这一需求，并调动社会参与的动力与热情，机构、社区、家庭等多方资源联动，有助于少年司法"亲民"形象的树立，两者的合作是社会利益、公共利益的体现。

（三）方法的契合

1. 个案方法

少年司法关注每个未成年人，需要有针对性地对每个未成年人进行处遇，这刚好与社会工作个案的工作方法契合。社会工作认为每个人都是独特的，有独特的个案方法，将每个案件中的未成年人作为案主，运用个案治疗的多种方式，如心理社会治疗法、理性情绪治疗法、危机干预治疗法等专业治疗模式。

2. 家庭治疗

多数少年司法中未成年人都有家庭问题，在一定程度上，不解决家庭问题，就不能解决未成年人的行为问题，社会工作家庭治疗可以有效介入并解决问题,因此有些国家建立了家庭治疗中心(residential treatment centers)。

3.团体方法和社区方法

青少年有自己的亚文化,共同的问题可以通过社会工作团体的方法得到解决。同时,少年司法在预防时需要借助社区的力量,这与社会工作的社区方法相契合。

4.全系统模式

最后,运转良好的少年司法制度需要采用全系统模式,充分调动司法系统和超司法系统的各方力量,而社会工作具有资源整合功能,能够作为专业队伍聚合社会力量,实现司法与社会的紧密合作。

(四)需求的契合

首先,少年司法不断减少传统刑事司法的严酷,吸收更多柔性和温情的因素。社会工作是福利体系的代表,关注弱势群体,闪烁人性光辉。其次,少年司法制度,尤其是少年矫正制度的基础是少年非法行为源于潜在的心理、生理、社会需求未满足,故少年司法系统的重点是发现这些需求并提供社会服务以满足这些需求。社会工作有助于评估并满足少年司法体系中未成年人的需求,进行心理和行为干预。最后,根据联合国《儿童权利公约》,少年司法应进行非监禁化、非刑事化改革,分流是少年司法制度的重要功能,急需机构承接分流后少年的社会服务和教育功能,分流后需要社会观护机构进行照管,而社会工作刚好可以承担起分流后的社会教育功能,满足分流制度的需求。同时,少年司法中的替代措施也需要有社会力量参与,社会工作的专业服务正好可以满足这些需求,对少年进行感化、教育和挽救。少年司法需要的工作人员不仅要懂得人类行为与社会环境,同时还要懂得对未成年人的服务和治疗技巧。

总之,社会工作能够满足少年司法柔性的本质要求,而少年司法也为社会工作服务提供了广阔的施展空间,两者的结合有利于法治文明、法治创新,彰显司法的温情与温度,改变传统司法的冰冷,最终有益于实现预防和降低青少年犯罪的目标,并帮助罪错少年恢复社会功能,降低再犯率。

但是社会工作在服务少年司法中也存在诸多问题与挑战、矛盾与冲突,会遭遇伦理困境,最为突出的表现就是在理念上社会工作强调的案主自决与司法强制性之间的冲突。同时,少年司法社会工作在角色上也存在角色压力（role strains）。这些角色压力源于角色不一致（role inconsistency）、训练与培训不一致（training incongruity）和跨职业身份紧张（interprofessional status tensions）。①

第一，司法领域中的强制性与社会工作的价值理念背道而驰。②少年司法中的社会工作者与其他刑事司法系统领域的社会工作一样，经常在少年司法的惩罚控制与更生治疗功能之间徘徊，并因这两个功能之间的冲突而感到沮丧，有时甚至是失望，具有强制性的司法制度妨碍了社会工作专业承诺的治疗目标。

第二，少年司法社会工作缺乏培训，他们所受的专业训练多为非司法环境下的，因而对触法少年的身心发展、司法制度、司法程序等方面的培训严重不足。

第三，个案治疗训练具有渐进性和连续性，但是在司法体系，这会与强制性的司法日期要求存在矛盾。

第四，全系统模式下，少年司法社会工作在与其他系统或机构沟通时，会存在跨专业的身份紧张，我国尚无明确的法律授权，与传统司法官员之间谁具有优先职能尚无明确。另外，在少年司法社会工作制度建立之初，会存在角色的社会知晓度低、队伍和机制建构非系统化等问题。

其他学者对社会工作在少年司法制度中的问题进行了概括，如扎斯特罗（Zastrow）认为这突出地表现在以下几个方面：（1）少年司法官员承担保护公共利益和保护少年的双重责任；（2）社会工作是不精准的科学；（3）治疗资源不足；（4）一些少年犯只是表面配合；（5）一些少年在成年后会继续犯罪。③同时，少年司法社会工作也可能遇到多重问题，例如罪错少年同时具有网瘾、毒瘾、酗酒等多重问题。当少年司法的首要任务还是惩罚和控制时，作为社会福利力量的社会工作也往往无法施展拳脚。

---

① C. Needleman, Social Work and Probation in the Juvenile Court, in A.R. Roberts(ed.), Social Work in Juvenile and Criminal Justice Settings, 1983, pp.165—179.

② Clark M. Peters, Social Work and Juvenile Probation: Historical Tensions and Contemporary Convergences, Social Work, Vol.56, 2011.

③ C. Zastrow, International Journal of Comparative & Applied Criminal Justice, Vol. 17 Issue 1/2, Spring/Fall 1993, pp.251—259.

二、未成年人司法社工的功能与角色

社会工作者在少年司法体系中可以扮演多种角色，承担多种功能，包括整合资源功能、社会支持体系的构建功能、社会观护功能等，他们执行国家政策，有助于构建少年司法的全系统模式。这一模式的重点是在原有以审检侦人员为核心的少年司法力量基础上，建立以司法社会工作者为核心的社会支持体系，司法与社会在少年犯罪预防、检察审理和少年矫正等方面全方位互动，通过跨学科、跨领域合作有效降低青少年犯罪率。

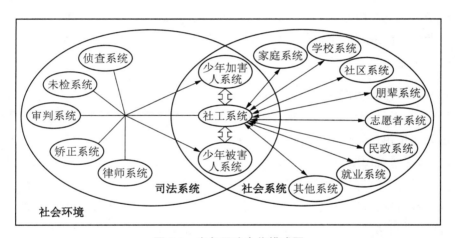

图 7-1　少年司法合作模式图

（一）构建社会支持体系

在全系统模式中，社会工作是整合多学科、多机构、多部门，尤其是社会部门的核心力量。这一原则和做法体现在多数发达国家的少年司法制度中。在英国英格兰和威尔士，社会工作与其他专业的人士共同组成一个青少年犯罪对策小组，对预防未成年人犯罪起到重要作用，在这个小组中社会工作者负责撰写调查报告、介入法庭程序，分流后提供观护服务等。在苏格兰，社会工作会介入整个的少年刑事司法程序中。[1]完善以司法社会工作为核心的社会系统，加强少年司法与社会系统的互动与整合。社会工作者是

---

[1]　Robert Johns, Using the Law in Social Work, Learning Matters, pp.97—98.

社会各系统中专业的服务力量,在少年审判中吸收社会工作的理念与方法非常必要。

(二)承担司法体系中的多项功能

在很多国家的少年司法制度中,少年司法社会工作承担了多项司法制度任务,例如社会调查职能、合适成年人职能等。在美国,虽然少年司法中的社会工作职能因司法管辖区而异,但都包含一些共同职能,如筛选(intake screening)和预审服务(preadjudication services)、心理评估(psychological assessment)、法院强制调查(court-mandated investigations)、提供法庭证词(courtroom testimony)、缓刑监督(probation supervision)和法院指定的社会服务(court-assigned social services)。①社会工作可以对分流或者释放出来青少年提供社会工作专业服务,让他们处于监督与管教之下防止再犯。

(三)社会观护

社会工作扮演了多种重要角色。社会工作充当的角色可以分为直接角色和间接角色,直接角色是与青少年案主接触的,包括个案治疗师、个案管理员、多系统团队成员、翻译人员、大型系统变更专家等。其中,翻译人员是向未成年人解释司法语言,这是少年司法中独特的角色。法律语言与社会语言也有很大的差异性,青少年往往对司法体系的程序、制度等方面知之甚少,需要司法社会工作者用青少年听得懂的语言对他们进行解释,将司法语言翻译成青少年能够听得懂的语言,并使其真正理解。以社会工作为代表的语言由于其强烈的人文关怀倾向,由当时的主流价值观所推动,价值和伦理倾向显著,而法律的语言更加晦涩难懂,需要将二者努力结合起来,使用一种可以互通的语言。②

间接的角色是虽然不直接接触青少年,但是负责青少年项目的角色,包括协调员(coordinator)、项目开发人员(program developer)、倡导者(advocates)和培训师(trainers)等。社会工作作为全系统模式的协调员,需要衔接多个系统,在计划的时间范围内实施个案或者团体计划。社会工作者也

---

① C. Needleman, Social Work and Probation in the Juvenile Court, in A.R. Roberts(ed.), Social Work in Juvenile and Criminal Justice Settings, 1983, pp.165—179.

② J. Fabb, T. G. Guthrie, Social Work and the Law in Scotland.(No Title), 1997.

可以充当项目开发者,设计青少年犯罪预防项目、制定矫正方案等,将发展阶段纳入活动和生活安排,社区机构以综合方式向青少年提供服务。社会工作者提供的间接服务还有在社区和政府官员面前宣传青少年服务,确保资金和资源所需的支持得到保障。社会工作者负责员工需要的额外培训或教育。虽然社会工作者可能不直接提供培训,但他负责设计培训计划。①

可见,社会工作者在少年司法制度中发挥重要的功能,有独特的角色价值,因此我们需要在少年司法顶层设计上引入社会工作者,发挥社会工作者角色功能,用个案工作、团体工作、家庭治疗、全系统模式等专业方法对进入少年进行治疗与帮助。

三、社会工作者与罪错少年

对未成年人而言,司法系统是复杂、遥远、陌生的,他们进入刑事司法体系会惶恐不安,茫然失措,因而此时社会工作者的介入与帮助是相当必要的。社会工作者的服务介入被定义为"专业人员在有组织的服务系统(主要是公共性质的服务)中实施的助人过程"。少年司法社会工作者在服务罪错少年时,需要对少年司法制度有所了解,并对社会工作和少年司法之间的关系有清晰认识。社会工作者既改变一切,同时也保留一切。社会工作服务改变了少年司法体系中更生性因素少的现状,改变名称、形式结构、具体活动和任务等外在形式,同时也保留少年司法制度中的内在逻辑等固有要素,使得规则不变。

司法社会工作需要在儿童福利和儿童权利的视角下,系统地将未成年人犯罪和少年司法问题放在更为广阔的框架下。在明确了儿童的特殊生理和心理时期、儿童权利、儿童最大利益保护原则后,我们需要明确少年司法服务需要:(1)系统的原则;(2)福利的原则;(3)保护的原则。

在少年司法制度中,如何看待少年加害者是社会工作者与他们进行交流的基础。在过去的一百年中,美国国内有关罪错少年的观念显著改变。20世纪伊始,他们被称为"有缺陷的";20世纪30年代,他们被称为"任性少年";20

---

① T. Roy, Social Work in Community-Based Group Care Facilities, in A.R. Roberts(ed.), Social Work in Juvenile & Criminal Justice Settings, 1983, pp.181—197.

世纪 50 年代，他们被称为"罪错儿童"；20 世纪 70 年代，他们被称为"慢性少年罪错犯罪者"，而到了 20 世纪 90 年代，称呼又变为"超级掠夺者"。[1]

司法社会工作对案主不批判、不贴标签，而是评估与调查，同时要使用温和、中性的语言，不用绝对或者负面的言辞，称谓上不使用"罪犯"（delinquency，offending）、"少年犯"等，而使用"进入司法体系的少年"（youth involved with justice，young people involved of law）。社会工作除了本着专业价值观和原则的要求，如尊重个性、接纳、平等、个别化等，还需要对这些特殊少年持有正确的态度，秉持专业的视角。社会工作者是将罪错少年视为"犯人"，需要惩罚，还是将其视为"病人"，需要治疗，是社会工作开展服务的根本问题。社会工作要首先视罪错少年为未成年人，通过适当的干预、指导、订立规矩，他们是可以成长为对社会有益的公民的。[2]

其一，青少年在成长过程中有自动修复自身过错的可能性。少年司法社会工作要掌握生命周期力量，尤其是个体早期发展中各阶段的特点，明确个体的社会化需要漫长的过程，儿童和青少年在成长的过程中难免会由于多方面原因而犯错，但儿童发展极具弹性，伴随着成长，他们有很强的自身修复能力。

其二，青少年犯罪行为有心理、生理、社会及生物多方面原因，犯罪是因为需求没有得到满足。少年司法制度应该发掘这些需求，并提供适当的服务以满足这些需求。罪错少年被逮捕，所谓"犯事"行为是向社会发出一个警示，在他们成长过程中出现了自身、家庭、学校等系统无法克服的困难，急需外界的帮助。社会工作者需要关注的是，如何把握这个机会给他们最需要的协助，帮助他们在未来的道路上健康成长。

其三，受到司法系统的惩罚，少年通常会被社会"贴标签"或"污名化"，社会工作者要尽量减少他们在司法系统中停留的时间，将他们分流到社会观护等体系，并降低他们的心理创伤，并调动少年自身系统中的有利因素和社会资源，建立社会支持体系，修复创伤，拥抱未来。

其四，儿童利益最大化原则是在整个司法体系中应该坚持的根本原则。

---

① ［美］玛格丽特·K.罗森海姆等编：《少年司法的一个世纪》，高维俭译，商务印书馆 2008 年版，第 197 页。

② Albert R. Roberts，David W. Springer(eds.)，Social Work in Juvenile and Criminal Justice Settings(3rd ed.)，Charles C. Thomas Publisher，2007.

司法社会工作需要带着这一使命，一方面代表儿童利益，从事社会调查、担任合适成年人等，另一方面积极影响司法系统中警官、检察官、法官，为了少年的最佳福祉而充分发挥专业影响力。

其五，进入司法体系的少年可能备受创伤，面临经济贫困、精神障碍、家庭冲突等多重问题，这些问题可能伴随家庭照管的缺失，父母可能亡故、被监禁，有的是留守儿童，也有的儿童有药物滥用问题，被虐待、缺乏健康与社会服务。这一群体可能具有人格问题，例如在瑞典一项对 992 881 名 20—31 岁年轻人的调查研究表明，犯罪少年在进入成人阶段时，自杀的倾向更高。研究结论是需要对少年加害者提供身心、社会和矫正方面的跟踪服务，防止他们成为高自杀率的群体。[1]

社会工作者关注的是儿童和少年本身，而不仅仅是其行为；着眼于涉罪未成年人的未来发展，而不是他们过去犯下的错误或罪行。因此，少年司法社会工作在提供服务时，要对进入司法体系中的青少年秉持专业态度，对案件的复杂情况要有充分的心理准备，一旦出现无法预见的情况，要按照社会工作专业原则以及危机干预原则采取恰当举措，同时充分理解自己和同事可能会感到困惑与迷失。更为重要的是对未成年人要有一颗关爱之心。在美国马萨诸塞州，一位负责少年司法社会工作改革项目的社会工作者认为："在这一领域，需要保持对少年犯及其家庭的关爱，这种激情比知识和技巧更为重要。"[2]

在国外的少年司法社会工作机构也会受到批评，因为不是每个犯人都能改过自新。社会工作者应该知道，尽管专业服务可以帮助涉罪未成年人，但是无法百分百地改变每个未成年人的行为，我们所能做的只是为那些希望改变的未成年人提供机会。

四、未成年人司法社工的服务内容与方法

福利原则是很多国家处理儿童案件的第一原则，少年司法中渗透福利

---

① E. Björkenstam, C. Björkenstam, B. Vinnerljung, J. Hallqvist, R. Ljung, Juvenile Delinquency, Social Background and Suicide: A Swedish National Cohort Study of 992, 881 Young Adults, International Journal of Epidemiology, 40(6), 2011, pp.1585—1592.

② Rosemary C. Sarri, The Future of Social Work in the Juvenile and Adult Criminal Justice, Advances in Social Work, Spring 2005, Vol.6 Issue 1, p.210.

思想。在福利化处遇过程中,设计特殊的处置程序,注重刑罚的非监禁性,多采取替代措施。在这一原则下,少年司法制度中的社会工作服务特色显著,这一方面表现在司法场域的特殊性,需要社会工作服务戴着"镣铐跳舞";另一方面,社会工作的服务对象是身心发育尚未成熟的未成年人,场域与服务对象的交叠作用下,少年司法社会工作有很多特殊的服务内容。

(一) 未成年人司法社工服务的分类

目前,无论是国际还是国内的社会工作界,对少年司法社会工作的服务内容尚未明确界定,各国由于文化、国情等诸多不同,少年司法社会工作的服务范围、内容和方法存在差异。但无论如何,实践中少年司法社会工作的服务空间非常广泛,按照不同角度分类如下:

第一,按照少年司法的程序作为依据,可以分为传统司法体系内服务和超司法体系服务,或者说狭义司法服务和广义服务,狭义服务包括侦查、检察、审判、监所服务,广义服务包括犯罪预防和社会观护、社区矫正服务、调解(刑事调解、家庭调解、社区调解)等服务。

第二,按照未成年人的诉讼地位进行分类,可以分为对加害少年服务和被害少年服务。少年司法社会工作服务最初是对罪错少年进行服务,但是随着少年司法实务的发展,少年被害人被纳入少年司法制度中。

第三,按照刑事诉讼制度分类,可以分为附条件不起诉制度服务、社会调查制度服务、合适成年人制度服务等。这些少年司法中的特殊制度需要专业人员提供服务,而社会工作者可以作为专业人员满足这些需求。

第四,按照社会工作所承担的功能,可以分为评估、分类处遇、家庭治疗、社区治疗等。进入少年司法制度的青少年,往往需要心理、家庭和社会环境评估与调查,同时在分流前后的关键点也需要专业人员对少年、行为、环境等多方面进行综合评估和分类处遇。

第五,按照案件的类型分类,包括刑事、民事、行政案件服务。少年司法社会工作服务的不仅是刑事案件,也可以是民事或行政案件,而且通常民事案件的数量多于刑事案件。

第六,按照服务对象的触法和处置程度,可分为违法犯罪少年、未达到刑事责任年龄的触法少年、虞犯少年、被监禁的少年犯、被释放少年。随着犯罪呈现低龄化,未达到刑事责任年龄的触法少年增加,但是现有的司法体系中对这个群体并无有效的治疗和跟进措施。社会工作者可以发挥专业力量,为他们提供情绪支持、提供相关资源,为无家可归的少年申请住处。目前我国对这类未成年人也没有有效的介入方法,社会工作可以将其作为重点预防对象,对其进行临界预防服务。

(二) 少年司法社会工作的服务方法

社会工作在传统的个案、团体和社区方法之外,还需要根据少年司法特点,掌握青少年外展(outreach)工作方法和全系统模式。外展方法是根据青少年的身心特点,利用社区资源,主动服务有特殊需要的青少年,这主要指高危犯罪青少年,帮助他们回归社会。外展工作的几个阶段包括:第一阶段是选定服务对象。这期间要选择目标青少年,了解社区资源,熟悉青少年特点,建立服务团队。第二阶段是初步接触,了解青少年的问题与需求,建立专业关系。第三阶段是与青少年个体或团体保持积极关系,深入了解小组动力,让青少年了解社会工作的专业助人角色。第四阶段开展介入服务,在评估的基础上制定介入计划并开始实施计划。第五阶段是评估介入的效果并反思。

全系统模式是在系统理论之后逐渐发展起来的。系统理论由美籍奥地利生物学家贝塔朗菲(Bertalanffy)提出,随后人们将系统理论应用拓展到社会科学、医学(如肥胖症应对)、管理学等多领域。全系统模式以问题为视角,强调任何系统都不是问题解决的唯一路径,必须通力配合才能取得既定目标。

少年司法社会工作者在全系统模式中,一方面帮助构建社会支持网络,包括社会系统,如学校和教育系统、社区系统、社会工作系统、精神卫生系统、家庭系统、矫正服务系统、福利系统(民政、公益)、新闻媒体系统等,整合工青妇系统,另一方面还对司法系统中的未成年人提供合适成年人、社会调查等服务,对加害未成年人进行早期干预和再犯预防,阻却来自外界甚至是家庭的侵害。

少年司法社会工作应该具有全系统模式的观念,对进入少年司法体系中的少年或者青少年的问题行为进行治疗,充分结合微观和宏观实践,既强调心理因素,又能灵活应对变化,为高风险少年犯及其家人提供康复服务和研究指导干预。[①]全系统模式有助于社会工作认识现实,兼收并蓄,避免"盲

---

① R. D. Sutphen, Social Work Practice and Juvenile Delinquency: Teaching a Model of Crime Prevention, Journal of Teaching in Social Work, 13(1—2), 1996, pp.3—13.

人摸象",在各种观点的交换与碰撞中找出新的观点和思路,整合多方资源,实现共同目标。社会工作在全系统模式合作和网络构建中,需要做到以下几点:

其一,明确系统目标,调研并评估可利用的资源,精心策划、积极主动,并持之以恒。在系统方法中,重要的是构建支持网络,案主、同事和社区资源等都可以作为潜在的合作方。保持系统的开放性,能够面向未来,共享发展成果。整合各个工作领域,并整合方法、程序和工具,这样它就成为专业空间和连通自治的有用手段。

其二,掌握系统理论,社会工作需要掌握系统理论与场域理论,并根据理论构建规则和系统的约束条件,起草相关文件以供系统成员共同遵守;将系统理论的信息传递、语言解码、系统噪音等理论知识很好地融合到实践之中。

其三,建立良好的系统氛围和跨专业合作文化,建立协调统一而非对抗的工作环境,明确具体的专业技能和各自的角色、任务与职能,确保团队中所有成员的投入与积极参与,合理利用资源。社会工作要发挥资源整合的优势,逐步改进长期以来形成的不同机构和员工之间的交流方式。建立协作的共同体,最大限度发挥各自价值。

其四,提高系统交流的有效性。在一个多专业背景的工作团队中,社会工作要充分考虑到每个人信息接受能力的不同,能够解读多专业的语言并促进彼此的沟通。在合作中既要保持职业身份,又要确定工作的界限,使得合作更加稳定。

五、未成年人司法社工的工作内容

少年司法干预涉及两部分:监督和治疗,社会工作者可以参与到这两部分的服务中。监督包括监测或控制青年的行为,例如,缓刑监督、日报告、电子监控等;治疗包括提供活动或服务,积极促进未成年人的行为改变,例如辅导受害者—加害者认知行为疗法、学习指导、职业培训等。一些国家和地区在立法中明确社会工作职权、职责。

在我国2024年修订的《未成年人保护法》第116条规定:"国家鼓励和支持社会组织、社会工作者参与涉及未成年人案件中未成年人的心理干预、法律援助、社会调查、社会观护、教育矫治、社区矫正等工作。"在综合多个国家和地区少年司法社会工作的工作内容基础上,我们对少年司法社会工作的服务内容进行概括总结,包括但不限于:

(一) 犯罪预防

犯罪预防非常重要,需要多部门齐心协力。预防工作可以分为超前预防、临界预防、再犯预防等。社会工作在犯罪预防领域有广阔的作为空间,可以充分发挥专业优势,采用儿童易于接受的方式,针对不同年龄阶段和不同类型的儿童、青少年策划活动。社会工作在策划活动和项目的时候要充分利用少年司法全系统中的各个政府部门、机构、社区资源,并充分调动学校和家庭系统,避免儿童在充满犯罪诱因的环境中成长。社会工作要与警察部门密切配合,同时要调动学校力量。

(二) 担任合适成年人

合适成年人制度是国家为了保护未成年人合法权益而在少年司法制度中特别设立的内容,主要目的是确保弱势嫌疑人不会被诬告、错告,并且在警察拘留期间对他们进行公平和适当的对待。在英国英格兰和威尔士地区,少年刑事司法系统里的合适成年人主要由社会工作者担任,但不限于社会工作者。[1]社会工作者要充分了解警察在少年案件中的侦查程序、警察权力以及警察对其行为负责的方式,在侦查讯问现场对青少年进行支持。合适成年人具有独立性,不同于律师等其他诉讼程序参与人,不仅要做观察者,监督询问过程是否公平,还要促进与被询问人之间的沟通,尽最大努力发挥作用,确保不发生司法不公正现象。我国澳门地区规定在调查证据阶段,法官须命令社会工作服务范畴技术员出席调查证据的联合会议。[2]

(三) 提供心理辅导

一部分进入少年司法体系中的未成年人是因为具有心理问题而引发行为偏差,也有一部分未成年人进入司法体系后感到惶恐、不知所措,进而导致心理问题,无论何种原因,对有需要的加害儿童或者被害儿童提供心理辅

---

①　Ciaran White, Re-assessing the Social Worker's Role as an Appropriate Adult, Journal of Social Welfare and Family Law 24(1) 2002, pp.55—65.

②　《违法青少年教育监管制度》,澳门特别行政区第 2/2007 号法律,2007 年发布。

导都是非常必要的。例如我国澳门地区《违法青少年教育监管制度》第 40
条规定："法官可指定一名社会工作服务范畴技术员或其他具专业资格的人
陪同青少年，并在有需要时，向青少年提供心理辅导。"①社会工作者可以对
有需要的未成年人进行心理测试，科学分析少年心理状况，并将少年心理状
况作为社会调查的内容，向法官报告。

（四）青少年的照管与交托

社会工作机构可设置类似中途之家的场所，为有需要的青少年提供临
时性住所。例如我国澳门地区《违法青少年教育监管制度》第 48 条②规定：
(1)如无法在第 44 条所规定的时间内将青少年送交法官，则须将青少年交
托其父母、监护人、实际照顾青少年的实体或适当的公共或私人机构。
(2)如将青少年交托上款所指的人或机构不能确保将青少年带往法官面前，
或不足以达至拘留的目的，则将青少年安排在第 28 条所指的观察中心；在
任何情况下，须向青少年提供适合其年龄、性别及个人状况的医疗、心理、社
会工作方面的照顾和辅助。(3)须在最短时间内将按第 1 款及第 2 款规定
获交托的青少年送交法官。

（五）社会调查

为了对未成年人进行保护，社会工作者要全面了解未成年人的犯罪背
景，法律规定了强制性社会调查制度。法官依赖于社会工作调查了解未成
年人的基本信息，包括犯罪历史、个人成长、家庭关系、学校表现、服兵役情
况、现在经济状况、态度、动机。③未成年人司法社工需要调动专业知识，全
面查明有关青少年的人格、行为、社会、家庭的背景及经济、教育等状况，形
成"社会工作调查报告"。报告内容突出如下方面：哪些关键事件说明案主
可以进入社会工作服务系统；案主的核心家庭组成及其文化特征，家庭历史
和家庭关系动态；案件中所有未成年人及其生活、教育、工作、心理健康等状
况，并在此基础上得出结论。如果具备分流条件，可以建议采取社会观护措
施。这样检察官、法官可以就各方观点进行选择与权衡，作出既有利于儿童
利益，又不破坏公共安全的有效决策。目前我国社会工作在少年司法制度

---

① ②　《违法青少年教育监管制度》，澳门特别行政区第 2/2007 号法律，2007 年发布。

③　Albert R. Roberts，David W. Springer(eds.)，Social Work in Juvenile and Criminal Justice
Settings(3rd ed.)，Charles C. Thomas Publisher，2007.

中普遍开展社会调查工作。

(六) 参加听证

可在少年司法中设置听证制度,作为正式进入少年司法制度之前的预设制度。我国澳门地区《违法青少年教育监管制度》第 61 条(听证)[①]:如法官认为有充分迹象显示青少年曾作出第 42 条所指批示、声请书或检举文件载有的事实,且基于当时教育青少年的需要,认为可能会对其采用第 4 条第 1 款第 8 项所指的收容措施,则法官须指定听证日期,并通知一名社会工作服务范畴技术员参与听证。

(七) 为法官判决提供意见

社会工作者的意见是法官进行判决的重要参考。例如我国澳门地区《违法青少年教育监管制度》第 62 条[②]规定:(1)听证结束后,法官及社会工作服务范畴技术员随即退席,以便作出裁判。(2)裁判由法官作出,并由其作成判决书,但必须事先听取社会工作服务范畴技术员的意见。(3)社会工作服务范畴技术员可要求将其发出的书面意见附于判决书。

(八) 进行评估

在少年司法制度程序中,社会工作评估对未成年人的处置至关重要。评估的种类包括心理评估、社会支持体系评估等专项评估,也包括总体评估,社会工作的评估结果是制定未来处置方案的重要参考因素。例如我国澳门地区规定,社会工作的评估结果如认为未成年人需要参加社区援助计划,则社会工作局促使其参与不超过六个月的社区援助计划。[③]

(九) 矫正服务

社会工作最早的服务就是在矫正服务。这在有些国家和地区又叫作感

---

①② 《违法青少年教育监管制度》,澳门特别行政区第 2/2007 号法律,2007 年发布。

③ 《违法青少年教育监管制度》(澳门特别行政区,第 2/2007 号法律)第 16 条第 4 款第 2 项规定:如按上项规定不应将卷宗归档,且青少年以及其父母、监护人或实际照顾青少年的实体以书面方式同意青少年参加社区支援计划,则将个案通知社会工作局,以便该局评估青少年是否需要参加社区支援计划。第 16 条第 5 款规定:如上款第 2 项所指评估的结果认为青少年需要参加社区支援计划,则社会工作局须促使青少年参加为期不超过六个月的社区支援计划,而治安警察局将程序中止;如认为无需要参加社区支援计划,则社会工作局将此事通知治安警察局,以便其将卷宗归档。

化服务,以感化令的方式下达。① 矫正治疗也是社会工作的基本职能,社会工作者可以在社区开展矫正服务,也可以以项目的形式进行矫正,矫正的形式多种多样,包括技能培训、体育锻炼、心理辅导、劳动教育等,具体采用何种措施既要符合司法机关的要求,同时也要对未成年人有个别化处遇,目的是预防其再犯,并让未成年人迅速回归社会。

(十) 监所服务

监狱和看守所限制人身自由,社会工作服务具有一定特殊性。但是监所的社会工作服务意义重大,因为此时未成年人脱离家人、朋友,被迫服从工作人员的指令,这一环境对他们而言是陌生而充满恐惧的(当然惯犯除外)。针对未成年人在监所的不同阶段,可以开展针对性服务,比如刚刚进去的时候,社会工作可以通过团体活动等方式进行心理疏导,而在离开监所前的社会工作服务则要强调社会融入、社会适应以及社会关系的重构等。

(十一) 临时监护

保障未成年人的最大利益,必然要依靠其法定代理人参与,但是法定代理人有时会由于自身情绪影响、利益冲突、吸毒、酗酒等诸多原因无法保证未成年人的利益最大化,为了保障未成年人的合法权益,在司法程序中有必要引入可以代理未成年人利益的角色,对其赋予临时监护权。在一些国家,法院会将临时监护交给社会工作者及其机构。例如在挪威,社会办公室经常处理虐待儿童和忽视儿童的案件,委员会把未成年人监护权交给社会办公室中的社会工作者,他们将把未成年人安置在寄养家庭或青年之家。

---

① 例如《违法青少年教育监管制度》(澳门特别行政区,第 2/2007 号法律)第 23 条(感化令)规定:(1)感化令措施是指执行一项个人教育计划,该计划应包含法官对青少年所定的、符合其需要的活动,以及法官对青少年的父母、监护人或实际照顾青少年的实体所定的义务。(2)法官可规定受感化令约束的青少年须遵守第 21 条第 2 款所指的某些行为守则。(3)社会重返部门负责编制个人教育计划,并辅助、指导和跟进青少年履行该计划。(4)个人教育计划须自社会重返部门获法院通知有关决定采用感化令措施的裁判之日起计六十日内送交法官认可。(5)法官在认可个人教育计划前,可要求提供补充资料或要求作出更改,并命令将卷宗送交检察院检阅,以便该院于五日内发出意见书。(6)社会重返部门须将对个人教育计划所作的变更告知法官,以便其认可。(7)社会重返部门每六个月撰写关于青少年进展的社会报告,其内应评估个人教育计划的执行情况,并将之送交法官。(8)感化令措施的期间最短为六个月,最长为三年。社会工作做矫正服务,可以提供社会和心理支持。

（十二）进行调解

少年司法社会工作吸收恢复性司法理念,注重家庭调解、刑事调解和社区调解。社会工作者可以作为家庭调解员,对罪错少年的家庭冲突、问题、矛盾等进行调解,社会工作者利用家庭治疗中的理论进行干预和调解。刑事调解是在确定事实及被告负有刑事责任的基础上,如果诉讼双方都同意,为了避免原被告双方进入"诉讼"程序,调解员被赋予权利进行调解,这是一条非诉讼的解决方案。社会和社区调解侧重于解决人们生活环境中发生的冲突问题。

（十三）提供社区替代治疗

社区替代治疗是国际倡导的未成年人案件处置趋势。未成年人从司法程序中分流出来之后,可以进行社区替代治疗。社会工作根据案主情况制定个性化的治疗方案,让案主进行公益劳动、学习培训、到养老院做志愿者等,避免监禁刑的弊端。

（十四）被害未成年人服务

在少年司法中,社会工作者不仅关注加害人的治疗,也提供被害人服务,例如在性侵未成年人、被忽视和虐待儿童案件(身体虐待、精神虐待、性虐待)、校园欺凌中,被害人需要专业人士的介入和服务。被侵害的事实很可能让未成年人一生笼罩在黑暗中,社会工作者的介入可以帮助他们摆脱恶性事件困扰,走出阴霾。

可见,少年司法社会工作领域的服务多种多样。未成年人司法社工一方面对未成年人提供直接服务,另一方面也可以通过与司法人员合作,与他们携手提供间接服务。无论直接还是间接的服务,他们应将自己的专业性在司法场域中淋漓尽致地发挥出来,同时要独立于少年司法,体现自身的价值和功能。为此必须对社会工作者进行专项培训,确保他们意识到自己扮演的角色并理解角色的主要功能。不仅让社会工作者了解司法程序,还应该处理社会工作者可能有的任何焦虑或担忧。

小结

综上,未成年人司法社工是少年司法与社会工作在新时代整合的产物,也是两者互动发展的必然结果。在司法改革与加强未成年人司法保护的时代背景下,一方面需要加强宏观的制度构建,尤其是社会已有司法体系、民政体系、教育体系、医疗健康体系之间的衔接制度;另一方面要不断加强社会工作的自身建设,不断提升未成年人司法社工的专业化程度,未成年人司法社工需要苦练内功,有更加广阔的发展空间。

下编　互动的内容

第八章 未成年人司法社工服务之早期干预与犯罪预防

　　青少年犯罪预防从广义而言就是对整个未成年人群体的保护。根据社会学习理论,儿童行为是通过对外界环境的模仿而习得的,我们需要反思的是,预防青少年犯罪是不是要从改善其所处的环境着手? 是不是要改变其所交往的朋辈群体? 如何改变? 哪一个群体可以负责帮助他们进行改变? 研究表明,曾经受到过侵犯和虐待的孩子,很可能从受害者转变为加害者,谁应该对受虐儿童进行保护? 谁来负责? 谁来调查? 谁有权利做这个事情? 在儿童虐待事件之后,谁是孩子的保护者,谁来支持他们? 谁来监督? 从宏观角度而言,我们需要反思国家与家庭的介入关系与权力模式。本章我们将探索青少年司法社工介入下的未成年人犯罪预防与干预问题。

一、青少年犯罪早期干预:基础问题

　　什么是预防和早期干预? 早期干预意味着向面临不良后果风险的未成年人提供有效的早期支持。早期干预并不意味着对未成年人生活进行过多干预,也并非总是需要采取进一步正式行动,如包括教育、卫生、职业培训在内的服务,来满足任何确定的需求。"预防"(prevention)和"早期干预"(early intervention)之间存在一定程度的重叠。预防是指遏制可能出现的社会性或心理性问题的活动;早期干预是指致力于防止或遏制事态发展更严峻的活动,这里特别针对青少年犯罪后的身心脆弱状态提供帮助。通过对未成年人反社会行为的分析可知,早期干预重点聚焦两类人:一类是严重反社会行为开始于儿童早期的人;另一类是与青春期同步的不良行为。这两种情况给家庭、社区和系统提供了干预司法系统介入和防止反社会行为的机会和路径。早期干预的目的在于支持儿童发展的四个关键方面,即其身体、认知、行为、社会和情感发展,这四个方面在人的一生中发挥最大作用。

早期干预可采取不同形式,从支持脆弱父母的家访方案,到改善儿童社会和情感技能的校园方案,再到为易受犯罪影响的年轻人提供指导方案。虽然有些人认为早期干预在儿童生命的最初几年可能产生最强烈影响,但证据表明,有效干预可以在儿童和青少年时期的任何时候改善儿童生活。①

预防应该成为少年司法中的基本理念。防微杜渐,预防的成本远小于治疗成本。研究表明,与过去许多方法侧重于纠正严重或长期的破坏性行为相比,预防和早期干预更为有效。对青少年犯罪的早期干预有助于青少年发现自身的优势,并有助于青少年自身恢复力的发展。将儿童的犯罪行为标签化是有害的,因为有可能令当事人感到被羞辱,并强化消极的自我形象和行为。爱丁堡青年转型与犯罪研究的调查结果证实了这一点。②研究结果显示,被警告或指控但没有经历少年司法系统的未成年人加害者与进入未成年人司法系统的群体相比,往往结果更好。事实上该研究结果表明,在某些情况下,无为比采取措施更能减少严重犯罪行为。③与有犯罪行为未成年人一起共事的专业人士,应侧重于提供早期有效的干预措施,并在可能情况下将未成年人从强制措施、起诉或监禁的正式程序中转移出来。早期有效干预核心要素框架规定了干预的最低期望,以便提供共享语言,并在可能的情况下提供公共参与流程。

首先,从本质上讲,早期干预可预防犯罪行为,有利于保护社会利益和个人利益。早期干预可以减少危险因素,增加儿童生活中的保护因素。早期干预"可以避免年轻人浪费生命",防止成年后犯罪,降低年轻人成为严重暴力犯罪者的可能性。早期有效干预能改善儿童生活,使其成长为自信的个体、成功的学习者、有价值的贡献者和有责任感的公民,推动积极的青年发展。虽然多数未成年人可在没有额外支持的情况下不再犯罪,但如果有外力支持,则戒除不良行为的可能性更大,并能协助他们培养良好的生活态

---

① https://www.eif.org.uk/why-it-matters/what-is-early-intervention, 2024 年 12 月 6 日访问。

②③ L. McAra, S. McVie, Youth Crime and Justice: Key Messages from the Edinburgh Study of Youth Transitions and Crime, Criminology & Criminal Justice, 10(2), 2010, pp.179—209.

度、自我意识。有效早期干预可以防止问题的发生，或者在问题恶化之前迎头解决问题，也有助于培养一整套个人力量和技能，使孩子为长大做好准备。

其次，早期干预更具成本效益。越来越多的研究表明，早期预防可以极大减少政府对治理犯罪的投入，预防犯罪计划也是一项智慧的财政投资。2001年华盛顿州公共政策研究所（WSIPP）的一项研究发现，有效预防方案的总效益大于其成本，健全的犯罪预防计划每投入1美元可以为纳税人节省7到10美元，主要是因为减少了投入监禁的资金。[1]这减轻了社会负担，为国家节省巨额开支。

最后，早期干预可以增加未成年人的保护性因素，提升儿童整体福祉。增加保护性因素可以抑制风险性因素的不确定性和不可预测性，向低收入家庭、单亲家庭、青少年未婚母亲或少数民族家庭，提供有针对性和选择性干预措施，满足未成年人需要，确定哪些儿童最容易受到伤害，需要额外支持。研究表明，在预先确定风险的基础上向儿童提供早期干预最有效。有选择地或有指示地针对特定家庭或个人的早期干预效果最好。[2]早期干预规模可以从有针对性、选择性向普遍扩大，干预变得更加密集，并提供给特殊家庭群体。

预防犯罪需要专业人员开展，而社会工作者作为专业的助人者，是青少年犯罪预防最为合适的角色。社会工作者在价值观上秉持尊重与接纳原则，对未成年人去标签化，看到他们的生命弹性与潜能，相信他们有改变自己的生命动力。社会工作者可以在学校、社区的场域中运用个案、小组、社区等方法，开展多样活动，内容包括预防校园暴力、预防青少年常见犯罪，帮助未成年人改善自己的生命系统。

但是在实践调研中，我们了解到：

社工S106："我们国家的青少年工作，我觉得都是事后在服务，不要求事前预防，因为没有预防，所以到我们这里的孩子年纪越来越小。"

警官P101："青少年犯罪是一个综合治理问题，我们更多精力是放在出现问题后怎么拯救。建议整个体系还要完善，要在学校阶段出现

---

① https://youth.gov/youth-topics/juvenile-justice/prevention-and-early-intervention，2019年8月3日访问。

② https://www.eif.org.uk/why-it-matters/what-is-early-intervention，2019年8月10日访问。

苗头就采取手段预防。发生问题再做就晚了。孩子辍学或者出现轻微违法行为,就要对他建档,采取相应措施。我觉得这个机制需要政府力量,要形成社会共识,这是一个大工程。"

二、社会支持理论:社工参与青少年犯罪预防的理论依据

犯罪学、刑法学、社会学都对青少年犯罪这一社会问题开展了深入研究,并产生了很多理论学派。我国在进行社会治理时多用社会控制理论,但是对未成年人领域,需要社会控制理论与社会支持理论相结合,给未成年人社会支持。相对于社会控制理论的外在强迫性和被动性,社会支持理论更强调对犯罪人需求的尊重与满足,以此视角出发设计的犯罪预防实践更容易取得效果。[①]

在社会支持理论体系下,资源是解决问题的重要因素。资源分为内在资源与外在资源,社会支持属于外在资源,可以分为正式支持和非正式支持。社会支持主要通过社会网络系统实现。科布(Cobb)认为,社会支持主要是指个体所感知的来自其所在社会团体、他人等社会支持网络成员的关心、尊重和需要。[②]在这个过程中,引导、协助的行动可以传达出工具性支持,而情绪、心理、自尊、认可等方面可以体现表达性支持。

在社会支持系统中,包含多种角色,主要包括以配偶和父母为代表的亲密互动者,以朋友、知己、同事为代表的社交网络者,还包括以所在社区为代表的环境影响者,他们在亲密关系、情绪支持、互动模式等方面有差异,交往时间也有多寡。据此,社会支持体系可以分为强连结和弱连结。而青少年之所以出现行为偏差,往往是由于社会支持网络薄弱,没有给他们包括物质、心理、交往、社会认可等多方面的支持,因此要构筑社会支持网络,加强未成年人与重要网络成员的联结。这依赖于宽松和支持性的资源供给,需要国家政策因地制宜,改变青少年犯罪政策。在国家层面,许多国家的青少年政策已经由"教化控制"向"福利照顾"转变,但我国许多相关的青少年政策并没有与时俱进地进行修改,仍然停留在"惩戒"与

---

① 席小华、史卫忠:《建构未成年人司法社会支持体系的理论框架与实践路径》,载《预防青少年犯罪研究》2020 年第 5 期。

② S. Cobb, Social Support as A Moderator of Life Stress, Psychosomatic Medicine, 1976.

控制阶段。①

　　加强青少年社会支持首先需要具有网络系统的观念，以未成年人为圆心，画若干同心圆。这些同心圆依其与未成年人的远近分别是家庭、学校、朋辈群体、社区等，这些角色中，有正式支持供给者，有非正式支持供给者。社会支持体系的服务对象包括因各种原因而进入司法体系的未成年人，如刑事和行政案件加害人、受害人，民事案件未成年人。对未成年人提供社会支持，可以在儿童利益最大化原则下保障儿童权益，预防未成年人犯罪。

　　研究人员促进积极的青少年发展模式，以满足可能进入少年司法系统的未成年人的需要。社会工作的全面服务有助于青年参与法律、教育、儿童福利和其他制度。积极的青少年发展模式包括家庭、教育、关系、社区、健康和创造力六个生活领域。在这六个生活领域给青年人提供必要的支持和服务，将产生积极的结果。社会工作应当更多地参与到少年司法改革中，孕育更加公平、公正的社会环境。

三、域外经验：社会工作如何参与预防青少年犯罪

　　国外社会工作者开展青少年犯罪预防的重要领域是学校和社区。通过开展学校社会工作的形式预防青少年偏差行为，阻断从学校、家庭、社区、朋辈群体通往监狱之路。未成年人司法社工可以对越轨少年开展犯罪预防项目，降低少年案件发生率。国外社会工作机构开展的犯罪预防项目取得显著效果。青少年社会工作机构会定期与学校、社区或者教堂等联合举办活动，免费对一定年龄阶段的少年进行犯罪预防知识讲座，并通过联谊会、音乐会、美术展览等多样化形式吸引少年的兴趣。

（一）美国

　　随着联邦政府对少年犯罪者关注有所增加，社会工作将重点转移到初级预防上。1968 年美国《联邦综合犯罪控制和安全街道法案》（Crime Control and Safe Streets Act of 1968，PL90—351)建立执法协助管理局，为直接与少年犯打交道的社会工作复兴打开了大门。该立法为州和市政府

---

　　① 曾培芳：《我国青少年犯罪预防和矫正理论与实践模式的整合——以社会控制与社会支持为视角》，载《江西社会科学》2007 年第 12 期。

提供了援助，以控制犯罪，改造罪犯和雇用惩教人员，包括受过社会工作者培训的人员。①一支受过训练的、有资质的社会工作者队伍在临床团队中工作是有效的。社会工作者可以承担个案工作。社会工作在缓刑领域的发展令人倍受鼓舞，在这个领域内，社会工作迅速迈向职业化地位。②

　　文献表明，有效方案的特点是尽早采取行动，关注已知风险因素和青少年行为发展的方案。一般来说，美国少年司法和犯罪预防办公室建议采用多种类型的学校和社区预防方案。③美国学校预防青少年犯罪的干预领域包括学校内的课后娱乐项目、倡导和加强学校纪律、学校组织方案、课堂和行为管理计划、教室内多因素教学项目、防止欺凌计划、社会能力提升课程、解决冲突和预防暴力课程、开展重点个案服务。同时，学校社会工作者还积极帮助在少年司法系统接受校外安置后返回学校者，学校社会工作者有专业的技能和知识，协助改善学校气氛，促进社会情感学习，他们还帮助家庭、社区和学校人员，④促进学生继续教育和重新入学。

　　美国青少年犯罪社区预防越来越受到重视。自20世纪90年代以来，美国青少年犯罪率急剧下降，各州进行重大系统性改革，减少关押机构，关闭旧学校，并扩大社区干预。在社区层面，社会工作的服务包括辅导计划、社区综合干预项目，社会工作者为青少年提供心理健康、药物滥用治疗以及身体健康等全面服务。社区与青少年社会工作机构广泛合作，他们与未成年人及其家人建立融洽关系，帮助未成年人不再犯罪，获得广泛的社会工作服务支持，与未接受治疗的同龄人相比，经过社会工作干预的未成年人患抑郁症、躯体疾病、思维问题、注意力问题可能性减少，攻击性行为降低。

　　社会工作者作为社区伙伴和家庭支持者可以采取许多步骤，在青少年与少年司法系统接触之前和之后对他们产生积极影响。在美国，社会工作参与联邦和州层面青少年犯罪预防项目。每个州少年司法的早期干预模式

① Clark M. Peters, Social Work and Juvenile Probation: Historical Tensions and Contemporary Convergences, Social Work, Vol.56, 2011.

② P. Keve, Administration of Juvenile Court Services, Conference on Justice for the Child, Chicago, 1961.

③ https://youth. gov/youth-topics/juvenile-justice/prevention-and-early-intervention，2019年8月5日访问。

④ Jane McPherson and Robert G. Schwartz, The Role of Social Work in Juvenile Justice in the USA, in Robert G. Schwartz, Yifang Chen(eds.), The Role of Social Work in Juvenile Justice: International Experiences, Raoul Wallenberg Institute, 2020.

各不相同。美国学校和社区预防项目包括：课堂和行为管理课程、基于课堂的多元课程、社会能力提升课程、解决冲突和预防暴力课程、欺凌预防计划、课余娱乐项目、辅导计划、学校组织计划等。①联邦政府通过百余家机构资助超过一万项青少年犯罪预防项目，帮助青少年积极发展。

综合社区干预。美国少年司法与青少年犯罪预防办公室②开展社区干预的主要内容包括青少年犯罪预防，采取导师制对重点人群进行教育，应对校园欺凌和少年暴力，服务接受审判的少年，介入并改善警察与少年的互动。社会工作对青少年犯罪的干预包括参与毒品法庭，为鸦片类药物滥用者提供服务，对特殊服务对象进行社区监督。同时，社会工作还特别为未成年人受害者提供服务，如找寻失踪人员，保护被剥削儿童和儿童虐待受害者。国家对未成年人项目提供资助，社会工作服务可以延伸到很多细节领域，如针对未成年人科技犯罪进行预防和干预，对商业性儿童剥夺进行干预，专门针对女童开展服务，外展社工介入未成年人帮派并进行干预，对未成年人检察体系提供支持，遏制少年犯监狱里的强奸，协助父母做好未成年人的家庭照护等。

（二）英国苏格兰

英国苏格兰少年司法中早期干预的措施旨在实现联合国《儿童权利公约》和儿童友好型司法的愿景。在苏格兰，早期干预是自愿程序，并不会强制未成年人参加，工作人员应该告知未成年人及其家属相关信息，使其能在知情和深思熟虑的情况下，自主决定是否参与旨在解决犯罪行为的干预措施。苏格兰地方政府致力于预防犯罪，按照《犯罪与扰乱秩序法案》第17条和第40条制定少年司法计划。该法第37条特别谈到青少年犯罪的预防，同时少年法庭需要注重儿童的福利需求（1933年《儿童与青少年法案》第44条）。③少年司法委员会遵循政策监督全国青少年犯罪团队，这一个团队中包括社会工作者，且社会工作者的角色非常重要，他们衔接当地政府中儿童和家庭资源，加强健康保护项目（Health's Quality Protects Programme）。④

---

① https://youth. gov/youth-topics/juvenile-justice/prevention-and-early-intervention，2019年8月26日访问。

② Office of Juvenile Justice and Delinquency Prevention 2018 Annual Report，https://ojjdp. ojp.gov/about/annual-reports，2019年11月7日访问。

③④ Robert Johns，Using the Law in Social Work，Lerning Matters，p.99.

　　苏格兰少年司法早期干预的一般原则是：(1)为每个孩子争取权利,重点关注 8 至 17 岁儿童的福利需求。所提供的评估和支持应考虑每个人年龄和发展状况,培养儿童技能、能力和保护性因素,使儿童及其家庭能普遍获得支持。(2)多元化与个性化。受犯罪行为影响的儿童来自不同的社会背景和文化,常常面临一系列困难和逆境,这些会在不同程度上对他们产生影响。因此,必须采取多样化个性化的行动,认识到他们的优势和不足。(3)关注欠发达地区。大多数反社会行为和青少年犯罪行为发生在欠发达地区,在这些地区参与社会活动的机会少于发达地区,而且社会管理水平滞后。(4)不随意贴标签。持续的反社会行为可能是由儿童听证制度、刑事司法制度和社会工作等正式系统的不必要干预以及参与过程中标签化污名化引起的。有时被描述为儿童反社会行为的行为,可能属于青少年正常行为范围,而不是故意的犯罪行为,将他们定为犯罪是系统的反应。(5)重视环境支持因素。许多被指控犯罪的儿童从未再犯罪,这可以归因于家庭教养技巧、情感支持、亲社会的价值观、同辈影响和成长经历。(6)适度干预。有犯罪倾向的儿童,如果没有适当的干预和服务将会再次犯罪。①

　　在苏格兰,社会工作是早期干预模式的重要成员,常常与警方、教育代表、卫生、社区公共安全、住房和第三部门合作伙伴一起参与到早期干预中。早期干预方案包括：警方直接采取行动;机构转介,以第三部门合作伙伴、社会工作、教育、健康、消防为例,可酌情采取具体干预或支持措施,如恢复性司法或预防药物滥用;暂时不采取行动时,针对被指控的罪行不采取任何正式的行动是最适当的;替代措施还包括转介至苏格兰儿童报告局;在特殊情况下,将青少年转介给皇家办公室和地方检察官服务处。参与实施早期干预的机构为被"特别关注"的未成年人提供一系列干预措施。干预措施应该适合青少年,干预措施应由最有资质的机构或者组织来实行。

四、我国社会工作参与犯罪预防的类型及场域

　　青少年犯罪预防可以分为前期干预、临界预防、再犯预防三个体系。前期预防的行动主体是承担未成年人保护责任的组织。临界干预是针对未成

---

①　A Guide to Youth Justice in Scotland: Policy, Practice and Legislation, Section 4.

年人的不良行为、违反治安管理处罚法的行为、未达刑事责任年龄犯罪行为,由司法机关参与到共同干预中。再犯预防是对已犯罪未成年人开展工作,防止再犯。

我国未成年人司法社工预防犯罪在各地区发展程度不同。较早开展全市层面未成年人司法社工参与预防犯罪工程的是上海市。2003 年上海市建立预防犯罪工作体系,以"政府主导推动、社团自主运行、社会多方参与"的总体思路,分别在禁毒、社区矫正、青少年犯罪三个领域成立了社会工作服务机构,其中,上海市阳光青少年社区事务中心由团市委主管,负责青少年犯罪预防和减少青少年违法犯罪工作。阳光青少年社区事务中心的性质是民办非企业单位,建立青少年事务社会工作队伍,在上海市全覆盖,服务内容是以教育培训和实践学习为抓手,不断加强预防青少年犯罪工作的专业化建设,结合上海市实际和预防犯罪工作实践,创造"网络脱瘾五步法""家庭治疗法"等本土化专业方法,创立了"阳光下展翅""小秦工作室""中途宿舍"等一系列品牌项目。①

(一) 事先(前期)预防:一般儿童与困境儿童

这类预防针对一般儿童与困境儿童,重点包括留守儿童,被虐待、家暴、遗弃、忽视的未成年人,服刑人员未成年子女。一般而言,犯罪青少年的发展轨迹与普通青少年发展轨迹相似又不同。如果我们将正常生活比作一个主管道,"从摇篮到监狱"是一个分管道,我们需要知道从哪一点开始他们偏离正常的生活轨迹,滑向通往犯罪的分管道中。因为什么原因、什么时候他们开始偏离正常轨道,开启了滑向犯罪的阀门。在进行事先预防之前,我们需要了解儿童的福利需求。在进行犯罪预防时,有不同侧重:

其一,按照犯罪类别进行犯罪预防宣传。如性侵、毒品预防、自杀预防、偏差行为。对儿童和未成年人向其他人实施性侵犯行为的早期干预主要基于成年性犯罪者模型,这同样适用于青年人。在英国大多数干预实践都是基于预防模型的认知行为治疗干预措施。

其二,按照重点人群的宣传和预防,如困境儿童、服刑人员未成年人子女、单亲家庭青少年成长困境解决的模型及其实现路径。不良童年经历、童

_____
① 周建军:《运用社会工作方法开展预防青少年犯罪工作的探索与思考》,载《预防青少年犯罪研究》2013 年第 1 期。

年期间遭受伤害和死亡、自杀、疾病以及精神疾病之间存在关联。人们提出三种机制来解释不良童年经历带来的伤害。第一种机制是直接影响身体健康;第二种是影响教育、就业和收入等社会状况;第三种是通过神经生物学和遗传途径可能导致大脑发育方式的物理变化。

其三,按照不同场域宣传与犯罪预防,如学校、社区。场域和不同的群体之间又存在交叉重叠,如对学校暴力行为进行预防。

> 社工 S107:"事先预防主要是做犯罪预防工作,比方说在学校,松江区有不少农民工子弟学校,我们在学校中,除了正常教学课程还有素质拓展类课程。通过社会工作者驻校或者是联校方式做一些课程,希望给学生以理念、行为,包括心理方面调试,同时也普及法律,通过课程形式,让孩子从小就养成良好习惯,知道基本法律规定,遇到问题知道怎样去处理。"

> 社工 S202:"我们会跟学校合作预防性工作,开展花样年华家校生命教育讲座,参加一些大型宣传活动、看守所活动,更近距离地接触、了解。"

我国未成年人司法社工服务过程中,将青少年关爱与犯罪预防结合,进行项目化合作。在对困境儿童服务中,以上海市为例,未成年人司法社工在十余年的专业服务中,与慈善基金会、南都基金会等,合作开展"阳光下展翅""守护星关爱崇明留守儿童""E展翅""阳光励业计划""爱在阳光下""同伴社区""筑梦生涯"等项目,通过项目化运作方式,服务有需要的困境儿童。

(二)临界预防、分级处遇与保护处分:边缘未成年人的施救

在我国,对这个群体的称谓较为多样,如"三失青少年"、边缘青少年、闲散青少年。"三失青少年"通常是指"失学、失业、失管"的青少年,"边缘青少年"即在社会边缘的青少年群体,与"三失青少年"有重合,两者基本是一个群体,这个群体因为各种原因而游离在主流社会之外,如果不关心他们,将他们拉回到学校、工作单位,他们游手好闲,离犯罪可能只有一步之遥。因此,未成年人司法社工将他们作为服务重点,挖掘青少年潜能。这些青少年是犯罪的高危人群,他们也是青少年犯罪预防的重点人群。国外有研究将之称为"虞犯",虞犯少年的行为包括吸烟、骂人、逃学等。许多人认为不应

该由法院处理,因为它们不是犯罪行为,而少年法庭的支持者则认为这些行为可能导致犯罪,因此需要干预。①

在此过程中,未成年人司法社工发现未成年人的福利需求,挖掘他们现有的优势力量和保护因素,并确保干预行动不会使他们及其家人蒙羞或进一步被标签化,进一步激发案主潜力,增强韧性,鼓励其建立社会资本,并产生积极的行为转变,鼓励未成年人积极参与并提升干预项目的有效性。

> 社工 S107:"临界预防针对社区中失业和失学的青少年,主要是社工上门走访,开展个案为主来解决一些实际问题,帮助他们找到工作、再培训等,尽量不要让他们跟犯罪人群多接触。"

实践中,司法人员认为非常有必要由司法社会工作提供保护性干预措施。

> 检察官 J301:"涉罪这一块,我觉得做得不太理想。实际上昆明市有很多外来人口犯罪,还有从境外来的,像缅甸的这种未成年人,他未达刑事责任年龄,比如十四五岁来运毒,被公安机关抓获,应当进行训诫。特别是在昆明市停留的这段时间里面,应当提供一个中转地方。因为无法对他采取强制措施,这个时间段,其实是个空档。他们没有链接司法社会工作,也没有给他们提供一些必要的保护处分措施,导致这些小孩就这样回国,或者是回到其他省份。到他 16 岁时候,再次来运毒,最后又被抓获。这就缺少中途时间段给他保护处分,否则等到检察环节发现这个问题后,已经来不及了,因为已经构罪了。"

为了解决实践中的这一困境,最高人民检察院《2018—2022 年检察改革工作规划》中提出,"探索建立罪错未成年人临界预防、家庭教育、分级处遇和保护处分制度"。最高人民检察院在总结各地经验时,上海市未成年人司法社工参与机制效果得到肯定:上海市检察机关依托政府购买服务,借助专业社会工作,对办案中发现的未达刑事责任年龄涉罪未成年人开展带有保护处分性质的跟踪帮教,把训诫、具结悔过、责令家长管教等措施落到实处,发挥作用。②未成年人司法社工参与到临界预防中,上海市的经验推广全国,我国需要建立社会工作与司法人员共同参与的级别评估体系和处分

---

① J. O. Midgley, The Treatment of Juvenile Offenders, Acta Juridica, Vol.188,1975.

② 最高人民检察院《未成年人检察工作白皮书(2014—2019)》, https://rmh.pdnews.cn/Pc/ArtInfoApi/article?id=13697769,2020 年 6 月 3 日访问。

措施体系与系统合作体系。

第一，类别、级别交织的评估体系。首先，结合年龄和行为的性质，制定未成年人临界预防：

> 检察官J101："我们把保护处分分为三类，一是现在刑事犯罪未达刑事责任年龄的；二是严重不良行为的，违反《治安管理处罚法》的；三是对相对轻微不良行为的，像逃学，逃学到酒吧、KTV这种行为，在法律的不良行为里面偏重一些，在教育评估之后觉得我们要介入的，我们也会介入。"

- 低龄未成年人的犯罪行为。未成年人犯罪逐渐呈现低龄化趋势，如12岁少年弑母案，10岁男童杀害12岁女童案，此类恶性案件引发社会广泛关注。14周岁以下犯罪的未成年人不能"一放了之"，得不到及时有效的帮助与矫治，他们往往会成为违法犯罪的潜在人群。

- 有严重不良行为的未成年人。主要指违反《治安管理处罚法》的未成年人。对有严重行为偏差及犯罪但不达刑事责任年龄的未成年群体应该及时进行干预，开展保护处分，让他们迷途知返，否则小过错很容易成大问题。

- 有相对轻微不良行为的未成年人。可以对这些未成年人采用保护处分措施。

第二，保护处分措施体系，施以规矩让其迷途知返。目前，我国没有全国统一的保护处分内容，实际中各地根据工作需求逐步探索与创新。社会工作的参与能够进一步提高工作效率，增强工作成效。部分地区开始了未成年人保护处分的探索。

> 检察官J101："措施主要包括训诫、观护帮教、教育矫治、赔礼道歉、送到专门学校进行行为矫治，还有一些个案（治疗）等都会用到。"

> 检察官J104："保护处分就是分不同的对象分级处遇。轻微的就口头警告或者和家长一起进行训诫教育。针对已经有偷窃行为以及严重不良行为的，我们就做两个月左右的观护。我们现在想拓展到非常严重的小朋友，把他们送到成员中学，学校是全封闭式的，教师资源丰富，管理严。"

社会工作在保护处分阶段的角色：

> 社工S101："保护处分我们也需要做合适成年人，因为需要家长到

场,需要心理疏导。有时会做社会调查,开展亲职教育。"

检察官J108:"云南省有未成年犯管教所,开辟了一个监区,叫云南省未成年人收容管教所。这是针对未达刑事责任年龄,犯最严重罪的人。"

第三,系统合作体系,与家庭、学校和社会支持部门联合。在临界预防中,未成年人司法社工人员注重全程跟踪,重点管控,采取训诫、跟踪帮教等方法,未成年人司法社工与司法人员可以采取更加人性化方式,组织未成年人参加社会公益活动。同时,未成年人司法社工调动未成年人环境中的有利因素,如家庭、学校、街道、机构等多方形成合力,发现未成年人未被满足的需求,用关爱使违法未成年人感受到家庭和社会的温暖,帮助其重新融入社会。上海市闲散青少年服务的内容有:助推青年就业的启航计划,包括与人社部门合作助推长期失业青年就业;运用社会工作理论对重点群体开展就业创业工作;扩大中职生职业生涯导航计划、开展互联网实战就业培训。以上海市嘉定区为例,在2018年,区检察院加强与区公安、教育、民政、妇联、共青团的沟通协作,共同会签《嘉定区建立未成年人保护处分制度工作协议》,细化未成年人保护处分方法,强化司法保护与家庭、学校、政府、社会保护有效衔接。

检察官J101:"保护处分制度我们是在去年(2018年)8月,联合公安、民政、教育、妇联、团委签订一个协议。"

检察官J101:"我们家庭这边比较有特色的,是跟教育局这边有交流,因为签订协议,教育局首先进行排查,在校学生如果有不良行为,会安排到青春学校,严重的会送工读学校,然后通知我们,协助他们开展教育、观护帮教活动。所以主要是和教育局合作比较多一点。""未达刑事责任年龄犯罪这一部分和公安进行合作。公安派出所遇到这些案件会通知我们,以前会一放了之,现在在放之前会展开相应的保护处分措施,如果实在没有必要,就送工读学校。能教育的话就教育一下,叫一下家长。"

保护处分需要从公安阶段就开始介入。因为公安是首先接触到此类未成年人的司法人员,他们可以从源头上统计这一群体的数量和人口学、社会学特征。然后,公安人员可以与未成年人司法社工合作,将需要采取保护处分者转介到司法社会工作处,这样可以更加有效地预防他们未来犯罪。

检察官 J301："我们现在已经意识到未成年人保护处分这一块，主要是数据收集这方面。因为公安机关没有统计过这个数据。那这就造成了很大缺口。如果能够从公安机关环节统计，就可精准施策，遏制流动未成年人犯罪，或防止其再犯。"

（三）再犯预防

司法社会工作制度是一项具有帮扶刑释人员与维护社区和谐稳定双重功能的社会制度，能有效解决刑释人员回归社会后脱管漏管和缺失关爱的现象，有助于理顺社会工作管理体系，实现专业分工与资源整合，更好地服务于维护社会和谐稳定。①犯罪行为有潜在影响，可能会波及未成年人及其家庭，乃至在更大社会范围内造成不良影响，因此对未成年人出现犯罪行为后实施干预，提供清晰、持续且可信的回应至关重要。因为他们有成长弹性，回到家庭和原有社会生存状态时，暂时的改变起不到根本作用。

社工 S107："再犯预防，我们通过观护、帮教、考察、教育来帮助他们回归。在这个过程中，我们会融入个案、小组、社区工作方法。"

未成年人司法社工可以参与到未管所、看守所对已经犯罪的未成年人所做的再犯预防中。

检察官 J301："我们在未管所做特殊预防，开展专门帮教课堂。每个月上一次课，每个季度主题不同，课堂开展了很多年。相当于他们也在帮我们做未检的特殊预防，未检的检察官也要参与。然后，还涉及未成年人的保护处分，比方说，我们对未达刑事责任年龄的严重暴力犯罪，比如，十三四岁男孩打死人的，15 岁少女运输毒品的，像这样一些未达到刑事责任年龄的未成年人，而且涉及比较严重的犯罪的，我们是请司法社会工作者来做专门帮教，这些个案也有很多。"

针对监所里、社区矫正中的未成年人，社工应积极开展再犯预防。首先，开展法治宣传和法律教育，提升他们知法学法懂法的观念，让他们掌握是非对错观念。其次，全面评估个案，开展个性化服务。对心理需要疏导的未成年人进行心理干预，对意气用事、寻衅滋事的青少年，社工通过个案、小组的方法帮助未成年人学会情绪控制与情绪处理，提高自控能力。最后，就

---

① 刘阳：《司法社会工作参与未成年刑释人员再犯罪预防的新探索》，载《预防青少年犯罪问题》2012 年第 8 期。

业技能培训。未成年人犯罪很大程度是因为没有在社会上自力更生的技能，他们学历低，没有一技之长，即使走入社会也很难立足，因此，就业技能是他们走上正途的必要手段。社工应在其所在的监所、观护基地、安置基地，整合资源，帮助他们掌握一技之长，提高将来的生存能力。

五、完善措施：从顶层设计到实施路径

未成年人早期干预是系统工程，需要全社会与未成年人犯罪预防相关的部门形成合力，建立协调与组织部门，在立法上明确未成年人司法社工的法律地位，授权未成年人司法社工开展犯罪预防和早期干预；规定父母严加管教；加强志愿者服务体系，在全社会形成扶助青少年之网；在司法领域的财政拨款中，将未成年人犯罪预防与未成年人司法社工的服务购买作为固定支出项目，保障资金支持；发挥未成年人的潜能与动力，让他们有改变的动力，进而影响其他未成年人，形成良性循环。

（一）立法加强儿童福利与司法社会工作的对接机制

在发达国家的儿童福利制度中，青少年社会工作者是重要的保护力量，如果发现需要司法干预，则各系统之间存在畅通的转介机制，如新西兰1989年《儿童、青少年及其家庭法案》第18条规定："社会工作者或警员照管或保护案件当事人，并将其转介给照管和保护协调员或青少年司法协调员。"

> 民政部门M001："上海市的基层工作人员在做工作的过程中总结了很多经验。就是怎样妥善解决个案，大家也在摸索。我们作为市级层面，就是想提炼这些东西，形成规范性操作的办法，逐步建立成熟的工作机制。"

（二）支持家庭并加强父母的职责

在调研中，很多司法实务部门的工作人员认为，目前未成年人犯罪中，很多父母不称职，他们或对孩子不管不问，或溺爱，或打罚责骂，不知道如何教育的父母养坏了孩子，于是呼吁法律应该惩罚不尽职责的父母。有些司法人员认为应该对这些父母进行罚款，法官认为应当设立家长学校，改变父母非理性的观念，帮助父母了解孩子，让亲子之间能更好地交流沟通。民政部门负责人在对未成年人进行服务时，也非常困惑，感到立法对父母亲职界

定缺位。

> 民政部门M001："现在我觉得最重要的是法律授权不足，只能通过工作先做起来，工作推动，通过政策再做。必要的协议文书、法律意见要能够对事件中涉及的每个人的职责都有明确界定。特别是这些人，最困惑的就是有父母的困境儿童，怎么样界定他的原生父母责任，怎样去约束限制他。"

（三）整合资源，建立"家庭—学校—社区"全场域的社会工作服务机制

青少年犯罪案例中，很多都存在"病根在家庭，发病在学校，恶化在社会"的特征，社会工作的重要功能就是在学校和家庭与社区之间架起桥梁，在各相关系统联络协调，全方位整合协调。社会工作需要首先介入有需要的家庭，帮助家庭恢复弱化的功能，协助父母建立权威，而这一工作目前几乎空白。因此，我们需要加强未成年人的家庭支持。问题孩子只是问题家庭的缩影。我们在预防青少年犯罪并进行早期干预时，需要深入研究家庭需求，提供切合其需要的服务，防止青少年蜕变成严重的或长期性的违法犯罪人员。专业化、职业化的未成年人司法社工可以提供综合性服务，具体包括：为有需求的个人和家庭提供咨询；为辍学的青少年提供就业培训和工作安置；为药物滥用者提供戒毒治疗；密切加强社区内组织之间及组织与家长之间的交流。

同时，学校场域中社会工作专业服务的力量不足，学校社会工作服务较少，教育系统的壁垒将社会工作者拒之门外，需要自上而下建立学校社会工作机制与政策，发展驻校社会工作、联校社会工作，降低学校中来自朋辈群体的负面影响。最后在社区内发展社会工作，对困境未成年人群体提早干预，减少闲散青少年、边缘青少年向罪错青少年的转化。

> 社工S109："我们很难进入学校，学校拒绝的，我们的服务无法覆盖所有学校。他们有学校自己的领导，教委系统的心理老师，我们学校社会工作也比较少。"

社会工作可以联系各方资源，改变目前各部门资源整合不足的现状。社会工作者可以借助社区和政府资源，协调各方力量，采用不同的服务模式，灵活调配人手及其他资源，但是社会资源链接需要系统合作，目前的问题是社会工作利用个人资源帮助服务对象遭遇困境。

社工 S110："我们现在预防这块的问题，从机制体制上来讲没有打通，我们现在就靠个人魅力或者个人能力，靠个人力量的话，我们资源用尽的话也很累，需要用整体观念，整个体系中开展合作。"

（四）投入资源，培育社工机构，政府加大购买社会服务力度

预防性政策导向通常对资源与资金投入最敏感，缺乏资源将导致工作难以开展、缺乏训练有素的人员。社会工作者需要稳定的工作岗位和体面的收入。政府需要加强机构的培育，将未成年人服务以购买社会组织服务的方式转介给社会工作机构。要加快转变政府职能，创新社会治理体制，促进社会组织健康有序发展，提升社会组织能力和专业化水平，改善公共服务供给。儿童福利领域和其他所有福利一样，需要政府资金大力支持。在经济困难时期，缺乏资金支持往往成为制约瓶颈。大多数国家致力于预防青少年犯罪，消除未成年人犯罪的环境，保护青少年及其人格的正常发展。

在工作模式上，拓展社会工作的服务内容。针对未成年人容易陷入空虚、寂寞和迷茫的心理状态，未成年人司法社工要开展多样的活动和项目，加强资源和投入，如新西兰 1997 年《少年犯法案》引入早期介入项目，并规定了替代方式。荷兰有针对青少年犯罪早期预防和报告的 HALT 项目。[①]未成年人司法社工的服务方式多样化，可以开展外展工作模式。

对不同需求的未成年人转介服务。印度 2015 年《少年司法（未成年人照护与保护）法》第 93 条规定了对患有精神疾病、酗酒、吸毒未成年人进行转介。充分了解威胁儿童发展的危险因素，这些因素会限制儿童未来的社会和经济机会，并增加其在今后生活中出现身心健康问题、犯罪参与、滥用药物或者剥削或虐待的可能性。这些因素存在于儿童生存环境的不同层面上——在个人、家庭、社区和社会层面——并以复杂的方式相互作用。

（五）大量培育儿童保护领域的志愿者

社会工作者是职业化、专业化的助人者，而志愿者（或称"义工"）是社会工作者的得力助手。他们在工作中可以发动社会大众参与，形成强有力的

---

① Alma Van Hees, HALT: Early Prevention and Repression: Recent Developments and Research European Journal on Criminal Policy and Research 7:405—416, 1999.

犯罪预防网络。扩大预防青少年违法犯罪的人员队伍，青少年社会工作可以在家庭、学校、司法场域中提供服务，在这些领域中，社会工作者不仅亲自投入服务，也可以培育热心志愿者，如果制度能推动和激励志愿者，社会工作可以发挥倡导作用。培育司法程序中的监护志愿者。在美国诉讼监护志愿者①由诉讼监护人方案培训，并经法院认证，这些志愿者是普通公民，代表受虐待、被忽视和被遗弃儿童的最大利益。志愿者完成 30 个小时的培训后将获得法院认证，并与一名律师和案件主管一起代表儿童，帮助他们获得一个安全和永久的家。

---

① 美国向各州提供儿童虐待或忽视预防与治疗项目（§ 5106a. Grants to States for child abuse or neglect prevention and treatment programs）［42 U.S.C. § 5106A(b)(2)(a)(xiii)］；规定和程序，要求在有虐待或忽视儿童受害者案件的司法程序中，指定一名诉讼监护人（guardian ad Litem）代表儿童，该诉讼监护人应接受过岗位培训，包括幼儿、儿童和青少年发展方面的培训，可以由接受过角色培训（或两者兼而有之）的律师或法院指定的特别辩护人担任，（I）以清晰了解儿童状况和需求，获得第一手信息；（II）就儿童最大利益向法院提出建议。参见网站：USC-Grants to States for child abuse or neglect prevention and treatment programs (govregs.com)，2024 年 1 月 10 日访问。

第九章　未成年人司法社工服务之合适成年人

　　侦查阶段是少年司法的第一步,这是进入少年司法程序的大门和开启点,司法与社会的合作自此开始。侦查人员最先接触未成年犯罪嫌疑人,要对未成年犯罪嫌疑人进行询(讯)问和搜集案件证据,同时,侦查阶段也要充分保障未成年人的合法权利。2012 年我国《刑事诉讼法》修订时在"未成年人刑事案件诉讼程序"中增加"合适成年人到场"制度,让进入司法体制的未成年人有心理支持,这一制度的实施成为保障未成年人权利的重要内容。

一、未成年人司法社工与合适成年人制度的契合

　　我国"合适成年人"一词直译自英文的 appropriate adult,未成年人由于心智发展不成熟,一旦进入司法体系,他们不了解自己有哪些权利,会出现害怕、恐惧心理,在这种情况下如果单独讯(询)问很可能造成客观不公正。为保护在司法环境下的未成年人,确保被拘留的未成年人能够理解在他们身上发生了什么,让他们知道为什么,在少年司法程序中引入了合适成年人角色,成为未成年人重要的保护者和利益代表者。

(一) 制度起源
　　未成年人合适成年人制度是 20 世纪晚期发展起来的,伴随着全球儿童意识的觉醒与少年司法制度不断发展。最初,这一制度始于英国 1972 年 4 月的谋杀麦克斯韦·肯菲特案(the murder of Maxwell Confait)。
　　基本案情①是:1972 年 4 月 22 日,伦敦一处房屋突发火情,消防队扑灭

---

① https://www.thesun.co.uk/news/10198940/maxwell-confait-murder-case-london/，2019 年 6 月 2 日访问。

大火后，一名消防员在楼上卧室一扇锁着的门后发现一具尸体，死者是麦克斯韦，26 岁，是一名男妓，是被绳子勒死的。经过侦查，警察很快逮捕了 18 岁的科林·拉蒂莫尔（Colin Lattimore），他有精神障碍，智商相当于 8 岁儿童，他承认与 15 岁的罗尼·莱顿（Ronnie Leighton）和 14 岁的艾哈迈德·萨利赫（Ahmed Salih）纵火，三人都被拘留。

警方认为三人涉嫌谋杀和纵火罪。这些青少年没有律师，警方不允许他们与其父母或监护人接触，警察对他们进行了几小时审讯后，三个小伙子签字对火灾和麦克斯韦的谋杀供认不讳。最终，罗尼被判谋杀麦克斯韦，而科林被判过失杀人罪，责任减轻，三人都被判犯有纵火罪。艾哈迈德被判有期徒刑三年半，科林和罗尼都被判无期徒刑。

1974 年，拉蒂莫尔一家写信给一位年轻的大律师乔纳森·卡普兰（Jonathan Caplan），他接手了此案。1975 年，上诉法院对此案进行审理，细节逐渐浮出水面，如调查警察用卷起的报纸击打嫌疑人，死者死亡的时间内科林有不在场的证明等，最后撤销了对三人所有的指控。英国广播公司播出一部新纪录片《抓住英国杀手：改变我们的罪行》让我们了解三名被错误定罪的青少年以及警方如何处理此案。

这一案件引发了人们对警方程序和如何对待嫌疑人的质疑，认为警察没有受到监督，调查建议警察局应该改革对待嫌疑人的方式，社会公众更加关注司法程序中未成年人权利。英国司法系统开始反思，警方谈话应该在他们父母在场的情况下进行。需要增加一位代表未成年人权利的成年人。这一思想反映在 1984 年英格兰和威尔士《警察和刑事证据法案》（The Police and Criminal Evidence Act 1984）中，该法规定 17 周岁以下的未成年人或者精神障碍者接受警方调查与讯（询）问时，必须有合适成年人到场，协助其与警察沟通，并监督警察在讯（询）问过程中的不当行为。该法第 63（B）条界定了合适成年人，包括"（1）其父母或监护人，或者由地方当局或志愿组织指定，代表该当局或组织的人；或（2）地方政府的社会工作者；或（3）如果没有属于（1）或（2）人员，则指 18 岁或以上的非警官负责人或受雇于或从事警察目的的人员"，[①]由该条可知，未成年人司法社工从合适成年人制

---

① 英国司法部网站：https://www.legislation.gov.uk/ukpga/1984/60/section/63B，2020 年 6 月 3 日访问。

度创立起就可以担任合适成年人。

（二）合适成年人在我国的发展

我国法律对合适成年人并没有给出完整和确切的定义，有学者认为是指在未成年人刑事诉讼程序中，应当由法定代理人或其他合适成年人参与以维护未成年人的权益。[①] 合适成年人的思想在 21 世纪初被引入我国，2002 年，昆明市盘龙区人民政府与英国救助儿童会合作，在司法程序中引入了"合适成年人"参与制度。2004 年上海市长宁区人民法院在诉讼程序中首次尝试引入合适成年人参与制度。2006 年，厦门市同安区也开始探索合适成年人在场制度。由此，全国形成了盘龙、长宁和同安三种合适成年人参与诉讼的模式，为全国性实践推广和立法准备提供了样本。[②]

2010 年 4 月，上海市检察机关与公安、法院、司法局联合发布《关于合适成年人参与刑事诉讼的规定》，明确规定公、检、法讯（询）问或审判涉罪未成年人，在其法定代理人无法或不宜到场时，依法由办案机关通知负有未成年人保护责任的机关、团体选派一定条件的成年代表，作为诉讼参与人到场，行使法定代理人的部分诉讼权利，维护涉罪未成年人合法权益。2010年，《关于进一步建立和完善办理未成年人刑事案件配套工作体系的若干意见》（综治委预青领联字［2010］1 号）中首次使用"合适成年人"，其中第 5 条规定合适成年人制度。[③] 随着 2012 年我国《刑事诉讼法》修订，开辟未成年人诉讼程序专章，合适成年人正式被引入我国（第 270 条），成为未成年人诉讼程序中的法定角色；2018 年修订的《刑事诉讼法》第 281 条进一步规定了对未成年犯罪人的讯（询）问与合适成年人制度。

[①] 何挺：《"合适成年人"参与未成年人刑事诉讼程序实证研究》，载《中国法学》2012 年第 6 期。

[②] 陈海锋、邹积超：《论合适成年人在普通刑事案件侦查讯（询）问中的引入》，载《青少年犯罪问题》2012 年第 4 期。

[③] 中央综治委预防青少年违法犯罪工作领导小组、最高人民法院、最高人民检察院、公安部、司法部、共青团中央《关于进一步建立和完善办理未成年人刑事案件配套工作体系的若干意见》（综治委预青领联字［2010］1 号）第二部分"（一）对未成年犯罪嫌疑人、被告人、罪犯合法权益的保护"下第 5 条规定："在未成年犯罪嫌疑人、被告人被讯问或者开庭审理时，应当通知其法定代理人到场。看守所经审核身份无误后，应当允许法定代理人与办案人员共同进入讯问场所。对未成年人采取拘留、逮捕等强制措施后，除有碍侦查或者无法通知的情形以外，应当在 24 小时以内通知其法定代理人或家属。法定代理人无法或不宜到场的，可以经未成年犯罪嫌疑人、被告人同意或按其意愿通知其他关系密切的亲属朋友、社会工作者、教师、律师等合适成年人到场。"

合适成年人这一角色的权利与义务在《人民检察院刑事诉讼规则(2019)》第 468 条有规定："法定代理人无法到场的,合适成年人可以代为行使到场权、知情权、异议权等。法定代理人未到场的原因以及听取合适成年人意见等情况应当记录在案。"具体包括:(1)到场权。在司法人员讯问未成年人时,合适成年人可以旁听并在必要的时候与未成年人交流。(2)知情权。合适成年人可以了解未成年人的基本信息。(3)异议权。如果发现司法人员在讯问时有诱供、刑讯逼供等侵犯未成年人合法权益的问题,合适成年人应及时指出或反映。(4)教育权。说服教育并使未成年人认识到错误,真心悔改。(5)签字权。讯问结束后,合适成年人有权查阅笔录内容,核对无误后签字确认。

制度设计最初,由谁来担任合适成年人是焦点问题,专家提出几类候选人:一是社会工作者,二是街道社区青少年保护的专职人员,三是中小学教师,四是妇联、工会等社会团体人员,五是离退休人员。[1]在制度试点实施之后,担任合适成年人的主体主要有社会工作者、律师、老师、团干部和妇联干部,且除了专职的合适成年人,还有兼职合适成年人。在不同地区,选取合适成年人的方法有三种:一是建立合适成年人名册,由办案机关选择;二是社会工作机构负责指派,三是将合适成年人的工作区域特定化,建立责任制。[2]

社会工作者是担任合适成年人的首选。但遗憾的是,由于我国未成年人司法社工当时并不发达,除了上海市司法社会工作起步较早外,全国其他地区很少有专业人员担任合适成年人,立法并没有对合适成年人作明确专业、职业化的规定。但是随着我国对未成年人司法社工的重视,多地开始通过政府购买服务的方式引入社会工作者。调研中,

> 警官 P106:"我们一般先通知法定代理人,也就是未成年人父母到场,如果通知不到就联系合适成年人到场,有可能是未成年人老师或者是区茸平社的社工,另外还需要帮未成年人请法律援助和进行社会调查。""会签一个合适成年人的权利义务告知书,或者委托函。"

---

[1]   林志强:《第二次"中欧少年司法制度——合适成年人参与制度"研讨会会议综述》,载《青少年犯罪问题》2003 年第 6 期。

[2]   何挺:《"合适成年人"参与未成年人刑事诉讼程序实证研究》,载《中国法学》2012 年第 6 期。

合适成年人的角色极为重要,在刑事司法程序中是对未成年人的程序性保护。从合适成年人参与司法作用来看,可以有效填补法定代理人无法到场时的缺位,保护未成年人合法权益。

合适成年人的理论基础是国家亲权理念,"当未成年人监护人无法或不愿履行其责任时,国家替代其监护人保护未成年人的合法权益"。有的案件中,法定代理人在外地而无法到场,有的案件中,法定代理人是侵害主体而不适合到场,此时,合适成年人作为国家代表,保障未成年人权益。合适成年人在本质上是国家赋予司法程序以儿童福利的体现。制度的价值重心在于诉说、舒缓与感受,本身并不关注案件的法律处理过程和后果,其主体作用于客体的空间到事实层面就截止,不会延伸到证据构造与法律适用(处理)层面,因此合适成年人所关注的事实不能产生法律适用上的功能,不会对刑事司法有任何实质性的影响。①

(三) 社会工作担任合适成年人的优势

社会工作者是最适合担任合适成年人的角色,他们能更好地发挥制度功能,避免合适成年人的形式化。社会工作者了解弱势群体,熟悉未成年人的身心发育特点,在职业伦理与价值观的武装下,他们采用优势视角,看到未成年人并倾听其声音,不批判,去除污名化,保护未成年人,增进他们在司法体系的福利。未成年人司法社工能够更好地发挥合适成年人角色功能,确保司法环境中良好沟通和被拘留未成年人的利益得到保护。社会工作者可以更好地履行合适成年人制度的沟通、安抚、监督、教育等职责。

未成年人司法社工担任合适成年人具备专业知识。合适成年人制度实施以来,各国对其主体作了多元化规定,虽然各国规定有所差异,但是基本上包括法定代理人,社会工作者,学校、单位、居住地基层组织代表等。而社会工作者更加懂得涉罪未成年人的心理发育情况,了解司法程序和司法环境,选择社会工作者担任合适成年人在告知未成年人权益、沟通交流技巧等方面比其他合适成年人更加有优势,更容易获得未成年人信任。

警官 P106:"在案件办理初期,我们能够联系到家长的话肯定会让家长一起,但是实践中我发现,家长到场后,未成年人的审讯往往开展

---

① 张理恒、贺英豪:《位置与功能视野下合适成年人制度的困境与改造》,载《青少年犯罪问题》2015 年第 2 期。

得不一定顺利。因为未成年人会去犯罪，往往部分原因来自家庭，大部分孩子的父母都是离异，在看守所里未成年人见到父母之后反而有逆反心理，我们带着社工去的话，社会工作者以一个知心大姐姐的身份劝导，往往能够得到未成年犯罪嫌疑人的信任。"

社会工作者担任合适成年人可以起到如下作用：其一，专业的沟通作用。未成年人的理解能力和语言表达能力相对成年人较弱，很可能无法顺畅沟通，合适成年人一方面用未成年人听得懂的语言与涉罪未成年人进行有效沟通，当未成年人无法理解司法人员的讯（询）问时，合适成年人可以将司法语言翻译成未成年人理解的语言；另一方面促进司法人员与未成年人之间的良好沟通，合适成年人应该确保被拘留者理解他们，警察也理解他们的回答。英国的迈克尔·伊斯尔斯（Michael Isles）是一名合格的社会工作者和社会工作学院的发言人，他说，沟通技巧是社会工作者能够为合适成年人角色带来的关键优势之一。①合适成年人的主要职责就是确保在任何讯（询）问中，被拘留的未成年人能够理解司法人员提出的问题，而且司法人员的提问方式不会令未成年人感到困惑或压抑。

其二，安抚作用。如果有的青少年心智不成熟，在威严的司法环境感到害怕，会出现表达不清楚的情况，此时社会工作者会开导、安抚未成年犯罪嫌疑人，让他们感到自己不是孤立无援的，合适成年人就是他们的支持力量，让未成年人感到可以信任合适成年人。社会工作者有心理学知识，可以更好地安抚未成年人焦虑恐惧心情。

> 社工 S106："青少年在看守所讯（询）问时我们会接触，不允许我们私下接触，但是一旦对象跟警察无法沟通，他们可能出现害怕或者抵触情绪，或者情绪崩溃，有时候会大哭不止或者沉默不语，那讯（询）问就没办法进行下去，我们会做一些心理辅导，进行安抚工作，配合（司法人员）工作。"

其三，监督作用。作为国家亲权的代表者，合适成年人在场见证并监督执法人员，如在公安人员讯（询）问过程中，不能有逼供诱供的违法行为，确保未成年人了解自己的权利，切实保护未成年人利益。非专业的合适成年

---

① https://www.communitycare.co.uk/2011/10/13/vital-role-of-appropriate-adult-to-help-vulnerable-people/，2019 年 10 月 28 日访问。

人通常没有接触过司法体系,比如未成年人监护人不了解司法体系内嫌疑人的权利,不知道司法人员的职责和要求,因此无法更好地发挥监督保障作用,而未成年人司法社工可以起到监督作用。有的合适成年人曾经遇到过讯(询)问人员因未成年人不供述而出现情绪急躁、发火、语言上不文明和拍桌子等程度较轻的不当行为。在这种情况下,合适成年人通常会采用给讯(询)问人员倒一杯水、与他聊些其他问题等间接、委婉的方式打断讯(询)问、予以提醒。①除了对刑讯逼供等较为明显的非法取证手段进行监督外,经过法律知识培训的合适成年人社工对隐蔽性和技术性较强的诱供也具有一定判断能力。

其四,教育与提升认知,未成年人往往不了解司法程序,缺乏权利意识,在讯(询)问、听证、庭审过程中,社会工作者会耐心地告知涉罪未成年人司法程序,以及可能面临的结果。司法社工作为合适成年人可以更好地提升未成年人法律意识,在后续观护帮教中开展更有针对性的服务。

其五,具有职业稳定性。社会工作与其他角色相比,是专门从事青少年服务的,因此与其他角色相比更加稳定。

> 社工 S110:"合适成年人里有很多团委、社区干部,我们社工只是其中一部分,还有其他角色,但是现在能够坚持的就是我们(社工),只要找不到别人就找我们。"

从这一制度设计的初衷来看,合适成年人主要帮助涉罪未成年人,但是事实上,这一角色也通过与司法机关的合作帮助司法机关,帮助司法机关了解未成年人,看见未成年人的生活环境和所处困境,避免刑讯逼供或者诱供。英国社会工作者协会(British Association of Social Workers)英格兰区经理鲁思·卡特赖特(Ruth Cartwright)曾担任合适成年人,她说,"这个角色可以让社会工作者更深入地了解刑事司法系统的某些方面",包括警方在识别弱势成年人方面所面临的困难。她说:"这有利于与警方合作,也可成为社会工作者帮助他们的一种方式。"②

---

① 何挺:《"合适成年人"参与未成年人刑事诉讼程序实证研究》,载《中国法学》2012 年第 6 期。

② 参见 https://www.communitycare.co.uk/2011/10/13/vital-role-of-appropriate-adult-to-help-vulnerable-people/,2019 年 10 月 28 日访问。

二、合适成年人及社会工作参与的域外借鉴

（一）英国

英国是最早规定合适成年人制度的国家，地方当局通过青少年犯罪对策小组确保为 17 岁以下的人提供合适成年人。不仅以社会工作为代表的社会服务进入少年司法程序，而且英国地方当局住宿小组、联络疏导组、本地慈善服务等也进入少年司法程序保护未成年人，同时，英国对合适成年人制度作了较为明确的规定，警察必须在合适成年人面前会见并讯（询）问未成年嫌疑人。

首先，合适未成年人的范围。法律不仅规定了合适成年人由哪些人担任，同时也规定不适合担任合适成年人的人员的范围："律师、警察或警察署雇用的人，与案件处理有牵连的人，与未成年人不亲密或未成年人明确反对的父母，未成年人已向其承认罪行的人。"同时，英国法律规定未成年人的父母和监护人并非在所有情况下都能担任合适成年人，以下情况下不能做合适成年人：①涉嫌参与犯罪者；受害者；证人；参与调查者；警察或受雇于警察的人；未成年人的律师或独立监护访客；未成年人在作为合适成年人出席会议之前，已向他们承认了罪行；孩子或未成年人与父母疏远，特别反对父母参加。英国的合适成年人只参与侦查程序，在审查起诉、审判阶段暂无合适成年人在场规定。②英国明确规定合适成年人的角色和责任是在警察局中对未成年人或精神障碍被羁押者给予支持，不能只是司法活动的旁观者，观察警察局发生的事情，而要确保所代表的被拘留未成年人能理解发生在他们身上的事情和原因。

其次，合适成年人的主要职责是确保在任何（讯）询问中被拘留者都能理解被问到的问题，警察不能以令人困惑、重复或压抑的方式提问。合适成年人应支持并为被警方拘留的年轻人或易受伤害的成年人提供建议，并促进他们与警察之间的沟通。英国规定合适成年人的职责包括：③在被警方拘留或讯（询）问期间，为儿童或青少年提供支持、建议和协助；当警察请求

---

①③　　　https://www.gov.uk/guidance/appropriate-adults-guide-for-youth-justice-professionals，2018 年 7 月 19 日访问。

②　龚德云：《论合适成年人制度》，载《科教文汇》2018 年第 29 期。

同意或执行各种程序,如指纹、拍照、私密和脱衣搜查时在场;确保儿童或青少年了解其权利,并确保在权利保护方面发挥作用;观察警察的行为是否恰当、公平和尊重儿童或青少年的权利,并告诉他们是否如此;如有需要,并经看管主任同意,查阅儿童或青少年的监护记录;协助少年人与警察沟通;在儿童或青少年被起诉时出庭;确保青少年犯罪对策小组或社会服务共享协议记录信息准确。

再次,英国少年司法程序中,合适成年人有相应权利知道未成年嫌疑人被拘留的原因;有权利随时与被拘留者私下交谈;有权利查阅被羁押期间的书面记录;查看上述权利和权利通知的副本;如果觉得有必要并且符合未成年人利益,应有效地介入警方与未成年人的讯(询)问。如果谈话时间较长或被拘留未成年人感到痛苦或生病,有权利在任何讯(询)问中要求休息或者寻求法律意见或咨询,或者与被拘留者谈话。

最后,英国对合适成年人应当在场的情形有具体规定,①包括:要求嫌疑人同意或签署任何文件时;监护人员告知嫌疑人的权利时;嫌疑人受到警告时;在警察局与嫌疑人谈话时;嫌疑人被起诉时;对嫌疑人进行搜查时;审查是否需要拘留该人时;在任何形式的鉴定过程中;在任何需要从嫌疑人身上提取指纹样本或照片的过程中。

(二) 澳大利亚的合适成年人制度

澳大利亚 1914 年《犯罪法案》(Crimes Act 1914)②规定,未成年犯罪嫌疑人被警方羁押接受讯(询)问时应当有讯(询)问朋友在场,讯(询)问朋友包括:"未成年人的父母、监护人、律师。"当他们不能参加或者被拒绝参加时候可以让涉罪未成年人重新选择其他亲人、朋友参加。当未成年人拒绝讯(询)问朋友在场时,警方则有职责为其指定一名讯(询)问朋友。未成年人

---

① 在这些情境中,如果没有合适成年人在场,未成年嫌疑人的权利很可能被侵犯,例如,英国发生过一个案例:一名男子因涉嫌强奸被警方拘留。警官认为他的行为有问题,但警方在没有合适成年人在场的情况下开始讯问。他们认为嫌疑人在逃避。然而,当迈克尔·伊斯尔斯,一个有资质的未成年人司法社工担任合适成年人时,他发现嫌疑人不明白发生了什么。这名男子被发现时衣冠不整,在强奸现场附近,无法解释他的行踪。他放弃了聘请律师的权利。但是,社工以独立的身份单独与嫌疑人交谈,说服他接受律师提供的法律服务。最后嫌疑人被判无罪。https://www.gov.uk/guidance/appropriate-adults-guide-for-youth-justice-professionals,2019 年 10 月 8 日访问。

② https://www.legislation.gov.au/Details/C2017C00297/Html/Volume_2,2019 年 10 月 10 日访问。

有权与朋友、亲戚和律师在不被监听的情况下进行交流，享有在讯问时有一位成年讯问朋友在场的权利。"讯问朋友在场"在澳大利亚被认为是补偿未成年人在被警察讯问时遭受不利经历的最重要方式。①

澳大利亚不仅尊重未成年人选择的权利，而且还为参与案件的人提供专业培训，提高参与人员履职能力。此举可以让涉罪未成年人处于相对放松的环境中，有助于涉罪未成年人调整状态，准确地表达自己所经历过的事情。如果没有合适成年人在场，警方进行讯（询）问所获得的供述将没有法律效力。②

如果这些人都不能出席，则由一个独立的第三人来替代。成年讯问朋友不能作为未成年人的辩护人或是律师的替代者，也不能由警方替代，而是作为提供帮助者存在于刑事诉讼中，以阻止警察的压迫行为并确保未成年人所作的陈述是自愿的。③

三、我国未成年人司法社工担任合适成年人的现状

在合适成年人制度建立之前，讯（询）问过程中，尤其是首次讯（询）问，往往没有其他人在做笔录现场。④目前，我国实践中，未成年人案件要求必须有合适成年人在场。现实中，合适成年人的选任范围多样，多数是非专业人员。随着青少年社会工作组织的发展，各地检察机关逐步开始与专业社会工作组织合作，逐步建立专业化的合适成年人到场体系，如上海市组建了400余名社会工作者担任合适成年人。

检察官 J104："未成年犯罪的案件过来以后，首先是合适成年人参与讯问，给他们做笔录的话必须有合适成年人在场"。

社工 S201："我们做合适成年人是随时到场的，有时候很晚接到警察的电话我们也爬起来赶过去，我们是有这个职业伦理精神的。"

社工 S104："在普陀区公安，我们和阳光机构签了协议。之前好像

---

① ③　杨飞雪、袁琴：《合适成年人参与制度的比较研究》，载《预防青少年犯罪研究》2014 年第 2 期。

②　龚德云：《论合适成年人制度》，载《科教文汇》2018 年第 29 期。

④　上海市少管所 2003 年对 103 名在押的未成年犯进行的一次问卷调查显示，除承办人员外没有人参与首次讯问的占 100%。参见姚建龙：《英国适当成年人介入制度及其在中国的引入》，载《中国刑事法杂志》2004 年第 4 期。

是有未保(人员参与),但基本上是以社工为主。"

　　社工 S106:"在讯(询)问时通知不到父母的情况下就会由社工担任合适成年人全程参与讯(询)问以及之后的案件办理过程,全部案件类型都可以介入。通常对于取保候审的未成年人,居住地司法社会工作者会定期谈心谈话,每周未成年人要去报到参与社会公益类工作,对于有悔改之心的未成年人,社工报告是能够及时反映的。社工联系电话不接,也不定期报道的失控人员,也不是没有逮捕的可能。"

(一) 合适成年人与法定代理人的顺位

　　各国对法定代理人是不是合适成年人的规定不同,如英国明确规定法定代理人是合适成年人中的一类,而我国在这个问题上似乎将合适成年人与法定代理人并列,即没有法定代理人参与的情况下,才由合适成年人介入。我国实践中,通常情况下未成年人的法定代理人因各种原因无法到场时,包括法定代理人侵害未成年人权益(比如家暴、性侵、忽视、虐待等的情况),公安、检察院、法院会通知未成年人司法社工作为合适成年人,参与讯(询)问。

　　社工 S104:"我之前做过一个案件,妈妈拿刀砍儿子和爸爸,因为妈妈精神有问题,这时父母就不适合做这个孩子的合适成年人。"

　　另外,在涉外未成年人案件中,虽然其法定代理人在中国,但是由于语言不通导致沟通障碍,此时也会有合适成年人出场。

　　律师 L105:"我代理过一个涉外未成年人案件,乌克兰籍,17 岁,因为帮人联系买大麻而涉嫌贩毒罪被关押在看守所,因为妈妈是外籍,当时请了司法社工参加讯问。"

　　未成年人 W102:"我被警方讯问,第一次是因为诈骗罪,我不到 18 岁,当时是我爸爸在场的。两个月后第二次(涉嫌盗窃罪)我超过 18 岁了,就我一个人,没有人陪我了。"

(二) 未成年人司法社工与司法人员的互动方式与程序

　　未成年人司法社工担任合适成年人,具有差异性,总结起来有以下的工作方式和程序:

1. 司法人员通知与社会工作者接案

　　社会工作者到场担任合适成年人。因为司法实践需要,对涉及未成年人的案件,司法人员率先启动互动程序,联系未成年人司法社工,告知到场的处所、时间、联系人及联系方式。由于全国社会工作机构与司法部门互动方式不同，有些机构是由机构统一负责人接案，然后通过指派函方式将案件分配给机构中的社会工作者，到讯(询)问场所担任合适成年人。

> 社工 S106："首先我们接到通知，我们每个街镇下面的辖区，每个辖区都有青少年社会工作者，我会安排看这个是对应哪个辖区的，安排青少年社会工作者来参与。"

有些地区责任机构已经将合适成年人提前分配到各个街道，负责管辖若干个派出所或者驻守看守所，这样有司法人员直接对接合适成年人到场。

> 社工 S104："司法社工分布在各个街道，有对应的负责辖区，如果有未成年人的案件，司法人员会通知我们，我们介入，这样后期跟进都会相对方便些，我们刑事案件审理中心目前有一名常驻莩平社青少年社会工作者，有审讯的要求随时都可以打电话给她。"

在这个过程中，各个地区和机构的处置方式不同，有的机构由专门人员担任合适成年人，只负责讯(询)问过程中合适成年人角色，如上海市，但是也有些地区因为社会工作者数量不足等原因，合适成年人同时也担任社会调查和帮教等工作。西安市与其他地区不同的是，指南针社会工作中心组建了专业未成年人保护社会工作者团队从事未成年人司法保护工作，全面开展合适成年人到场维权、社会调查、社会帮教等服务。其中专职社会工作者身兼数职，既可以合适成年人身份履行合适成年人职责，也可以社会工作者身份进行社会调查、社会帮教。①

2. 合适成年人接到通知开展准备工作

未成年人司法社工担任合适成年人时，需要提前做好履职准备。有些机构要求社会工作者填写《在场记录表》，同时要准备《维权报告书》。由于可能随时接到司法机关通知，所以社会工作者要将工作提前准备好。

3. 与司法办案人员和未成年人沟通

在参加讯(询)问之前，通常社会工作者与司法人员之间有互动和沟通，一般情况，社会工作者将指派函件交给司法人员，而司法人员将司法部门正式《委派通知》带回，完成工作任务的指派与交接手续。社会工作者要告知

---

① 焦悦勤:《西安市合适成年人参与刑事诉讼实证研究——以陕西指南针司法社会工作中心为样本》，载《青少年犯罪问题》2018 年第 5 期。

未成年人自己的身份,告知未成年人拥有的权利,给予其心理支持。

社工 S101:"检察官会介绍,你的家人因为某些原因无法到场,我们请青少年社工来做合适成年人,就是临时监护人,你有什么意见? 一般是没有意见,就是这样的流程。"

4. 合适成年人到场旁听讯(询)问过程

这个阶段是合适成年人工作的核心,也是合适成年人制度发挥监督、安抚、提升认知等功能的关键阶段。同时,社会工作根据机构要求填写工作表,如《在场记录表》。

社工 S106:"我们会在旁边做一些记录,比如他的基本信息,他参与事情时候的背景是什么? 是受朋辈群体影响还是性格因素,还是什么家庭环境的因素引发他做了这件事情。"

5. 合适成年人阅看记录与签字

讯(询)问结束时,未成年人司法社工阅看笔录,并在笔录上签字。签字的具体要求各地、各机构也不同,有的社会工作只要写"合适成年人:××",有的需要写"讯(询)问时我在场,我看过讯(询)问笔录,和××说的相符"。报告应记录工作开始与结束时间。

6. 与后面帮教工作的衔接

有些机构社会工作在担任合适成年人后,可能会与后续未成年人的帮教结合起来。因为有担任合适成年人阶段对案情和未成年人表现的了解,后续的帮教能够更加有的放矢。

社工 S106:"有些未成年人讯(询)问以后可能是不捕不诉的,我们一线的社会工作者会接手做一些帮教工作。"

(三) 服务对象范围

未成年人司法社工担任合适成年人,服务范围包括被拘留的年轻人和易受伤害的成年人。随着未成年人司法社工更加专业化,队伍中有一部分人员分化出来,专门担任合适成年人。社会工作者不仅担任未成年加害人的合适成年人,也会担任未成年被害人的合适成年人,比如遭受性侵的未成年受害人,要求合适成年人一定要介入,而且还应是女社会工作者,因为派出所大部分是男刑警,所以由司法社工来介入更合适,由女社工代表女童,能减轻受害者的心理负担,增加亲近感。

　　社工 S107："在市检和团市委推动下,2018 年到 2019 年,在检察系统已经能够全覆盖,所有检察院未检科里有未成年人检查服务中心,里边有专职社工,也有的区县是兼职社工,为未成年人提供相关服务,全市都覆盖。"

（四）服务阶段

未成年人司法社工作为合适成年人服务存在明显的地域性差异,有些地区的合适成年人制度较为系统,如上海市是试点合适成年人参与机制时间较长、规模最大的地区,其适用经历了从检察阶段试点合适成年人讯(询)问时在场,逐步向前拓展至侦查阶段的讯(询)问,并向后延伸至审判阶段的发展历程,最终成为在全市推行并贯穿侦查、起诉和审判三阶段的普适性未成年人司法制度。①

（五）服务场所：派出所＋常驻看守所

社会工作者在派出所和看守所担任"合适成年人",确保每个派出所有相对固定的合适成年人。

　　社工 S107："市里对这块工作比较重视,前两年开发了两个岗位,一个是在公安的看守所和案审中心,如果有未成年人案件,由社工负责联系和协调,包括做一些实务工作。还有一个就是在各街镇派出所,碰到未成年人案子,包括证人、被害人,如果需要,由司法社工做合适成年人工作。"

　　社工 S106："我是常驻看守所的,那边我们有一个案件审理中心。案件全部转送到审理中心,审理中心分出来,有需要合适成年人的,就让我参与。"

（六）对合适成年人队伍的管理

机构的有效管理是合适成年人专业化的重要保障。各地社会工作机构基本负责选聘、培训、上岗、考核等管理工作,有些机构组建合适成年人的人才库。机构在招聘过程中,选拔符合条件者成为合适成年人。培训包括岗前培训和在岗培训,岗前培训注重社会工作的价值观、伦理与方法技能、法律知识、沟通技巧等,在岗培训进一步深化知识和技能,如社会工作伦理与

---

① 何挺：《"合适成年人"参与未成年人刑事诉讼程序实证研究》,《中国法学》2012 年第 6 期。

个案、团体方法,未成年人司法社工担任合适成年人的语言技巧。探索较好的地区更加专业化,推出合适成年人持证上岗制度。

> 社工 S107:"检察院给我们每个社会工作者每年搞 1—2 次培训,要求有新的内容,也给每个参与的社工发合适成年人工作证,为了方便进看守所。"

在合适成年人的诸多培训中,除了社会工作、法律、心理、教育学基本学习,合适成年人最重要的是对未成年人开展情感维度针对性的教育、感化与心理疏导。合适成年人与未成年涉罪嫌疑人之间的沟通场所有特定性,这决定了不是在一般的场所中进行,在司法人员讯(询)问的压力下,未成年人司法社工要有亲和力,能在较短时间里面,通过对话拉近与未成年人之间的情感距离,让他们知道未成年人司法社工作为合适成年人是站在他们的角度,真诚地关心他们,在司法强制环境中增加柔性的情感和福利因素,有利于缓解询问双方的对立情绪,缓和刑事司法环境的紧张气氛。

四、合适成年人的问题与完善

(一) 合适成年人角色边界的厘清

合适成年人职责与权利的边界问题。刑事诉讼法规定,合适成年人是独立的诉讼参与人,但是法律对这一角色的权利和义务规定不明确,导致合适成年人的角色形式化、具有依附性,对未成年犯罪嫌疑人权益的保护达不到理想效果,对司法机关的监督职能发挥有限。导致这一问题的原因之一是合适成年人的法定职权不明确,甚至充满冲突。

> 检察官 J201:"合适成年人,我自己内心对这个角色的态度是冲突的。父母优先毋庸置疑,在父母不能到场的情况下我们再找社会组织,但这几年下来有两个问题,一是能否全程跟进,二是合适成年人是单独还是综合,他们是要专业性的。"

合适成年人与传统的其他司法角色有着显著的职能差异。普里查德(Pritchard)说:"合适成年人要清楚地知道这个角色是什么,以及它的局限性。"合适成年人也许会发现他处在一个夹缝之间,一边是具有强制力的司法人员,另一边是可能受到司法规范制约的未成年人及其家庭,合适成年人要认清自我角色的边界。

合适成年人的独立法律主体地位不明确。现实中，合适成年人的角色定位不准确，权利义务不明确。有些合适成年人可能无法担当起保护未成年人合法利益的职责，在实践中，办案的司法机关邀请社工做合适成年人去审讯现场，部分合适成年人成为司法机关的"助手"，依附于办案机关，对司法机关不妥之处缺乏监督功能，无法成为未成年人利益的坚定维护者。在一些地区，司法部门甚至要求合适成年人不要打断司法人员审讯，这样，合适成年人就只是一个旁观者，即使他们对询问方式不满意，也没有得到法律授权让司法人员暂停询问，保障未成年人权利。一些初任的合适成年人不知道自己应该发挥何种作用，无法发挥实质作用，从而没能更好地维护未成年人的合法利益。

对社会工作者来说，最重要的问题是理解合适成年人角色的界限。

合适成年人 vs.律师。合适成年人不享有法律特权。合适成年人不能向处于司法体系下的未成年人提供法律建议，他们不提供法律咨询，这一要求将他们与律师严格区别开来。

合适成年人 vs.法定代理人。当父母与监护人私下交谈时，英国法律规定合适成年人不可以在场，合适成年人无权出席被拘留者与法定代表人的会见。

合适成年人 vs.证人。"如果被拘留者对合适成年人说他性虐待了一个孩子，你必须提醒他们，你一开始就告诉他们，向你披露，你就不能代表他们，你必须向警方披露，并可能成为证人。"因此他们可以作为证人接受警方讯(询)问，警方可在法庭上讯(询)问他们与在押人员讨论的问题。没有任何法定机构承担同等的责任，以确保为弱势成年人提供合适成年人。

合适成年人 vs.朋友。虽然社会工作者非常友善，站在未成年人的立场，为了未成年人利益，但合适成年人不是来当未成年人的朋友的。合适成年人不是为了成为青少年的朋友而为他们提供服务的。

合适成年人角色边界的厘清还需要立法和相关配套政策的明确，包括合适成年人的范围、地位、职责，在少年司法程序中的权责。较为发达的地区合适成年人专业化的同时与司法机关衔接较为顺畅，合适成年人可以凭借证件进入派出所或者看守所，但是很多地区的合适成年人处境较为尴尬，被司法机构需要的同时还有很多衔接制度没有理顺，如合适成年人到看守所接触涉罪未成年人时，无法独立办理会见手续，每次进入都需要依赖检察机关的帮助,否则无法获准进入。

(二) 未成年人司法社工的专业化问题

社会工作者必须保持专业。未成年人司法社工适合做合适成年人,但并不代表他们目前可以胜任这一角色。大部分未成年人司法社工缺乏专门深入的法律培训,对法律知识和司法程序不了解会极大地影响其参与的效果。

> 社工 S107:"尽管合适成年人的学历都是大专及以上,通过国家组织的考试,背景都是经过审核的。但就我目前办案中的感受来讲,社会工作者不专业,无法在审讯中起到相应作用。"

合适成年人的素质非常重要,关系到这一制度目的是否能够实现。合适成年人要对刑事司法系统有更深入的了解。社会工作者要对司法程序和司法环境有深刻的了解,熟知未成年人在司法程序中的权利和义务,能够给未成年人以正确指引。目前,讯(询)问都是要求同步录音录像,防止刑讯逼供等不公平事情的发生。社会工作者作为合适成年人的工作要经得起录音录像的推敲,在培训时候通过大量训练反复锤炼使用的语言,成为司法诉讼程序中的专业参与者。

亟待加强未成年人司法社工的专业培训。让他们具备相应的法律能力,成为专业的沟通者,理解与未成年人关系中固有的个人和职业关系。未成年人司法社工做合适成年人的知识体系比较重要,需要社会工作伦理知识、社会工作专业沟通与技能知识、青少年犯罪心理知识、司法人员审讯知识、刑法与刑事诉讼程序知识等。合适成年人要对涉罪未成年人的本质有无偏见、全面的理解,接受广泛培训,如心理健康和理解方面的培训,作为一个合适成年人,可以帮助未成年人变得自信。社会工作者在自己能力提升的同时,还要培育志愿者,包括社会工作和法律专业学生,培养志愿者成为有力助手。社会工作者可以在全国建立合适成年人网络合作,建立共识,在进一步的指导和最佳实践建议方面探讨哪些是有用的。

> 社工 S101:"(机构)没有对我进行系统培训,我自己慢慢摸索,看看人家是怎么做的,询问相关人士怎么做,我再去做。"

不仅未成年人司法社工个人需要提升专业能力,社会工作机构也亟待对合适成年人的业务进行专业化管理。有些机构能够将合适成年人业务分离出来，让部分社会工作专门做合适成年人，但是大部分社会工作机构的合适成年人作为未成年人司法社工的一项服务内容，与其他服务相比，合适成年人服务很可能只是"副业"，可能出现未成年人讯问的不同阶段有多名社会工作者做合适成年人，这会造成临时监护人的不稳定性，每次询问的短暂接触无法建立良好的信任关系，无法发挥合适成年人的作用与功能。因此，社会工作机构需要成熟的社会工作项目管理体系，这是未成年人司法社工专业化服务的重要保证。

（三）去形式化：合适成年人的功能发挥

我国各地试点合适成年人讯问在场制度存在形式化倾向，也最集中地表现为合适成年人在讯问过程中过于消极。实地调查发现，实践情况是，一些合适成年人将自身定位为"消极的在场者"，其履行职责的主要形式是到场和旁听，只有未成年人向他们发问或求助时才会发言。[①]与其他人员做合适成年人相比，未成年人司法社工能否完全避免沦为形式化的工具？这是专业的社会工作者极力避免的情况。既然是专业人员，就要将合适成年人制度的功能发挥出来。

但是现实中，合适成年人形式化问题比较严重，他们没有话语权，是司法程序中的一个摆设。有些地区开始尝试采用合适成年人时，很多上岗者并不知道该如何说、如何做，而且司法环境带有强制性，具有威慑力，上岗者会担心自己的言行破坏司法程序。而未成年人对社会工作者这个"陌生人"，不了解其在场的功能和意义，如果合适成年人只是沉默，作为消极的旁观者，那么讯（询）问过程中合适成年人的功能发挥会受到制约。因此，未成年人司法社工应该在专业训练中更加深入，要有语言技巧训练，能够体察情境。合适成年人在会见时必须注意观察未成年嫌疑人的肢体语言，关注其肢体语言有利于掌握其心理活动，从而更好地参与少年司法活动。[②]能够发现司法人员的诱导性问题并及时予以打断或者提示，社会工作机构可以在实践基础上培训社会工作者应对不同情形的"话术"，作为专业人员从事合适成年人的必备技能。该柔则柔，遇刚则刚，合适成年人必须向警方清楚地

---

①　何挺：《合适成年人讯问时在场的形式化倾向及其纠正》，载《中国刑事法杂志》2012 年第 11 期。

②　林志强：《第二次"中欧少年司法制度——合适成年人参与制度"研讨会会议综述》，载《青少年犯罪问题》2003 年第 6 期。

了解未成年人的监护记录,确保他们得到基本权利。如果司法人员没有遵循正确的程序,合适成年人要能够投诉。在讯(询)问中合适成年人不应该觉得自己必须保持沉默。合适成年人有权干预任何阶段。合适成年人要具有为未成年人权利而呼吁、奔走,甚至投诉的能力。

(四) 机构和经费保障

职业化、专业化的合适成年人制度需要有专门的社会工作机构来保障。高素质人员需要良好的机构平台培养,需要在制度层面加强顶层设计,建立完善的未成年人司法社工服务机制,将合适成年人作为服务内容之一,逐步改变司法机构主导的局面,形成司法与社会工作机构良好互动的局面。

少年司法制度中,制约合适成年人参与的最大瓶颈是体系化欠缺和财政支持力度不足。各地经费来源不同。

> 警官 P101:"合适成年人经费由两部分组成,一部分由我们公安局分局补贴,一部分是司法局的专项经费。我们分局一次补贴 50 元,之前是 20 元,慢慢地涨。"

> 检察官 J103:"合适成年人(经费)一次是一百块。"

在社会工作机构发展上,机构根据辖区内需求,自主开展招募、培训、考核等工作,经费由公共财政统一支出,从中央到地方保证财政供给,以中立的专业机构身份开展工作,更加有效地保护未成年人。由于司法部门的经费审计严格,在没有中央统一规定的情况下购买服务力度有限,因此应该在中央层面将购买未成年人司法社工服务的支出作为专项开支,逐级下拨,明确资金来源。

第十章 未成年人司法社工服务之社会调查

一、社会调查制度的界定及产生缘由

社会调查制度是少年司法制度的重要内容,通过对涉罪未成年人开展社会调查,可以更清楚地了解并分析涉罪未成年人违法犯罪的主客观原因,分析其成长环境,全面评估其犯罪原因和社会危害性,为司法机关实施个别化处遇措施提供参考依据。

在少年司法中,社会调查一般是指未成年人犯罪案件进入诉讼程序之后,由司法机关或者案件办理机关委托特定的社会调查执行主体对未成年犯罪嫌疑人、被告人的性格特点,家庭情况,社会交往,成长经历,是否具备有效监护条件或者社会帮教措施,以及涉嫌犯罪前后表现等情况进行调查并形成书面报告,作为案件办理机关处理案件参考的一项制度。[①]

社会调查的目的是充分了解未成年人涉嫌犯罪的根源,收集资料相关信息,科学准确地对涉嫌犯罪未成年人的社会危害性及再犯可能性作出专业评估。同时,对后续帮教工作提供基础信息,帮助其顺利地回归社会,形成针对每一名涉罪未成年人的有效个别化处遇方案,实现再犯预防。

社会调查报告具有预防犯罪、协助罪错少年回归社会的重要职能。社会调查报告的内容不仅仅包含了罪错少年的问题,同时也记录了其优势与监护条件,这些内容对后期的观护帮教具有重要意义,可以成为未成年人司法社工服务的切入点,实现个别化处遇,对青少年犯罪预防有独特功能。同时,社会调查报告如评估其未来再犯风险大,具有人身危害性,可以提示司法机关考虑相应的强制措施,也是预防再犯的有效手段。

[①] 刘广三主编:《刑事证据法学》(第 2 版),中国人民大学出版社 2015 年版。

　　社会调查是联合国对各国少年司法制度的基本要求。《联合国少年司法最低限度标准》第 16 条规定："所有案件除涉及轻微违法行为的案件外，在主管当局作出判决前的最后处理之前，应对少年生活的背景和环境或犯罪的条件进行适当调查，以便主管当局对案件作出明智的判决。"在少年案件中，社会调查报告能够帮助司法部门进一步掌握未成年人的成长环境。为此，司法机关与专门的社会机构合作，由专业的工作人员提供充分的社会服务，实现社会调查目的。

　　我国对未成年人社会调查的法律规定逐步明朗。2001 年有《最高人民法院关于审理未成年人刑事案件的若干规定》，2006 年有《最高人民法院关于审理未成年人刑事案件具体应用法律若干问题的解释》。2012 年，我国修订的《刑事诉讼法》第 268 条规定："公安机关、人民检察院、人民法院办理未成年人刑事案件，根据情况可以对未成年犯罪嫌疑人、被告人的成长经历、犯罪原因、监护教育等状况进行调查。"2018 年修订的《刑事诉讼法》第 279 条对社会调查制度的规定并无实质性的详细规定。最高人民法院《关于审理未成年人刑事案件的若干意见》第 21 条规定："开庭审理前，控辩双方可以分别就未成年被告人性格特点、家庭情况、社会交往、成长经历以及实施被指控的犯罪前后的表现等情况进行调查，并制作书面材料提交合议庭。必要时，人民法院也可以委托有关社会团体组织就上述情况进行调查或者自行进行调查。"《人民检察院刑事诉讼规则》第 461 条中再次明确"人民检察院开展社会调查，可以委托有关组织和机构进行"。这些法律条文标志着我国未成年人社会调查法律制度从无到有，越来越明确由专门的社会团体组织开展调查，并就调查的内容进行初步规定。这些法律规定为社会工作组织介入社会调查提供了依据。

　　由于全国规定较为原则，多地在结合本地实际情况进行探索的时候出台实施办法，颁布未成年人刑事案件的社会调查办法，如上海市长宁区人民法院《未成年人刑事案件特邀社会调查员工作规范》；2011 年《重庆市未成年人刑事案件社会调查暂行办法》，2014 年河北省六部门出台《未成年人刑事案件社会调查工作暂行办法》，还有为了规范社会调查员出庭而单独制定的规范（如《关于未成年人刑事案件社会调查员出庭作证的若干意见》）。各地对调查员制度共性，也有共同的困惑。

二、比较分析:国外法律社会调查制度的细节

我国未成年人的社会调查制度从无到有,是一种进步,但是制度规定不细致,如没有规定调查主体、调查原则、调查具体内容、法律性质、启动和推进程序、调查期限等诸多问题,可以借鉴国外少年司法社会调查制度中相关规定。

其一,调查的原则。(1)必经原则。所有未成年人案件必须经过社会调查程序,这是保障未成年人权利的重要内容。日本《少年法》第8条(案件的调查)规定:"家庭法院根据第6条第1款的通知或者前条第1款的报告,认为应当将少年交付审判时,必须进行案件调查。家庭法院受理由检察官、司法警察、警察、都道府县知事或者儿童咨询所所长移送的应当由家庭法院审判的少年案件时,同样适用这一规定。家庭法院可以命令家庭法院调查官对少年、保护人以及参考人进行取证及其他必要的调查。"①(2)穷尽可能性原则。德国《少年法院法》规定对未成年人加害人要进行社会调查,以评估其行为的原因、再犯可能性,并在调查中坚持穷尽调查可能性,如第27条规定:"如果穷尽调查的可能性,但仍无把握确定少年的违法行为所表明的危险倾向程度有必要处以少年刑罚,法官可先确定该少年的罪责,对少年刑罚予以一定考验期的缓科。"(3)特殊保护原则。未成年人在社会调查期间享受特殊保护。新西兰1989年《儿童、青少年及其家庭法案》第208条规定:"由于其脆弱性,未成年人在进行与其犯罪或可能的犯罪有关的任何调查期间,均享有被特殊保护的原则。"(4)各专业合作原则。日本《少年法》第9条规定调查的方针是:"进行前条规定的调查,务必要充分运用医学、心理学、教育学、社会学等专业知识,特别是少年鉴别所的鉴定结果,围绕少年、保护人以及相关人员的品行、经历、素质、成长环境等内容开展。"

其二,调查如何启动。依职权或者依申请启动。加拿大2002年《青少年刑事司法法案》规定:"(7)当未成年人选择在没有陪审团参与的情形下,由法官独任审理,或者选择(或被视为选择)由法官和陪审团共同组成的法

---

① 日本《少年法》,1948年7月15日公布(法律第168号),1949年1月1日实施,2016年6月3日最新修订(法律第63号),周舟翻译。

庭进行审理时,少年法院应当根据未成年人或者检察官在第 17 条或第 155 条规定的期限内提出的请求,进行初步调查(若没有相关规则,则在少年法院法官规定的期限内)。"

其三,调查的范围。德国《少年法院法》(Youth Courts Law)第 43 条规定未成年人社会调查范围:"一旦提起诉讼,应尽快对被告人的生活和家庭背景、发展、既有行为和所有其他情况进行调查,以评估他的心理、情感和性格状况。尽可能听取家长、监护人、法定代表人、学校老师的意见。但如果听取其意见可能对未成年人带来不利影响,如失去培训机会或工作,则可不对其开展调查。"

其四,社会调查的主体与期限。为了更加专业地开展社会调查,很多国家在法律中明确规定未成年人社会调查的主体,有些国家设置了专业角色,称为感化官或调查官,由受过训练的专业人员从事。2015 年,印度修订融司法与福利为一体的《少年司法(未成年人照护与保护)法》,该法明确规定要对未成年加害人进行社会调查,第 8 条规定社会调查主体和时限:"(e)由感化官负责,或如感化官不在,则由儿童福利官或社会工作者对本案进行社会调查,并在十五天内提交社会调查报告,以确定所控罪行是在什么情况下发生的。"

其五,社会调查期间,如果未成年人成为成年人,是否还要依照未成年人规则进行社会调查? 印度《少年司法(未成年人照护与保护)法》第 5 条对此予以明确,依旧将其视为未成年人,按照要求对其开展社会调查:"根据本法对未成年人进行调查,若未成年人在调查过程中年满 18 岁,依据相关现行法律规定,委员会仍将其视为未成年人继续进行调查,并对其下达相关命令。"第 6 条:"未满 18 岁的犯罪人员处置:(1)凡已年满 18 周岁,但在犯罪时不满 18 周岁,均应在符合法律规定的前提下,在调查过程中将其视为未成年人。"

其六,同案犯社会调查申请的效力。加拿大 2002 年《青少年刑事司法法案》规定"(7.1)若两名及两名以上的未成年人被同案起诉,当其中一人或者多人依据(7)项规定请求进行初步调查时,效力及于所有未成年人。""刑法的初步调查条款:(8)对于初步调查的情形,应当依据《刑法》第 28 章(初步调查的程序)的规定进行,但与本法规定不一致的情形除外。"

三、社会调查报告的性质是证据吗?

(一)法律对社会调查性质的规定不明导致适用随意

社会调查报告的法律性质是什么? 社会调查是法定证据吗? 如果是,作为定罪证据适用还是量刑证据? 目前的法律框架对上述问题的回答并不明确。2010年《关于规范量刑程序若干问题的意见(试行)》第 11 条规定:"人民法院、人民检察院、侦查机关或者辩护人委托有关方面制作涉及未成年人的社会调查报告的,调查报告应当在法庭上宣读,并进行质证。"如此规定,是将社会调查报告作为证据。但是 2012 年最高人民法院《关于适用〈中华人民共和国刑事诉讼法〉的解释》又作出了不同规定,该解释第 484 条规定:"对未成年被告人情况的调查报告,以及辩护人提交的有关未成年被告人情况的书面材料,法庭应当审查并听取控辩双方意见。上述报告和材料可以作为法庭教育和量刑的参考。"此规定没有明确社会调查报告的证据属性,而只将其作为量刑矫正、社会观护、安置帮教的参考文件。

学界对社会调查报告的属性意见不同,从证人证言到品格证据,从鉴定意见到专家意见,相距甚远。也有学者认为社会调查报告不具有证据属性,仅作为参考。在立法、司法解释、学界都没有定论的情况下,实践中对社会调查报告的重视程度不同,制度落地时随意性较大。

有些审理未成年人案件的法官非常重视社会调查报告,会认真对待调查的内容,给予较高权重,北京市、上海市等地社会调查报告不但作为重要法律文件被提交给检察官和法官,同时还在法庭上进行宣读。

检察官 J103:"对于他(未成年人)的一些表现情况,比如说赔偿情况、认罪悔罪态度,是我们考量的一个部分。开庭的时候,我们有专门一个环节宣读社会调查报告,一般情况下,比如说某某盗窃案,我们作为某定罪的一些证据都要在法庭出示,社会调查报告也是一样的,需要我们在法庭上出示,如果法院觉得我们报告不准确,可以随时提出质疑。此外,我们专门有一份量刑建议,就是法定刑是多少,有哪些情节可以从轻,哪些情节要严惩着重处理的,最后我们综合下来量刑是多少,量刑建议会给到法院,也会给到被告人。"

（二）社会调查报告是独立的法律文件

我们认为，社会调查报告在性质上是独立的诉讼文件。刑事证据与社会调查报告之间存在界限，社会调查报告应该独立成为法官判案的依据。社会调查报告与司法人员对案件侦查中搜集的证据不同，其目的不是关注法律问题，而是聚焦导致未成年人犯罪的个体、家庭和社会的原因，在社会调查结束之后，调查人员会将社会调查报告提交给司法机构的承办人员。社会调查报告的内容包含与调查案件相关的事实和行为，但是内容更加丰富，具有特殊的功能，最重要的是跳出被调查者行为以外，探寻被调查者行为的原因，社会调查报告能呈现出客观的事实，还原一个什么样的家庭和社会环境造就了有偏差行为，甚至是罪错行为的未成年人。社会调查报告给只对犯罪行为进行评价的司法人员提供了别样视角，以被调查者为圆心的生态系统，让司法者看到这个系统是如何建构未成年人的成长环境、性格的形成，跳出单纯依靠证据和行为进行定罪处罚的惯有思维。

社会调查报告不是证明行为人有罪或者无罪的直接证据，也无需像很多研究者认为的那样朝着证据发展。未成年人的社会调查报告不符合法律对于刑事诉讼证据取得主体、程序、内容等方面的要求。有人认为社会调查报告是"不是证据的证据"，这种以证据为核心的观点，还是没有跳出刑事司法体系下的证据本位思维。社会调查报告本质上包含多项功能，融品格证据、专家意见等多方面内容为一体，如包含当事人心理评估及犯罪可能性的判断。

对成年人而言，法律是针对行为而存在的。马克思曾言："对于法律来说，除了我的行为以外，我是根本不存在的，我根本不是法律的对象。"这说明在法律帝国中，行为以及与行为相关的证据是核心，行为是法律评价的归依。但是社会调查制度恰恰是打破传统法律的藩篱，对易受环境影响的未成年人行为原因展开探究，对未成年人的心理进行评估，将犯罪行为向前推演，找到犯罪的根源，挖地三尺，不是从惩罚犯罪的角度，而是从预防再犯的角度处置未成年人案件，这是社会调查报告应运而生的思维土壤，也决定了社会调查报告在根源上与证据是不同的。

四、社会工作者作为社会调查主体的优势

司法人员在实践中发现的另一个重大问题就是社会调查的实施主体问

题:谁来调查？有什么样的权利？法律地位是什么？与这一问题相关联的是社会调查人员如果由非司法人员担任,如何启动？互动程序是什么？谁来监督调查效果？

虽然有诸多的困惑,实践依然不畏前行。各地区为了解决调查主体的问题,广开思路,做法不一,主要包括:(1)司法人员自行调查;(2)志愿者参与社会调查;(3)未成年人司法社工参与社会调查。

司法人员参与社会调查的优势在于有司法强制力保障,被调查者在得知其身份后的配合度高,调查线索和信息相对容易获得,但是其弊端也不容忽视。首先,司法人员的角色和任务是惩治犯罪,保证社会公共安全,尤其是公安人员,在前期已经侦查犯罪事实的证据之后,很难去除偏见,无法保证调查身份的中立性。而社会调查人员的功能就是提供客观信息给司法人员,需要有独立性,中立的第三方才能保证调查信息的公正、客观和准确,否则无法被采纳。其次,司法办案人员的编制有限,办案数量多,承受压力大,由于案件有严格的审限制度,处理案件多无法有充分的时间进行社会调查。

志愿者担任社会调查人员的优势在于热情高,能够投入时间和精力到调查中,他们有社会责任感,有些志愿者来自心理学、法学等专业,也有较强的专业性。但是志愿者的水平、能力参差不齐,而且作为志愿者,有奉献的精神,但是队伍的管理较难,很可能无法保证调查的顺利进行,也无法保证跟随司法要求在严格的审限时间节点完成任务。而且能否长期、持续地投入精力和热情很难保证。重要的是志愿者无法保证专业性。

未成年人司法社工是最适合担此重任者,他们是专业化的社会调查主体。未成年人司法社工担任社会调查人员具有专业性,能保证调查水平和效果。从事社会调查具有天然的优势,是作为社会调查主体的理想人选。专业社会工作者受过长期的理论和实务培训,他们具有助人自助的宗旨,懂得助人的技巧和沟通技能,这使得社会工作者在社会调查中能够在建立专业关系的基础上,秉持尊重、接纳、平等的理念与服务对象及其家属和相关人员取得联系,并获得司法机构有用的信息,作为办案的参考依据。然而,目前我国对社会工作专业优势的认知度普遍较低,这是限制专业社会工作介入司法社会调查工作的重要因素。①

---

① 杨新娥、席小华:《未成年人刑事案件社会调查制度研究》,载《中国检察官》2015 年第 4 期。

（一）未成年人司法社工开展社会调查具有专业性

首先，未成年人司法社工掌握专业理论。社会工作者经过专业学习，曾经学过社会工作、社会学、心理学、法学基础等系列科学知识和理论，注重对案主个体所在社会环境的分析，他们在个案中学习的各种理论让他们有理论基础，如"人在情景中理论""社会生态系统理论"等，他们经过系统的专业训练，严格的课堂学习和实习训练让社会工作者具备理论和实践紧密结合的优势。同时，社会工作助人自助的职业宗旨让他们关注弱势群体，对涉司法未成年人具有天然的亲和性。

其次，未成年人司法社工具有专业方法。他们掌握个案、团体、社区治疗方法，如理性情绪治疗法、任务中心治疗法、心理社会治理法、家庭治疗方法等，这些方法中包含了如何分析以服务对象为核心的各种环境因素，所以，社会工作者对社会调查的内容、目的和方法较为了解，知道要达到的效果，这样在实践中就能得心应手。这些方法的掌握和运用让社会调查具有科学性和规范性，这让他们在调查时能够全面地评价被调查者及社会关系的特征，也让他们边调查边思索介入策略。在通用工作模式程序中，建立专业关系是基础，继而是围绕服务对象搜集资料，这是必需的专业训练。

最后，社会工作者在调查中可以运用所学的专业关系建立技巧和人际沟通技巧，能够与被调查者及其家人之间有良好的互动，保证调查信息的准确、翔实、客观。社会调查是一项社会性非常强的系统工作，需要与各种人打交道，注重人与社会环境的互动发展关系，在没有法律强制力保证执行和法律定位不清的情况下，良好的沟通交往技能是社会调查者顺利完成任务的重要保障。

（二）未成年人司法社工具有中立性

少年司法中办案人员的角色具有倾向性，社会调查主体需要具有中立性，未成年人司法社工独立于办案机关，在开展社会调查时目的是获得真实客观情况，从而为司法人员的判断提供有效信息。社会工作者的职业伦理是尊重、接纳，非评判、不给服务对象贴标签，中立立场让社会工作者在开展工作时可以摆脱先入为主的偏见，还原被调查者最为真实的生活状态。而且，社会工作者在开展调查时，有督导老师指导，搜集资料后可以进行专业评估，经验丰富的社会工作者还会设计访谈方案，机构层面为保证服务质量，还可以设计评估指标，对社会调查质量进行过程控制，社会调查前期、中期和后期都能够得到有效指导和监督，对调查资料进行科学评估分析，整理调查材料并作出结论性建议。自身的专业性、中立性加上机构的科学性使得社会调查报告的质量得到保证。

> 警官 P106："社会调查需要有专业的心理知识人员去做一段时间的跟踪和调查才能得出，而我们目前却是要求 15 天要出具该份报告。司法局出具的社会调查报告我们公安机关和检察院都是非常重视的，因为我们没有时间和精力去了解他的成长环境并与他的家人接触。"

同时，社会工作者服务的范围更为广泛。社会工作者担任涉未成年人案件的社会调查主体，服务的案件类型范围广泛。一是可以服务少年司法领域加害人，二是可以服务未成年受害人，三是可以服务民事、行政案件。

> 社工 S102："我们在做民事案件社会调查时，2017 年上海市第一起剥夺抚养权案件，就是公职部门提起的起诉，剥夺亲生母亲的抚养权，我们当时也是静安区第一起作为社会力量去做社会调查，提交了相关报告。未来社会工作可以介入合作，尤其大部分民事案件，有一些需要客观评价和第三方介入的，这个提供一些情况调查，包括信息收集，资料收集，从我们（社工）角度去做会更好，我们会从儿童的个体需求出发，搜集他们环境中的客观信息。"

由于未成年人司法社工在社会调查方面有独特的优势，应当从制度层面加大培育该领域的人才，投入经费，保障社会调查取得理想效果。可以预见，随着未成年人刑事案件办理专业化的不断发展，专业社会调查人员（即司法社会工作者）[①]作出的社会调查报告将发挥重要作用。

五、社会调查报告的原则及标准内容探讨

由于我国并没有规定开展社会调查的启动时间，因此，在实务中各地做法不同。未成年人检察部门在审查起诉时进行社会调查，但是少年司法探

---

① 刘仁琦：《应充分保障司法社会工作与涉罪未成年人会见权》，载《检察日报》2015 年 10 月 19 日，第 3 版。

索较好的地区通常将社会调查前移到公安的侦查阶段。有些地区检察院规定未成年人案件必须有社会调查报告，司法各部门逐步达成一致。

　　　　检察官 J103："社会调查最早是检察院推进的，开始是我们自己做，后来我们开始推动司法局，因为司法局能够掌握更多信息，我们不可能自己跑到他的居住地去查。我们直接前置到公安机关侦查阶段，现在程序是把社会调查报告做好后提交给我们。"

　　目前，全国各地的社会调查报告标准及其内容都不统一。结合各地社会工作发展和评估内容，我们认为社会调查应包含如下原则和内容：

（一）社会调查的原则

　　其一，客观中立原则。社会调查人员应该有专业性和中立性，本着儿童最佳利益的原则，减少未成年人监禁刑可能性。

　　其二，穷尽可能性原则。在对未成年人社会调查中，要抱有对服务对象的好奇心，非常想了解是什么样的环境、个人成长路径让未成年人成为罪错青少年。要抱着助人自助的宗旨和理念，帮助孩子有效利用身边的优势资源，每一个问题的开启都可能为其打开新的天地，因此在调查的过程中要尽可能地找到更多关联者，穷尽调查可能性。例如在实务中，服务对象在看守所，社会工作者在开展社会调查时得知其母亲在其关押所在地，但是却没有联系其母亲，这将无法对服务对象家庭情况进行全面了解，最后提交的社会调查报告寥寥数语，无法正确评估并作出综合判断。在运用这一原则时，关键是未成年人司法社工的责任心和职业伦理，在开展调查的时候要尽心尽力，而不是匆匆忙忙完成任务。

　　其三，与专业评估相结合的原则。未成年人司法社工在进行调查时，不是简单的记录者，而是边了解情况边结合评估，所有信息输入要与最终的评估输出相结合，每一个信息与评估的关联程度不同，社会工作要在实践中把握哪些信息对评估结论最相关，在调查时需要有意识地收集这方面的信息，保证信息的选择与评估直接相关。

　　其四，辨别信息真实性、可靠性的原则。未成年人司法社工在进行社会调查的时候，会遇到部分未成年人或其家属，为了给自己或者孩子减轻罪责、减少量刑，提供不实信息。社会工作者要具有洞察力，要像一个久经沙场的战士或者睿智的侦探人员，看穿被调查者的心思，过滤掉无效信息和可能产生误导的信息,运用社会工作对质等技巧,证明信息的可靠性。关键的技巧就是注视被调查者的眼神,如果被调查者眼神游离或者不敢与你对视,则很可能提供无效或者虚假的信息。

> 警官 P102:"我觉得社会工作者在专业化方面缺少资质,比如心理学,现在的社会调查报告,他们还是听和记录犯罪嫌疑人或者家属的一面之词,缺少判断。要形成自己的判断,因为对方可能不如实陈述。我对这支队伍的专业化程度要求比较高,现在还没有达到这个程度。社会调查报告我们只能做参考。"

其五,注重调查与专业关系的建立和服务介入相结合。尤其是后续跟进、家庭关系修复方面,要以前期的社会调查为基础。社会调查作为基础性工作,前期调查中信任的建立并不稳定,但社会调查的工作扎实,可以为专业关系建立和介入服务做好准备,如积极修复亲子关系。

> 检察官 J204:"更重要的是亲子关系建立。我们原先也希望参与到这块工作中去,因为家访后可能会有更深入了解。但是每次都是走访,短时间内改善关系的难度很大。这很可能造成再犯,最后和父母的关系还是建立不起来,他又会重新回到他们熟悉的朋友圈,就可能再犯。我们在六个月考验期和帮扶期里,所有的工作做得都挺好的。"

> 社工 S202:"涉罪未成年人这方面,主要包括社会调查和心理测评,然后出具初步的社会调查报告,在结论出来后,我们会开展个性化帮扶,包括学习培训服务,还有家访。之后,会定期回访,关注他的状态。我们主要关注他和家庭成员沟通,同时邀请心理咨询师团队和我们一同介入,帮助他们更好地回归社会。"

(二) 社会调查的主要内容

未成年人司法社工在进行社会调查时,主要运用生态系统理论,发现未成年人涉罪的原因,了解未成年人个人、家庭等方面的影响因素,通过调查来评估其涉罪原因及其成长经历。社会调查报告内容具有综合性,主要包括以下几个方面:首先,未成年人的性格特点,人身危险性与社会危害性调查;其次,犯罪原因调查,犯罪前后表现以及监护教育情况;最后,要有处理结果建议。社会调查的综合评估报告应当包括形式和内容两部分,形式上应采取分段阐述式而非表格式。内容则应设定为数个较为固定统一的栏目。综合评估报告应对未成年犯罪嫌疑人或被告人的性格、家庭、社会交往、成长经历以及实施被指控的犯罪前后的表现进行阐述,分析其犯罪原因,有无悔罪态度及表现、再犯风险以及适用非监禁刑对所居住的社区有无重大不良影响等方面作出评估及预判,最后还要有统一的综合评价意见,即经过调查员的专业科学分析评估后,结合家访记录等社会调查信息,对材料整理分析,结合各种心理状况量表、风险性量化表,就未成年人再犯可能性和重返社会条件给办案机关提出专业建议。

1. 服务对象的基本情况

在这一部分中,主要包括服务对象姓名(曾用名、绰号)、性别、生日、身份证号码、民族、文化程度、健康情况、精神状况、电话号码(家庭、手机、工作单位)、户籍地址、户籍地街道和居(村)委会、实际居住地址、实际居住地所在街道和居(村)委会、被起诉案由、社会调查方式等。

2. 服务对象的家庭情况

服务对象的家庭情况包括父母自然情况:职业、收入状况、年龄、夫妻感情;服务对象家庭成员情况:兄弟姐妹、服务对象是第几个孩子、兄弟姐妹关系,变动情况;监护情况:法定代理人基本情况及与被调查人关系、生活职业、经济、监护履行能力、有无临时监护状况;亲子关系:亲子关系亲密还是疏离,父母是否有侵害未成年人子女的情况,是否一直处于父母监护之下,如果不是由谁监护;服务对象对家人的态度:不同年龄未成年人对家人态度的不同;居住情况:与谁一起居住,是否固定,如果不断更换居住地原因为何;家庭生活困难情况,家庭重大变故等特殊情况;家庭与再犯可能性的联系程度评估;与服务对象最有感情的人是谁及其联系方式和地址。

在结合上述内容分析服务对象的家庭情况时,最好可以画出服务对象的家庭树和案主的生态图。家庭树与生态图是在个案工作中社会工作者的基本功,如需深入了解可以参阅社会工作个案工作方法。

3. 服务对象的个性特点

为及时了解未成年人犯罪行为,判断其主观恶性,需要有更加科学的心理测量方法,为量刑提供更好的参考。社会调查较为成熟的地区对未成年人有一个专门的心理测试,用专业的心理测试表格能够更好地反映未成年人内心状况。目前,社会调查并不要求必须做心理测试。对服务对象的个性特点主要需要了解:服务对象的性格(结合心理测试量表),是否有不良行为(虞犯行为,如逃学、抽烟、吸毒、欺凌等),社会交往(交往的朋友圈、密切交往朋友的姓名和基本情况),个人爱好,是否受过表彰,个性特点与再犯可能性相关程度评估。

4. 与案件有关情况

与案件有关情况主要包括:服务对象受处罚情况:在学校受到的处罚、公安部门的处罚等;此次涉案的主观因素:是不是具有犯罪的主观故意,影响因素是什么;此次涉案的客观因素:是受他人指使、环境被迫还是综合原因;再犯可能性评估:此次案件发生的条件在未来是否可能具备。

5. 对涉案行为的心理认知

对涉案行为的心理认知主要包括:服务对象对涉案的认知情况(认知受谁影响),心智发育与其年龄是否相符,服务对象认知与再犯可能性的关联度评估。

6. 帮教条件

帮教条件主要包括:服务对象自身情况,家庭帮教条件情况,家族中的优势因素,所处社区环境,受害者是否愿意谅解。

7. 评估结论

社会调查人员要有独立的判断能力,此时需要结合法学知识,站在专业人员的角度判定未成年人再犯的可能性。优秀的未成年人司法社工要有能力作为专家进行综合评判,司法裁判者也期待社会调查能提供专业的判断。如果只提供相关信息,而希望司法机关能够根据以上信息酌情对其进行审判,则社会调查者的作用就要大打折扣,专业判断是专业性的集中体现。

在实践中,有些未成年人司法社工还将介入过程、回归社会情况等内容写到社会调查报告中。[1]社会调查报告中既要体现与未成年人及其家庭相关的客观事实,同时也要有专业判断和分析,好的调查报告将事实与判断融合在一起,有理有据,为办案机关提供明确的建议。

六、未成年人司法社工开展社会调查的实证分析

上海市最早进行社会调查试点工作的是长宁区。1988 年 10 月,长宁

---

[1] 首都师范大学少年司法研究与服务中心与北京市海淀区人民检察院:《社会调查报告》,载《中国检察官》2015 年第 4 期。

区人民法院制定《未成年人刑事审判工作细则(试行)》，专章规定社会调查工作，明确规定它是未成年人刑事案件的一项基本做法。1999年12月，长宁区综合治理委员会、区青少年保护委员会联合下发了《长宁区未成年人刑事案件社会调查工作若干规定(试行)》。后社会调查制度逐步在全市各区推广适用。2004年，上海市检察院制发了《关于办理未成年人刑事案件开展社会调查工作的若干规定》，建立了检察机关委托专业社会工作开展涉罪未成年人社会调查工作的机制。

实践中，在公安侦查阶段，社会调查主要由公安委托当地司法局安排矫正社会工作开展，并由矫正社会工作者出具社会调查报告，供司法机关办案时参考。但如涉罪未成年人系"三无人员"，即无固定住处、无经济来源、无监护人，矫正社会工作者可能出具无法开展社会调查的回复函，在此种情形下，公安、检察将进一步通过青少年社会工作在后期办案中开展社会调查，或者委托涉罪未成年人户籍地协作开展社会调查工作等。在检察机关审查逮捕或者审查起诉阶段，如公安机关已委托开展社会调查，检察机关一般会参考同一份社会调查报告；对于公安机关没有委托开展社会调查或者矫正社会工作者认为不具备开展社会调查条件的，检察机关一般会委托第三方社会组织，例如社区青少年事务中心安排青少年事务社会工作者对涉罪未成年人开展社会调查。让青少年社会工作者会见涉罪未成年人，联系涉罪未成年人家人及学校等，出具社会调查报告供司法机构参考。

社工S107："社会调查会了解他的家庭背景、个人成长经历、性格特征，有些还跑去他以前的学校社区了解情况，案发前与案发之后的表现。家庭背景主要指经济情况、父母关系对于他犯罪行为有没有什么影响。我们会在起诉时把社会调查报告一并移送给法院。"

机构负责人A012："我们社会调查做得比较好，横向评估需求大，案件情况不严重，可以附条件不起诉。"

社工S101："比如说有的是外地来的，万一他的父母找不到，只有他一个人，我们的信息只能从他一个人身上获取。完全靠他一个人说，其他信息完全没有。如果他的父母存在包庇的情况，我们也不知道。我之前遇到过这样的情况，这个孩子之前是有行为问题的，但是父母就把孩子说得非常好，在家里、在学校等行为、思想都没有问题，逻辑性就没有了，犯罪原因如何形成？但是当时我灵机一动，问了他在上海市有没有其他亲戚,父母说有一个姐姐,我说和姐姐联系下。结果姐姐说了实话,这个孩子好逸恶劳,饭来张口,衣来伸手,我强烈要求政府再判他几年,让他好好改造改造。那这样逻辑性就连接起来了,如果光靠他父母的话,我就没有办法写了,这样就会写得比较丰富,很丰满了。""但是如果只有孩子、家长两个信息来源,愿意说的还好,如果当中有隐瞒,我就很难写社会调查,做得很深入是因为他们可以到孩子的居住地、学校、居委了解情况。"

七、未成年人司法社工开展社会调查的问题

(一) 社会调查的质量问题

已有研究对社会调查报告的评价是:"质量评价并不高,大量案件的社会调查只是流于形式,调查方式单一、调查内容片面、调查结果简单,难以发挥社会调查报告作为量刑重要参考的作用。"[①]

首先,缺乏规范性和标准化。目前未成年人社会调查没有明确标准,没有统一模板,社会调查报告形式不规范、不统一。社会调查细节没有统一规定,所以各地社会调查报告质量参差不齐。

> 检察官 J103:"社会调查报告我们现在都给公安推行。主要是以表格形式呈现。质量参差不齐,做得好的地方会把民警去社区了解情况的谈话记录附在报告里,也有的地方就一两张纸。"

有些地区根据长期经验,摸索出社会调查的基本内容。如有的社会调查报告撰写者态度认真,长达 16 页,主要内容包括涉罪未成年人的基本情况、涉罪情况、习惯品行、挫折经历、成长环境等 11 个方面的情况,下设 98 个问题。[②]

> 社工 S104:"有个模板,几类问题必须涉及,一是基本情况,个人成长情况、家庭环境,二是涉案情况,案件的认知情况、帮教条件,最后还有一个综合评价。"

其次,调查手段单一。在大数据时代,如果社会调查主体能够查询到其

---

① 夏燕、林梅:《关于未成年人社会调查报告司法适用情况的调研报告》,载《预防青少年犯罪研究》2018 年第 2 期。社会调查报告由南京市栖霞区人民检察院韩岳辰撰写。

② 徐蕴:《南京司法社工参与庭审初体验》,载《中国社会工作》2019 年第 18 期。

他有效统合的社会信息，就可以更好地开展工作，比如向社会调查官开放医院的就诊信息、出生信息等。这样可以有效避免仅靠调查人员访谈所获信息的片面性，如果当事人不如实陈述就很难开展并进行准确判断。

> 社工S101："我之前也和社会工作科谈过关于社会调查的写法，我们有很多限制，也没有办法了解到很多信息，所以写起来参考性不足，从我的角度来讲，我觉得可以写得更好一点。但有时我们确实也有一个困境，就是我们调查的力度无法深入。"

> 社工S110："调查手段还比较单一，因为我们现在接触的未成年人外地的比较多，只能通过电话跟网络沟通，其实我觉得是不完善的，但是也没办法。"

再次，调查范围窄。目前的社会调查对象主要是未成年人本人和家长，家长在外地的很难开展服务，未成年人的其他重要他人很难触及。这样的结果是信息不全面，如果要获得更多信息则需要更高的时间和经济成本，很难由此得出更加精准的判断。

> 社工S110："一个小朋友犯罪，母亲如果是外地的，调查可能就不一定能够到。我们只是涉及个人、家庭，其他群体，比如居委社区，再大一点的环境可能接触不到了。"

另外就是检察院是否对所有的未成年人案件都开展社会调查。

> 机构负责人A004："我们服务的检察院还算是好的，但是，有一部分合作机构，确实不是特别想要去做这件事情，只是高检院在往下推。所以他们勉强签订这个协议，之后，每年比如说有50个未成年人需要去做社会调查，他们会从中选择，找五六个来作为代表就可以了。年末报表就说我们对五六个人做了社会调查，但是其实可能只占到未成年人的十分之一，这也是一个问题。"

最后，调查全面性和未成年人隐私保护之间存在矛盾。开展社会调查的时候，如果全面深入就可能要与社区、学校等了解未成年人情况的人进行接触，这个过程中是否表明身份，以及是否让对方知道未成年人犯罪的事实是一个价值两难。

> 社工S103："有时候也面临一个矛盾，我们一方面尽量保护未成年人，但是如果真的去大面积地做这种社会调查，其实他们社区街道里都知道，不去问不可能有全方位了解，实际去问保密工作肯定没办法做到。"

（二）社会调查的形式化问题突出

首先，社会调查报告的质量不能得到保证，流程简单化、敷衍化，被调查者配合度有限。

> 检察官J204:"只能说是很粗浅地做这个工作（社会调查），是形式化的。我们做这项工作，很多是基于家庭因素。在亲子这一块，父母亲这一块的社会调查更为着重。因为你是给他做的，比如说只有一次服务，了解的内容也就只有一次，也就是他成长的经历。你想让他一次就把他内心的想法告诉你很难。通过他父母来了解也是有限的，要么他们的父母不在这边，要么就是托管状态，就直接说他们也管不了，不愿意配合。在你做的过程中，有时候他就是不愿意配合的，这个是比较普遍存在的。"

其次，社会调查地区差异化较大。各地发展水平不均衡，虽然部分地区的社会调查探索较早，但是也有些地区对社会调查的内容以及如何去做并不清晰。社会调查报告流程简单化、敷衍化，质量不能得到保证。如果有跨区域的调查，如何进行跨区域协助并不明确。

> 检察官J103:"我们只是发函过去给司法局，比如说跨区的，我就发到这个区的司法部门。但是很多外地部门做的社会调查报告质量并不高，很多地方还搞不明白社会调查报告是什么东西。"

最后，对羁押未成年人会见次数有限，社会调查效果差强人意。

> 社工S202:"做心理咨询也好，社会调查也好，未成年人的效果更差。由于会见有限，做测评调查的时间也有限，能做到的只是调查报告之后的结论，实质上对他们的帮扶和对我们的参考都没有作用。我认为如果在外面参加各种帮扶服务，效果会好一点。如果关在里面的话，可能会按要求做，但是不会真正起到效果。"

（三）社会调查人员的权利难以保障

司法实践中，未成年人司法社工与在押涉罪未成年人的会见权难以实现。首先，会见身份障碍。已有法律没有规定司法社工的会见权，社工进入看守所的阻碍较大。

> 社工S104:"社会调查，有的人是会拒绝我们的。我们经常需要团委开介绍信。我们从事的是司法社会工作，所以需要有一个正规的身

份证明,需要独立的调查权。因为现在的各类社会工作是混淆的,大家可能觉得我们就是居委社会工作。因为现在居委所有的人都叫社会工作者。他们现在叫社会工作事务所,他们分为居民区社会工作和中心社会工作。所以社会工作的混淆度很大,我们需要明确我们就是司法社会工作者。"

其次,会见次数障碍。一般情况,社工需要与司法办案人员一起会见,而且一般不能出入畅行,手续繁琐,导致会见次数少,社工与服务对象之间很难建立信任关系。

机构负责人A004:"司法社会工作权利义务的定位是不明确的。所以现在在服务过程当中,比如说社工不能够进看守所,社工不能够看案卷。但是要想做社会调查,他就必须看案卷的,他单独去看,进行会见的,这都不行。这部分现在解决不了,我们是让检察官、法官或者公安带着我们进去,有个别的区域我们可以跟他签订合作协议,是比较开放的,就我们的社会工作者拿着证就可以直接去见当事人了。我们这点是比较好的,但是在全国来讲的话,这个数量还是非常少的。"

最后,会见场所上存在障碍。我国虽有未成年人与成年人分别关押制度,但讯问场所并无不同,司法社会工作与涉罪未成年人的会见,必须以金属护栏相隔,很难全面观察其举止动作,且涉罪未成年人在看守所内本就拘束、紧张,加之阻碍感、距离感、隔阂感,信任关系的建立难上加难,以致科学、全面评估可能失之偏颇。①

(四) 社会调查的经费无明确规定

专业化的社会调查必然需要专业化人才。而专业化人才被吸引一方面是情怀,另一方面也需要基本生存保障。因此,承认社会调查人员的付出就需要体现为购买其服务。为进一步解决社会组织承担社会调查过程中主体身份和资金来源问题,最高人民检察院发布《检察机关加强未成年人司法保护八项措施》,强调应以政府购买服务等方式,将社会调查等工作交由专业社会力量承担,提高未成年人权益保护和预防犯罪的专业水平,逐步建立司法借助社会专业力量的长效机制。

① 刘仁琦:《应充分保障司法社工与涉罪未成年人会见权》,载《检察日报》2015年10月19日。

社工机构 A012："我们社会调查的经费来源由公安局规定到流程里，一个社会调查 1 000—1 500 元不等，根据距离，有些地区跨度较大，差旅路费大。"

（五）社会调查的内容、结果能否得到司法部门认可

完善调查内容。韩国《少年法》规定社会调查的作用：一是直接影响后续少年法庭审判过程中对于非行事实的少年是否具有"要保护性"的认定；二是调查与后续处遇选择具有关联性。[①]在我国，社会工作者出具的社会调查报告是否能得到司法部门认可是没有明确规定的，现实中很有可能不认可社会调查报告的内容。

检察官 J204："我们这里有一个问题，嫌疑人适用缓刑还是实刑，社区矫正那边出了一个报告，社区矫正是由司法局做的，他们就不认可社工做的调查报告，社会工作做的社会调查报告要怎样做才有效率呢？"

（六）社会调查的时限问题

其一，介入时点。从理论而言，对罪错未成年人的社会调查越早介入越好，可以为后面的司法处遇提供参考和借鉴，即最好侦查机关抓获后就进行社会调查，但是实务中，公安部门是否执行就成了一个问题。这个问题最好在以后的立法中进一步明确。

检察官 J102："理论上说，之前未检部门还没撤销，法院少年庭还算鼎盛，公安还有专办机制的时候，曾经达成一个协议，公安机关只要查明犯罪嫌疑人是未成年人，从查明之日起，就要委托做社会调查报告，移送到我们这边的时候基本上已经做好了。有的情况下，后来因为机构改革，原来签东西的人已经不在岗位上了，换的人就不执行了，导致到最后法院要求必须提交社会调查报告，否则案子就不予受理。"

其二，司法处理与社会调查的时间冲突问题。社会调查的时限在实务中一般是两个星期，但是司法机关对未成年人案件处置较快，两部门处置时间存在矛盾。有些地区的社会调查报告完成较快，但是有些地区不一定能

[①]　金英梅、崔峰、李建林：《韩国〈少年法〉的立法特点及制度借鉴》，载《未成年人检察》2016年第 4 期。

在短时间内完成。

机构负责人 A102:"我们一般 1 周完成(社会调查报告),急的话 3 天出报告。"

检察官 J102:"现在的办案效率没有对未成年人区别对待,也是要求要抓紧,而且未成年人的案子一般比较简单,一般一两周就好了,所以这时候调查报告还没有做出来。我们其实也理解社会工作者,毕竟要东一个走访,西一个访谈,不是一个礼拜就能拿出来的。"

(七) 缺乏对社会调查报告的评估标准

社会调查报告需要建立科学的监督评估体系,由司法部门和社工机构合作开展质量抽查或者监督,提升社会调查的专业性。而现实中缺乏评估标准,社会调查员或不知道如何开展,或积极主动性不足。

检察官 J102:"现在我们缺一个评估标准,有的社工做得不错,但也有不负责任的社工。外市也在做少年司法社会工作,上次我带队去外市调研,到他们的社会工作事务所,专门去翻他们的社会调查报告,内容会比我们的格式稍好一点,但实际上我们也发现他们的报告中没有提到司法处理决定。"

社工机构对社会调查出具之后是否被采纳、效果如何的评估也较为薄弱。

社工 S103:"我们社会调查做了特别多,今年做得最多,都是建议不起诉,但采不采用没有统计。"

(八) 司法部门与社工机构的衔接问题

司法部门和社工机构在互动的时候,需要有畅通的通道,社工可以将最新的发现及时传达给司法人员,而司法人员的要求和反馈也应及时让社会调查人员知悉。衔接渠道包括工作沟通,可以通过科技建立双方沟通通道,如运用小程序建立无缝连接。

检察官 J201:"我们社会调查报告会附在案件里,任何情况发生变化,根据心理测评报告有什么更改补充的,会进行补充,这一切变化也会呈现在我们的报告里。以前在流转时想到是不是要建立一个公函制度,就是该案指定交由某某社会工作事务所,后来发现不需要,可以直接联系。社工帮教的那一部分都会在电子档里,这样就很简洁。"

（九）未成年人司法社工担任缺乏身份认同

在社会工作较为发达的地区，社会工作细分领域较多，而对专门服务少年司法领域的社会工作者而言，他们的专业认同需要进一步建立。

社工 S104："社会工作者分两种，一种是青少年司法社工，一种是社区矫正社会工作者，我们有的是委托青少年司法社工，有的是委托社区矫正社会工作者。社区矫正社会工作就是考虑到这个小孩犯的事情相对来说比较重，可能是说要走到底了，社区矫正社会工作者先去看这个人是不是适合执行缓刑，我们会有一个预判，基本上这类肯定是要起诉的，但也有一些情况就是审查过程中，情节出现了一些变化，我们也希望在检察过程中两支社会工作队伍有些竞争，这样是很好的。""各有利弊，矫正社会工作者相对来说不是专门针对青少年方面的，他们对成年人怎么做，对青少年也怎么做，他的诉讼点在于是否有缓刑条件。对他们来说，犯罪原因他们不是最关注的。而且我们发现矫正社会工作者有这样一个问题，如果出具一个有缓刑条件的社会调查报告，那可能后期需要社区矫正社会工作者去跟进，缓刑期有几年，他们就要去跟几年，而且这几年如果再有违规犯事考核对他们不利，所以他们会更倾向于作出没有缓刑条件的报告，这对他们来说是有利害冲突的。所以我们现在更倾向于用未成年人司法社工，未成年人司法社工更关注判决之前，判后我们想让他们继续跟进就不行，因为后期跟进是矫正社会工作的职责。"

第十一章　未成年人司法社工服务之社会观护

一、社会观护：替代监禁刑

（一）社会观护的界定

观护是少年司法领域的专业词汇。观护一词的英文是 Probation，起源于拉丁语 probare，原意为测试、观察，后来，其适用范围扩大，适用于犯罪人，指使犯罪人能够重返社会之处遇方式。[①]1841 年美国的奥古斯都（John Augustus）在法院热心从事为酗酒者提供保证的尝试，这被视为观护制度的真正起源。[②]1952 年在伦敦举行的联合国第二届法律大会对观护制度的定义是：为特别选择的犯罪人之处遇方法，并将犯罪人置于特定人的监视下，予以个别的指导或处置，同时附条件延缓其刑罚之制度。[③]

司法领域中的"观护"是一种判决方式，是一个处遇过程。观护的概念不是一成不变的，而是在不断演进，各国的观护制度也随着自己的文化特色而各有不同。未成年人观护一词由我国台湾地区引入，在缓刑、假释及保护处分的基础上发展而来，所以从本质上，观护制度是西方和国际社会的"舶来品"，但由于符合国际趋势和少年司法目标的需要，观护制度逐步成为涵盖少年司法全过程的系统工作体系。在我国台湾地区，少年观护制度由少年调查制度与少年保护制度组成，分别由少年调查官与少年保护官负责相关事由。[④]在我国大陆地区，学术界并没有就观护的概念形成共识。

---

①　丁汀、石岩：《建立我国的未成年人犯罪观护制度》，载《人民检察》2008 年第 15 期。
②　徐锦锋主编：《少年观护制度理论与实务》，台北洪叶文化事业有限公司 2011 年版。
③　王雪梅：《再论少年观护制度之建构》，载《中华女子学院学报》2012 年第 3 期。
④　吴珊、郭理蓉：《海峡两岸未成年人观护制度比较研究——兼议北京市海淀区"4＋1＋N"未检工作模式》，载《预防青少年犯罪研究》2017 年第 3 期。

社会观护符合联合国公约规定。《联合国少年司法最低限度标准规则》第 11 条规定了观护办法。联合国的共识是："许多时候不干预可能是最佳的对策。因而，在一开始就采取观护办法而不转交替代性的（社会）部门可能是适当的对策。当罪行性质不严重，家庭、学校或进行非正规社会约束的其他机关已经以或可能会以适当的和建设性的方式作出反应时，情况尤其是如此。"联合国鼓励各国在司法程序的各主体，如警察、检察机关或法院、仲裁庭、委员会或理事会等作出决定的任何阶段采用观护办法，无需依靠正式审讯。在可行的情况下，联合国推崇以社区观护办法作为代替少年司法诉讼程序的可行办法，如赔偿受害者、短时期监督和指导等。

观护制度（probation system）是将犯罪人放在社会中，规定若干应遵守事项让犯罪人遵照执行，并由观护人给予必要的指导和帮助，以促进犯罪人改恶从善的个别化、社区化的处遇形式。①我国目前还没有社会观护法律。实践中，未成年人社会观护制度不仅适用于刑事领域，也适用于民事案件中。我国目前的涉罪未成年人观护制度，最早来源于 20 世纪 80 年代的社会帮教制度。前文所称的未成年人观护制度，不是一种处分判决形式，更侧重于一种帮教活动，在未成年人检察工作中，也是附条件不起诉的辅助措施与考察措施。②

美国观护人协会对观护制度所下的定义为："观护制度是法院对经过慎重选择的刑事被告，所采用的社会调查与辅导的一种处遇方法。"这些刑事被告于观护处分期间，虽允许生活于自由社会中，但其品行应遵守法院所告知的条件以及接受观护人的辅导监督。③在观护制度下，观护人运用"社会性恢复措施"帮助服务对象遵纪守法，预防犯罪。

未成年人社会观护制度的性质属于非刑罚替代措施。将涉司法体系的未成年人交由以社会工作者为核心的观护组织，其间由观护人员开展社会化的辅导、监管、保护等，以帮助他们改善行为，实际上是一种"对于犯罪或虞犯少年所采取的非监禁的处遇措施"，比如审前调查和保护管束、感化教

① 吴宗宪主编：《法律心理学大辞典》，警官教育出版社 1994 年版，第 20 页。
② 吴珊、郭理蓉：《海峡两岸未成年人观护制度比较研究——兼议北京市海淀区"4＋1＋N"未检工作模式》，载《预防青少年犯罪研究》2017 年第 3 期。
③ 周震欧：《少年犯罪与观护制度》，台北中国学术著作奖助委员会 1978 年版，第 158 页，转引自丁乐：《两岸未成年人观护制度的比较与借鉴》，载《暨南学报（哲学社会科学版）》2017 年第 5 期。

育、假日生活辅导等保护处分的执行。[①]英美最初在私人机构的活动与提倡下成立少年感化院，对分流出来的未成年人进行观护。很多国家在少年法院之外，政府和民间组织合作，在中央和地方层面都设有少年司法服务机构，对少年司法中分流出来的少年进行监管与帮教。通过社会观护的方式对罪错未成年人开展康复和回归工作，可以避免羁押和监禁刑的弊端，是未成年人处遇中重要的替代方式，体现少年司法发展的国际趋势，与恢复性司法理念契合，是行刑社会化的必然要求，也符合我国对罪错青少年"教育、感化、挽救"方针及"教育为主，惩罚为辅"的理念。同时，可以促进罪错青少年回归社会，符合"儿童利益最大化"原则。

未成年人的观护制度不仅针对刑事领域的未成年人加害人，同时也针对民事领域的未成年人。在实践中，未成年人保护工作表现突出的司法机关具有共同点：即与未成年人司法社工机构的紧密合作，配合默契。

> 检察官 J104："我们这边的社会工作，整个效果和工作质量都非常高，我们这边跟社会工作者联系非常紧密，很大一部分帮教矫治工作依赖社会工作者开展，他们这边有一套非常健全的工作体制和工作流程。"

（二）帮教与观护的关系

帮教意即"帮扶教育"，英文名称为 help and teach，是两个动词帮助（帮扶）和教育的合称，这个词是中国语境词，有些地区直接使用"帮扶"，可以和其他词语组合成"观护帮教""考察帮教""矫治帮教""安置帮教"等概念。《联合国少年司法最低限度标准规则》中认为："观护办法，包括免除刑事司法诉讼程序并且经常转交社区支助部门，是许多法律制度中正规和非正规的通常做法。这种办法能够防止少年司法中进一步采取的诉讼程序的消极作用（例如被定罪和判刑带来的烙印）。"观护制度是在少年司法制度的分流后，对未成年人进行帮助、帮教或者帮扶，是观护者对未成年人开展帮助与教导的过程。

观护强调分流后处置，而帮教强调观护者助人的方法；观护一词是外来语，而帮教是我国本土化词语；观护是一个体系，是对未成年人分流后社会化处遇方式的统称，帮教是观护体系中的一部分内容。观护体系依靠帮教

---

① 丁乐：《两岸未成年人观护制度的比较与借鉴》，载《暨南学报（哲学社会科学版）》2017 年第 5 期。

来实现,帮教可以更加细分为学业辅导、就业培训。

　　检察官J104:"对非羁押的未成年人,一般案件刚上来,也会请社工给他们开展两个月的观护帮教活动,这个工作并不是所有区院都会这么做的。我们这边也是考虑到孩子刚过来,我们想要先看他的表现,还有进行一段时间的帮扶帮教,看他有没有改好的情况,作为一个重要的参考依据,再决定之后这个案件到底怎么处理。"

观护帮教的原则:个性化、保密原则、刚柔并济。

　　社工S201:"每个案子其实前后不一样,我们还是尊重个案的个性化,因为有些孩子是放在帮教基地帮教的,有些孩子是放在他原来的公司或者企业,有的是放在学校帮教,还有的是放在家里的,帮教的地方不一样,帮教的内容肯定也不一样。我们重点考量的是这个小朋友的需求和问题所在,帮教时间是六到十二个月。对社会工作来说这个时间可能不止,若目标尚未达成,我们就要继续。"

　　检察官J201:"我们以前检察院自己在做的时候会制定一个计划,每个个案都要有帮教计划,如果不是放在帮扶基地的,是在企业的,这个计划不仅要他父母确认,也要帮教人确认,企业内和他直接建立联系的管理者也要确认,确认之后我们觉得没问题了就会实施,刚刚说的要根据个体制定计划,我们检察机关在办案的时候也要加一个东西,就是禁止令,比如说沉迷上网的我们会限制他们上网,如果违反,我们有一整套训诫程序,因为社工是没办法训诫他的,要刚柔并济。"

二、社会观护制度在我国的发展

(一) 未成年人司法社工是社会观护员的最佳人选

随着社会分工日益细化,观护制度需要有专业人员从事,专业的人做专业的事,因为观护工作面对不同特点的未成年人,需要多方面的知识和技能,如果要取得好的效果必须有专业人员。上海市 2010 年《关于进一步规范涉罪未成年人社会观护工作机制的若干意见》[①]中第 5 条规定了观护人员:"一般以专业社会工作者作为主要成员,居(村)委会干部、社区干警、青

---

① 　吴燕主编:《未成年人检察法律政策指引》,法律出版社 2016 年版,第 212 页。

保老师、共青团干部及志愿者作为辅助成员。"有些地区没有未成年人司法社工,由检察官或者法官兼任,但司法人员人数有限、精力有限,帮教与观护的角色与履职中承担的司法角色冲突,从未成年人的角度出发,因为对司法人员有所敬畏,一时很难打开心扉,司法人员势必要投入更多的时间,就会造成效率降低。也有些地区由政府或司法机关退休人员或志愿者进行观护,由于他们没有受过专业训练,观护的效果无法保证。

调研中,检察官认为受过专业训练的未成年人司法社工是担任观护角色的最佳人选。社会工作者具有身份优势,代表社会支持体系和儿童福利制度,采用平等的视角帮助未成年人,他们的介入更加细致入微,有司法人员不能比拟的地位、身份、价值观、帮教方法的优势,检察官在没有未成年人司法社工介入时是亲自进行帮教工作的,他们用切身体会道出了与未成年人司法社工在工作中的区别。

检察官J202:"我们之前就是靠这些认真、执着的志愿者去支撑起我们的帮教工作的,检察机关在帮教方面是有欠缺的,包括专业度,社会工作者进来后我们就发现轻松很多,以前我们在帮教时候力不从心,很难想到很细微的东西,在与未成年人接触的时候是有距离感的,身份是不对等的,我们要下意识地降低自己去平等看待,但再怎么样也达不到,孩子不会敞开心扉,只会展现他的一面,这件事我是有深切体会的。自从社工来了以后我就发现他能接触到的一些细微的东西是我们接触不到的。这就是我们和社会工作最大的区别。"

观护员在案例中是调解者、使能者、教育者,他们目前在刑事案件和民事案件中都可以发挥作用。在刑事案件中,观护对象是"作案时未满十八周岁,有证据证明其涉嫌犯罪,并具备适用非羁押强制措施条件的未成年人"。民事案件中,"社会工作者担任社会观护员参与家事案件调解,案件范围主要包括涉十八周岁以下未成年人的离婚纠纷、抚养纠纷、监护权纠纷、探望权纠纷、亲子关系纠纷、收养关系纠纷、继承纠纷等"。[1]

(二) 未成年人帮教模式

在少年司法领域,我国各地根据未成年人罪错行为特点与教育矫治规律,开展不同的观护帮教,模式各有不同,实施有针对性的帮教。多地检察机关探索由检察官和司法社会工作者、心理专家等共同组成帮教组织,通过

---

[1]　周胜洁:《社会观护员"守护"青少年权益》,载《青年报》2017年7月26日。

全面分析评估、精准匹配社会工作、找准措施、制定实施帮教方案、客观评估帮教效果等工作,实现对涉罪未成年人的精准科学帮教。在对未成年人进行帮教之后,很多未成年人有较大改变,如2019年,全国有689名涉罪未成年人经检察机关帮教后考上大学。[①]

中国第一个以挽救未成年人、预防未成年人违法犯罪为目标的司法项目是"盘龙模式"。[②]这一模式由云南省昆明市盘龙区实施,在这一矫治帮教模式中,由公检法三家相互协助完成,形成公安侦查阶段分流,检察院起诉阶段分流,法院审判阶段分流,并由司法项目办公室指导合适成年人以维权为核心,以个案跟进为手段,开展社会背景调查,组织社会各方力量进行帮教等一系列未成年人司法分流运行模式,使得未成年人司法分流和社区帮教工作逐步成为盘龙区政府及相关部门的一项专门性的工作制度。从2002年到2013年这十多年间,盘龙模式已经成功分流了700余人次,该地区的司法分流取得了很大成功。

未成年人司法社工逐步深入各地社会观护实践。2004年10月起,上海市检察机关立足本地区实际,建立多部门共同参与的未成年人社会观护体系。创造社会帮教条件,提供社会支持保障平台。各区不断创新,与企业、专门学校合作,通过个性化帮教方案,结合训诫教育、心理疏导、学(职)业规划、异地协作考察等方式,创新观护方式,提升帮教效果。很多未成年人在这样的机制下学会了技能,找到工作,帮教成效明显。

北京市帮教工作采取公安机关、未成年人监护人、司法社会工作机构"三方共管"模式,在执法办案管理中心未成年人帮教室,有司法社会工作帮教人员进驻,对涉案未成年人开展帮教工作。司法社会工作机构围绕未成年人个体认知、行为习惯、发展规划等方面开展个案帮扶,充分发挥专业机构的职业优势。北京模式可以称为"4+1+N"模式,[③]浙江省诸暨市检察

---

① 最高人民检察院《未成年人检察工作白皮书(2014—2019)》,https://rmh.pdnews.cn/Pc/ArtInfoApi/article?id=13697769,2020年6月3日访问。

② 唐锦江:《昆明市盘龙区未成年人司法分流模式的探析与思考》,载《云南经济报》2013年8月2日。

③ "4"指未成年人检察部门捕、诉、监、防四部分;"1"指司法社会工作者参与,对涉罪少年进行社会调查、风险评估、帮教考察、转介服务、跟踪回访的工作;"N"是借助多方资源力量,广泛联合公安、司法、民政、教委、工青妇等部门以及致力于少年研究和服务的社会团体、机构,如开展心理辅导、家长课堂、社会救助、委托异地调查,共同构筑挽救涉罪少年的社会网络。参见吴珊、郭理蓉:《海峡两岸未成年人观护制度比较研究——兼议北京市海淀区"4+1+N"未检工作模式》,载《预防青少年犯罪研究》2017年第3期。

院创新运用"依靠和发动群众"这一"枫桥经验"法宝,探索建立"帮教基地＋青少年司法专业社会工作"新型帮教考察模式,并以此为基础,于 2018 年初联合共青团诸暨市委组建了绍兴地区首支司法社会工作队伍——诸暨市"检馨"青少年司法专业社会工作服务队。[①]

(三) 观护基地的设立类型

检察院与社工机构签订未成年人《观护协议》后,未成年人司法社工开始对未成年人进行帮教,服务内容包括职业培训,让未成年人掌握某方面技能,参与职业体验,做好自己的人生规划。由于有些未成年人的家庭在异地等原因,需要有一定的处所和专业环境,于是观护基地应运而生。

> 检察官 J103:"市检察院要求每个区县院都要成立观护基地,但是具体怎么成立自己想办法。基地成立以后工作开展需要社会组织的参与……我们设置观护基地也是为了提升他们的技能,使他们能尽快适应社会。"

> 检察官 J103:"很多来上海市的外地未成年人,他们提供不了保证人,没有居住地,也没有钱付保证金,哪怕他情节比较轻,我们也会对他批准逮捕,把他关到派出所里面,因为怕他跑了。但后来我们设立了一个观护基地,我们可以让他们住在里面,专人看护他们,如果他自己愿意待在里面接受比较长时间的考察,比如说六个月到一年,我们可以对他作附条件不起诉,情节比较轻的话,我们就直接相对不起诉,我们观察三个月,如果觉得他表现好,我们可以不起诉。如果这段时间里表现不好,我们就起诉到法院。"

> 检察官 J103:"全上海区级和市级层面都有观护基地。徐汇区有两个观护基地,原来最早一个观护基地条件没有那么好,地方也小一点,后来我们又找到这个基地,各方面设施相对都比较好,我们现在主要是用这个基地。从 2015 年开始使用,总共接受了 50 名帮教对象。主要对象为外地涉案的未成年人。"

各地充分发挥因地制宜的优势,利用本区域的优势资源,建立可以帮助

---

① 郭滢姗、金纯盈:《青少年司法专业社会工作参与涉罪未成年人帮教工作实证分析——以浙江省诸暨市"检馨"青少年司法专业社会工作服务队为对象》,载《检察调研与指导》2018 年第 6 期。

罪错未成年人顺利回归社会的观护基地，主要模式有：

1. 与爱心企业共建观护基地

未成年人保护是一项全社会的事业，需要社会各界参与。司法部门与爱心企业共建观护基地，这些企业具有社会责任感，勇于承担社会责任，热心公益事业，即使没有政府的优惠措施，也能义不容辞地配合司法人员的观护帮教工作。在基地里劳动，一方面可以让未成年人有事可做，避免无事可做浑浑噩噩的状态，切断了被不良人员利用的可能性，另一方面可以帮助未成年人提高生存技能和本领，为他们将来找到合适的工作提供机会。

检察官J103："未成年人如果在上海有住所，我们就让其住在家里，我们请社工来对其进行观护帮教。你没有地方住，我们给你提供住的地方，有人照顾你的生活，白天你在观护基地里面工作，到时候表现好公司想留用也没有问题，基地与爱心企业共建。基地一楼是菜场，在三楼开辟一部分区域作为观护基地。白天协助菜场工作人员工作。另外基地的福利待遇比较好，比如说孩子想学一门技术，譬如厨艺，他们能出钱帮你到外面去报班，你要学你就去学。你如果表现好将来不起诉了，想留在这里，他们也非常支持。因为有好多未成年人父母要么在老家，要么父母去世了，再或者是父母从来不管的，很多孩子老家已经没有家了，在我们这里帮教之后，就把这里当家，中秋节春节就回基地，这一块公司还是蛮支持的，做得非常好。"

检察官J201："我们浙江省台州市路桥区有一个特点，就是民营经济很发达。外来（罪错的）未成年人占93％，这些未成年人都是有一些家庭问题的，比如单亲家庭占到75％，留守儿童占到78％，贫困家庭占到75％，这些儿童读书就成了问题。我们就反思，要让这些孩子去读书，困难有很多，但最重要的是让这些孩子有生存能力，有一技之长，可以养活自己就不会犯罪，所以我们把精力全部放在民营企业，现在有七个基地，主要在弄的是两个基地。""截至今年年初没有一个重新犯罪的，但今年有一个盗窃的，重新犯罪了。至少帮助了一些孩子重新回归社会不再犯罪，这个是很好的。2010—2013年数据，18岁再犯的有70％，但2013—2016年这个数据为30％，在下降。未成年人的观护教育基地中也融入了心理矫正，一个解决心理回归问题，一个解决就业能力问题。"

社工S202:"我们观护基地有八个,但是一年能用到的也就一两个。有的是有工作,有的是会选择比较大的企业,基本上大家都选那个企业,因为它的条件好,工资高,做起来一天能挣200元。因为条件不错,住宿、食堂条件都是很好的,辅导员机械化操作,这个企业是非常好的,我们选的都是好的企业。被评为浙江省优秀观护基地。"

检察官J102:"我们现在不怎么用观护基地了,因为经济形势不好,观护基地企业的压力也相当大,人家当初做全靠企业的社会责任感,政府没有给任何税收、政策优惠。我们原来观护基地是为了考虑外地未成年人,我们现在是跟外地的检察机关合作,异地协作,我们觉得应该回到他们的熟人社会才对他们更有利。做观护基地的企业也没有得到政府支持,所以他们也不愿意做,我们现在也只能通过外地协作,放他回当地的社会,这样会比硬把他们放在本地好一些。"

通常,司法部门会评估企业的各方面条件,如生活设施是否齐备,未成年人是否能提升专业技能,在正式签订共建协议的时候要求有专人做未成年人的"师傅",传授技术,建立帮教组,并严格保密,其他人不知道,这是为了避免对未成年人的标签效应和污名化。在顺利度过考察帮教期后企业可以留用未成年人,这就为他们的生活提供了保障,也让其摆脱了未来可能犯罪的不良环境,一举多赢。

社工S202:"进基地后不会有人知道他的特殊身份,只有他的辅导员知道,就和普通人员是一样的。包括我们社工去也不会是单独的,也不会有特殊标志,就是单线联系。"

检察官J104:"观护基地目前有两家。只有一家可以提供住宿,另外一家只提供岗位。对企业来讲,对未成年人会有一些筛选,他们觉得盗窃的未成年人会有风险,不愿意接受。他们只接受寻衅滋事这种类型的。如果在我们观护基地内的话,就是一些美容美发,还有餐厅的服务员,有时我们还想结合一下他们的兴趣爱好,有的喜欢体育,或做咖啡之类的。但是我们现在的资源类型还比较单一。"

警官P106:"未成年人犯罪嫌疑人需要得到社会的观护帮教,以松江区为例,目前在某电子厂建有未成年人观护帮教基地,对取保候审的未成年犯罪嫌疑人,我们把他送到这个厂里,吃住均在厂内,在厂里没有人知道他的身份情况,只有厂领导知道,工作工资也发,在一到两个月的观察期内社工会定期与其谈心聊天。我办理的未成年人案件中，未成年犯罪嫌疑人表现良好，工作积极向上，考核期满后检察院决定对其附条件不起诉，未成年犯罪嫌疑人表示愿意留下来在厂里继续上班，最终也留了下来，我觉得这就是司法部门与社会部门之间的合作共赢，未成年人犯罪很多时候是因为环境原因，父母大部分是在本地的务工人员，对子女关心不够，很容易被人带领误入歧途。当然，在这家电子厂建立观护帮教基地的起因是董事长是区人大代表，在听取松江区未成年人帮教工作的报告后，主动联系司法部门，之后才有了这个观护帮教基地，我觉得这样的基地给未成年人犯罪嫌疑人的帮助比他的原生家庭更有效。"

2. 与学校、社会福利机构共建的观护基地

社工 S101："观护帮教主要在青春学校。如果是其他社会工作，是放在家里做观护帮教的，每周至少要打一次电话，了解一下情况。一般来说，有面谈、电话联系，我在学校的话，主要是电话联系，我们每周和他联系，了解思想状态，每个月有四个小时的公益劳动。公益劳动由社工来安排，但在学校，主要是老师来安排学习和劳作，每月提交思想报告。""为什么会放到青春学校去，他们有的是上海市本地的，可能家庭环境不适合做观护帮教，就会放到青春学校里去，放两三个月，先和家里的环境隔离开来，还有就是三无人员会放进里面。松江市和外地都有，但是外地的会比较多。在上海市，如果是社工做观护帮教，需要一个多方面的考核评估，不行的话，就不可以做观护帮教。"

三、司法社会工作观护帮教的类型

（一）审查起诉阶段：附条件不起诉与考察帮教

我国《刑事诉讼法》第 282 条规定了在附条件不起诉，[①]第 283 条规

---

①　《刑事诉讼法》第 282 条："对于未成年人涉嫌刑法分则第四章、第五章、第六章规定的犯罪，可能判处一年有期徒刑以下刑罚，符合起诉条件，但有悔罪表现的，人民检察院可以作出附条件不起诉的决定。人民检察院在作出附条件不起诉的决定以前，应当听取公安机关、被害人的意见。对附条件不起诉的决定，公安机关要求复议、提请复核或者被害人申诉的，适用本法第一百七十九条、第一百八十条的规定。未成年犯罪嫌疑人及其法定代理人对人民检察院决定附条件不起诉有异议的，人民检察院应当作出起诉的决定。"

定了考察帮教制度。①根据最高人民检察院《未成年人检察工作白皮书（2014—2019）》，"附条件不起诉"是指检察机关依法对应当负刑事责任的犯罪嫌疑人，认为可以不立即追究刑事责任时，给其设立一定考察期，如其在考察期内积极履行相关社会义务，并完成与被害人及检察机关约定的相关义务，足以证实其悔罪表现的，检察机关将依法作出不起诉决定。所以附条件不起诉分流后社会工作的帮助称为考察帮教，这一阶段称为考察帮教期。《人民检察院刑事诉讼规则（2019）》第473条："人民检察院作出附条件不起诉决定的，应当确定考验期。考验期为六个月以上一年以下，从人民检察院作出附条件不起诉的决定之日起计算。"

　　如果未成年人能够顺利通过考验期，没有实施新的犯罪或者未发现决定附条件不起诉以前还有其他犯罪需要追诉的，或者未违反治安管理规定或考察机关有关附条件不起诉的监督管理规定，情节严重的，则人民检察院应当作出不起诉的决定。②在考验期内，由人民检察院进行监督考察。未成年犯罪嫌疑人的监护人，应配合人民检察院做好监督考察工作。附条件不起诉作为一种暂缓起诉模式，是避免未成年人"交叉感染"、尽早回归社会的一项更好选择。

　　我国少年司法中的未成年人通过附条件不起诉等分流渠道转介到社会支持体系后，可以由未成年人司法社工通过考察帮教的形式予以帮助。社会工作者为其提供机会，开展有针对性的干预措施，在充分了解未成年人的基础上，发现并满足其正当合理需求，评估其问题，降低其再次犯罪的诱导性和风险性因素。根据我国最高人民检察院《未成年人检察工作白皮书》公

---

　　① 《刑事诉讼法》第283条："在附条件不起诉的考验期内，由人民检察院对被附条件不起诉的未成年犯罪嫌疑人进行监督考察。未成年犯罪嫌疑人的监护人，应当对未成年犯罪嫌疑人加强管教，配合人民检察院做好监督考察工作。附条件不起诉的考验期为六个月以上一年以下，从人民检察院作出附条件不起诉的决定之日起计算。被附条件不起诉的未成年犯罪嫌疑人，应当遵守下列规定：（一）遵守法律法规，服从监督；（二）按照考察机关的规定报告自己的活动情况；（三）离开所居住的市、县或者迁居，应当报经考察机关批准；（四）按照考察机关的要求接受矫治和教育。"

　　② 《刑事诉讼法》第284条："被附条件不起诉的未成年犯罪嫌疑人，在考验期内有下列情形之一的，人民检察院应当撤销附条件不起诉的决定，提起公诉：（一）实施新的犯罪或者发现决定附条件不起诉以前还有其他犯罪需要追诉的；（二）违反治安管理规定或者考察机关有关附条件不起诉的监督管理规定，情节严重的。被附条件不起诉的未成年犯罪嫌疑人，在考验期内没有上述情形，考验期满的，人民检察院应当作出不起诉的决定。"

布的数字整理,2014—2023 年对未成年人犯罪嫌疑人适用附条件不起诉总人数不断增加,所占比例逐年上升,具体情况如下:

表 11-1　未成年人附条件不起诉人数及附条件不起诉率[①]

年份	附条件起诉人数	附条件不起诉率
2014	4 021 人	
2015	3 779 人	
2016	4 455 人	
2017	5 681 人	8.78%
2018	6 624 人	
2019	7 463 人	
2020	11 376 人	20.87%
2021	19 783 人	29.69%
2022	26 161 人	36.1%
2023	31 121 人	37.4%

　　坚持对被附条件不起诉的未成年人制定个性化、针对性强的监督考察方案,依靠社会工作、观护志愿者等社会力量严格监督落实,确保监督考察实效。[②]我国少年司法中通过附条件不起诉等分流渠道将未成年人转介到社会支持体系中,可以由未成年人司法社工通过帮教的形式予以帮教。

　　检察官 J103:"附条件不起诉比例不算特别大,因为现在涉及未成年人的案件,每年犯罪嫌疑人是未成年人的比较少。主要是被害人是未成年人,成年人侵害未成年人的案件会严惩。附条件不起诉可能占到 30% 左右,因为还有一些相对不起诉的,即情节更轻的,不需要经过附条件六个月或者到一年的考察,直接就可以作不起诉决定,这个也是蛮多的。相对不起诉也要占比 30% 左右。"

　　社工 S104:"其实小孩冲动型犯罪很多,真正很坏的人很少。所以

---

　　① 根据最高人民检察院《未成年人检察工作白皮书(2014—2019)》《未成年人检察工作白皮书(2022)》、《未成年人检察工作白皮书(2023)》公布情况整理。
　　② 最高人民检察院《未成年人检察工作白皮书(2014—2019)》,https://rmh.pdnews.cn/Pc/ArtInfoApi/article?id=13697769,2020 年 6 月 3 日访问。

我觉得这个制度很好,我的案主都觉得观护给了他们一个回头的机会,他们很珍惜这个机会。附条件不起诉是六个月,社会观护的时间和附条件不起诉的时间加在一起有可能是一年,时间跨度比较长。大多数人在此期间是会配合的,真正不配合的人很少,有的人会害怕法律的威严。"

检察官 J104:"考察结束之后,社工会给我们出具一个社会工作报告,基本上通过考察期间信息的反馈,会有一个报告,如果我们觉得这个孩子的配合度高,基本上就没有什么问题。目前没有出现过撤销附条件不起诉的情况。基本上开展了附条件不起诉之后,都有一个比较好的反馈。""要求每名被帮教未成年人每月参加 4 次累计不少于 8 个小时的帮教活动。同时,给每名被帮教未成年人指定 1 名社会工作者,全程监督其参加帮教活动的情况,并将参加活动的时间、质量效果、表现等详细记入帮教考察手册。"①"通过社会调查、心理测评等工作,结合其日常生活状态,协助制定个性化帮教方案,配备心理老师全程指导,由社会工作者有步骤、分阶段开展帮教工作。"②

未成年人 W102:"考察帮教期间报平安,写检讨,去老师那里思想汇报。"

检察官 J104:"我看那边的小孩每周都会亲笔书写思想汇报,都是发自肺腑的。"

(二) 监所帮教与社会工作服务

一些社会工作机构与本地监所合作,设立监所帮教项目,如内蒙古社会工作所做的未管所晨曦项目。

机构负责人 A012:"我们做了未管所晨曦项目。2012 年就开始介入未成年人服刑人员。将社会工作服务引到少管所,针对所内的(未成年人)开展帮教。因为当时成立时,由自治区团委的权益部、规划中心做项目,一直和少管所合作。最开始和狱警等开展工作,如公益活动、捐赠,后来中心建立,与社会工作专业人员建立合作关系,社会工作者

①② 郭滢姗、金纯盈:《青少年司法专业社会工作参与涉罪未成年人帮教工作实证分析——以浙江省诸暨市"检馨"青少年司法专业社会工作服务队为对象》,载《检察调研与指导》2018 年第 6 期。

直接驻所提供帮扶,2012年12月就开始了这个项目。开始免费,后来通过购买社工服务的方式,由少管所(未成年人管教所)出经费,现在有289个未成年人,有提前释放的,现在人减少了。后来我们项目升级,和呼和浩特市第一监狱合作,针对成年人和女子劳教所。这个项目由2个专职社会工作者负责,志愿者比较多,我们整个社工机构一共有15个专职社工。同时建立了志愿者和实习生团队。"

社工S107:"现在我们还有驻校社工、驻所社工,所以我们的面铺得比较大一点。"

机构负责人A009:"2012年,我们在专门学校开设社会工作站,开始做专门学校的社会工作服务。2014年进入市看守所开始做看守所内的未成年人服务。"

警官P105:"从管理角度出发,管理过程会更严格。因为小孩子比较好动,还有可能再犯。我刚开始接触这个工作的时候,看守所工作人员告诫我,在未成年监室,小事都需要当成大事来处理。如果小事不抓,肯定会出现大事情。打个比方,正常监室里面有人吵架了,因为都是成年人,在门口说两句也就可以了,矛盾讲开了就行了,没必要进行处罚。但是未成年人不行,如果矛盾没有化解,过两天他们可能会找个由头再次吵架。""毕竟未成年人的心智还未成熟,他们的犯罪有可能是从众的、盲目的,或者是他们根本就没感觉到自己做的事是犯罪,会对他们以后的人生带来不好的影响。他们犯罪时,一般不会考虑到未来的工作、人生。很多未成年人都是三进宫、四进宫,他们一出去就偷,习惯性的了。"

警官P105:"因为从社会角度来说,这样的小孩去面试、工作,都会有困难,这个小孩没有正常的工作,没有家人引导,身边都是狐朋狗友,他们只能去继续偷,继续抢。"

(三)社区矫正阶段:安置帮教

观护帮教制度是指检察机关未检部门将已涉嫌犯罪但无羁押必要的未成年人,交由社会力量组成专门观护组织,在诉讼期间进行帮教、考察和矫治,以确保诉讼的顺利进行。观护帮教工作是社会力量参与未成年人案件的重要领域。

安置帮教是对已经审判并判处缓刑、监外执行、刑满释放的人员进行社区矫正时采用的措施，是针对成年人的，观护帮教是针对青少年的。

> 检察官J103："司法帮教我知道在街道司法所有安置帮教，安置帮教的意义其实是帮助这些人重新回到生活的正轨。帮教是居高临下，帮教是有点行政化色彩在内的，但是他们在实际工作中肯定不能来硬的。"

（四）民事、行政案件的社会观护

除了刑事案件中的社会观护，民事与行政案件中也可以进行社会观护。最早将社会观护工作引入未成年人民事审判的是广州市黄埔区人民法院，该院2007年审理一起涉及未成年人的抚养费纠纷案件时，引入了社会观护制度。[①]最高人民法院2010年发布的《关于进一步加强少年法庭工作的意见》中鼓励各级法院探索社会观护制度。[②]随之，各地纷纷开展本地的社会观护创新，如上海市于2011年12月颁布《上海法院审理未成年人民事、行政案件开展社会观护工作的实施意见》，司法部门与共青团合作，请有社会工作师、心理咨询师、家庭教育师等背景的社会观护员全面参与未成年人民事案件，开展包括庭前调查、案件调解、出庭、判后回访等全方面工作。

四、司法社工观护帮教的主要内容

在观护帮教中有多元化内容，未成年人司法社工协助制定个性化帮教方案，全方位监督帮教活动，推广家庭亲职教育。坚持在不违反保密原则的前提下，对涉罪未成年人开展就近帮教，使其在相对熟悉的环境中接受监督，以便更快适应正常社会生活。社会工作充分利用帮教基地平台，系统性开展家庭访问、亲子课堂、亲子运动会等形式多样的家庭亲职教育工作，帮助涉罪未成年人家长纠正养而不教、重养轻教、教而无方等家庭教育问题，

---

① 钱晓峰、乐宇歆：《未成年人民事审判社会观护制度探索》，载《青少年犯罪问题》2015年第2期。

② 最高人民法院《关于进一步加强少年法庭工作的意见》（法发［2010］32号）第21条："各级法院应当坚持'特殊、优先'保护原则，大胆探索实践社会观护、圆桌审判、诉讼教育引导等未成年人民事和行政案件特色审判制度，不断开拓未成年人民事和行政案件审判的新思路、新方法。"

从源头预防再犯罪的发生。[1]

（一）心理咨询与心理疏导

社工可以开展心理咨询和心理疏导，这一部分的内容将在第十五章详述。

　　社工 S106：帮教可能有各种约见、访谈，还有心理咨询，然后还跟他的监护人有一定沟通，共同预防他犯罪。

　　社工 S101："社工需要对帮教对象开展心理疏导，和家长沟通，了解夫妻关系等，各方面都要去沟通，但是这对要去沟通的人来说，专业性要强一点。"

　　社工 S202："家访，我们可以在观护基地和家里进行。"

（二）就学就业培训

　　社工 S202："我们会做一些常规服务，如沟通技巧培训。同时，我们会联系一些培训机构，大多是就业培训。"

　　社工 S104："在我们社区，我们会看年龄、劳动手册，在 18 周岁以后政府会有补贴培训的。""我们会关注相关的社会保障资源，如果他有劳动手册，没有就业、加金的话，政府会免费提供技能培训。"

　　社工 S104："如果有技能培训，可以让未成年人参加社保中心的人力资源保障部门的培训课程。如果加金的话一半的学费是自付的，培训内容比较简单，涉及美容美发、西点、厨师、宠物美容、摄影、办公自动化。每年项目是在变的。"

　　社工 S104："如果有学历培训的要求，就培训。我们以前还有公益学历培训服务，会推荐一些人去做学历的提升，现在基本上没有了。如果有就业要求，我们就联合街道劳动保障部门，我们会定向咨询适合的岗位信息。落到社区以后，我们会跟他的家里人去沟通。"

　　检察官 J104："因为社会工作是依托在团区委下面的，他们平时开展社区矫治工作，比如一些公益劳动之类的活动。我们想给未成年人创造更好的环境，为他们做培训，让他们有一技之长，我们感觉依靠政

---

　　[1]　郭滢姗、金纯盈：《青少年司法专业社会工作参与涉罪未成年人帮教工作实证分析——以浙江省诸暨市"检馨"青少年司法专业社会工作服务队为对象》，载《检察调研与指导》2018 年第 6 期。

府力量稍显欠缺。就是社会培训和职业技能培训这方面，我们更希望依托于社会组织，社会资源这些力量能有更多介入，社会上其他的公司企业可以给他们更多机会。"

社会工作帮教过程中的就学、就业是最大的困难。因为很多涉罪的未成年人一旦被学校发现其有不良行为就会勒令其退学。尽管《义务教育法》和《未成年人保护法》都明确规定不能让未成年人辍学等，但是现实中落实不到位。当这些未成年人被推向社会，由于文化程度比较低，无相关技能，能从事的工作较少，导致没地方可去，闲散于社会上，检察机关发现这一问题，建立院外观护站，在站内对未成年人进行教育与就业技能培训，能从根本上降低未成年人再犯罪比例。

（三）公益与志愿性服务

机构负责人 A012："我们社会帮教量不大，是 2017 年开始做的，到现在有 7—8 个，多半有需求和我们联系，一般我们有志愿性服务项目。"

社工 S202："公益服务我们会邀请他们在不同时间参与敬老院探访、公益服务，从而更好地培养感恩之心。接下来是一些大型法治宣传活动。这是我们的活动剪影，包括我们在家访过程中邀请他们参加活动。在我们沙盘小组会有一些讲座，包括一些有关普法的小组活动。这是我们进看守所开展的一些团体活动。这个是我们的社区宣传活动。通过这几年工作，我们发现了服务对象的需求。根据需求分类，有针对性地开展培训和服务，包括人际关系、法律知识教育、心理辅导这几个方面。个性化的帮扶有学习服务，包括法律知识、集中培训、职业规划等。这是我们已有的一些服务，其他就是我们一些专业小组或沙盘之类的服务。"

观护结束之后，社工会进行效果评估，并撰写《观护报告》。

检察官 J103："我们现在也没有非常具体的评价体系，因为整个帮教过程当中不单单是社会工作者一个人在接触，还包括检察机关的人员、观护基地的管理员，在校生还包括老师等，在整个过程当中就看各方面的反馈，帮教最后全部是递交各种文字材料，我们来做一个综合评价。对于社会工作者的评价，一方面根据基地老师对社会工作者的评价；另一方面也是看社会工作者的工作态度和工作能力，比如在观护帮教结束十天内,要给我们观护报告,如果拖了很久一直都不给,或者每次观护活动的时间间隔特别长,我们也会对社工的介入效果存在质疑。"

社工S104:"我们观护报告都是很客观的。我们的报告上有观护期间的表现、经过和综合评价意见。内容是涉及跟他的对话和工作内容,都是要记录在案的,是一整套的。我们站长的要求高,站长要先看一遍我们的报告再交到检察院。"

检察官J104:"他们给到我们最后的综合材料是很厚的,包括每一次面谈、微信聊天记录、开展活动情况、观护时的小故事、工作的亮点情况,所以基本上可以体现出案主在观护期间所有的表现情况。站里会留一份复印件,原件给检察院。我们有一整套的观护手册,包括社会观护记录卡、思想汇报、观护记录报告、参加公益劳动和法治教育时间,还有我们的一些其他材料。"

检察官J104:"我们这里现在只要是未成年人犯罪,我们就会请社工跟进,个案全覆盖。甚至有一些案件中他们有同案犯,可能犯案时刚好成年没多久,一年左右的时间,我们也会请社工一起跟进,给他们做教育矫治。"

社会工作在开展观护帮教工作中的费用各地不同。

检察官J103:"观护帮教好像是一个月100元。其他单位给的可能会更高一点,具体每个单位还不一样,譬如公安经常晚上出警,所以晚上办公可能补贴会高一点。"

五、观护帮教中存在的问题与完善

(一)未成年人观护体系构建:观护帮教制度的碎片化困境

我国观护帮教制度没有系统、细化的法律规定,观护帮教工作缺少具体的法律规定和强制性要求,很多地区并没有未成年人回归社会过程中的观护基地。导致各地在帮教过程中无所适从,帮教措施碎片化,少年观护立法缺失,制度体系没有建立起来,帮教内容由各地检察机关自行制定,做得比较好的地区通过内部文件或者会签文件的形式加以规范,但缺乏全国性统一的法律法规支撑,甚至帮教措施的合理性、合法性也遭到质疑。帮教人员的专业化没有法律依据。

在没有转介机制的情况下,检察机关与社会组织之间、社会组织相互之间、检察机关与其他政府部门和社团组织之间缺乏常态化的沟通机制、资源共享和协调配合机制,导致办理未成年人案件的检察官在寻找社会力量支持及协调多部门协作方面耗费了很多时间和精力,不利于进一步提升未成年人检察工作的专业化和社会化程度。①我国的未成年人观护体系需要加强顶层设计,在理念上坚持系统化、专业化、规范化,以结果为导向,避免工作的敷衍。应加强制度设计,培育专业化未成年人司法社工人才,进一步加强各个系统之间的配合,少年司法的社会观护制度应尽快制定统一的法律制度,建立高素质的专业的社会工作者观护人队伍,培育志愿者、志愿企业等社会力量。

(二) 设立专门的帮教场所,政府加强对观护基地的激励措施

尽管检察机关致力于结合当地实际情况建立观护基地,但是实际上观护基地建立过程中,并非所有地区都有中途宿舍或者观护基地。

> 社工 S106:"(观护基地)必要性肯定是有的,我有听说在建这样的基地,矫正好像之前有这种基地,就是帮助那种矫正出来的(未成年人)重新适应社会。给他们居住的地方,能够安排一些简单的工作,让他们在里面适应。之前我听到青少年也想要建这样一个基地,但是目前没有。"

> 社工 S106:"原来有中途之家,现在我不清楚,因为实话说这边青少年二进宫三进宫都有的,他们实在是没地方去,他们没工作,也没法找工作,只好靠小偷小摸维持生活,像有些青少年我们想帮助也没办法,因为他们没有固定的居所,我们根本找不到他。"

我国未成年人犯罪预防的顶层设计中,应该更多地鼓励爱心企业观护基地建设,但是目前并没有配套的激励措施,这导致企业积极性不高,尤其是在整体经济下滑的情况下,没有税收等方面的激励政策,企业建设观护基地的动力不足。

观护基地的建设应遵循的原则为:其一,就近原则。社会观护要扎根于社区。观护基地尽量与地区的学校、社区服务机构、企业相结合。其二,小

---

① 宋志军:《附条件不起诉社会支持的深化》,载《国家检察官学院学报》2017 年第 3 期。

型化。观护基地不宜大型化，而应该坚持小型和个性化，提供多元化的技能培训。让未成年人在这里学会一技之长，将来到社会上有谋生技能。其三，进行督导。要有专门的督导人员对观护基地进行监督检查，避免观护基地中发生有违未成年人保护的事件。监督观护基地的过程、方法、人员及效果，定期通报，形成全国联网的观护系统。其四，专业化。观护基地有配备专门的管理、教育人员，有统一的标准和个性化、针对性、多元化的培训内容，训练未成年人建立良性的社会互动技能，尽量用职业化的专业人员，避免兼职人员的不稳定性。有的检察官认为可以在检察官队伍中设立独立的观护检察官。

检察官 J201："我们以前是各自独立办案的，改革后所有案子由我负责，我们当时有这么一个考量，就是设置观护检察官（的角色），不办案子实体，就是做观护工作。他其实是突破了检察官这个体系，向两头工作，但需要全程贯通。"

（三）亟待建立异地帮教机制

很多罪错未成年人到大城市打工或者随父母打工，被拘留和逮捕地的司法部门希望给他们考察帮教或者观护帮教，但是存在异地帮教困难的局面。

检察官 J105："在未成年加害人帮教的案件中，我们也希望得到异地协助，但是实施的效果非常不好，因为都是同级的（检察机关），对方如果不理睬，我们也没有办法。"

机构负责人 A005："现在我们的服务存在异地帮教的需求，如果在帮教期间未成年人回原籍，就需要建立跨省的异地帮教体系，可以委托当地的未成年人服务机构解决这个问题，并由外地的检察院进行异地监管。"

在全国未成年人检察体系中建立异地观护联网机制，全国一盘棋，地区之间建立协助机制，避免目前部分地区由于未成年人原籍地没有观护帮教基地和人员而无法采取观护措施的尴尬境地。同时，随着网络犯罪增加，未成年人加害人和受害人越来越呈现全国分散的趋势，可通过远程信息技术，建立异地协助的帮教机制。

第十二章 失语的群体：未成年被害人的权益保障与社会工作服务

　　英国苏格兰一项研究表明：如果人在少年时候遭受十件事情，则寿命平均会减少十五年，同时工作收入会更低，这十件事情包括精神问题、药物滥用、身体虐待、忽视、性侵犯、骚扰等，如果能够及时介入则可以缓解这些事件带来的负面影响。未成年人在身体体力、经济能力、社会阅历等诸多方面尚弱，无法保护自己，有些未成年人长期遭受监护人的虐待和侵害，如果得不到专业的服务和介入，则长大后很可能自杀、出现精神障碍，给家庭、社会带来隐患，还有的案件，如校园欺凌案，受害者在得不到有效帮助的时候，心理会发生变化，成为加害者。故对未成年受害者保护应该是少年司法的重要组成部分。

　　近年来，在少年司法领域，从保护被告人权利逐步拓展到同等保护被害人的权利，这符合国际社会的发展趋势，世界多国法律增加未成年被害人权利保护的相应内容。从国际法角度，《儿童权利宣言》《儿童权利公约》规定了未成年人保护的一般性原则，而《关于在涉及罪行的儿童被害人和证人的事项上坚持公理的准则》详细规定了未成年被害人保护的原则和价值，是未成年被害人权益保护的理论基础和立法依据。

一、我国对未成年被害人权益保护的法律规定与保护现状

（一）法律规定

　　未成年被害人作为诉讼中一方当事人，有其法定诉讼地位和诉讼权利，对此修订后的《刑事诉讼法》已有明确规定。同时，为进一步加强对未成年被害人的权利保护，在《刑法》《未成年人保护法》《预防未成年人犯罪法》《妇女权益保护法》中也都有所提及，梳理其中的相关规定，主要涵盖如下内容。

1.《刑法》关于未成年被害人权益保护之规定

在刑法中，对侵害未成年人的行为原则上处罚较为严重，充分体现对未成年人合法权益的保护。其中较为典型的是嫖宿幼女罪的废除，彰显了对未成年被害人保护的理念。《刑法》第 236 条规定，奸淫不满 14 周岁的幼女的，以强奸论，从重处罚。《刑法》第 237 条第 3 款规定猥亵儿童罪："猥亵儿童的，处五年以下有期徒刑；有下列情形之一的，处五年以上有期徒刑：（一）猥亵儿童多人或者多次的；（二）聚众猥亵儿童的，或者在公共场所当众猥亵儿童，情节恶劣的；（三）造成儿童伤害或者其他严重后果的；（四）猥亵手段恶劣或者有其他恶劣情节的。"第 301 条第 2 款规定，引诱未成年人参加聚众淫乱活动的，依照前款的规定从重处罚。第 358 条第 2 款规定，组织、强迫未成年人卖淫的，依照前款的规定从重处罚。第 364 条第 4 款规定，向不满 18 周岁的未成年人传播淫秽物品的，从重处罚。上述规定都体现了对未成年被害人特殊保护和重点保护的做法和理念，加大对侵害未成年人犯罪的打击力度，对于震慑犯罪、保护未成年人健康成长具有重大意义。

2.《刑事诉讼法》关于未成年被害人的特殊规定

《刑事诉讼法》在修订后，进一步保障未成年人的合法权利。对进入司法程序中的未成年被害人，给予当事人的诉讼地位（第 108 条第 2 项①），明确未成年被害人的法定代理人可以参加刑事诉讼并享有相应的诉讼权利，可以委托诉讼代理人（第 46 条②）、提起附带民事诉讼（第 101 条③）、自诉案件可以直接起诉（第 114 条④），对附带民事诉讼的一审判决、裁定可以上诉

---

① 《刑事诉讼法》（2018 年修订）第 108 条第 2 项规定："'当事人'是指被害人、自诉人、犯罪嫌疑人、被告人、附带民事诉讼的原告人和被告人。"

② 《刑事诉讼法》（2018 年修订）第 46 条规定："公诉案件的被害人及其法定代理人或者近亲属，附带民事诉讼的当事人及其法定代理人，自案件移送审查起诉之日起，有权委托诉讼代理人。自诉案件的自诉人及其法定代理人，附带民事诉讼的当事人及其法定代理人，有权随时委托诉讼代理人。"

③ 《刑事诉讼法》（2018 年修订）第 101 条规定："被害人由于被告人的犯罪行为而遭受物质损失的，在刑事诉讼过程中，有权提起附带民事诉讼。被害人死亡或者丧失行为能力的，被害人的法定代理人、近亲属有权提起附带民事诉讼。"

④ 《刑事诉讼法》（2018 年修订）第 114 条规定："对于自诉案件，被害人有权向人民法院直接起诉。被害人死亡或者丧失行为能力的，被害人的法定代理人、近亲属有权向人民法院起诉。人民法院应当依法受理。"

(第 227 条①),可以请求人民检察院对一审刑事判决提起抗诉(第 229
条②),对已经发生法律效力的判决、裁定可向法院或检察院提出申诉(第
252 条③和第 253 条④),如果作为证人,对证人及近亲属进行保护(第 63
条⑤)。未成年被害人还有独特的权利,如合适成年人在场制度(第 281
条⑥),未成年被害人法定代理人到场制度也是为了保障未成年被害人的利
益。上述规定都体现了对未成年被害人特殊保护和照顾的理念。

　3.《未成年人保护法》与未成年被害人相关之规定

　　我国《未成年人保护法》1991 年颁布,分别经 2006 年、2012 年、2020
年、2024 年修订,不断完善,该法旨在保护未成年人的身心健康,保障未成
年人的合法权益,分别从家庭保护、学校保护、社会保护、网络保护、政府保
护、司法保护六大方面规定未成年人保护措施。在家庭保护中特别提出禁
止虐待儿童,第 17 条规定:"未成年人的父母或者其他监护人不得实施下列

---

　　① 《刑事诉讼法》(2018 年修订)第 227 条第 2 款规定:"附带民事诉讼的当事人和他们的法定
代理人,可以对地方各级人民法院第一审的判决、裁定中的附带民事诉讼部分,提出上诉。"
　　② 《刑事诉讼法》(2018 年修订)第 229 条规定:"被害人及其法定代理人不服地方各级人民
法院第一审的判决的,自收到判决书后五日以内,有权请求人民检察院提出抗诉。人民检察院自收
到被害人及其法定代理人的请求后五日以内,应当作出是否抗诉的决定并且答复请求人。"
　　③ 《刑事诉讼法》(2018 年修订)第 252 条规定:"当事人及其法定代理人、近亲属,对已经发
生法律效力的判决、裁定,可以向人民法院或者人民检察院提出申诉,但是不能停止判决、裁定的
执行。"
　　④ 《刑事诉讼法》(2018 年修订)第 253 条规定:"当事人及其法定代理人、近亲属的申诉符合
下列情形之一的,人民法院应当重新审判:(一)有新的证据证明原判决、裁定认定的事实确有错误,
可能影响定罪量刑的;(二)据以定罪量刑的证据不确实、不充分、依法应当予以排除,或者证明案件
事实的主要证据之间存在矛盾的;(三)原判决、裁定适用法律确有错误的;(四)违反法律规定的诉
讼程序,可能影响公正审判的;(五)审判人员在审理该案件的时候,有贪污受贿,徇私舞弊,枉法裁
判行为的。"
　　⑤ 《刑事诉讼法》(2018 年修订)第 63 条规定:"人民法院、人民检察院和公安机关应当保障
证人及其近亲属的安全。对证人及其近亲属进行威胁、侮辱、殴打或者打击报复,构成犯罪的,依法
追究刑事责任;尚不够刑事处罚的,依法给予治安管理处罚。"
　　⑥ 《刑事诉讼法》(2018 年修订)第 281 条规定:"对于未成年人刑事案件,在讯问和审判的时
候,应当通知未成年犯罪嫌疑人、被告人的法定代理人到场。无法通知、法定代理人不能到场或者
法定代理人是共犯的,也可以通知未成年犯罪嫌疑人、被告人的其他成年亲属,所在学校、单位、居
住地基层组织或者未成年人保护组织的代表到场,并将有关情况记录在案。到场的法定代理人可
以代为行使未成年犯罪嫌疑人、被告人的诉讼权利。到场的法定代理人或者其他人员认为办案人
员在讯问、审判中侵犯未成年人合法权益的,可以提出意见。讯问笔录、法庭笔录应当交给到场的
法定代理人或者其他人员阅读或者向他宣读。讯问女性未成年犯罪嫌疑人,应当有女工作人员在
场。审判未成年人刑事案件,未成年被告人最后陈述后,其法定代理人可以进行补充陈述。询问未
成年被害人、证人,适用第一款、第二款、第三款的规定。"

行为：（一）虐待、遗弃、非法送养未成年人或者对未成年人实施家庭暴力。"在学校保护中预防校园欺凌，第 39 条规定："学校应当建立学生欺凌防控工作制度，对教职员工、学生等开展防治学生欺凌的教育和培训。"社会保护中，第 54 条规定："禁止拐卖、绑架、虐待、非法收养未成年人，禁止对未成年人实施性侵害、性骚扰。"司法保护中规定了未成年人的法律援助制度，第 104 条规定："对需要法律援助或者司法救助的未成年人，法律援助机构或者公安机关、人民检察院、人民法院和司法行政部门应当给予帮助，依法为其提供法律援助或者司法救助。法律援助机构应当指派熟悉未成年人身心特点的律师为未成年人提供法律援助服务。法律援助机构和律师协会应当对办理未成年人法律援助案件的律师进行指导和培训。"

4. 一系列保护政策与文件

针对性侵未成年人现象严重的问题，2013 年，最高人民法院、最高人民检察院、公安部、司法部联合发布《关于依法惩治性侵害未成年人犯罪的意见》，重点保障性侵案件中未成年被害人的权利，从依法及时发现和制止性侵犯罪、严惩性侵幼女犯罪、严惩"校园性侵"等犯罪、加大性侵案件民事赔偿和司法救助力度等方面进行详尽规定，体现了对未成年人特殊保护和优先保护的理念。该意见一方面强化对未成年被害人的程序保障和实体救济，另一方面则借助加大对此类犯罪的惩罚力度，通过"依法从严惩治"实现对未成年人的"特殊、优先保护"。①该意见在未成年被害人的程序性保障方面，明确了合适成年人到场制度②、法律援助制度③、获得告知制度④、隐

---

①　谢登科：《论性侵未成年人案件中被害人权利保障》，载《学术交流》2014 年第 11 期。

②　《关于依法惩治性侵害未成年人犯罪的意见》第 14 条规定："询问未成年被害人，审判人员、检察人员、侦查人员和律师应当坚持不伤害原则，选择未成年人住所或者其他让未成年人心理上感到安全的场所进行，并通知其法定代理人到场。无法通知、法定代理人不能到场或者法定代理人是性侵害犯罪嫌疑人、被告人的，也可以通知未成年被害人的其他成年亲属或者所在学校、居住地基层组织、未成年人保护组织的代表等有关人员到场，并将相关情况记录在案。询问未成年被害人，应当考虑其身心特点，采取和缓的方式进行。对与性侵害犯罪有关的事实应当进行全面询问，以一次询问为原则，尽可能避免反复询问。"

③　《关于依法惩治性侵害未成年人犯罪的意见》第 15 条规定："人民法院、人民检察院办理性侵害未成年人案件，应当及时告知未成年被害人及其法定代理人或者近亲属有权委托诉讼代理人，并告知其如果经济困难，可以向法律援助机构申请法律援助。对需要申请法律援助的，应当帮助其申请法律援助。法律援助机构应当及时指派熟悉未成年人身心特点的律师为其提供法律帮助。"

④　《关于依法惩治性侵害未成年人犯罪的意见》第 16 条规定："人民法院、人民检察院、公安机关办理性侵害未成年人犯罪案件，除有碍案件办理的情形外，应当将案件进展情况、案件处理结果及时告知被害人及其法定代理人，并对有关情况予以说明。"

私保护制度①等。在未成年被害人实体性保障方面，确立了民事赔偿制度②、禁止令制度③、司法救助制度④等。2018 年 3 月，最高人民检察院印发《关于全面加强未成年人国家司法救助工作的意见》，各地检察机关与民政部门、群团组织和社会组织联合，引入未成年人司法社工、心理咨询师，对未成年受害者提供心理疏导、复学就业等专业介入。⑤2023 年 5 月，最高人民检察院与最高人民法院联合制发《关于办理强奸、猥亵未成年人刑事案件适用法律若干问题的解释》，"两高两部"出台《关于办理性侵害未成年人刑事案件的意见》，细化、明确性侵害未成年人案件法律适用标准、侦查取证、刑罚适用、被害人保护等工作要求。在未成年人遭受性侵等侵害成为受害人的背景下，司法部门加大对侵害未成年人行为的打击力度，与此同时，未成年人司法社工在实践中逐渐被需要，很多地方司法部门联合社会工作等组织开展探索，一些地区⑥探索建立强制报告制度、未成年人性侵案件一站式取证制度⑦等。

---

①　《关于依法惩治性侵害未成年人犯罪的意见》第 18 条规定："人民法院开庭审理性侵害未成年人犯罪案件，未成年被害人、证人确有必要出庭的，应当根据案件情况采取不暴露外貌、真实声音等保护措施。有条件的，可以采取视频等方式播放未成年人的陈述、证言，播放视频亦应采取保护措施。"

②　《关于依法惩治性侵害未成年人犯罪的意见》第 31 条规定："对于未成年人因被性侵害而造成的人身损害，为进行康复治疗所支付的医疗费、护理费、交通费、误工费等合理费用，未成年被害人及其法定代理人、近亲属提出赔偿请求的，人民法院依法予以支持。"第 32 条规定："未成年人在幼儿园、学校或者其他教育机构学习、生活期间被性侵害而造成人身损害，被害人及其法定代理人、近亲属据此向人民法院起诉要求上述单位承担赔偿责任的，人民法院依法予以支持。"

③　《关于依法惩治性侵害未成年人犯罪的意见》第 28 条第 3 款规定："对于判处刑罚同时宣告缓刑的，可以根据犯罪情况，同时宣告禁止令，禁止犯罪分子在缓刑考验期内从事与未成年人有关的工作、活动，禁止其进入中小学校区、幼儿园园区及其他未成年人集中的场所，确因本人就学、居住等原因，经执行机关批准的除外。"

④　《关于依法惩治性侵害未成年人犯罪的意见》第 34 条规定："对未成年被害人因性侵害犯罪而造成人身损害，不能及时获得有效赔偿，生活困难的，各级人民法院、人民检察院、公安机关可会同有关部门，优先考虑予以司法救助。"

⑤　最高人民检察院《未成年人检察工作白皮书（2014—2019）》，https://rmh.pdnews.cn/Pc/ArtInfoApi/article?id=13697769，2020 年 6 月 3 日访问。

⑥　2018 年 4 月，浙江省杭州市萧山区人民检察院会同相关部门出台《关于建立侵害未成年人案件强制报告制度的意见》。随后，浙江省杭州市、江苏省无锡市、扬中市及江西省广昌县等都建立相应制度。2019 年 3 月，湖北省人民检察院联合省教育厅等 5 家单位会签《关于建立侵害未成年人权益案件强制报告制度的工作办法（试行）》，该办法系全国首个省级层面出台的强制报告制度。

⑦　2016 年 7 月，浙江省人民检察院选择杭州市江干区人民检察院等 14 家单位，在全国率先开展未成年被害人"一站式"办案试点工作，宁波市鄞州区人民检察院在全国首创"检警一体、检医合作"的"一站式"办案模式。2019 年 3 月，重庆市人民检察院与市公安局联合印发《关于建立未成年被害人"一站式"询问、救助工作机制的会议纪要》的通知，在市中医院建立全国首个省级"一站式"询问、救助工作示范点。

（二）未成年受害人案件现状

上海市是较早进行多行业联动保护的地区，2016 年 8 月与上海市嘉定区公安、法院、司法局、妇联、卫计委等部门共同会签《关于建立嘉定区性侵案件未成年被害人救助体系的实施意见》；2019 年 4 月，上海市委政法委、市人民检察院、市高级人民法院、市公安局、市司法局等单位联合发布《关于建立涉性侵害违法犯罪人员从业限制制度的意见》，为全国第一个在省级层面建立与未成年人密切接触行业从业人员的从业限制制度。2018 年 5 月 29 日，最高人民检察院以"依法惩治侵害未成年人犯罪，加强未成年人司法保护"为主题召开新闻发布会，通报检察机关惩治预防侵害未成年人犯罪，保护救助未成年被害人的做法，并发布 10 个相关典型案（事）例。①

从全国范围而言，根据最高人民检察院《未成年人检察工作白皮书（2014—2019）》，侵害未成年人犯罪多发高发，性侵害、暴力伤害未成年人问题突出。从白皮书的统计数据看，呈现如下特点：侵害未成年人犯罪数量连续上升；②暴力化特点突显；③性侵未成年人的数量增加；④监护人侵害未成

---

① 最高人民检察院《未成年人检察工作白皮书（2014—2019）》，https://rmh.pdnews.cn/Pc/ArtInfoApi/article?id=13697769，2020 年 6 月 3 日访问。

② 2017 年至 2019 年，检察机关批准逮捕侵害未成年人犯罪分别为 33 790 人、40 005 人、47 563 人，2018 年、2019 年同比分别增长 18.39%、18.89%，提起公诉 47 466 人、50 705 人、62 948 人，同比分别增长 6.82%、24.15%。最高人民检察院《未成年人检察工作白皮书（2014—2019）》，https://rmh.pdnews.cn/Pc/ArtInfoApi/article?id=13697769，2020 年 6 月 3 日访问。

③ 2017 年，检察机关对侵害未成年人犯罪提起公诉人数居前六位的罪名、人数分别是强奸 7 550 人、盗窃 6 445 人、故意伤害 5 010 人、抢劫 4 918 人、寻衅滋事 4 265 人、交通肇事 4 014 人，六类犯罪占提起公诉总人数的 67.84%。2019 年，盗窃、交通肇事犯罪人数明显下降，同期猥亵儿童、聚众斗殴犯罪人数大幅上升，居前六位分别是强奸、寻衅滋事、猥亵儿童、抢劫、聚众斗殴、故意伤害，六类犯罪占提起公诉总人数的 62.22%，全部为暴力性质犯罪。最高人民检察院《未成年人检察工作白皮书（2014—2019）》，https://rmh.pdnews.cn/Pc/ArtInfoApi/article?id=13697769，2020 年 6 月 3 日访问。

④ 2017 年至 2019 年，检察机关起诉成年人强奸未成年人犯罪分别为 7 550 人、9 267 人、12 912 人，2018、2019 年同比分别上升 22.74%、39.33%，起诉猥亵儿童犯罪分别为 2 388 人、3 282 人、5 124 人，同比分别上升 37.44%、56.12%，起诉强制猥亵、侮辱未成年人犯罪 665 人、896 人、1 302 人，同比分别上升 34.74%、45.31%。与 2017 年相比，2019 年检察机关起诉上述三类犯罪人数占侵害未成年人犯罪总人数的比例也由 22.34% 上升到 30.72%。最高人民检察院《未成年人检察工作白皮书（2014—2019）》，https://rmh.pdnews.cn/Pc/ArtInfoApi/article?id=13697769，2020 年 6 月 3 日访问。

年人犯罪问题不容忽视。①

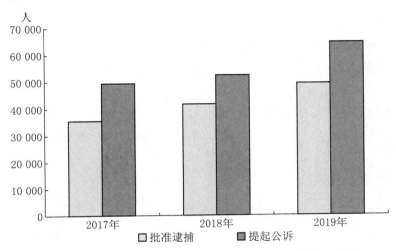

图 12-1 2017—2019 年办理侵害未成年人犯罪案件情况②

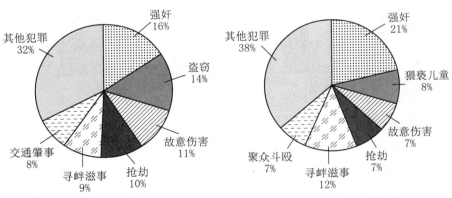

图 12-2 2017 年侵害未
成年人犯罪主要罪名③

图 12-3 2019 年侵害未成年人
犯罪主要罪名④

---

① 2017 年至 2019 年,检察机关起诉虐待犯罪分别为 16 人、38 人、40 人,起诉遗弃犯罪分别为 86 人、92 人、117 人,起诉虐待被监护、看护人犯罪分别为 10 人、57 人、60 人。最高人民检察院《未成年人检察工作白皮书(2014—2019)》,https://rmh.pdnews.cn/Pc/ArtInfoApi/article?id=13697769,2020 年 6 月 3 日访问。

②③④ 最高人民检察院《未成年人检察工作白皮书(2014—2019)》,https://rmh.pdnews.cn/Pc/ArtInfoApi/article?id=13697769,2020 年 6 月 3 日访问。

2019 年,全国法院共一审审结猥亵儿童罪案件 5 082 件,判处罪犯 4 722 人;拐卖妇女、儿童罪案件 638 件,判处罪犯 1 261 人;收买被拐卖妇女、儿童罪案件 99 件,判处罪犯 305 人;拐骗儿童罪案件 77 件,判处罪犯 76 人;虐待被监护、看护人罪案件 56 件,判处罪犯 63 人;组织未成年人进行违反治安管理活动罪案件 42 件,判处罪犯 67 人;组织残疾人、儿童乞讨罪案件 1 件,判处罪犯 2 人。[①]

在对未成年人性侵案件中,具有所占比例高、幼童占一定比例、熟人作案隐秘性强、案发距离作案时的时间间隔长、证据相对弱等特点。[②]

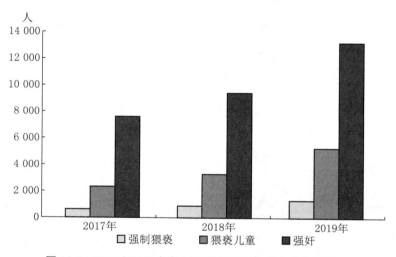

图 12-4 2017—2019 年起诉三类性侵害未成年人犯罪情况

《上海市妇女儿童权益司法保护工作白皮书》披露,2019 年上海检察机关共受理审查逮捕性侵害未成年人犯罪 220 件 246 人,审查起诉 191 件 211 人。在上海法院系统审判的性侵犯罪中,罪名主要涉及猥亵儿童罪、强奸罪和强制猥亵罪,其中猥亵儿童罪占比达 58.8%,强奸罪和强制猥亵罪分别占 31.1% 和 8.1%。性侵案件中以熟人犯罪居多,邻居、网友、其他熟人和课外辅导老师分别占 24.3%、13.5%、10.2 和 8.8%。[③]

---

① 《最高法:对侵害未成年人权益犯罪坚决严惩》,载《新京报》2020 年 6 月 2 日。
② 吴燕:《浅析性侵害未成年被害人权益保护——以民法典第 191 条规定为出发点》,载《中国检察官》2020 年第 17 期。
③ 上海政法综治网:http://gov.eastday.com/node2/zzb/shzfzz2013/yw/u1ai1527311.html,2020 年 6 月 15 日访问。

性侵案件中，多数是熟人作案，上海市对熟人的类型进一步深入调研，发现居前三位的分别是邻居、网友和课外辅导老师。

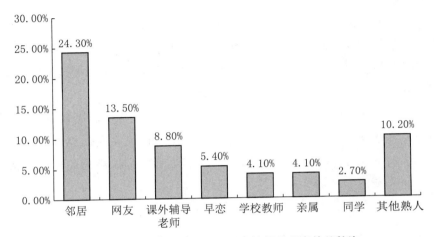

图 12-5　各类"熟人作案"案件占性侵儿童案件总数比

资料来源：2019《上海市妇女儿童权益司法保护工作白皮书》。

二、未成年被害人权益保护现状的实证分析——以性侵案为例

在传统刑事司法中，受害人经常不被看到，在司法程序中，案件受害者通常被看作"另类青少年"。随着恢复性司法的发展和少年司法在全球得到重视，我国司法机关越来越关注未成年人受害案件，少年司法也由最初只办理未成年人加害者案件，逐步将未成年受害人纳入办案范围，采用少年司法的办案思路给予他们特殊的司法保护。

检察官 J102："涉未成年案件办理有一个新的特点是，我们上海市从 2010 年开始把侵害未成年人的案件也纳入未成年案件中，这类案子现在量比较大。今年未成年人案子一半以上是侵害未成年人的案子。"

在未成年人受侵害案件中，性侵案件呈现上升的态势，对儿童造成的身心危害大。

检察官 J102："性侵在未成年人的案子中占六成左右，强奸、猥亵，还有一些是涉及卖淫，组织卖淫、强迫卖淫、介绍卖淫，此外还有殴打、遗弃、拐卖儿童的案子，我们从司法保护的角度上还是对她们采取一些

保护措施，把她们当成未成年人来看的，这个案件要占很大的量，而且这类被害人保护救助对社会支持的要求比涉罪受害人的高，这个牵涉社会多个部门，需要大家形成合力。"

但是我国的未成年受害者权益保护体系依然存在诸多困境，没有形成系统化的权益保护制度，各方面也没有形成良好的配合衔接机制，存在未成年被害人被反复伤害、取证困难、心理救助不够受重视、法律援助难以落实、经济救助机制不健全、隐私保护存在漏洞等问题。

法官F101："性侵未成年人案件有的只有被害小孩子的陈述，没有其他证据，而且场景往往受被告人控制。所以现在我们推出好多侵害未成年人的特殊的证据例子，如果没有这种理念很难完成证据的取证和认定。"

未成年人遭受性侵害有以下几个特点：

（一）从案由看，主要为强奸和猥亵儿童犯罪

性侵未成年人犯罪位居前五的罪名依次为：第一，强奸罪；第二，强制猥亵罪；第三，猥亵儿童罪；第四，介绍卖淫罪；第五，强迫卖淫罪。实践中，性侵未成年人的案件主要以强奸和猥亵类犯罪为主。例如，据北京市人民检察院第二分院调研，60%以上案件涉及的是强奸罪和猥亵儿童罪。①一般而言，强奸往往会导致被害人较为严重的伤害。从司法实践来看，被害人死亡、重伤或轻伤等后果也主要发生在强奸案件中。从这个角度而言，在防范未成年人被性侵的对策方面，应更多地考虑对强奸和猥亵犯罪的预防。

（二）从加害者方面分析

首先，从加害人与被害人关系看，熟人犯罪占比较高。在性侵未成年人案件中，案发较高比例的是熟人犯罪，具体包括邻里关系、亲属关系、朋友关系等，还存在网友见面后实施性侵害等情况。例如，在程某某猥亵儿童案中，程某某系小区保安，9岁的被害人李某到隔壁楼层找同学玩耍，程某某正好经过看到，陪同李某一起上楼，发现李某同学家中无人，遂诱骗李某到顶楼平台上玩，由于平时经常遇见程某某，李某未加防范，跟随程某某到了

---

① 《［新闻眼］检察官详解未成年人如何预防性侵害》，https://www.spp.gov.cn/zdgz/201405/t20140527_73520.shtml，2017年7月20日访问。

平台，后程某某给李某看淫秽视频并对李某实施了猥亵行为。又如，在章某强奸案中，被害人刘某（13 岁）与来沪务工的父母共同居住在出租屋内，62岁的张某则租住在隔壁，张某趁刘某父母上夜班不在家时，通过强行或诱骗等手段，与刘某发生性关系近 10 次，导致刘某怀孕。刘某父母不但不知晓女儿被性侵的事情，而且在怀孕后期才发现女儿有身孕，后年仅 13 岁的刘某生下一女，并休学在家。同时，在熟人性侵犯罪中，不少性侵行为持续时间长，次数多，对被害人的身心伤害严重。例如，在宋某某强奸案中，被告人宋某某与被害人宋某系父女关系，2011 年上半年至 2016 年 4 月 24 日，被告人宋某某为了满足个人性欲，对被害人宋某实施多次性侵害。本案性侵行为从被害人 9 岁开始直至 14 岁才案发，持续时间长，对被害人身心伤害严重。

其次，从加害人侵害的方式看，以引诱和欺骗为主。从侵害方式分析，多采用引诱和欺骗手段（含先采用欺骗或引诱，再实施暴力侵害）实施性侵案件；纯粹采取暴力手段的比例相对较低。例如，在许某强奸案中，许某看到租住同一楼层的崔某（6 岁）独自上楼回家，就以其家中有雪糕吃为由，哄骗被害人崔某进入其卧室，并将被害人崔某抱上床实施奸淫。又如，在谷某强奸案中，谷某见田某某（5 岁）与哥哥田某两人在租住的地下室看动画片，便以带田某某出去买零食为由，将田某某带至某出租屋内，对田某某实施奸淫行为。因此，提高未成年人认知，鼓励其在被侵害后及时报告，也成为预防和侦办性侵案件的关键。①

最后，多数加害人学历低，无固定工作和收入，赔付能力差。性侵未成年人的犯罪嫌疑人学历普遍偏低，缺乏固定的工作和收入，经济状况普遍较

---

① 调研中检察官 J102 讲述的真实案例：(1)被陌生人搭讪。小朋友完全没有自我防护的意识，比如小朋友今天出门去扔个垃圾，被人搭讪，要求加微信，对方说明天我们一起去打游戏，小朋友就跟着去开房了。还有一些小朋友是放学爸爸妈妈没有来接，走在路上被人家随便编个理由搭讪，就跟人家走了，导致被性侵。(2)合租被房东或其他房客性侵。一些很小的小朋友，自己被侵犯却不知道。如离异家庭中，妈妈没进行这方面的教育，带着女儿跟外面人合租，有的时候妈妈自己离家上班，把女儿留在房间里。或者外来农民工几家人合租，家长自己工作又比较忙，女儿就跟房客发生关系。再有，租房子和房东住，小朋友被房东性侵长达一年多，小朋友自己从来没有和父母讲过，后来母亲帮她洗澡的时候，发现她下身长了东西，去医院看了之后发现是性病，问她后她才说出来是跟她合租的那个人。问她为什么不说，她说在学校里面听说如果碰了男的小鸡鸡会坐牢的，所以她一直都没说。(3)家教"引狼入室"。家教男老师对学生有一些小动作。(4)通过聊天软件。女孩子自己在外面开房，利用交友软件半夜把男的叫到房间里，遭到侵害。

差,在实施犯罪行为后,通常没有赔付能力,甚至没有赔付的意愿,导致被害人的经济赔偿要求往往难以实现。

(三) 从受害者方面分析

首先,从受害者年龄分析,低龄女童系主要受害人群。10 岁以下女童居多。犯罪嫌疑人往往利用儿童自我保护能力弱,缺乏性方面的认知等弱点,通过欺骗、诱惑及强制性等方式实施性侵害。同时被害人低龄化对于司法机关的证据固定、询问技巧、犯罪预防都提出了更高的要求。被害人年龄较小,被性侵后自我保护意识不强,缺乏应有的维权意识和维权能力,甚至会被多次性侵。"一般情况下,案发后,被害人第一时间报告侵害的比例为45.3%,最终主动报告侵害的比例则为 60.4%。"[①] 从本书的调研情况看,被害人第一时间告知他人自己被侵害的比例同样不到50%,且年幼的儿童第一时间告知家长的比例相对更低。超过半数的未成年被害人在遭受性侵害后,没有及时报案或告知家人,这也在一定程度上导致未成年被害人被重复加害比例较高。例如,在张某强奸案中,年仅 6 岁的被害人李某随同来沪打工的父母一起住在某农村的出租屋内,该出租屋为当地农民违章搭建并专门用于出租的房屋,屋内没有卫生设施,李某因需要上厕所,和 8 岁的堂姐一起来到附近路边的公共厕所,张某恰巧经过该处,发现 8 岁的堂姐等在厕所外,而李某独自在女厕所内,遂心生歹意,将李某抱至男厕所并对李某实施了奸淫行为。

其次,从受害者家庭情况分析,家庭监护条件普遍较差。在这些案件中,多数被害人父母忙于生计,疏于履行监护职责;有些被害人的父母根本不在本地,系未成年人独自在外打工;部分被害人父母监护缺位,被害人主要由祖父母监管。例如在陈某猥亵儿童案中,5 岁的张某主要由祖母负责照顾,而父母则忙于打工。案发当晚,祖母为了跳广场舞,把张某寄放在旁边的保安室。随后保安陈某通过触摸张某大腿及阴部进行猥亵。后张某告知祖母,但祖母担心影响孙女声誉而没有声张,并告知张某不要将此事告诉其父母。事后张某情绪不稳定、易怒、敏感,在家人询问下,张某将此事告知了与其关系亲密的姑妈,后姑妈报警。

---

① 赵国玲、徐然:《北京市性侵未成年人案件的实证特点与刑事政策建构》,载《法学杂志》2016 年第 2 期。

最后,被害人家长缺乏足够的性侵防范意识。在防范未成年人被性侵的对策上,强化父母的监护和保护责任相当重要。父母作为与子女最为亲近的成人,是揭发侵害行径的主要途径。预防和控制性侵未成年人的刑事政策,不应忽视父母作为监护人的责任和保护人的义务。① 但从实际案件情况看,被害人家长的文化程度普遍不高,防范意识不强。有些未成年被害人的家长虽然很关心子女,但往往只关注孩子的学习、饮食等,缺乏科学的性教育。从询问遭受性侵的未成年被害人的情况看,这些被害人基本缺乏早期性教育,缺乏对性侵害的认知与知识,导致被反复性侵而未告知父母,自我保护能力和防范意识严重缺乏。例如,在陈某强奸案中,被害人胡某年仅9岁,系小学四年级学生,父母在外上班,将被害人胡某单独留在租住的房屋内,且用挂锁(注:未锁上)挂在门上防止女儿开门后独自外出。后邻居陈某(男,59岁)趁机进入屋内,对单独在家的胡某实施奸淫行为。第一次被性侵后,胡某不敢告诉父母,理由是担心被父母打;第二次被性侵时,因父亲提前下班回家而案发。

三、未成年被害人权益保护困境与社会工作介入必要性分析

当未成年人被侵害后,往往惊慌失措,有的年龄小的受害者甚至不知道自己被侵害。有的不敢告诉父母,有的告诉父母之后,家长不知道正确的处置方式,有的不当回事,有的责怪孩子,有的家长甚至与加害者共同侵害孩子。因此,家长此时已经不能完全站在未成年人的角度保护未成年人,此时,急需有专业角色介入儿童身心健康保护工作中,而社会工作者是最佳专业角色。

目前,全国很多未成年人司法社工机构的服务拓展至未成年受害者。如广东省广州市人民检察院在办案中通过团市委安排社会工作跟进服务,以谈心、游戏、外出活动等多种形式持续跟进被害人的康复、学习及家庭生活情况,并委托医院对被害人及其家庭开展心理危机干预,尽力帮助他们渡过难关。② 未成年人司法社工通过多种途径介入未成年被害人的救助,可以

---

① 赵国玲、徐然:《北京市性侵未成年人案件的实证特点与刑事政策建构》,载《法学杂志》2016年第2期。

② 最高人民检察院《未成年人检察工作白皮书(2014—2019)》,https://rmh.pdnews.cn/Pc/ArtInfoApi/article?id=13697769,2020年6月3日访问。

进行心理疏导、就学就业帮助、协调多方机构给予经济援助、着力保护未成年人隐私，协助未成年人获得情感和经验支持，司法须提供适当程序，确保社会工作者可以运用恢复性司法方法，对未成年受害人采取适当干预措施。对未成年被害人披露关于犯罪处置的结果，听取被害人的意见，并减少社会环境中的加害性因素，增强各方合作的力量，从源头上预防未成年人遭受侵害案件的发生，具体如下：

（一）社工介入未成年人案件取证，避免造成被害人二次伤害

1. 未成年被害人被反复询问较为普遍

对未成年被害人应当坚持一次询问的原则，避免重复询问给被害人带来多次伤害。对侦查人员的询问技巧、取证能力、对未成年人认知和心理能力的认识都提出较高要求。在司法实践中，基于性侵案件被害人的特殊心理，在第一次询问被害人时，侦查人员往往难以获得完整全面的被害人陈述。在刑事诉讼的过程中，对被害人二次询问或反复询问，令被害人重复回忆并叙述自己受性侵的过程，会对被害人的身心造成反复伤害。

未成年人司法社工介入性侵类案件，宜采用同性别服务人员的原则，如果遭受侵害的是女孩，则由女性司法人员和社会工作者配合，如果受害人是男性，则由男性司法人员与社会工作者合作，不宜有很多人旁听和询问，社会工作者应该采用专业关系建立的技巧，语气温婉，与司法人员初步沟通后对案件和被害人有初步判断，在循循善诱中争取得到被害未成年人的信任。取证中社会工作者宜与一名身着便服的司法人员同行，全程在有录音录像、让未成年人感到舒适的房间中，采用未成年人听得懂的语言，采取一次性询问。

2. 对未成年被害人取证的场所不规范

公安侦查人员在对被害人取证时，缺乏专门及相对隐蔽的场所，甚至在派出所办公室取证。如在杨某某被强奸案中，侦查人员在办公室询问被害人，同时办公室中还有 4 个正在处理其他案件的民警在场。对性侵未成年人案件，取证场所需要注意，未成年人在受到伤害后，其心理状态处于惊恐脆弱的不稳定状态，不恰当的取证场所易使未成年被害人害怕恐惧，不利于对被害人询问工作的开展，还会影响未成年被害人对案情的完整周全的描述，更会对未成年人造成心理阴影。有些地区的公安部门建立了未成年人友好的一站式场所。

　　警官 P102："我们分局现在建立了一站式场所，涉及未成年人的都进一站式场所，全程都有法定代理人或者社会工作者参与。场所装修都是符合青少年氛围的，没有羁押的感觉，环境比较好。"

　　警官 P101："我们区做得比较有特色，区检察院有未检科，牵头了我们公安、司法、教育局，形成一系列制度，对性侵案件被害人心理疏导、医疗救助等都是能够对接，场所也是一站式的。比如说发生性侵案件后，会带到专门的一站式场所，叫月亮船，案发后我们会第一时间通知区检察院未检科的检察官，他会第一时间去联系老师，如果需要证据提取的，也会联系医院走绿色通道，这一系列都是围绕保护未成年人的隐私和缓解未成年心理上的压力来开展的。很多案件当事人的年龄比较小，他们的表达能力、情绪都会影响先期证据的稳定。我们的检察官、心理咨询师包括老师会在月亮船形成互动。"

　　未成年人案件的办理需要特别安排，一言一行、一举一动都可能给已经有创伤的幼小心灵带来不良影响，因此需要精心打磨细节。询问和取证场所要隐蔽、安全，不能有其他人打扰，最好是在选定的医院开设绿色通道，作为专门办理未成年人案件的场所，同时可以配备音乐放松椅、沙盘等，司法机关可以与社会工作者一起进行询问和取证，减少未成年人在司法机关的不适应和恐惧感。

（二）性侵导致未成年人心理伤害，社会工作关注其心理复建

1. 性侵案件被害人存在程度不同的心理伤害，影响深远

　　未成年被害人在被性侵害后，除了身体遭受损害外，心理创伤往往更严重。例如，在周某强制猥亵、抢劫案中，16 岁的被害人项某某在夜晚下班回家的路上，遭到犯罪嫌疑人周某的殴打、猥亵，并抢劫手机等财物，经鉴定，其伤势还构成多处轻微伤。后项某某在心理疏导中自诉，性侵事件发生后，一直担惊受怕，过分焦虑，无法正常上班，还觉得自己无颜面对家人、朋友，不愿与人交往，甚至产生过自杀的想法。

　　从案件情况看，被害人被性侵后，经常会出现情绪低落、沮丧、悔恨、绝望等精神抑郁状态，还有部分被害人出现创伤后应激障碍，[①]包括：不由自

---

　　① 心理学上的"创伤后应激障碍"，由异乎寻常的威胁性或灾难性的心理创伤性事件或处境直接引起，临床症状主要表现为：反复重现创伤性体现、持续的警觉性增高和对创伤性事件相似或有关情境的回避。

主地回想被性侵的经历,痛苦不堪,难以走出被性侵的阴影;过分地担惊受怕,注意力无法集中、失眠、噩梦等;不愿与人交往、不信任他人,甚至对亲人也不愿理睬。有些被害人被性侵后,在相当长的时间内无法走出被性侵的事件,性侵事件甚至可能会影响其一生。例如,在王某被性侵案中,王某被侵害人强行拉至一工地简易厕所内并发生性关系。但因侵害人与王某发生性关系时,王某并未明显反抗,导致司法人员对侵害人是否违背妇女意志产生不同认识。经心理疏导发现,王某的母亲有精神问题,父亲忙于工作,父母几乎很少关心王某,王某在7岁时曾遭熟人性侵害,当时由于害怕未曾告诉父母。在校读书期间,性格胆小懦弱、自卑,经常受到别人欺负,但王某基本不反抗,自己认为能忍则忍,且认为反抗可能会引来报复或者更多麻烦。心理咨询师认为,王某对7岁时及本案的性侵创伤性记忆有明显回避,直至目前,王某尚未走出早年的性侵阴影,加之性格上存在一定的缺陷,导致她习惯用忍受的方式应对外界的伤害。

实践中,我们还发现,未成年人,特别是低龄幼童被性侵后,父母或祖父母可能出现明显的心理问题,长期难以摆脱性侵事件所带来的影响,甚至加重了未成年被害人的心理伤害。被害人在被性侵后,其心理创伤有时并不马上显露负面影响,但对被害人影响深远,立即显露的心理伤害往往只是冰山一角,之后,因性侵行为带来的心理伤害会持续发酵、加重,可能严重妨碍被害人的健康成长和正常心态,甚至影响其成人后的婚姻、工作。此类案件需要心理咨询师或者受过特别训练的社会工作者介入。他们要专门了解受害未成年人的心理,得到如何帮助这一群体的专业训练。他们需要有价值观、有人文关怀,从未成年受害人的角度理解其受伤的感受,同时又能以关爱和技能帮助未成年人走出阴霾。

2. 被性侵导致的心理创伤往往不被重视

被害人在受到性侵害后,除了身体伤害需要医疗,更需要及时专业的心理辅导,摆脱心理阴影。但我国目前心理治疗的相关医疗资源稀缺,被害人家庭难以找到合适的心理治疗机构,而且此类案件中部分家庭经济困难,难以支付相对高昂的费用,甚至很多家长没有孩子需要心理治疗的意识,也不知道通过何种途径寻求合适的心理治疗机构,因此未成年被害人在遭到性侵害后心理问题突出,较少得到疏导和治疗。例如,在陈某强奸案中,据被害人父亲反馈,性侵事件发生后,9岁的被害人胡某晚上经常无法入睡,半夜在房间内徘徊，但由于与父母之间沟通基础差，并不愿告诉父母。在心理咨询中，胡某一开始平静地陈述性侵事件发生后，自己没有什么明显的不好或改变。但经过心理咨询师的安抚与开导，被害人开始流泪，后痛哭，并告诉心理咨询师自己担心害怕，还经常做噩梦。可以看出胡某内心深处其实对性侵案件相当介意，身心受到严重的伤害。

性侵害案件损害的不仅是被害人的身体，还涉及被害人的名誉、尊严。被性侵后，被害人的日常生活往往会受到不同程度的影响。例如，有些被害人是在自己日常活动范围内如学校、住处等地受到侵害，常不愿继续在该处的学习、生活，在校学生的转学意愿较强，以期摆脱议论带来的阴影。

社会工作者帮助对心理创伤评估，进行量化分析，并有针对性地找到缓解路径。心理创伤虽不像人身伤害，可通过 CT、X 光报告等得到诊断，但随着心理科学的发展，也可通过创伤量表来分析评估。这就需要更加专业的社会工作者进行心理诊断，根据明确的鉴定标准来区分为轻微伤、轻伤、重伤，并根据未成年被害人身心发育程度和成熟度，来预测性侵对其成年后的婚恋生活有哪些负面影响，如痛苦程度、择偶困境、婚恋问题，并进行预防式的教育和引导，帮助受性侵案件未成年被害人重建积极的心理状态。

（三）救助途径不畅，损害赔偿难

人身损害及精神损害赔偿难以实现。据调研，在性侵未成年人的案件中，被害人及其法定代理人提起附带民事诉讼或民事赔偿诉讼的比例相当低。即使因性侵行为受到生理与心理上的严重创伤，被害人及其法定代理人也往往不愿声张，不希望外人知道未成年人被性侵的事实。即使被害人及其监护人希望侵害人得到法律的严惩，获得医疗费用及精神损害赔偿，也往往不愿出面参与诉讼。可见，在性侵未成年人案件中，亟须得到专业人员的协助。

从目前相关法律规定看，被害人获得民事赔偿的依据主要是伤残等级程度，而在性侵案件中，被害人的心理伤害往往远胜于身体伤害，即使存在一定身体伤害，往往也难于被认定为较高伤残等级，导致被害人通过民事赔偿诉讼来获得足够经济补偿的可能性较小。另外，从实践中发生的性侵案件中看，多数侵害人往往没有足够的经济条件对被害人进行经济赔偿，甚至不能赔付被害人基本的医疗、护理费用。同时，由于性侵案件的特殊性，不少犯罪嫌疑人为逃避罪责,到案后否认自己实施犯罪行为,更不会对被害人进行民事赔偿。

社会工作协助解决相关救助途径不畅。财政上,没有专门为被性侵的未成年被害人提供救助的基金,社会上,尚无公益组织能够为被害人垫付相关医疗护理费用。性侵案件的被害人除身体伤害需要医疗外,还需要长期的心理干预,对于后者产生的费用,缺少后续的救助机制。对受害未成年人的经济救助,亟须拓宽途径和加大救助力度。很多国家设置了少年司法基金,或者对未成年受害者有专门的司法救助资金。在加害人经济赔偿未成年人制度不健全的情况下,社会工作者应当发挥呼吁倡导的功能,及时弥补少年司法制度中的缺陷,同时也要积极地链接各方资源,为青少年争取最大的赔偿和补偿。

（四）社会工作者可以整合被害人的法律援助和司法救济机制

目前,未成年被害人法律援助的介入时间太晚。受害者申请法律援助主要在审查起诉阶段,在侦查阶段难以落实法律援助,法律咨询、收集证据、代为索赔、发表意见等工作无法及时开展。同时,司法救助经费有限,申请条件繁琐,如需达到轻伤以上,还需要被害人出具经济困难证明等,因此被害人往往受制于司法救助的条件而无法获得救济。社会工作者应该与法律援助、司法救助体系形成合力,在助人过程中争取更多的资源,在社会工作者介入时,可以将配套的法律援助律师制度与司法救助制度告知受害者,及时帮助他们联系相关资源。

在实践中,法律援助律师和社会工作者各自在本系统内工作,责任虽然都是帮助未成年人的,但是并未形成有效的联络和合作,这样受害者要多次向不同对象陈述自己的遭遇,有可能会有重复问题,同时律师和社工获取的信息也无法共享。法律援助律师很多不知道社会工作者,不知道他们的工作内容和角色功能。最好是组建未成年人司法社工、法律援助律师、司法救助、心理咨询、医疗机构的一站式工作小组,社会工作者对案件进行评估,根据评估结果由最合适的专业和部门提供服务,各角色之间保持信息的通畅和共享。

（五）社会工作者注重隐私保护,防止性侵信息泄露

有鉴于性侵案件的特殊性,对被害人的隐私,尤其是对未成年被害人的

隐私保护,应当贯穿于整个办案过程中,保护拓展至案发时的医疗救助及结案后的各项救助。但司法实践中,对被害人的隐私保护尚有欠缺疏忽之处。医疗机构诊疗检查时对性侵被害人权益保护不到位。被害人受到性侵后,往往需要至医院进行检查和治疗。但受制于现有医疗资源的稀缺性和有限性,被害人需要按照普通病人的流程接受检查、治疗,过程繁琐,没有专门的诊疗通道。同时,医务人员对性侵案件未成年被害人的诊疗保护意识不强。据部分被害人及其监护人反映,在医疗检查过程中,一些医生检查马虎,态度粗暴。还有不少案件对被害人的检查结论过于简单,难以达到刑事证据的要求,进而影响到刑事诉讼的顺利开展。

社会工作者要及时介入,可以提前与医院和检查医生沟通,履行保密原则,最好将医院作为儿童司法保护中的一环,通过社工的倡导方式,呼吁医院对儿童遭受性侵案件建立一套行之有效的特殊诊疗程序。比如,医院为性侵案件被害人开辟专门的绿色通道,设置专门的诊疗区域,指定受过相关培训的医护人员进行检查诊疗,防止在诊疗过程中对被害人心理上造成二次伤害,保护被害人隐私。同时,社会工作者也要与司法办案人员沟通,告诉他们保护受害人隐私的重要性,如侦查取证过程中,承办人员要打破办案习惯,不要穿制服或驾驶警车前往被害人生活学习的地方进行调查取证。在办案过程中,要重视未成年被害人家庭信息,包括其父母、亲属信息的保密,不变相暴露未成年被害人的身份信息。在法律宣传过程中,在对公众、媒体释法说理时,不要泄露能够推导出被害人身份的敏感信息,保护未成年被害人隐私。

四、社会工作服务未成年被害人的内容与功能

(一) 危机干预服务:情绪支持与解决策略

未成年被害人遭受侵害是突发的应激事件,他们在身体和心理上遭受创伤,尤其是性侵案件,由于我国家庭和学校性教育有待加强,很多未成年人对这方面知之甚少。在遭受侵害之后,很多孩子不断自责,以为是自己做错了什么。此时,最需要专业人员倾听她们的声音,运用同理心,倾听她们的感受,告诉她们并非她们的错,而是加害者的错,减轻自我负罪感,通过倾诉让未成年人减轻心理负担。此时倾听非常重要。

检察官 J102:"未成年被害人是一个失语的群体,往往是家长在替

他发言。我们在审案过程中感觉,有时候问太多对这个小孩是二次伤害,打着防止伤害的旗号其实是让他沉默了,但是家长的意见是否就代表他的意见? 我们也办过十二三岁女孩跟一个16岁的男孩谈恋爱发生了性关系,家长就马上来告强奸,要追究,实际上我们从侧面了解这个女孩根本不认为这是对她的一种伤害,而且根本不愿意去追究。还有的未成年人被侵害死亡,家长为了获得赔偿最后就选择谅解,家长真的能代表未成年人谅解吗? 家长就完全能代言未成年人的利益吗?"

"我们还遇见过一个案子,一个妈妈跟一个上海人生了孩子,后来孩子判给妈妈,但是这个妈妈为了让孩子拿到上海户口,把孩子遗弃两次,后来我们检察院把这个妈妈抓回来,本来她这种情况是很恶劣的,但是我们询问孩子的意见时孩子是想跟着妈妈的,最终综合考虑我们给她判了五年缓刑。这个案子给我们的启示是:我们在办案过程中,要尊重未成年人,在他们有基本认知和表达能力时还是要听他们的意见的。"

社会工作者本着助人自助的宗旨,在助人过程中,要将社会工作价值观运用到实践当中,尊重和接纳服务的未成年人,要用同理心,打开他们的心扉,倾听他们的心声,不急于给出帮助的方法,而是要让未成年人感受到心与心的连接,感到他们是被重视的,是被人看见的,他们的需要是得到尊重的。同时,未成年受害人及其家长的情绪可能处于崩溃的边缘,社会工作还包括向其提供情绪支持。对被害人身心做全方位的评估,教授被害人如何面对问题,并学会如何解决问题。在这个过程中,教会被害人如何保护自己的人身安全,与医疗机构联合,向被害人推荐可以帮助康复的资源。

(二)心理疏导与家长指导

未成年受害者可能出现的心理状态包括不愿意与他人交谈、害怕、恐惧、担心、焦虑,难以接受,不知所措,侵害可能对他们的社会生活、人际交往、婚恋观等都产生极大的负面影响。社会工作需要针对未成年人的年龄,按照未成年人大脑发育程度,用其能够听得懂的语言与其交流,注意引导,而不是灌输,要在轻松平等的环境中进行未成年人心理疏导。社会工作者可以与其他职能人员组织多系统团队,进行一站式询问。倾听受害未成年人的心声,对其进行心理疏导,帮助孩子理解被侵害行为。对未成年人而言,社会工作者可以帮助他们,支持他们,协助他们理解现实发生的事情,理解对方可能面临的制裁,了解司法程序,同时社会工作者还可以进一步对其家长、家庭进行支持。根据个案情况,使用心理测量量表、沙盘、音乐放松等专业技术方法。此时,社会工作者要将未成年人视为与自己一同工作的主体,而不是被动接受的客体,多方与孩子共同努力。

家长也是需要专业支持的群体。家长在孩子遭受侵害之后会有不同的情绪反应:愤怒、激动、难受、自责,无法接受,认为自己没有保护好子女,也有的要报复加害者,有的默默流泪,社会工作者需要平复其情绪,告知其法律程序,告知其有聘请律师的权利,引导家长克制对加害者的愤怒情绪,交由法律制裁,更为重要的是,教其如何陪伴受侵害的子女,社会工作者的陪伴只是暂时的,父母一直陪伴在未成年人身边,因此他们的态度对未成年人就非常重要。社会工作者要从心理学上分析子女可能受到的心理影响,告知父母应当理解、支持和接纳子女,司法机关也关注受害人家属的需求,积极整合资源,提供心理辅导。

检察官 J103:"我们有被害人一次询问原则,询问尽量让公安在做笔录的时候一次性做全面,省得我们反复去问她,让她讲述会造成二次伤害,一般父母也不大愿意我们再去过多地接触被害人。还有如果他们有一些心理障碍,妇联这边提供了一个心理疏导平台,妇联开心家园里有很多有资质的心理咨询师,我们会介绍给被害人,如果需要,会去那边做心理疏导。如一起案子,我能给受害者小孩的家长做疏导,做了好几次,效果还蛮好的,对家长确实很有效果。"

(三) 法治教育与校园犯罪预防

社会工作者可以加强校园的法治建设,通过让学生参加喜欢的活动帮助他们提高自身安全意识,教会他们识别可能的危害与风险,帮助未成年人学习法律,远离犯罪。社会工作机构可以与学校、社区、司法部门开展合作,社会工作设计专门的青少年校园犯罪预防、性侵教育等参与式活动,让未成年人有防御和自我保护意识。目前全国法治教育和校园预防得到司法部门的重视,如全国检察体系推广法治副校长,安排检察官到学校里给学生进行法治讲座。社会工作机构可以与检察机关合作,与法治副校长共同设计多元化的校园预防活动,让未成年人懂得如何预防侵害,知道如何在受到侵害时保护自己。

　　检察官 J103:"这些案件发生得比较多了,我们跟教育局有过沟通,前面案件也都跟他们通报过,因为很多都是在校学生,学生的这种性教育包括防卫意识,我觉得很有必要提高的。我们现在通过法治副校长进校园开展这种法治教育的时候,也会尽量多讲一些自护知识,或是引导让他们能够有法律意识。"

　　社会工作者在服务时,需要聚焦两方面:提高福祉和减少伤害。在整个工作过程中,都要致力于促进个人和社区安全。美国经验是加强儿童福利和少年司法专业人员之间的专业合作,呼吁加强未成年人和家庭参与。打破儿童福利和少年司法服务隔离的局面,让系统之间的界限变得模糊,而以解决问题为出发点,否则部门之间无法形成有效的合作体系,结果是受侵害的未成年人无法得到所需要的照护与服务。有效的未成年人服务得益于司法与福利两个系统之间的协作,司法中要有儿童福利的参与,未成年人司法社工整合两个体系,对有需要的未成年人提供宣传和预防服务。

(四) 社会工作可以整合资源,建立临时性庇护基地

　　我国未成年受害人群体集体失语,他们的权利遭受侵害,保护措施非常薄弱。现实中,有些个案,比如监护人对未成年人实施侵害行为,急需临时庇护中心,这些设施缺失将导致无法采取有效的保护措施,如果让未成年人返回家庭,很可能又遭侵害。未成年人司法社工的服务可以与儿童福利结合在一起,对受害者未成年人开放社区公共设施,解决儿童福利与司法需求之间的矛盾,有效利用资源。

　　社工 S202:"受害人这块治疗性服务目前正在摸索阶段。我们想建立一个临时庇护所和基地。"

　　我国未成年人司法社工在服务未成年受害人时,还可以进一步拓展服务范围。首先,陪伴服务。可以对受害人提供在医院和司法机关的陪伴服务,将被害人转介到长期照护项目,提供被害人所在区域的司法机关信息,提供转介服务。其次,担任专家证人。在国外,司法社会工作者具有专业的知识背景和职业伦理,可以提供科学而可靠的证据,可以在性侵犯案件审理过程中充当专家证人角色,根据对性侵犯被害人精神状态的评估,证明被害人被性侵的事实,或者受法庭指派以中立者的身份提供专家证言。[1]

----

① 井世洁、徐昕哲:《针对性侵犯被害人的司法社会工作介入:域外经验及启示》,载《华东理工大学学报》(社会科学版)2016 年第 2 期。

五、完善路径

(一) 建法立制:加强未成年受害人的特殊保护

对未成年受害人的保护需要加强立法,做专项保护。针对儿童虐待问题,很多国家制定了预防和治疗儿童虐待的法律,如 1974 年美国联邦政府制定了《儿童虐待预防和治疗法案》。儿童虐待包括身体虐待、性虐待、生理忽视、医疗忽视、情感虐待、情感忽视、教育忽视、遗弃、多重虐待。①

针对性侵未成年人的罪犯,澳大利亚通过立法设置了报告制度和禁止制度。2004 年颁布《未成年人保护法案(罪犯报告令及禁止令)》〔Child Protection (Offender Reporting and Offender Prohibition Order) Act 2004〕要求对未成年人实施性犯罪或其他严重罪行的罪犯,在被释放回社区后的规定时间内,及时向警察署长报告行踪等个人信息,设立未成年人保护登记册,对未成年人实施性犯罪或其他严重罪行的特定罪犯,若从事危及未成年人生命或性安全的行为,将采取禁止令(第 3 条)。

新西兰 1989 年《儿童、青少年及其家庭法案》与 2002 年《受害者权利法案》(Victims' Rights Act 2002)保护未成年受害人在少年法庭中表达意见的权利,要求检察官必须尽一切合理努力,确定每名受害人对法院作出命令的意见并通知法院;警察局长应当将法院作出的任何命令通知每位受害人(第 238 条)。

社会工作者是少年司法中的重要角色,很多国家的立法中突出社会工作者的功能。如印度 2015 年《少年司法(未成年人照护与保护)法》规定,"积极从事与未成年人有关的健康、教育或福利活动至少七年,或具有未成年人心理学、精神病学、社会学或法律学位的社会工作者,可以担任少年司法委员会的法官,按规定方式选出两名社会工作者,其中至少一名是妇女,组成法官席,每一法官席应拥有《刑事诉讼法》对地区法官赋予同等权利"。

我国在未来的未成年被害人保护中,需要顶层设计者充分认识到未成年人司法社工的重要角色,确立保护未成年受害者的目标,明确参与主体,并制定各种策略与服务体系,如落实性侵与虐待未成年人的报告令制度,侵

---

① Michael Halperin, Helping Maltreated Children-school and Community Involvement, MOSBY, 1979, p.21.

害者禁止从事接近未成年人的职业禁止令制度,性侵未成年人保护的部门联动制度等,让司法社会工作在帮助受害人方面发挥更大的作用。

(二)防止"交叉青年":建立未成年受害者的评估与干预系统

我们需要树立恢复性司法理念,重视受害者的权利保障。未成年人受害者可能成为加害者,如校园欺凌中的受害者,如果不加以引导,有的就变身加害者,进行抢劫或者实施欺凌,这在国外一些研究中被称为"交叉青年"或"双重参与青年",即从受害者转变为加害者,先后或者同时参与到这两个系统,这将比只涉及一个系统的问题要复杂得多,曾经的受害者经历对他们的心理产生了冲撞。以前受到虐待的年轻人与一般的年轻人群相比,卷入犯罪行为的风险要高出 47%。①为防止青年人跨越和成为受害与加害的双重参与人,应当对他们进行干预与支持,这也是预防和减少未成年人犯罪工程的重要内容。

为此,社会工作者需要将对未成年人性侵犯行为的担忧转化专业行动,运用专业的助人方法,干预措施与过程以儿童为中心,基于优势视角,运用警示评估方法,对未成年人进行性侵害教育与评估。

其一,考虑未成年人受害者个体的发育阶段及其实际年龄,按照他们的年龄分类,分为 0—5 岁、6—9 岁、10—13 岁和 14—17 岁年龄段,必须与他们的年龄和理解水平相适应,将每个年龄阶段中健康的发展与有害行为区分开来。其二,社会工作者评估未成年人的持续需求,包括心理健康、教育、住房或医疗服务。其三,根据行为评估分为绿色(代表安全和健康成长)、橙色(可能超出安全和健康成长范围)、红色(超出安全和健康成长范围)。其四,对重点人群或者已经受侵害人群的评估,以受害儿童为中心,采取个性化措施,制定基于综合评估的干预计划。既关注侵害事件带来的风险管理,又能够跳出来不以风险管理为主导模式,也正是在这意义上,社会工作与心理治疗之间有共同之处,也有差异。

在对受害者的心理治疗方面,社会工作者需要具备强有力的心理治疗

---

①   儿童福利中的服务对象,通常是父母虐待或忽视的受害者,在最近的研究中,少年犯则被视为犯罪者,这种区别变得越来越模糊,已经证明了儿童福利对象转变为少年司法的加害者,伊利诺伊州的一个少年法庭记录了超过三分之一的虐待儿童作为罪犯返回少年司法系统。See Jane McPherson and Robert G. Schwartz, The Role of Social Work in Juvenile Justice in the USA, in Robert G. Schwartz, Yifang Chen(eds.); The Role of Social Work in Juvenile Justice: International Experiences, Raoul Wallenberg Institute, 2020.

功底,否则需要心理医生开展治疗。社会工作者还可以开展针对家庭、学校等未成年人生活环境的整合。因此,社会工作者在对未成年人性侵受害者进行服务时,需要充分培训,建立未成年受害者服务队伍。社会工作协会等专业机构需要制定社会工作者干预与治疗指南,附案例说明,帮助专业人员构建针对未成年人需求及其独特情况的个人工作计划。

专业人员要对未成年人进行需求与风险评估,并实施风险管理流程,帮助个人解决需求,实施风险管理计划的专业人士需要对性侵犯行为有充分认识。要会识别和改善非理性认知;在服务过程中与受害者产生同理心;进行性和健康专业关系教育;对未成年人及其家长进行情绪管理;帮助他们学习自我管理技巧;开展社交技能培训,教他们学习风险管理策略。社会工作在提供干预措施时,不仅要考虑儿童自身的系统,同时还要考虑其家庭、学校、同龄人和社区的支持系统。社会工作对家长进行培训之后,使其与专业人员参与到干预中来,协助社工解决专业关系和家庭问题,同时加强学习,实施必要的风险管理策略,引入安全生活计划。

(三)家庭赋能:以家庭支持和整体提升为目标

社会工作者不仅关注受害未成年人个体,同时还要关注未成年人家庭,帮助整个家庭提高抵御侵害及恢复的能力。在未成年人司法社工介入时,要制定基于整体优势的目标,让家庭系统及其他支持系统成为社会工作体系的合作系统。未成年人司法社工通过一系列家庭干预,实现家庭支持和个体身心康复目标。在这个过程中,社会工作可以着重:搜集并充分利用家庭的内部优势;找到优势后提升家庭的社会支持力度;告知父母对子女监督的重要性,教会父母如何识别风险以及如何实施风险管理策略;帮助父母了解儿童的发育情况,特别是不同发育阶段适当和不适当的行为;帮助父母确定何时告知孩子行为的问题,他们应该如何处理这个问题以及需要分享信息的隐私等级;帮助父母探索和制定家庭规则;了解特定的行为育儿策略,以应对儿童提出的具有挑战性的行为;改善家庭中沟通模式,提高亲子互动质量。

最后,在受害者的未成年人司法社工服务领域有很多细节亟待开发,如建立跨地区的社会工作帮教协助体系,让流动儿童和异地家庭能够受益,目前各地区还基本各自为政,跨区域合作可以极大地提高服务效率和效果。

综上,未成年受害人的司法社会工作服务需要在顶层设计上提供制度供给，让未成年人司法社工成为帮助受害者身心康复和返回家庭与社会的重要角色，重视侵害未成年人各类案件的预防与宣传，让未成年人学会自我保护，一旦各种保护失守，未成年人受到侵害，则立即启动强制报告、禁止令、报告令等司法社会工作介入的各项制度体系，司法与福利体系充分合作并形成合力，减轻犯罪、忽视、虐待等行为对未成年受害人造成的伤害，司法社会工作携手各界保护未成年人健康成长。

第十三章　照亮隐秘的角落：家事案件的社会工作服务与未成年人权利保障

　　很多进入少年司法体系的未成年人来自离异家庭。随着我国的离婚率不断攀升，①未成年人的教育、抚养、继承等社会问题频发。根据最高人民法院大数据管理和服务平台统计，2014—2016 年，96％的离婚纠纷涉及子女抚养问题，较高的离婚率导致越来越多的未成年人陷入父母间的纠纷。②在离婚等家事案件的审理过程中，儿童是失语的群体，儿童权利常常被遗忘，未成年人的很多权利无法得到有效保护，他们在案件诉讼中没有决定权，没有参与权，是丧失话语权的群体。自 2016 年开始，最高人民法院在全国范围内 118 个法院开展家事审判方式改革试点，上海市普陀区和嘉定区法院将司法社会工作带入民事审判的工作中，探索未成年人权益代表人制度，向社会工作机构购买专业社会工作者服务，打开司法社会工作在民事案件中保护未成年人权益之门。

一、失语的群体：三则真实案例

案例一：离婚过程中争抢孩子

　　楼某(女方)、张某(男方)原系大学同学，于 2008 年建立恋爱并登记结婚，

　　①　民政部统计数据显示，离婚率自 2003 年以来连续十四年递增，2014 年有 295.7 万对夫妻办理离婚手续，2015 年有 314.9 万对离婚，2016 年有 346 万对离婚。与此同时，人民法院的婚姻家庭抚养、继承纠纷等家事案件也持续上升，成为民事审判的第一大类案件，占全部民事案件的三分之一左右，其中离婚案件占比很高。2014 年审结一审家事案件 161.9 万件，离婚案件 130.7 万件；2015 年审结一审家事案件 173.3 万件，离婚案件 139.1 万件；2016 年审结家事案件 175.2 万件，离婚案件 139.7 万件。杜万华：《大力推进家事审判方式和工作机制改革试点》，载《人民法院报》2017 年 5 月 3 日，第 5 版。
　　②　《上海探索"儿童权益代表人"制度》，载《光明日报》2017 年 11 月 24 日。

婚后育有一子。婚后由于生活琐事经常发生争执，女方携子离开家，租住于他处，双方分居。2015年8月，小孩4岁，楼某起诉至法院，请求法院判令其与张某离婚，双方所生之子归楼某抚养，张某每月支付抚养费人民币4 000元，依法分割夫妻共同财产。张某同意离婚，但不同意抚养权和财产分割要求。后张某至楼某租住处，将孩子强行带走，在双方争执中致楼某母亲受伤。至一审诉讼时，双方所生之子随张某共同生活。一审调解不成。一审法院认为，从维护未成年子女利益立场出发，维系完整家庭更有利于子女成长，故判决：楼某要求与张某离婚的诉讼请求，不予支持。二审中，庭审认为，双方并未达到感情破裂之程度。且本着儿童利益最大化原则，法院应就离婚对未成年子女的影响进行相应的评估，故二审法院判决：驳回上诉，维持原判。

案例二：离婚过程中都不要孩子

武某（男方）、赵某（女方）自由恋爱，于2013年登记结婚，2014年生育一子。婚后，双方矛盾不断，开始分居。分居之后，双方所生之子随赵某共同生活。2018年5月，武某起诉至法院，请求法院判令离婚，双方所生之子由赵某抚养，武某每月支付抚养费人民币1 000元，依法分割夫妻共同财产，赵某同意离婚，但要求双方婚生子由武某抚养，赵某应给付的抚养费金额及夫妻共同财产分割事宜由法院依法处理。一审法院认为，双方对未成年子女的抚养未作出适当安排，均不愿意抚养子女，应对其离婚予以限制，故对武某要求离婚的诉讼请求，不予支持。判决驳回武某要求与赵某离婚的诉讼请求。武某上诉，二审中，武某以同意一审判决为由，申请撤回上诉，获二审法院准许。

案例三：离婚双方争抢孩子

汪某（女方）与钱某（男方）经人介绍于2011年登记结婚，汪某是世界500强企业财务人员，月薪3万元，丈夫无固定工作，曾借高利贷抵押贷款输掉一套400万元的房子。汪某2018年起诉要求离婚，一审判决离婚，双胞胎儿子（7岁）归母亲抚养，父亲每个月支付抚养费3 000元，房产补偿182万元给男方，钱某上诉，二审发回重审。双方在旷日持久的离婚诉讼中争夺子女的抚养权和财产权，因为爷爷奶奶喜欢双胞胎哥哥，哥哥经常被接到爷爷奶奶家，男方争夺哥哥的抚养权，双方撕扯下哥哥出现心理问题和异常行为，不断用牙齿咬自己的衣服，咬别人的衣服，把很多东西放在舌头上舔。

这只是万千诉讼离婚家庭中的三则,离婚案件审理中无论男方还是女方,都可以参加诉讼并请代理人维护其权利,但是孩子没有代理人。孩子不是谁的附属品,他们是独立的个体,应当有人来代表他们的权利,问题是我们的诉讼程序中没有人代表他们发声,这样很可能导致孩子出现心理问题,因此诉讼程序中需要有人维护未成年人权利,这一制度性缺陷亟待完善。在离婚案件中,长期的撕扯极易导致未成年人心理健康遭受严重损害,案例三中的双胞胎哥哥即是。孩子身上有人类最敏感的知觉系统,他们身在其中,能感到家庭可能解体,能感到父母不和睦,能感到他们对自己的态度,而当他们无人可以表达时,就会通过非常态的行为表达出来,案例三的 7 岁男孩的行为是用咬自己和他人的衣服的方式,表达他内心的恐惧、无力,他感到双方对自己的争抢,但是他很无力,继续下去,这将带来严重的心理问题,解决不好很可能影响其健康成长。

二、家事案件中未成年人的权益保障严重不足

现今,家庭的基础不再是家父和婚姻,而是以子女为纽带的父母子女关系,父母子女关系的立法经历了从"家族本位"到"父母本位"再到"亲子本位"的发展过程。①尽管如此,未成年人的权利在很多家庭中也得不到完全的保障,他们面临各种各样的生存和发展危机,他们的权利遭到忽视,他们的权益往往成为父母争夺财产的筹码,同时他们也可能会被监护人虐待。

(一) 被忽视的权利:未成年人的声音得不到完全倾听

儿童的表达权与被倾听权是国际公认的人权。联合国《儿童权利公约》等一系列儿童保护文件规定了儿童表达的权利,《儿童权利公约》第 9 条规定②

---

① 雷春红:《论离婚后未成年子女抚养探望规定的缺失与修正——以儿童最大利益原则为切入点》,载《时代法学》2020 年第 5 期。

② 《联合国儿童权利公约》第 9 条:1.缔约国应确保不违背儿童父母的意愿使儿童与父母分离,除非主管当局按照适用的法律和程序,经法院审查,判定这样的分离符合儿童的最大利益而确有必要。在诸如由于父母的虐待或忽视,或父母分居而必须确定儿童居住地点的特殊情况下,这种裁决可能有必要。2.凡按本条第 1 款进行诉讼,均应给予所有有关方面以参加诉讼并阐明自己意见之机会。3.缔约国应尊重与父母一方或双方分离的儿童同父母经常保持个人关系及直接联系的权利,但违反儿童最大利益者除外。4.如果这种分离是因缔约国对父母一方或双方或对儿童所采取的任何行动,诸如拘留、监禁、流放、驱逐或死亡(包括该人在该国拘禁中因任何原因而死亡)所致,该缔约国应按请求将该等家庭成员下落的基本情况告知父母、儿童或适当告知另一家庭成员,除非提供这类情况会有损儿童的福祉。缔约国还应确保有关人员不致因提出这类请求而承受不利后果。

"均应给予未成年人参加诉讼并阐明自己意见之机会"；不是只有成熟的孩子才会表达自己，相信儿童都有表达他们自己想法的能力。如 3 岁的儿童也会说："我想回家。"同时，"儿童有被倾听的权利"。《儿童权利公约》第 12 条规定，"在影响儿童的事务中，他们有被倾听的权利"。①全球各区域通过一系列国际文件规定儿童的表达权，保障未成年人的被倾听权，如《欧洲儿童权利行使公约》(Convention on the Exercise of Children's Rights)、②《关于促进南亚儿童福利的地区协定的南亚区域合作联盟条约》(SAARC Convention on Regional Arrangements for the Promotion of Child Welfare in South Asia)③、《阿拉伯儿童行动计划(第二次)》(The Arab Plan of Action for Children)、④《非洲儿童权利和福利宪章》。⑤

《儿童权利公约》中明确可以通过以下方式来实现儿童上述权利，第一种是儿童直接参与诉讼并表达与被倾听；第二种是间接方法，通过儿童利益的代表人参与。两者相比较，代表人更加妥当，因为未成年人的身心发育状态使其尚不能完全意识到法律规定与法律程序的含义，他们心智发育不成熟，也很可能受到诉讼的负面影响，因此有些国家明确规定禁止儿童直接参加到诉讼中，如泰国的民事程序中，不要求法官直接听取儿童的想法，但是可以通过代表人来表达儿童的观点。代表人可以是律师，也可以是社会工作者，或者心理咨询师。

---

① 第 12 条：1.缔约国应确保有主见能力的儿童有权对影响到其本人的一切事项自由发表自己的意见，对儿童的意见应按照其年龄和成熟程度给予适当的看待。2.为此目的，儿童特别应有机会在影响到儿童的任何司法和行政诉讼中，以符合国家法律的诉讼规则的方式，直接或通过代表或适当机构陈述意见。

② 《欧洲儿童权利行使公约》第 10 条要求在司法程序中的儿童代表不仅要确定和提出儿童的意见，而且要向儿童提供"一切有关资料"，并解释各种行动方案可能产生的后果。

③ 《关于促进南亚儿童福利的地区协定的南亚区域合作联盟条约》规定，缔约国应认识到儿童不断发展的能力，鼓励和支持行政和司法机构根据当地习俗和传统，在适当级别安排相应机制，为儿童提供机会：(a)直接或通过一名代表表达意见，并根据年龄和成熟程度，在影响到他们的所有事项中，得到应有的重视和考虑。其他内容是：(b)寻求和接收信息；(c)充分参与学校、家庭和社区生活，不受阻碍或歧视；(d)缔约国应鼓励大众媒体向儿童传播有利于社会和文化的信息和材料。

④ 《阿拉伯儿童行动计划(第二次)》第 4.2(c)(8)条敦促会员国"以各种形式改进遭受虐待的儿童受害者的司法法律制度……司法部门要有专门的房间和部门来听取儿童的意见、他们的证据，寻求社会和心理的帮助。"

⑤ 《非洲儿童权利与福利宪章》第 4(2)条："在所有影响到能够表达自己观点的儿童的司法或行政程序中，应提供机会让其表达自己的观点，作为当事人直接或通过公正的代表听取孩子的意见，而该等意见须由有关人士考虑根据适当法律的规定授权。"

我国未成年人权利存在以下重大漏洞:(1)未成年人依然没有诉讼主体地位;(2)儿童表达与被倾听的案件类型较为狭窄,只规定了抚养权案件,事实上还有探望权、继承权、监护权等;(3)现实中常见的儿童与监护人、调查员意见相左时如何裁判没有详细规定。(4)年龄限制阻碍了有表达能力和意愿的低龄儿童的参与。上述漏洞导致了未成年的被倾听权与表达权受到极大限制;因此,我国需要通过儿童福利部门的代表提高未成年人的参与程度,社会工作者由于受过专业训练,可以代表儿童发表"儿童利益最大化"的专业判断与意见。

(二) 被撕扯的权利:未成年人抚养权成为父母离婚争夺财产的筹码

在离婚案件中,夫妻双方恶语相加,矛盾激化,有夫妻会将情绪发泄到孩子身上,更有甚者,将子女的抚养权作为工具和争夺财产的砝码,威胁对方,这场战争中,没有赢家,而受影响最大的很可能是无力的孩子。在国外家事案件中除了法官以外会有专门辅助人员参与到儿童利益保护中,在我国社会工作者可以弥补这一空白,运用专业方法最大程度地保护儿童利益。

法官F102:"当事人往往只关注解除婚姻和财产分割,会用抚养权和探望权做争夺财产的筹码,未成年人不能直接参与诉讼,法院不能突破当事人意思自治,这种情况下需要有主体制约父母的不当行为,需要有人代表儿童的利益。"

参与家事案件保护儿童利益的社工S102:"小孩子在那个年龄段,他的需求常常是被忽略的,其实很小的孩子已经知道他内心想要什么。我们在交流中会发现他们的需求。"

(三) 被侵害的权利:监护人也可能侵害儿童利益

根据法律,父母是子女的法定监护人,这一规定假定父母能够代表未成年人子女的利益,父母能够站在子女一边呵护他们,捍卫子女权利。但是现实情况并非完全如此,子女和父母的利益并不总是完全一致,甚至会截然对立,对簿公堂,如讨要抚养费案件、继承权案件、父母都不愿抚养子女的案件等。当父母侵害子女权益,父母子女可能有利益冲突,或者父母都放弃抚养权时,①

----

① 如调研中法官举了一则真实案例:"在特殊儿童案件中,未成年人身患重病,需要24小时护理,双方都同意离婚,都拒绝抚养孩子,我国的法律并没有对负有监护权的父母以一定形式的惩罚,这种情况下谁来代表未成年人的利益? 如果法官一直判不离,会造成循环诉讼,造成诉累,此时法官指派妇工委干部担任儿童权益代表人,通过走访医院,全面了解情况,在法院庭审期间,孩子需要24小时监护,由女方抚养更加合理,设立儿童基金,保证儿童基金,由儿童权利代表人监护使用,后来阳光社会工作变更抚养,担任儿童权利代表人。"

父母不宜作为未成年人的代理人。还有一种情况是，父母与孩子之间没有感情。

> 法官 F101："之前我们有个案子，妈妈贩毒养毒，小孩的出生很可能就是她用来规避牢狱之灾的，所以对小孩是没有感情的，不给孩子吃东西，街道几次上门发现妈妈把给的东西都扔了，但很难对此定一个罪，因为孩子只是营养不良，所以没办法，孩子是学前儿童，而且吸毒女很多都不知道父亲是谁。街道也很急，但不知道怎么去做，还好这次她犯事给正式关进去了，小孩子就可以指定监护了。"

> 检察官 J103："有的人生了个小孩就把他扔在医院，几年都不管的，法院撤销了父母的监护权。监护人被撤销监护权以后，这个小孩应该归到哪，应该是由民政那边来接受，然后怎么安排？还是找合适的家庭领养。"

司法实务中常见的有两种情况，第一种是未成年人作为原告（申请人）、父或母一方作为其法定代理人针对另一方提起诉讼，比如抚养费纠纷、变更抚养关系案件、亲子关系案件；第二种是父母作为原被告（申请人、被申请人）、未成年子女成为利害关系人，比如涉及未成年人抚养权归属的婚姻案件、抚养权案件、探望权案件、监护权案件等，不论哪一种情形，父母与未成年人均处于矛盾对立面。[①]还有父母或者其他监护人身心上虐待未成年人，如有的女性协助男友虐待自己与前夫的女儿，有的父母歧视女童而随意殴打，这些未成年人急需国家监护，社会工作者代表国家福利保护这些遭到不公正待遇的未成年人。

三、民事案件中的社会工作服务：国际趋势与我国探索

社会工作者不仅在未成年人行政和刑事司法体系中，同时也能在离婚、抚养权等民事案件中代表未成年人权益。司法社会工作服务民事案件，其效果是实现家事案件审理过程中的公平与效率。各国在自己的民事法律体系中将儿童利益最大化作为原则，并设计诸多具体可行的措施，或者规定由未成年人亲自表达自己的意见，或者由代表人或者代表机构倾听其声音并

---

① 任凡：《论家事诉讼中未成年人的程序保障》，载《法律科学》2019 年第 2 期。

表达其意见。

(一) 多国普遍对民事案件的未成年人提供社会工作服务

儿童权利代表人制度、探望监督人、临时寄养。《瑞士民法典》第314条①规定了采用上述两种方式听取子女的意见;保加利亚儿童可以在行政机构和法庭上自由表达自己的观点,此时可以由父母、监护人,或者其他人陪同,社会援助局会派社会工作者陪同未成年人。

美国各州,有不同形式的儿童保护诉讼制度,在儿童保护诉讼中代表儿童,其中有社会工作者作为未成年人权益儿童福利的代表,②他们调查儿童案件,代表儿童出席法庭,担任专家证人。美国的儿童保护机制中创设了儿童代表人(child's representative)制度与诉讼监护人角色,这是一名律师或法院指定的特别支持者(或二者兼任),旨在获得第一手资料,了解儿童的状况与需求,并就儿童最大利益向法院提出建议。他们可以接受适当的培训。美国的司法社会工作不仅仅参与到刑事法庭,也参与到法院其他涉及未成年人的案件,包括忽视、虐待或剥削儿童的案件,保护孩子免受伤害。美国的少年法院还获得了对遗弃或父母无力抚养子女的管辖权。法庭有责任处理行为本身并不犯罪,但严重危害未成年人身心成长的案件。在波兰,社会工作者是家庭法院的专家之一。家庭诊断与咨询中心是家庭法院的辅助机构,中心能够提供社会工作、心理学、教育和精神病学的专家意见,家庭法官通常遵循这些专家意见进行裁决,这提高了家庭法院少年案件的裁决质量。③

日本儿童指导中心(Child guidance centers)是根据《儿童福利法》建立

---

① 第314(a)条(听取子女的意见):1.未成年人保护机构或者负责照护子女的第三人,应当以妥善的方式听取子女的意见,但因子女的年龄或其他正当理由不适合征求其意见的除外。2.听取意见的结果,仅以对子女保护机构作出决定具有必要性为限,才被记录在案并告知父母。3.对于具有判断能力的子女,如被拒绝听取意见,有权提起诉讼。第314(a)条之二(子女的代表):1.如有必要,未成年人保护机构可以指定子女的代表,并指定在协助、司法领域有经验的监护人。2.未成年人保护机构审核是否应当设立监护人,特别是下列情形:(1)进行子女安置程序;(2)相关人员提出关于亲权分配以及关于探视权重要问题的不同结论。3.监护人可以提出建议并提起诉讼。

② Jean Koh Peters, How Children Are Heard in Child Protective Proceedings, in the United States and around the World in 2005: Survey Findings, Initial Observations, and Areas for Further Study, Nevada Law Journal 6, No.3(Spring 2006):966—1110.

③ Andrzej Marek, Juvenile Justice in Poland: Its History and Current Development, Review of Socialist Law 14, No.4(1988):305—318.

的管理机构。他们为 18 岁以下的儿童提供临时住所,将儿童置于寄养父母的照护之下,或在必要时将儿童安置在各种儿童福利机构。①

（二）探索在家事纠纷中社工担任儿童利益代表者

在全国家事审判改革的背景下,全国共有 118 家中基层法院成为试点单位。2016 年 6 月,上海市高级人民法院和团市委达成《上海市高级人民法院、共青团上海市委员会关于建立上海市青少年事务社会工作参与涉青少年家事纠纷解决机制的合作协议》,以社会工作专业力量介入 35 周岁以下青年离婚案件或涉及未成年子女的离婚案件纠纷调解工作,上海市阳光社区青少年事务中心在静安区及普陀区工作站采取家庭冲突转化策略,解决冲突,推进冲突双方的互动。

> 机构负责人 A102:"从我们的角度看,当时选静安区及普陀区的原因是这两家法院在做少年庭。原先我们跟少年庭合作是以刑事案件为主的,包括涉案的帮教和社会调查,也有个别案例的社会干预。后来高院逐渐调整思路,为了营造良好的未成年人成长环境,把家事工作纳入两家法院的少年庭。因为原先家事调解在法院是分不同部门的,民事案件和离婚案件都是在民庭的,后来这个工作试点之后,由少年庭来处理离婚案件,包括不涉及未成年人的离婚案件,2018 年把少年庭正式改为家事综合审判庭。"

社会工作目前的角色包括儿童权利代表人、探望监督人、家事调解人、回访与跟进者。上海市静安区人民法院的司法社会工作者在家事案件中代表儿童利益,在家事案件审判前、审判中和审判后全方位介入。在审判前,司法社会工作者作为家事调查员,主要站在未成年人角度,了解未成年人诉求,进行审前调解。在审判中,以个案工作者身份进行个案干预,倾听儿童声音,代表未成年人利益。在案件判决之后,涉及抚养权和探望权案件,社会工作者以探望监督人或者儿童心理专家的角色,进行案后回访及跟踪。坚持儿童利益最大化原则,对涉及未成年子女抚养的离婚案件,开展全面的情况调查,必要时引入心理疏导和测评机制,对抚养权归属问题综合作出合

---

① Eric Paul Berezin, A Comparative Analysis of the U.S. and Japanese Juvenile Justice Systems, Juvenile & Family Court Journal, November 1982, pp.55—62.

理的裁判。①我国在家事案件中,司法社会工作作为未成年子女"诉讼代表人",着力维护未成年人权益,事实上担任了未成年人诉讼代表人,为法官提供调查后的专业意见,最大程度体现儿童最佳利益。

  法官F101:"2016年的家事审判改革,有两种模式,一种是在我们家事庭里,还有一种在少年庭里,当时上海市选了四个基层法院做试点,我们是作为少年庭和家事融合模式开展的家事改革,从那时开始,原来的涉少刑事案件是延续下来的,被告人未满18岁的,这种案子需要特殊部门去处理。所以我们把未成年受害人案件再并入我们的少年庭审理,我们少年庭整个的历史演变是从原来的刑事,扩大到涉未成年的民事案子,抚育费之类,后来的离婚案件中涉及未成年人抚养的,最后到了我们的大家事改革以后,我们把所有的家事案子纳入少年庭里,这个范围就很大了。""我们庭每年审理的案件数量将近2 000件,其中刑事不到100件,但我们很多特色工作的开展都基于原来的刑事案件,所以现在很多家事改革的经验都是从少年庭的案件传承下来的。比如我们的社会调查、社会观护和心理干预,大多数来自刑事案件的成熟经验。现在我们就扩大应用面,把原来涉少刑事案件的好的工作机制向家事案件扩展。少年感化跟其他案子不一样,对少年犯罪要有特殊保护。到了去年全市少年庭合并为四家,少年刑事案件由四家中院负责,许多少年庭被并掉了,所以从去年开始,我们的涉少刑事案件的管辖范围是比原来大的。"

四、司法社会工作者作为儿童权益代表人的优势分析

  社会工作包括儿童保护,通常被西方自由主义流派认为是人类道德发展的必然结果,是人性、文明的进步;儿童保护是文明和现代的标志,需要大力推进,得到国家和大众的认可。②尽管批判主义的社会学和社会工作者认为需要在一定的历史阶段下分析儿童保护,但社会工作者在国际上被认为

---

  ① 杜万华:《大力推进家事审判方式和工作机制改革试点》,载《人民法院报》2017年5月3日,第5版。

  ② 杨生勇、陈小蓓:《国外对儿童保护的批判性研究及启示》,载《国外社会科学》2017年第2期。

是儿童保护的重要角色,社会工作有独特价值,是儿童利益最大化原则的守卫者,在儿童保护中扮演重要功能。

(一) 发现儿童的需求,倾听儿童的声音

社会工作者具有独特的专业视角,从人本主义与儿童利益保护的视角,运用社会工作的价值观,尊重未成年人,了解儿童心理,看到他们的需求。

> 社工S102:"因为这个跟我们本身职业的特质,跟我们日常平时工作当中遵循的伦理、我们的工作理念是分不开的。""我觉得社会工作干预最大的价值是看到人的真实需求。我觉得其他身份的人会忽略,并且可能没有专业性。""我们看到人的发展,还有家庭的个体需求,家庭整体的平衡,是功能上的一个提升。"

> 社工S103:"如果是未成年人,我们是会继续跟进的。我们以儿童利益最大化为原则去干预这些个体,最终的目的是找到这些有需求的未成年人。"

社工在家事案件中了解未成年人情况,与儿童沟通,倾听儿童声音。

> 社工S102:"基本上我看一个当事人,我就会问,你小孩今年多大,小孩对你离婚会有什么反应? 一般8岁以上的我就跟他说,我们想了解一下孩子情况,想听听孩子的意见。大多数人都会说可以,后面过程中就慢慢跟小孩单独聊,我们不会把他父母放在一起,这个我们就不以工作函的形式去跟进个案,时间长了,我们会要一个联系方式,如他爸爸妈妈的联系方式和孩子的联系方式,要么QQ,要么微信,加了以后,就自己去联系。"

(二) 代表儿童利益,预防青少年犯罪

很多有纠纷、离婚的家庭,其子女缺乏必要的看护和关爱,没有力量给予他们支持,由于他们心智不成熟,父母离异很容易对他们造成影响,在未来可能产生违法犯罪的问题。因此,在预防未成年人犯罪的大系统中,有必要将未成年人的民事、行政和刑事案件结合起来,在每个涉及未成年人的民事案件中,通过未成年人司法社工给未成年人以支持。

> 法官F101:"刑事案件的发生很可能来自家事案件,如果处理不好后果不好控制的。""民事和刑事的案件审判理念不一样,也纳入我们的管理范围,否则这些孩子不安顿好,未来他们可能就是站在被告席上,

这是完全有可能的,所以对这些家庭的关注也是我们的职责。"

(三) 助人自助,建立专业关系,于细节中彰显专业价值

社会工作者介入民事案件,代表未成年人权益,可以优化未成年人成长环境,预防未成年人犯罪,构建良好的家庭关系,促进和谐社会的建设。未成年人司法社工在实践中需要按照专业伦理,秉持尊重、接纳、个别化、保密原则,与案主建立专业关系,于细节之处让家庭和未成年人感受到社会工作的专业价值。

社工 S102:"家事纠纷、离婚案子的专业关系很奇妙的,因为在这个过程中,我们的身份是家事调解员,但是要进入这个孩子的生活当中,我们另外的身份又是社会工作者。对这个孩子来说,他也会有疑问,你是用什么样身份来跟我沟通的? 所以我们要做一个很长时间的沟通,有一些孩子他就很排斥我们,但是我会跟他妈妈说没关系,我说你把手机给我,我来跟他说,基本上我来跟他说的,他都会同意单独出来,哪怕是同意在小区门口见面,都是好的。"

社工 S103:"在法院层面,办案是讲效率的,但是我们的工作恰恰是要细水长流的,社会工作评估的过程,我们服务实施的过程当中更能体现出来,因为它本身的这些东西是很细微的,很小的变化一点点累积起来,有的时候甚至你很久都看不到变化。""我有一个个案,我前面一年都看不到他有任何改变,但其实你回过头来再去看那段时间,你会发现,其实他对你的接纳是由一点点的细节累积起来的。从很小的细节可看出他对社会工作者比较信任,会觉得原来社会工作者和别人是不太一样的,我觉得其实在法律层面,他可能很难去看到这个东西,但我们可以去推动,让他们看见社会或者专业的价值,而这个价值不是利益。"①

---

① 社工 S103 介绍了一个鲜活个案:"我有一个个案,爸妈因为家里矛盾到法院来离婚,爸妈因为孩子不读书,一直吵架,孩子一个月没说话,一句话都没说,就说儿子得了精神病。但是没到精神病的程度,当时小孩看到我,他就跟我说,有三拨人都是来看我的。当时我跟社区的社工老师一块儿去的,我想如果我卡壳做不了,还有社区的社会工作者可以跟进,所以我带他一起去。但孩子对我还蛮认可的。做社会工作要花时间和精力,可能需要很长的时间。孩子真的就是不说话,怎么办? 后来我给他写信,写信写了一段时间后他给我回信,很有意思。他就是不讲话,也不（转下页）

（四）司法社会工作者参与家事案件可以取得更好的社会效果

民事案件的法官案件结案压力大，不可能有过多时间投入细致入微的未成年人关爱，由未成年人司法社工提供服务可以取得理想效果。

　　社工 S102："家事审判庭一年的案件量相当大，现在法官包括助理只有 11 个，要处理那么多案子，法官的人员编制是很紧张的。"

家事案件的司法审理同时还要追求社会效果。

　　法官 F101："2016 年时全国推家事审判方式的改革，我们也做了课题研究，家事案件如果处理不好的话后面可能引发刑事案件。这种改革就是要社会化参与，不能办快案，不能不考虑社会效果。"

司法社会工作者代表儿童权益，更加深入细致，可以成为司法办案人员的专业辅助人，提升办案的效果。自 2016 年 6 月至 2019 年 5 月 31 日，上海市静安区社会工作站受理并参与民事案件，形成具有区域特色的青少年社会工作机制，社会工作者参与民事案件的调解纠纷案件总数共有 1 193 件，调解成功数 664 件，诉后回访 1 271 人次，开展家事调查 220 人次，协助未成年解决家事问题成功优秀案例 39 件，心理干预和疏导 182 件，受益人数约 350 人次。①

五、社会工作者的工作模式和角色

司法社会工作在家事案件中可以承担多种功能，目前，我国家事社会工作主要工作内容包括庭前调解、庭前调查，担任探望监督人，进行调、诉后回访等。下面将结合调研内容，逐一分析社会工作各角色。

（接上页）表达自己情绪。有一天晚上我睡着了，早上起来八点不到我 QQ 里面有个消息，他说，老师啊明天你来的时候我就不在了，我当时吓死了。我就想前一天晚上我怎么没看到这个东西。我应该在第一时间看到，但是当时没看到。第二天我八点钟就去了他家，还好没事，他在家里跟他妈妈吵架了。后来我就把他跟他妈妈隔离了，我叫他奶奶把他带过去。原因是晚上的时候，他跟他妈妈因为插线板的问题吵起来，他妈妈不让他用电脑，他要用电脑，两个人互殴，最后都瘫倒了，然后他就说明天晚上我不在了，意思说他不要住在这个家里了。后来我评估了一下这个环境，他家还有他外婆和奶奶，我评估一下谁好一点，后来我给他布置功课，我说你给我报个平安，他是一个心思很细腻的小孩，开始你是看不见的，我就一直去他家，时间长了，感觉他有一点点接受我。后来他给我发个视频，去读书了，他妈妈转发给我，我也很感动。在 9 月 10 日教师节那天，他妈妈说他给我发的，他说祝老师节日快乐，他以为我是老师，他祝我节日快乐。我以前从来没过过教师节，真的很感动。后来他们家又好了，装修了房子，孩子读书了，当时这个个案花了一年的时间。"

　① 上海市静安区社会工作站调研资料，2019 年 10 月 5 日。

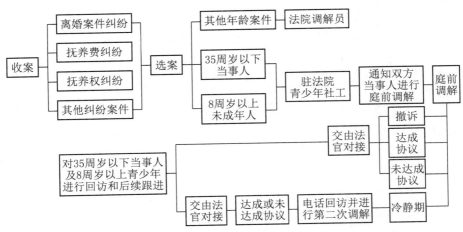

图 15-1　社会工作服务家事纠纷解决机制的工作流程——以上海市静安区为例

(一) 担任家事案件调解人

司法社会工作者参与调解的不同阶段。在上海市静安区人民法院,家事调解员共六名,其中司法社会工作者有两名,其余四名是退休人员。在家事案件的调解阶段,司法社会工作者担任调解员工作,司法社会工作者还会在调解冷静期进行跟进与干预,这样可以大大提高调解效果。家事调解员制度是各地法院在探索的家事法庭改革内容之一,家庭调解员的角色目前可以由多种人员充当,如律师、社区工作人员,未成年人司法社工做调解和其他角色有相同之处,也存在很大差异。

法官 F101:"家事调解员在法院有办公室,每个月定期统计,统计表包括离婚案件有没有孩子、当事人年龄等,每个案子最后三个月或者调解期终结了也会有对接表,他们是有自主权的,包括周末他们经过法官允许是可以到当事人家里的。""我们所有的离婚案件除非矛盾激化的案件都有诉调对接。""经过诉调对接的案子,到立案阶段可以消化我们 30%—40% 的案子。这实际上就是要进行大格局设计,矛盾最初在街道、居委会、司法所那里力图化解,如每个街道都有家事维权中心,有家事调解分中心,他们前期可以消化一些案件,不用进入法院。实在化解不掉再到我们法院诉调,再化解一批,实际上到我们这他们的火气就小了很多了,即便是家事调解员做不掉的案子,前期也已经把它们捋得比较顺了,所以有些案子我们会发给家事调解员讨论,我们尽量去化解掉,当事人觉得自己是有地方倾诉的,社会没有抛弃自己。所以我们的老同志、社工都是很会做工作的,他们基本都有心理咨询师资质,有些当事人思维太固定,钻牛角尖,需要有人去点拨一下。"

法官F101:"我们家事改革后现在有一个冷静期,审判周期延长,放入诉调阶段,我们法院现在有诉调案件的,做好诉调后我们会给当事人发通知,是离婚指南,接下来进入冷静期,大家冷静地去思考,在此期间我们法院也会做心理干预、做调查,当然也有不适合调解的,比如家暴,可自己写书面申请终止冷静期,这些案子会交给家事调解员进行调解。""我们家事调解员队伍不只有社会工作者,还有民政局、司法部门和我们法院内部的人员,我们要挑选会说老百姓语言的,要有社会工作能力。另外我们要求还要有一定生活阅历,我们工作中要有柔性的东西加入,社会力量正好体现柔性力量。专职做青少年社会工作的又是一支队伍。"

社工S102:"我们是从2016年6月6日正式到法院开始做家事纠纷调解工作的。目前我们法院的几位社工基本上都已融入整个法律系统中。以社会工作者的身份参与,我们花了不少时间,也投入不少精力。"

1. 社会工作担任家事调解员的发展历程

社会工作者在民事案件担任调解员的过程中,经历了几个阶段。第一阶段是家事社会工作者担任助理调解员。在这一阶段,未成年人司法社工第一次介入法院家事案件调解工作,从刑事到家事领域,社会工作面对的服务对象、服务内容发生很大变化,社会工作从介入名义、工作理念、工作内容等方面调整自己,迅速进入这一全新场域。

社工S102:"我们当初进驻法院时是有调解师的,当时团市委和上海高院签了协议,作为两家试点区,我们以社会工作者的身份进入家事调解工作中。关于社会工作者的身份,我们就给自己起了个家事社会工作的名字,市里也觉得这个名字其实挺好的,就又比较柔,做法院的家事调解员。"

在这一阶段,社会工作配合法院系统原有的调解员,处于辅助的调解员地位。社会工作感受到这一领域的特殊性,即司法强制与柔性社会工作之间的冲突,反思社会工作理念在司法这一场域内是否有发挥空间,司法社会工作感到社会工作的柔性理念和原则应该发挥作用,体现社会工作价值,在交流的细微之处发挥社会工作的专业优势。

　　社工 S102:"我们社会工作者在工作中秉持社会工作的工作理念和原则,开展家事社会工作的干预工作,这当中我们有几块试点工作。第一个阶段,2016 年 6 月到 2017 年底一年半时间,我们都是以助理调解员身份协助法院的调解老师工作。原来静安法院有三个从司法局诉调中心这些单位退休下来的老师,他们的一线调解经验比较丰富,我们当时做过一段时间的助理调解。那时,社工的主动性相对差一点,因为调解老师都很强势。司法局的老师调解带有司法强制,司法系统都有这种特质,在家事调解过程中这些特质会显现出来,我们社工讨论感觉这样不合适,因为家事工作还是需要有柔性的一面去跟当事人沟通交流。"

　　第二阶段的工作模式是 2+2:社会工作者独立担任家事调解员的工作模式。在社会工作介入家事案件法律框架不足的情况下,领导的高度关注与推进必不可少。

　　社工 S102:"后来我们社工做了一些个案干预,尤其是未成年子女,有一些当事人给我们送来了感谢信,也挽救了一些家庭。在这个过程中,团区委也推了我们一把,年底亲自带队到法院做调研,后来我们协商下来,到试点第二阶段,我们社会工作就拆成两个身份,有两个独立调解,因为他们也看到了我们的专业能力,我们社会工作是有能力调解涉及未成年子女的个案的,我们也助力法院家事调解工作,另外我们安排两个初级社会工作者做助理调解员,和之前也是一样的,协助法院的调解老师去做一些工作。作为工作站来讲,我们是培养调解员的蓄水池,因为家事调解工作如果案件量大的话,两个人是忙不过来的,而且法院的调解老师不再返聘,我们也可以把这份工作坚持下来。"

　　在社会工作介入家事案件的第二阶段,社会工作独立担任调解员角色。在第一阶段的基础上,社会工作介入起到了良好效果,司法人员看到了社会工作的独特价值,于是社会工作有了更为广阔的发展空间。

　　社工 S102:"我们采取 2+2 的工作模式,就是两个独立调解,两个助理调解。但是我们跟普陀区的调解方式不太一样,因为普陀区是每个街道一个调解员,诉调中心调不成的案子由社会工作中心来接,他们都是在法院外做调解,所以他们的案件量少,一年大概有七十几个案子。我们是直接经手案子，就是所有到法院起诉离婚的、争抚养权的，所有与家事有关的这些案子都是我们来调解。""我们现在的工作模式是：案子到了法院后，社会工作者先选与未成年人有关案子，但是也会有一些没有子女的案子，只要35岁以下离婚的案子我们都可以干预。我们每周去两个整天，调解助理是去三个整天，因为我们手上还有一些法院的个案要做跟进，而且我们社会工作者要做一些其他的项目组工作，包括个案服务，所以我们不安排全部工作日，这样也避免成为法院的辅助力量，做一些不属于我们的工作。"

2. 司法社会工作的角色及其优势

社会工作担任家事案件调解员，与其他调解人员有不同之处。首先，司法社会工作会用优势视角，看到问题背后的根源，看到家庭功能的运作，看到未成年人的需要。社会工作者不是头痛医头脚痛医脚，而是在专业训练下，看到冰山一角下隐藏的事物，挖掘家事纠纷的根源，不论离婚与否，对社会工作者而言，更重要的是调整家庭功能，为纠纷中的个人赋权增能。

法官 F101："他们在社会规范性上比较专业，有长处，经验类可能是社会工作者的短处，心理机能方面他们是有优势的，家事调解员的组合是多样的，社会工作者做家长年轻的家庭，40岁以上当事人的就是我们老同志在做。"

社工 S102："所谓的社会问题，不是说减少离婚率，减少一个离婚案件，这个问题就解决。他今天可能怒火熄灭了，回去过几天其实问题又出来了，问题会在很多不同的冲突时不停地呈现，而且可能会变本加厉。""从我们的角度，离不离婚跟我们其实是没有关系的，即使是离婚，你的功能也是可以得到恢复和改善的。"

其次，社会工作者可以在调解个案中看到未成年人的变化，在不同时期对未成年人作出阶段性评估。

社工 S103："我是觉得对家庭包括个体要作阶段性评估。这是法院系统做不到的，因为所有的事情，从调解到结案，全部是法官一个人在做，法官的压力非常大，有了我们（社会工作者）之后，从我们的角度是很希望对每一个涉未成年人子女的个案都提供评估，包括这个家庭环境的社会调查、儿童的成长经历、夫妻感情这些深层次的问题。但是在现实的工作当中其实很难，因为时间上不允许，现在民事案件有审限。"

3. 司法社会工作的不同视角

社会工作在提供服务的时候,采用尊重和接纳的理念,看到未成年人的需求,看到他们的改变。司法社会工作的价值观认为人是不断发展变化的,想法是会改变的,通过不同的介入模式可给服务对象带来改变,这种内在的改变有时候通过外表无法窥见,但是司法社会工作在不同阶段通过评估可以看到服务对象的变化。法院在处理案件的过程中,如果每次都通过硬判的方式,很难让家庭关系有根本好转,尤其是未成年人在父母离婚的长期煎熬中承受了巨大压力,他们很可能认为父母离婚是因为自己,是自己做得不好造成父母离婚,如社工 S102 讲述了一个个案:

"有一个小孩,(父母正在离婚过程中)她来的时候就哭,她爸妈已经四次来离婚了,这是第五次,她就一直哭,她的抚养权问题要她说出自己想法,她一直在角落里,她说她不想爸妈离婚,就一直哭。我和她聊了,过了一段时间,她给我发消息说,'老师我觉得我的想法有些改变,我天天生活在这个环境里面,有时候想其实他们分开是件好事情'。她说可能有一阶段,她是不能接受的,你当然要尊重她当时的想法,做出一个处断。"

"孩子承受的压力是:她以为父母离婚都是她造成的,她会有一种情绪在,所以你要分不同阶段去给她评估。她如果真的是有变化,你要给她回应。她下次来,是第五次了,我们就知道这个孩子她已经有转变。"

4. 司法社会工作可以在调解过程中持续跟进并回访

法院一次调解不能从根本上改变问题,正如问题的积累经年累月,而解决问题也需要长时间耕耘,解除多年的结需要更多时间,而社工就是那个不断去撼动分歧与矛盾的力量。

社工 S102:"如果第一次来调解,多数是不判(离婚)的,你们回去半年之后再决定。但其实这当中有个问题,真正有矛盾、在这个关系的处理上能力很差的人,给他半年时间、三年时间都是一样的,矛盾只可能愈演愈烈。通常要吵架的人半年不见,见面依然还是会有矛盾,我见到你就气不打一处来。所以这个问题就是半年没有进展,对这个家庭其实是没有任何帮助。"

"还有小夫妻当法院是玩的,到了现场,两个人手牵手进来坐在后面,然后我问,你们是原告被告吗? 他们说:是啊! 我问:你们今天来是? 他们说:我们要离婚的。两个人都很坚决。所以有很多的事情光从表面看,你其实是没有办法干预的。"

"第一次离婚没有结果,回去的这半年,如果有人可以去做些后续跟进工作,对他家庭关系修复跟功能提升,有很大帮助。我觉得从这个角度是真正的深层次地去改变了,这样才真正有利于降低离婚率,达到社会和谐。"

5. 社会工作在家事案件中的调解效果

社会工作调解与其他人员的不同体现在专业理念的运用、沟通细节的处理,最重要的是调解效果的呈现。

社工 S102:"我们要体现专业性,不是我跟别人说我是专业的就是专业的,我们现在就可以自信地说,我们做出来调解相对来说肯定是蛮专业的,别人暂时还取代不了。别的老师也会做这块工作,包括我们自己调解团队里面,他们通过跟我们磨合之后,他们也在改变。好比原来他们的态度是很强势的,他们只注重调解,但是到写报告的时候,要讲案例优势的时候,他们也说不出来,这时候我们专业社工就可以。"

"目前少年庭庭长也看着我们做了几次社会调查,包括个案,跟着我们走访了一些未成年人,也看到我们在这个过程中可以发挥与其他调解老师不一样的作用,我们的工作更理性更客观。"

"我们平时没那么强势。我们真的是专业性方面拿得出成功案例,不管是调解过程中成功的案例,还是回去后成功的,这个我们是可以的。因为法院也希望看到成效,今年我们总结出一些案例,出些成果。"

"我们调解开始的时候,需要严格按照法律框架走。后来我们社工有一些东西(成果)出来。有一次最高人民法院派了好多团队来观摩我们调解,我不知道他们来观摩,我们坐在那里调解,然后开了一排监控,所有人都看,看什么? 看的就是细节,就是看你怎么做调解。其实调解每个法院都有的,但是我们为什么比别的调解要好? 就是我们有细节,我们可以做很多的工作,在这两个小时里,有很多的工作。当时参观人说这个要总结要推广,我们更多地从未成年人出发,花时间花精力。"

"我们的案件,包括主调和助理调的,三年一共有 1 200 个,成功率大概在55%,但是我一般不太看这个成功率。所谓的成功是怎么算呢？撤诉也算一种,达成和解也算成功。如果确实是后来都同意的,也涉及帮他们处理好财产分歧,两个人都同意离婚,孩子问题要协商好。"

(二) 担任调查人

很多国家在家事案件中设置了调查人、调查法官的角色,有的可能是专门调查官的角色。如日本家事案件中,《日本民事诉讼法典》人事诉讼法第34条规定:"由家庭裁判所调查官实施事实调查:'(一)裁判所可命令家庭裁判所的调查官进行事实调查。(二)情况紧急时,裁判长可命令家庭裁判所调查官进行事实调查。(三)家庭裁判所调查官应以书面或口头形式向裁判所报告该事实调查结果。(四)家庭裁判所调查官可于依前项规定作出的报告中添附其意见。'"日本家事案件中有家事调查官制度(第59条)规定,家庭裁判所认为必要时,可使家庭裁判所调查官出席审判程序期日。家庭裁判所认为必要时,可使依前项规定出席期日的家庭裁判所调查官陈述意见。家事调查方面,澳大利亚的做法是在专门处理涉少婚姻家庭事件的家庭法院设立顾问和社会工作者。

在我国,2010年最高人民法院颁布《关于进一步加强少年法庭工作的意见》提出:大胆探索实践社会观护、圆桌审判、诉讼教育引导等未成年人民事和行政案件特色审判制度,不断开拓未成年人民事和行政案件审判的新思路、新方法。调查官坚持未成年人利益最大化原则,对涉及未成年子女抚养的离婚案件,开展全面的情况调查,必要时引入心理疏导和测评机制,对抚养权归属问题综合作出合理的裁判。[①]调查内容包括有家暴的案件、抚养权案件等,只要涉及未成年人权益的都要调查。

> 社工S102:"每个家暴案件是一定要做调查的,还有抚养权案件。因为现在离婚案件当中不是只有离婚,还有很多抚养费、探视权的问题。"

司法社会工作者在做家事案件的调查时,有不同阶段的调查,在调解中的调查,也可能是案件进入审理阶段之后的调查。社会工作者在调查中会重点关注未成年人的利益,关注他的成长环境,协助儿童进行表达。

---

① 杜万华:《大力推进家事审判方式和工作机制改革试点》,载《人民法院报》2017年5月3日,第5版。

社工 S103："我们有很强的针对性。比如说我们看卷宗，我会关注案子里有未成年人吗？未成年人在这个家庭当中受到什么影响？比如在起诉书上面写道，父母有暴力，那我会提醒我的助理要关注这个情况，调解过程当中要注意问未成年的情况，后来我问助理，他说我把脉把得很准，说这个小孩我过两天还要去跟进一下。"

"我们要有这种敏锐，不是说光看卷宗，在问的时候，很容易忽略掉孩子。但是如果你去问了，你就会知道。你问孩子有没有遭遇暴力？孩子会不会在当场？孩子对你们的离婚是怎么看的？孩子目前状况怎样？那么再问下去，可能他们会说，现在我们这种情况也对孩子有影响，我觉得离婚对他很好，就不会受影响了，他说这句话其实已经对孩子有影响，所以社工当下的介入是很重要的。"

"调查时间一般是一个星期，调查报告的量是六页，有规范的，依托法院的名义，现在检察院工作中也有很多社会调查。"

民事案件里司法社会工作者担任调查员，法院会将社会工作者的调查报告作为考量依据，在法庭中宣读调查报告的内容。

法官 F108："在法庭中会宣读，纳入考量的，具体情况要考虑的。"

社工 S103："我们之前跟法院签的协议，因为考虑到公正性跟身份介入的问题，所以我们现在是把家事调解的社会工作和做社会调查的社会工作区分开来的。避免被质疑，因为你在调解过程中，已经介入这个家庭，你再去做社会调查，会先入为主，或者说有很多预判，所以我们把身份分开，这有一定好处。"

（三）探望监督人

家事案件中，探望子女在部分案件中是比较困难的，比如探望地点的选择，探望时间能否保证，抚养方是否剥夺对方的探望权等。

法官 F101："探望地点现在就是在青少年活动中心，因为他们觉得探视到谁家也不好。"

随着司法社会工作的介入，司法体系开始引入社会工作者做探望监督人制度，法官将探望监护人的角色写进判决书，赋予社会工作者执行权力。

法官 F101："我们现在唯一在探索在做的是探望权里的探望监

督人，但这个对个案才开……这个探望监督人我们是写进判决书里的，我们就指定探望监督人是由我们的社会工作者来担任，将来就通过电话告诉他们是哪两个社工跟你们对接，你们探望之前跟社工联系，是否要进行合理调整，社工说了算，我们社工就等于给他们做亲子工作，还有见证工作，以备为我们后面是要调整探望还是终止探望，打下基础。"

社会工作者担任探望监督人时，当事人是如何反馈的？

社工 S103："他们现在还喜欢这种形式的探望，当事人愿意，但战线拉得太长……我们还是在法律体系做，有一个法律主线，外面法院以案件的成功为标准，我们没有，我们以化解矛盾为导向，所以我们有家事回访，有个案的，只要涉及未成年的我们都要跟进，除非（孩子）很小，超过 8 岁都做个案的。"

在代孕妈妈探望的案件中，社会工作者担任探望监督人。

社工 S103："最后判决是没有判给抚养权，但是她有探视权，可是她没办法探视，因为男方拒绝。所以后来我们做了另外一个角色，叫探望监督员，就是她每一次探视，我们就在旁边做监督协调。现在孩子只有 2 岁，要（探望）到他 18 岁。每次探望的时候我们都要去，这是有挑战的，一个月一次，需要这么多年。"

司法人员和社会工作者有良好的互动，社会工作者在家事案件中提供服务效果得到了法官的肯定。

法官 F101："效果不错的，因为判决书确实解决不了那么多问题。引入家事改革理念后，很多事情超越了我们原来的诉讼请求，社工介入后多了好多上门服务，听他们倾诉，做了很多工作，确实有用，对家庭长期发展是有益的，在矛盾激化之前开始处理。我们（案件的）前、中、后都有人做，因为矛盾没办法在短时间内解决，是积累到一定程度爆发的，所以要一定的社会力量介入进来，我们也不是这个专业的，就指标来说也不算我们的案子，而且社会化有专门的人做我们也放心。"

六、社会工作者参与民事案件服务的问题与完善路径

尽管社会工作者在民事案件中可以代表未成年人利益，更好地为儿童

提供服务,化解家事矛盾,提升社会和谐稳定,但是现行法律中并没有明确的法律依据,因此有些法院有所顾虑。是否能采用创新的机制,主要取决于司法部门负责人的思想开放程度、对社会工作的了解程度、地方司法部门经济负担能力等多方因素。

(一)转变观念,以儿童利益最大化为原则积极推动家事案件的社会工作服务

上海市试点法院主要有团委推进,领导重视,思想较为开放,对引入专业的社会工作服务有需求,同时也愿意开展尝试,但是社会工作在其他地区推动介入民事案件的难度较大。

> 机构负责人A007:"我们是想推这块,我们跟法院合作也出于这样的考虑。之前在跟检察院和公安谈的时候,他们对民事这块比较慎重,不建议我们去介入,一方面是因为上面本身还没有要求,另一方面是民事牵扯比较多,他们担心我们社会工作参与进去,万一导致不好的情况,他们觉得不可控。所以他们都会很慎重地说,这方面暂时你们不要碰,先去碰那些调皮捣蛋的孩子。"

社会工作者与法院原有的未成年人关爱体系之间如何进行衔接?法院系统内的人文关怀措施是多年传统,可以在一定程度上关爱未成年人,给予物质和精神关怀,社会工作的介入是否必要以及社会工作者的服务效果是否一定很好,会令法院领导踌躇不定。

> 机构负责人A105:"我们去跟法院领导谈购买服务,到现在还没有明确,因为他们都换了领导,年后又换了个领导,还没有对接上,年前跟他们谈的时候,他们觉得我们社工的服务蛮好的,他们原来就有爱心法官妈妈,里面有一些孩子比较可怜,爱心法官妈妈去探望一两次,送送东西、聊聊天,他们觉得如果这方面能有一个专门的社会组织来做,设计一些活动,不仅是上门送点东西,他们领导觉得以前做得也蛮好的,所以这种观念想要扭转就还是不太容易。"

(二)明确未成年人的诉讼主体地位,建立司法社会工作者担任儿童诉讼代理人制度

保护儿童权益应当成为民事案件的重要价值与目标。《儿童权利公约》确立的儿童利益最大化原则是各个缔约国应当遵守的重要原则,我国是缔约国，也应当将之作为实践中的重要准则。很多国家在加入缔约国后，纷纷修改各自的法律，如爱尔兰修改宪法，将这一原则纳入本国宪法这一最高权力来源；很多国家也修改自己的民事法律体系，坚决贯彻这一法律原则。美国有儿童代表人（child's representative），美国本土也对这个制度存在疑惑，美国有 56 个不同的代表系统，六个模式，其中四个模式（包括 39 个管辖地）能按照《儿童权利公约》第 12 条的要求，儿童能完全表达自己的声音。①这一制度已经在英国、澳大利亚、德国等国实施，不论是作为"诉讼监督人""诉讼监护人"还是"诉讼代理人"，或者"儿童利益代表人"，本质上都是要求在涉儿童的离婚、抚养、探望等案件中能够听到未成年人的声音，看到未成年人的利益诉求，让专业的人员保护儿童利益。

　　我国亟待转变父母本位的家事法律立法观念，给未成年人以诉讼主体地位，加紧配套制度的改革，落实保护儿童权利的理念和儿童利益最大化的原则，看到儿童的需求，保护他们的权益。由于未成年人表达能力较弱，参与司法程序可能对成长发育有影响等方面原因，宜建立儿童诉讼代理人制度，培养专门的儿童权利代表人，在涉及未成年人权益的案件中，司法机关依职权指派专业的儿童利益代表人参与诉讼，维护未成年人的合法权益。"诉讼代表人"应全面介入诉讼案件，调查、收集有利于维护未成年子女利益的证据，在法庭上代表未成年子女独立地参加诉讼，向法官提出有利于维护儿童最大利益的建议。法官对于子女的诉讼代表人提出的证据和建议，应予充分的考虑。②

　　儿童保护是国之大事，需要有专业的人做专业的事。专业机构、专业人员是做好专业工作的前提和保障，需要培养一支专业化、职业化的未成年人司法社工队伍。司法机构的儿童保护人员要有双重功能，在人员选用上，宜由受过专业训练的心理学、社会工作专业人员从事。从业人员要体现儿童保护的专业性，有强烈的"恤幼"情怀，同时还要熟悉法律和司法环境，注重保护未成年人的利益，有明确的价值取向。

---

　　① Jean Koh Peters, How Children Are Heard in Child Protective Proceedings, in the United States and around the World in 2005: Survey Findings, Initial Observations, and Areas for Further Study, Nevada Law Journal 6, No.3(Spring 2006):966—1110.
　　② 陈苇、谢京杰：《论"儿童最大利益优先原则"在我国的确立——兼论〈婚姻法〉等相关法律的不足及其完善》，载《法商研究》2005 年第 5 期。

（三）家事案件中建立司法社会工作参与机制

社会工作者在民事案件中代表未成年人的利益，涉及未成年人的身份和财产权益。目前的试点与创新体现了现实需求，但是缺乏必要的法律基础。其一，明确社会工作的身份界定。社会工作者的身份名称，是"儿童权益代表人""儿童利益的诉讼监护人""辅佐人"，①还是按照社会工作者所做的具体角色，如"家事调查官""探望监督人"，目前并不明确，需要在我国民事案件的程序和实体法中明确，建立家事调解官、调查官、儿童利益代表人的资格认证制度与培训制度。

> 社工 S102："把社会工作纳入家事调解部分，我们社工跟律师还有其他妇联人员是一样的待遇，而且如果有一个专业资质的认定也会很好，比如说大家都可以去考一个关于家事调解的资质，这样就可以持证上岗，可以有专业的考评。"

其二，明确社会工作参与的案件适用范围，从未成年人利益保护角度的常见案例而言，可以包括遭受父母遗弃虐待、父母争夺或者放弃抚养权、继承案件有财产可能遭受侵害、身心疾患的未成年人案件等。其三，司法社会工作需要获得独立的诉讼地位，与原被告享有同等诉讼权利，社会工作服务的家事改革试点项目需要进一步提炼总结经验，上升为政策或者法律，让更多的未成年人受益。如在德国，民事案件中的程序辅佐人被法律赋予诸多权利，包括阅卷权、申请鉴定权、搜集有利于维护子女利益信息的调查权、独立的上诉权等。其四，程序性问题，如社会工作者依申请加入诉讼中，法官对社会工作者角色的尊重情况，如是否能将社工的专业意见写进裁判文书等，需要法律作较为详尽的规定。

（四）政府成立儿童保护委员会或者儿童保护机构，派出儿童利益代表人

德国的少年局属于政府部门，在法定监护人侵害儿童利益的时候，少年局代表儿童利益，少年局的社会工作者代表儿童福利系统保护儿童。澳大利亚的法院在处理涉及未成年人子女的案件时，通过法律援助部门，独立任命未成年人代理人，他们享有独立的诉讼地位，为未成年人利益最大化而参与到诉讼中。

---

① 如《德国民法典》第1712—1717条规定辅佐制度，少年局有辅佐职权："少年局依父或母之书面申请，于下列事务成为子女之辅佐人"，并规定了申请权人、辅佐之开始与终了、辅佐的效力。

政府已有的儿童保护部门繁多，政出多门，最后人人管导致没人管，因此统一儿童保护主体的问题亟待解决。目前民政部门成立儿童福利司，招聘具有儿童心理学、社会学、法学、社会工作、教育学、犯罪学等领域的专业人员，作为兜底保护机构，但是法律并未赋予其进入诉讼中的角色，缺乏儿童福利的最终负责部门，主体缺位导致儿童权利代表人制度没有根基。社会工作目前的探索和努力需要从制度上理顺，在政府部门设立保护儿童的社会工作岗位，担任儿童权益代表人，赋予儿童保护机构与社会工作者以法律权利。学界和实务界倡导并努力推动立法与政策的跟进，让惠及未成年人的制度开花结果。

（五）发展社工组织，落实经费来源，推进政府购买服务的步伐

设立专业咨询和辅导机构，建立程序辅佐人制度，家事纠纷不能单纯地以权威性的裁判来分辨是非，而必须把促成当事人之间恢复感情、消除对立、实现和解作为纠纷解决的根本目标和价值取向。[1]政府部门是儿童权利的最终责任人，需要雇用社会工作者，而社会工作者也可以在社会组织和机构中提供专业服务。社会工作专业咨询与评估机构可以更好地参与到未成年人保护中，避免政府部门的行政化，因此社会与政府联手作为儿童利益代表人是目前可行的方案。但是实践中也存在诸多的不利之处，主要在经费来源不明，经费数量不足。

目前，司法社会工作参与民事案件并没有明确的经费来源，宏观制度没有理顺，司法实践层面的经费落实非常艰难。

　　法官F101："实际上社会工作没什么经费的，驻点的话有餐费，特定做活动的话有专项经费，经费这块是比较麻烦的。""现在是一个大框框，是可以发经费，没有细化的东西。""法院在改革的时候，也非常头痛，现在大家都在问经费的问题，谁也不敢乱开，这是踩红线的东西。"

　　学者E08："有的法院是与妇联合作，调解员由妇联出单向经费，街道层面由街道出钱，合适成年人、社会调查没有固定经费来源。我了解到专职调解员由哪一方派出来就由哪一方支付。"

　　法官F101："像普陀区是按量计的，计件的，他们也是外发，我们这没办法计件的，成功量和过手量不一样的。我们要一以贯之的，家事调解员由我们管理。"

---

① 　杨临萍、龙飞：《德国家事审判改革及其对我国的启示》，载《法律适用》2016年第4期。

（六）与儿童福利部门联手，建立儿童福利场所与家庭支持机制

在国外，很多西方国家儿童福利制度发达，有儿童之家、临时庇护中心等儿童福利机构可以更好地保护被虐待、忽视、侵犯的未成年人权利。但是我国的儿童福利传统是救助型，没有专门的《儿童福利法》，没有专门的儿童保护场所，在家事案件中，对需要临时居住场所的特殊儿童，没有儿童庇护所，调研中很多人认为这是国内儿童保护的最大问题，儿童福利与儿童保护最重要的基础设施亟待建立。

为此，其一，建立儿童之家等庇护场所，一旦未成年人失去监护人的关照，遭受虐待、遗弃等，可以在这里接受临时庇护，同时也为父母服刑而祖辈及亲属无力抚养的子女提供生存照管和教育环境。其二，设置家长学校。离婚过程中，法律规定孩子父母必须到家长学校强制学习。家长是世界上最重要的岗位，但也是唯一不需要持资格证上岗的岗位。我们从事很多专业都需要专业的知识，但是唯独做父母这个最专业的角色却没有任何人教我们如何为人父母，因此才有了很多侵害未成年人子女权益的案件。因此，对父母的强制教育是提升未成年人子女权益的重要保障。如美国犹他州规定离婚的父母必须参加家长学校的学习，否则不能办理离婚。[①]其三，亲权剥夺后的配套与辅助制度缺失，需建立家庭功能失灵前的支持机制和失灵后的调解机制。目前我国对家庭和父母没有系统性支持，如德国《民法典》中设置了襄佐师制度，襄佐师是指必须修习特殊学程，并经国家认可之专业人士。当父母亲权存在问题时，例如忽视、虐待等侵害未成年人子女的权益时，襄佐人或者家庭襄佐师具有一定的发言权。其四，建立家庭寄养制度，发展寄养合作家庭。每个孩子都应该生长在家庭之中，但是各种原因，有的孩子没有办法与自己的父母一起生活，他们可以临时居住在寄养家庭之中，民政部门可建立寄养家庭库，通过一定条件筛选有资质、能力、意愿的临时父母，代为管教和照护未成年人子女，作为父母与家庭支持体系的重要一环。

（七）保障儿童表达权与被倾听权，听取未成年人意见并评估

其一，以前是听取 10 岁未成年人的意愿，现在降低 2 岁，最高人民法院《关于进一步深化家事审判方式和工作机制改革的意见（试行）》改为"征询八周岁以上的子女对抚养事项的意愿和态度"，这一规定中，要求听取未成

---

① 　陈爱武：《论家事审判机构之专门化——以家事法院（庭）为中心的比较分析》，载《法律科学》2012 年第 1 期。

年人意愿和态度是对的,但是以年龄作限定是值得商榷的,并不符合未成年人权益保护的宗旨,与国际儿童保护的理念相左。儿童能否独立表达不应该以法律强制"一刀切"地划一个年龄界限,现在的营养充足、发育健康的儿童,成熟度提高,8岁以下的儿童大多数也能够独立表达自己的需求、情绪和意愿,调研中很多人员也认为这一规定不甚合理。其二,听取未成年人意见者,不能机械、被动地倾听,而应该主动倾听,听者应该是专业的儿童保护人员,既了解未成年人需求和心理,同时也能评估判定采取什么措施能实现儿童利益最大化。如有些案件中,父亲为了争取孩子抚养权,就满足其所有物质要求,不要求其看书学习,这样争取子女的偏爱,并不能真正代表儿童的真正利益,也不能体现儿童利益最大化的真实内涵。

(八) 家事领域社会工作的拓展角色

社会工作涉足儿童保护,领域更宽广。未来社会工作在家事领域可以拓展功能:其一,担任儿童权益评估专家,或家庭评估机构的评估专家。我们的制度架构要设立未成年人保护的专业评估机制和监督机制,要能从儿童利益最大化角度,打破司法体系与儿童福利体系的壁垒,完善涵盖困境儿童、涉司法儿童等有需要儿童的福利体系,让儿童福利与儿童保护措施交叉的复杂系统更加高效地运转起来。评估要专业性、综合性、个别化、阶段性地开展,量身定做个性化方案,满足未成年人的成长需求。如在抚养权案件中,评估机构的社会工作者给出专业意见,综合考察父母哪方在抚养子女上更优。再如在有家暴行为的家庭中,社会工作者评估儿童是否适合继续留在原生家庭,还是应变更抚养权,抑或安置到临时儿童庇护场所。其二,社会工作者担任儿童保护者,如监督监护人。德国《民法典》设置了"监督监护人"①

---

① 德国《民法典》第1792条(监督监护人)规定:(1)除监护人外,得设监督监护人。少年局为监护人者,不得设置监护监督人;少年局得自行为监督监护人。(2)监护包括财产管理者,应设置监督监护人;但财产管理非属重要,或监护职务应由数人共同执行者,不在此限。(3)监护职务非由数监护人共同执行者,得选任其中之一人为其他监护人之监督监护人。(4)监督监护人之指定及选任,适用关于监护人之指定及选任规定。
第1799条(监督监护人之义务及权利)规定:(1)监督监护人应注意监护人执行监护职务之责任。监督监护人应尽快报告家事法院有关监护人违反职务之行为,及遇有家事法院应予处理之一切事情发生,如监护人死亡或其他事情之发生,致引起监护人职务之终了,或因离职而应由家事法院处置之情形。(2)监护人依监督监护人之请求,应向其报告有关监护职务执行之现状,并允许其阅览有关监护之文件。

"襄佐师"，①日本家事法院设有多种角色，除法官与监护人外，还有监护监督人、保佐人、保佐监督人、辅助人或辅助监督人。日本《家事案件程序法》第五章规定了"程序代理人及辅佐人"制度。这些角色的设置是以未成年人利益为核心。其三，构建预防儿童遭受虐待的法律体系，建立社会工作者的保护权责。我国应该将家事案件的儿童保护进一步拓展到儿童虐待、忽视问题上。未成年人司法社工全面参与虐待儿童的报告制度，预防、识别和治疗虐待和忽视儿童的行为。

小结

社会工作者在家事案件中可以保护未成年人的合法权利，充分利用社会工作专业的优势。在家事法庭改革的进程中，凸显社会工作专业价值，化冲突为机遇，有进有退，有所取有所舍，不是所有的角色都可以由社会工作者来担当，有些角色需要配合其他角色，发挥社会工作资源链接作用。社会工作者不仅在微观与局部实现介入，发挥专业价值，同时更应该在宏观层面起到儿童权利和儿童福利的支持与倡导作用，推动家事法庭多角色参与的改革，争取在这一过程中有立足之地，不断加大自身的专业化建设，化解家庭冲突，保护儿童权利。

---

① 德国儿童襄佐制度限定亲权的行使范围。例如德国的家庭如果设有襄佐师，德国《民法典》第 1630 条规定："就子女之事务，设有襄佐人者，父母之亲权不及于该事务。关于子女人身或财产之监护，属于襄佐人者，就子女人身及财产之事务，父母与襄佐人之意见不一致时，由家庭法院决定之。父母将子女长期交由家庭襄佐师教养者，家事法院得依父母或家庭襄佐师之申请，将亲权转移该襄佐人。依襄佐人之申请将其转移者，应经父母同意。于转移之范围内，由家庭襄佐师行使监护人之权利与义务。"

德国《民法典》第 1688 条规定了襄佐师之决定权："子女于长期交付家庭襄佐师教养者，其襄佐师有决定子女日常事务之权利，及就该事务以亲权人之身份代理子女。家庭襄佐师就子女之工作收入、子女之抚养、保险、给养及其他社会给付，有管理之权利。"在德国《社会法》第八编第 34、35 条及第 35 条之一第 1 款第二段、第 3 款及第 4 款规定的救助范围内，承担子女教养及照护责任者，视为襄佐师。

第十四章　亲职教育与家庭治疗：
从个体疗愈到家庭赋权

　　"子不教父之过。"家庭在未成年人成长和教育中的重要性有目共睹。如果不纠正家庭教育问题，就无法解决青少年教育问题。很多未成年人的不良行为甚至触法、犯罪行为都是由家庭功能的缺失造成的。父母对未成年人子女有养育职能，与"养"相比，"育"更为重要。亲职教育（德语 Elternbildug，英语parental education）又称为父母教育、双亲教育，是指对家长进行如何成为一个合格称职的好家长的专门化教育。①20 世纪 30 年代西方很多国家开始意识到这一问题，对父母及准父母开展教育，帮助他们学习如何尽到父母职责，成为合格乃至优秀的父母。各国在未成年人教育中都发现父母等监护人对其子女的影响意义深远，因此，改善监护人的观念、行为、教育方法成为改善有行为偏差未成年人的重要内容与核心方法，通过父母等监护人的行为改变间接调整未成年人的行为模式。

　　家庭治疗（Family Therapy）是更为广泛的改善家庭问题和父母行为模式的方法。与亲职教育相比，家庭治疗更为宏观，目的和功能更为广泛。亲职教育的对象是未成年涉罪者的监护人，即针对刑事、行政案件中未成年加害人的监护人；而家庭治疗的对象除了监护人，还包括所有卷入司法程序中的未成年人，包括未成年受害人、民事案件的未成年当事人。家庭治疗的范围更加广泛。从广义而言，家庭治疗包含亲职教育，亲职教育是家庭治疗的一部分，而家庭治疗除了对监护人的亲职教育，还包含亲子关系、家庭关系调适等内容。无论是亲职教育还是家庭治疗，根本着眼点都是家庭，都是通过改变家庭互动模式而纠正未成年人的行为偏差。在少年司法体系中，很

---

　　①　吴宗宪、张雍锭：《未成年缓刑犯社区矫正中强制亲职教育的制度构建》，载《江西社会科学》2018 年第 8 期。

多国家将家庭治疗作为替代方案。

一、亲职教育与家庭治疗对涉法未成年人的重要价值

我国专业人员对未成年人家庭的支持亟待加强。在调研中发现，很多有行为偏差的未成年人的家庭存在问题，如家庭照管缺失、过度溺爱、监护不力等。很多父母不知道如何与子女沟通，不知道如何应对子女的偏差行为，亲子关系极度恶化，有的父母本身患有精神疾病。

（一）家庭支持模式是儿童保护领域的重要范式

全球而言，福利国家有两个不同模式，一是儿童保护模式，以英国英格兰、加拿大和美国为主要代表，二是家庭支持模式，以瑞典、丹麦、芬兰与荷兰为代表。[①]国际上的儿童政策开始逐步转向家庭，如英格兰就提出"家友照护"(family and friends care)策略。[②]儿童保护模式以未成年人个体为着眼点，注重个体福利供给，而家庭支持模式强调将未成年人的整个家庭作为提供服务的对象。国外研究表明，对未成年人个体的培训不足以改变其偏差行为，而有针对性的家庭干预和家庭赋能是从根本上改变未成年人行为方式的方法。在这个过程中，服务者开展家庭支持，提供亲子关系互动咨询，对有需要的家庭成员进行监督，有效的家庭支持政策可以缓解家长的育儿焦虑，通过为家长赋权而间接保护未成年人。而家庭亲职教育的缺失让未成年人失去重要支持，家庭系统的问题直接影响未成年人的心理发育和行为，可能导致未成年人犯罪。

警官P102："我觉得现在未成年人再犯的比较多，主要因为家长忙于工作，小孩子容易被引诱犯罪或心理上出现问题，还是家庭教育的问题。我认为家庭的防护是比较重要的，需要家庭的支持和完善。"

我国目前尚缺乏系统性、制度性的亲职教育，这导致家长的监护能力依赖家长自己的理解，最应该学习的如何成为好父母的技能却从来没有得到过培训，这导致很多社会教育的问题，如父母虐待、忽视、只注重成绩而忽略

---

① Lisa Bunting et al., Trends in Child Protection Across the UK: A Comparative Analysis, The British Journal of Social Work (2018) 48, 1154—1175.

② Janice McGhee et al., Looking after Children in the UK—Convergence or Divergence?, The British Journal of Social Work 48 (5), July 2018, pp.1176—1198.

心理养育、教育方法不得当等一系列问题。

（二）消除犯罪原因，亲子共同提升：未成年人家庭参与的逻辑

家庭问题往往是导致未成年人偏差行为的根源。父母是孩子的第一任老师，父母的行为会潜移默化地影响子女一言一行。现实中，很多问题孩子来自问题家庭。

> 检察官 J103："未成年犯罪嫌疑人真的走到犯罪了，很多情况下他的家庭有很大问题。"

大量研究证明，暴力型家庭、失管型家庭、溺爱型家庭等类型家庭中的子女容易出现行为偏差。

1. 暴力型家庭

未成年人会模仿自己父母的处事方式，如果父或母常常使用暴力，那么他们长大以后，很可能也会沿用父母的暴力方式处理人际关系。

> 警官 P105："有很多未成年人的家庭都是存在问题的。比如我看到一个对象，他的脾气非常耿直，不讲理，一有矛盾就铆足了劲上，不管有没有理，都采用武力来解决问题。最后了解下来，从小到大，他的父亲都是这么对他的。因为他来自离婚家庭，家里兄弟姐妹多，父亲就采用暴力手段管教。只要有事情，就拿皮带、鞭子抽，造成了他后来碰到事情的应对方式也是这样。"

> 律师 L109："我作为法援律师在看守所给未成年人上课时，就有一个男孩寻衅滋事，和人打架，说自己的行为改不了了，说从小听到他爸爸一开口就是骂人的话，抬手就打人，爸爸开了一个饭店，从小看到的就是爸爸一言不合就拿起啤酒瓶砸人家脑袋。"

2. 失管型家庭

与暴力型父母不同，失管型父母因为各种原因对自己的子女不闻不问，不愿意承担管教的责任。这种类型的家庭，父母有的忙于工作，没有时间与孩子对话，忽略了孩子的教养，或者有的因为各种原因无法抚养子女，让未成年人子女处于失管状态。

> 社工 S202："父母不管，教育方式和沟通方式上也有问题。如果是这个情况，通过几次家访和活动去修复他们的关系就会很难。"

> 检察官 J102："问题家庭，要么是（父母）工作很忙，忙到没有时间

去管孩子,之前有一个父母,开公司的,超级有钱,说佘山那边有六套别墅,他儿子还未成年,半夜开了家里一辆宝马就出去了,在华山路那边一个酒吧喝了很多酒,回来路上被交警查酒驾,查到了,交警打电话给他妈妈,说你儿子开车出去了,他妈妈说开了哪辆车出去,家里车不都在吗! 恰好是他们借出去的一辆车正好人家还回来了,被儿子取了车钥匙,反正家里车也很多,她也搞不清楚到底哪辆车不在,房子太大,她也不知道儿子到底在不在家。"

检察官 J103:"有一些父母根本不出场,比如有一个案件,他妈妈不是说我们要去南美旅游,就是世界杯的时候要去西班牙,总之就是一直不在,让他外婆过来或者找个朋友就过来做保证人,就是这种不怎么管的。""还有一个,父母离异以后没人管,没人照护。还有的父亲进了监狱,母亲之前是做小姐的,父亲服刑以后就丢下孩子走了,孩子寄人篱下被叔叔抚养,从小就变得极端,早早出来社会闯荡。很多未成年人在打工的时候认识一些人,朋友受欺负的时候自己也得上去帮忙,要不然不够义气。尤其是初中毕业以后,学校管不到,家里管不住、懒得管,出来闯荡社会后更加无法无天。"

社工 S201:"有些孩子,他的家庭问题就是解决不了,不是你想帮他改善就能做到的,家已经散了,我之前接触的一个孩子,妈妈改嫁好多年,爸爸也去世了,没有人管他,他就是在外面独立生活,有个弟弟才12 岁。"

3. 溺爱型家庭

溺爱型家庭往往容易导致未成年人的行为出现偏差。如在一个从小父母就没有对其说过"不"的家庭长大,未成年人就没有行为边界的概念,一意孤行,恣意妄为,甚至出现不如意就打骂父母的情况。在这样的家庭中,父母的管教失灵,父母的爱反而让子女失去自我控制能力,不懂礼仪礼貌。

社工 S102:"这个家庭有姐弟两个孩子,后来弟弟打架被抓。儿子在外闯祸后,父母包庇儿子。姐姐举了大量的事例,说自己弟弟怎么被溺爱坏了,怎么被宠坏了。"

以上类型的家庭,父母或其他监护人的教育方式都是存在问题的,从未成年人行为偏差的家庭根源开始介入,让监护人及其整个家庭参与到行为偏差的矫治中极为重要。无论是亲职教育还是家庭治疗,重点都在于将家庭系统拉入未成年人的处遇中,着眼点不应局限在未成年人个体,而是要从他们的家庭生活环境中寻找他们出现偏差行为的关键。这是因为几乎每一个问题孩子的背后都有一个问题家庭。未成年人犯罪频发,呈现出低龄化、暴力化等倾向,引发社会的广泛关注,究其原因,很大程度上是家庭教育的缺失和亲子关系的疏离所致。

(三) 矫正未成年人行为偏差,预防未成年人犯罪与再犯

已进入司法环境的未成年人,他们很可能是不良家庭教育的受害者,他们触法行为是一种外部表现,也是一个对外呼救的信号,治疗人员需要看到行为折射出来的家庭问题,关注未成年人家庭环境,力图从根本上改变由于父母教育不当而引发的问题,提升家庭的整体能力,为家庭赋权,使亲子关系和谐,监护人更好地承担起养育教导的责任,采用社区观护帮教有助于增强未成年人的矫正效果。尤其是在子女处于青春期的时候,他们独立意识增强,如果父母的教育观念没有意识到他们的年龄特点,很容易引发亲子矛盾,将未成年人推向犯罪的边缘。故要让父母了解自己的孩子,读懂并尊重他们。让父母知道,你的孩子不只是你的孩子,养育孩子的同时父母也在承担社会责任,父母有义务为社会培养品行良好的合格公民。我国2024年修订的《未成年人保护法》也将家庭教育指导作为重要内容,该法第99条规定:"地方人民政府应当培育、引导和规范有关社会组织、社会工作者参与未成年人保护工作,开展家庭教育指导服务,为未成年人的心理辅导、康复救助、监护及收养评估等提供专业服务。"

(四) 提升未成年人监护能力,建立现代家庭教育观念

时代发展,离婚率提升,"丧偶式"育儿增多,社会人口老龄化加剧,这些都对家庭育儿提出了新的挑战。在调研中,很多法官反映急需开展"家长学校"教育,教会家长如何育儿,如何在离婚的时候最大程度地减轻对子女的负面影响,如何缓解青春期危机,如何加强亲子关系,社会从制度性供给方面增加对父母的家庭教育培训,改变父母落后的育儿认知,修复父母亲子关系,树立现代社会的家庭教育观,提升父母的教育水平和能力,真正能够因材施教,让每个未成年人都能充分发挥天赋。让父母知道,对子女的爱是需要通过科学的方法表达出来的,事业再成功也无法弥补子女教育的失败,让父母在子女教育的黄金时期不缺席。企业工会、民政等部门重视父母亲职

教育,开展讲座与培训,传递家庭教育的科学信息,融教育与犯罪预防为一体,正确面对未成年人成长中遇到的各种问题,培养智慧父母和融洽的亲子关系。

二、域外少年司法体系:对家庭的重视

英国 1998 年《犯罪与扰乱秩序法案》第 8 条颁布亲职令。新西兰青少年司法体系将家庭置于所有青少年决策的核心位置。1989 年《儿童、青少年及其家庭法案》注重家庭的地位及参与,尽可能维持儿童与家庭的关系,并为家庭赋权。

日本少年司法制度的独特处之一就是设立家庭法庭辅导员和调解委员会。以这种身份服务的人是从公共部门中选拔出来的,具有协助调解家事案件的决心和愿望。这些人任期为一年,与仲裁员职责一样,就如何处置案件提出独立和公正的意见。[1]日本建立了家事法庭,专门审理涉未成年人的家事案件。

泰国青少年观察保护中心于 2003 年 3 月计划和制定了相关规章和指导方针,在未成年人基金会的支持下,建立家庭社区团体会议项目。全国 52 个青少年观察保护中心在相关规章和指导方针下实施了该项目,社区为这一程序的重要组成部分。[2]

美国的托马斯·戈登(Thomos Gordon)博士在 1962 年创立"父母效能训练"(parent effectiveness training),教会父母解决问题的技巧,建立尊重、理解的亲子关系模式,这一父母训练模式在美国兴起后传到 50 多个国家和地区。美国还有一个著名的亲职教育机构——PAT 国家中心(Parent as Teacher,让父母成为教师),该中心开发了多种形式的家长培训项目。[3]

澳大利亚的积极教养课程(Positive Parenting Program,简称 3P 项目),起源于澳大利亚昆士兰大学,由马特·桑德斯(Matt Sanders)教授在

---

① Eric Paul Berezin, A Comparative Analysis of the U.S. and Japanese Juvenile Justice Systems, Juvenile & Family Court Journal, November 1982.

② Angkana Boonsit, Restorative Justice for Adults and Juveniles in Thailand, 156th International Senior Seminar Participatants' Papers.

③ 刘华丽:《社会工作视野下的亲职辅导》,载《华东理工大学学报(社会科学版)》2010 年第 6 期。

多年研究基础上创立,倡导亲子间建立积极的沟通方式,约束孩子的不当行为,改善家长的教养技能,为父母赋权,已推广至 30 多个国家。

另外,在巴勒斯坦,建立了监禁刑的现代替代措施,包括社区服务、替代性家庭和恢复性司法。[①]还有些国家建立了针对少年司法系统的寄养家庭制度。挪威在 19 个城市建立了将家庭治疗作为替代方案的多系统小组。

三、我国未成年人司法社工开展亲职教育的服务

(一) 服务范围较广

除了刑事案件,对民事案件,如离婚案件,也可以开展父母教育项目,避免父母将自己的爱恨离愁强加给孩子,将夫妻之间的怨恨让孩子承担。如果离婚案件中能够进行辅导,很可能减少夫妻双方的不理性情绪,也就能减少非理性情绪给子女带来的心理创伤,让他们未来不陷入"恐婚"的泥潭。我国的离婚案件中往往重在争夺财产,而忽视了未成年人子女的身心健康。

家庭也会侵害未成年人的合法权益,如未成年人的不良行为无法得到及时发现和纠正,父母缺乏正确的教育方式。父母也要不断学习,提升教养子女的技巧和能力。无论是刑事、行政还是民事案件,对卷入其中的未成年人都需要了解其家庭或父母的问题并进行家庭治疗。

很多西方国家意识到了这一问题,加强对子女的保护。如在美国,为减轻父母离异给未成年子女带来的负面冲击,让父母更好地承担起离婚期间及离婚后的抚养责任,从 20 世纪 80 年代起,家事法院以自愿参加或者强制参加的方式开展父母教育计划。有些州将父母教育培训计划列为强制性参加项目,如犹他州,规定如不参加上述计划就不准离婚。[②]家事法院强制离婚父母参加教育计划,尽管没有使儿童直接受益,但父母学习到的教养子女

① Mutazm Qafisheh, Juvenile Justice System in Palestine: Current Situation and Reform Prospects, International Journal of Law Policy and the Family, October 2011 25(3):365—397.

② Karen R. Blaisure, Margie J. Geasler, Results of A Survey of Court-connected Parent Education Programs in US Counties, Family Court Review 34.1:23—40(1996). Andrew Schepard, Papers Celebrating the 25th Anniversary of The Family Court of Australia, Family Court Review 40.3:273(2002).

和沟通的技巧却可以引发父母的变化,进而惠及儿童的福利。①

我国非常重视未成年人的家庭保护,先后印发了《关于依法处理监护人侵害未成年人权益行为若干问题的意见》和《关于依法办理家庭暴力犯罪案件的意见》,依法惩治监护侵害犯罪,促进家庭保护。根据最高人民检察院《未成年人检察工作白皮书(2014—2019)》的数据显示,2017 年至 2019 年,全国共批准逮捕遗弃、虐待未成年人犯罪 19 人,起诉 389 人。单亲妈妈王某遗弃儿子,导致其子长期在福利院生活,上海市长宁区人民检察院将案件线索移送公安机关立案侦查,检察机关以涉嫌遗弃罪对该案提起公诉,并提出适用禁止令、实施强制亲职教育的量刑建议。王某被判处有期徒刑三年,缓期五年,并接受强制亲职教育,在社会工作者监督和帮助下履行监护职责。②

(二)强制性亲职教育:与社会工作服务自愿性的矛盾

少年司法制度要求失职的父母必须接受亲职教育,具有强制性,因而成为"强制性亲职教育"。社会工作是专业的助人职业,随着时代发展,社会工作机构开始以家庭社会工作、青少年社会工作等方式介入家庭教育领域,帮助家长解决子女教育问题和青少年培养问题,解决家长管教子女中的疑惑,社会工作的尊重、平等、同理心等价值观在家庭领域发挥出巨大作用,比较典型的是运用同理心方法,让许多家长看到孩子的需求,看到他们的期待,学会用良好的方式与子女沟通,这可以极大地改善家庭环境,让父母学会如何走进子女的内心,与他们真诚地交流。

未成年人司法社工及其机构开展的亲职教育,与司法人员的强制性亲职教育不同,因为未成年人司法社工开展工作没有法律强制性,只能依赖司法机关的强制性。社会工作在开展亲职教育过程中,可以发挥专业优势,将个案治疗中家庭治疗方式应用于实践中,帮助未成年人提升家庭环境的支持力度,改变不良的亲子关系,让家庭发挥正向影响子女的作用,通过亲情、温情教育,让家庭成为与社会工作配合的有效力量,形成社会工作机构与家

---

① 陈爱武:《论家事审判机构之专门化——以家事法院(庭)为中心的比较分析》,载《法律科学》(西北政法大学学报)2012 年第 1 期。

② 最高人民检察院《未成年人检察工作白皮书(2014—2019)》,https://rmh.pdnews.cn/Pc/ArtInfoApi/article?id=13697769,2020 年 6 月 3 日访问。

庭团队合作的局面,从某些角度缓解或者纠正其心理问题。

　　检察官 J202:"司法社会工作也不可能天天跟着他,家庭是最重要的,所以当时有想做亲职教育。"

　　社工 S101:"我们(社会工作)和检察官做的亲职教育不太一样,我们不是强制性的,而是通过沟通看他们的教育模式有没有什么问题。"

(三) 项目化运作

亲职教育在实践中可以通过项目化运作的方式开展,同时也可以在机构中设立家庭危机干预中心。

　　社工 S202:"我们的家庭服务在'牵手'项目中可能更加关注服务对象本身。现在我们发现家庭是青少年涉罪的主要原因,所以去年我们通过开通公益创投的形式申请了针对未成年人的家庭支援项目。主要是通过个案帮扶、亲子小组、家长沟通小组以及一些家长活动来帮助他们改善亲子间的沟通关系,从而建立他们的支持网络。"

社会工作在开展亲职教育过程中,关注参与家庭成员的心理感受,尽量弱化其子女罪错的标签化效应,降低参与家长的抗拒心理,在社区里请社区居民参加亲子主题活动,这样参与项目的父母就不会有心理负担。

　　社工 S104:"我们尝试过做亲职教育,正式立为项目是 2017 年 7 月 1 日,亲职教育的主要目的是给家长做亲职教育,因为我们发现很多社会观护的未成年人其实家庭方面是存在问题的,现在我们平均一个季度一个社区,一个平行小组,十个亲职个案。一个平行小组一般有 6 个家庭。他们可能觉得我们把他们标签化了,所以不愿意参加,是因为孩子涉罪我们才把他们聚集在一起的,但今年我们讨论是不是把他们放在社区的家长里面,我们把他们混在一起,这样就可以把标签弱化,这是我们今年的一个目标,现在是有一定成效的。"

(四) 成立家庭危机干预中心

在实践基础较好的地区机构中,专门针对亲职教育成立婚姻家庭危机干预中心,服务更加专业化,面向出现罪错行为的未成年人及其家庭,改善亲子关系,提升家庭功能。

　　检察官 J103:"我们成立了婚姻家庭危机干预中心,组织治疗方案。但可能也只有一两个家庭来参加这个活动,针对这种个案去改善他们家庭关系。就现在的社团工作而言相比公检法，他们的职能更多的是调和性服务，也是希望找到他们机构的定位。如果有合适的家庭案例可以合作，不单单是说我们对于被害人的家庭进行救助，甚至对犯罪嫌疑人家庭也是一种帮助，案例可以放到这个中心来做一个试点。"

（五）亲职教育的类型及方式

亲职教育的方式也根据具体案情有所差异。运用多元化的方法，较为轻微的行为案件可以采用教育训诫的方法，而家庭矛盾很深，需要社会工作的专业介入来开展心理疏导和家庭辅导。

检察官J104："亲职教育分不同的类型，比如说简单的，我们会找家长和小孩来进行一些教育训诫，我们对他们监护人的职责进行提醒和告知，这是简单的，比较快的。我们也有一些社会工作者参与的亲职教育。"

检察官J301："如果是亲子教育这方面出了问题，可能是亲子教育的方法问题。像我的那个十三四岁未成年人打人的案子，其实他的亲子关系当中存在很多问题，就持续地做亲子教育。比方说，爸爸、妈妈、孩子一起来谈话，一起做心理疏导、家庭辅导。还有一种是公益劳动，这个是一般会做的。还有一种就是谈话帮教。就是根据个体的情况来定。""上一次是和阳光机构徐汇区工作站一起在做，2010年左右我们跟他们有一次很好的合作，当时是他们最早提出来做亲职教育，我觉得他们当时的理念是很超前的，我们原来最早的帮教只是针对犯罪的未成年人，但是他们那时候开展了一个亲情驿站的活动，我们连着做了两三年。每次活动都是把未成年人的父母一起叫过来，每次大概有5到6组家长一起做，我们当时还专门拍了一个短视频，未检工作周年庆的时候，我们还作为徐汇区的经验在全国分享。"

四、我国亲职教育的问题

（一）亲职教育总体基础较差

"亲"是指"父母亲"，一般情况下是未成年人的监护人，"职"是"职责"，亲职教育即教父母亲如何更好地对子女进行监护。《教育大辞典》中将其定义为:"对父母实施的教育,其目的是改变或提升父母的教育观念,使父母获得抚养、教育子女的知识和技能。"①亲职教育是对未成年人的监护人开展培训,让其更加了解自己的子女,更好地呵护未成年人,科学地护送他们走上成年人的系统方法。但是,在我国这一最需要培训和教导的领域却鲜有科学、系统、体系化的实践模式,第一次成为家长的年轻人普遍缺乏育儿知识,存在重视生理养育而忽视心理健康、重视学校排名而忽视能力培养、重视"生"而忽视"育"的问题。在这一领域中,课程内容、教学方式、师资队伍建设等方面都较落后。

(二) 流动少年,亲子异地

因为生活压力,很多未成年人选择离家到外地打工赚钱,但是他们处在青春期,情绪容易被引爆,如果情绪控制能力差很可能与他人发生冲突与矛盾。

> 律师 L105:"我办过一个案件,一个外地的未成年人,到上海市一家饭店打工,吃饭的时候与邻桌发生不愉快,结果他到店里买了一把水果刀,将对方割伤,逃回老家后被叔叔劝说自首。我在会见的时候,他说父亲在广州打工,母亲在内蒙古打工,他们家里三个孩子没人管,都是自己做饭。"

有些农村的未成年人来到大城市打工,他们所受的教育基础薄弱,立足技能缺乏,如果再遇到不良引导,很可能误入犯罪集团,父母在农村老家鞭长莫及。

> 律师 L109:"我做法律援助律师时办过一个未成年人案子,他来上海市打工,在老乡介绍下到一家店里工作,结果这是一个组织卖淫的场所,他刚进来一个月不到就被公安抓获,一分钱工资还没领到。"

对于这些外地的未成年人犯罪进行亲职教育的难度就非常大。因为他们往往家庭贫困,父母迫于生计而在外地奔波,无心无力顾及子女的教育。

> 检察官 J103:"很多都是外来未成年人,人在上海被抓,父母在老家,有些网络犯罪甚至受害者在上海未成年嫌疑人在外地。我们如果开展亲子教育,让他们的父母过来存在一定困难。他们的父母很多一

---

① 顾明远:《教育大辞典(增订合编本)》,上海教育出版社 1997 年版,第 1216 页。

辈子从来都没出过村,来上海也没钱,来了之后待个几天住哪里,对我们来讲负担也很大。有些在当地打工,他就不愿意来,这种教育我们也没有办法,无从抓起,更多的是跟妇联合作。"

虽然随着现代科技的发展,异地问题可以通过互联网视频方式解决,但是也存在一些贫困地区,农村的孩子家庭中没有手机、电脑等设备的情况,这就让亲职教育陷入无法实际开展的窘境。

(三)家长不配合,参与程度低

在对涉罪未成年人帮教的过程中,需要家长积极履行监护职责,认真学习家庭教育知识,参与引导涉罪未成年人回归正常的社会生活。

> 检察官 J103:"亲职教育的活动组织起来更加困难,很多家庭并不是很配合,他们的父母总是会找各种理由,我在打工,我今天上班很忙或者怎么的,特别配合的真的比较少。我们今年五六月份的时候搞过一次,最后来了大概也就三四个家庭。而且这些群体对子女教育并不是那么重视,他们也不觉得这种教育有那么必要,上个一两堂课对他们亲子关系真的有很大改善?我们当时本来是想多弄几次,但后来人也少就没有继续开展。""家长不配合在根本上是因为亲职教育没有法律拘束力。没有法律强制力让父母一起过来参加亲职教育活动。如果真的是犯罪嫌疑人家庭,我在办理案件过程当中让父母过来,他们可能会比较听话一点。"

> 检察官 J108:"还有一些外地家长,打电话时他都说你是骗子,不肯合作。"

(四)司法部门在做亲职教育时常感到专业度不够

虽然亲职教育非常重要,但是亲职教育的指引不明确,司法人员在实践中存在诸多困惑,人们往往对司法人员有严肃的刻板印象,除非与司法人员有较多接触,否则很难放开,而且司法人员并不擅长亲职教育。

> 检察官 J103:"对家庭或者父母的亲职教育,是我们检察机关工作的短板,团委,特别是妇联对家庭矛盾的解决和教育比我们更有经验。我们今年也尝试过做这种针对问题家庭的亲职教育,但是也遇到了一些问题。"

五、社会工作开展家庭辅导与治疗之策略

心理学、社会学、教育学、社会工作等都关注家庭的亲职教育，但各有侧重。社会工作家庭治疗有很多方法，如结构家庭治疗、联合家庭治疗、系统家庭治疗，运用专业的评估工具与方法，对未成年人的家庭需求开展系统评估。很多国家采用同样的儿童和家庭需求评估框架，英国在英格兰和威尔士主要由社会工作者作为专家来进行评估工作，收集和分析"需要帮助"的孩子的信息。①

（一）萨提亚家庭治疗

萨提亚的治疗模式由美国的心理治疗师维吉尼亚·萨提亚（Virginia Satir）创立，该模式将家庭看作一个系统，认为心理治疗的主要目标在于通过各种技术扰动整个家庭中各个成员之间的互动模式，提升求助者的自我价值，挖掘自身潜力，帮助求助者应对个人问题。②萨提亚治疗方式认识到家庭在人的自我观念与行为模式形成中的重要性，并且希望通过对家庭历史的追溯与家庭沟通方式的理解，找出家庭成员问题的成因，在此基础上通过家庭互动方式改变，达到个人成长目的。③萨提亚家庭治疗模式的治疗方法与技术主要有成分干预技术、个性部分舞会、家庭重塑、雕塑、隐喻、自我的曼陀罗、冥想、温度读取、绳索的使用等。④同时，这一治疗中也需要重视家谱图和家庭生活编年史。

萨提亚强调父母要无条件接纳孩子的行为，让子女有安全感，进而增强孩子的自我价值感。萨提亚认为问题本身不是问题，应对问题的方式才是问题，她把过程看作通往改变的途径，把内容看作改变得以发生的情境，提倡应该注重过程而非内容，所以她把治疗重点放在如何在渴望、期

①　Lisa Bunting et al., Trends in Child Protection Across the UK: A Comparative Analysis, The British Journal of Social Work (2018) 48, 1154—1175.

②　常红丽：《萨提亚家庭治疗模式在青少年心理健康工作中的应用》，载《科协论坛（下半月）》2010年第7期。

③　张莉萍：《亲子关系促进工作坊——家庭社会工作的示范》，载《华东理工大学学报（社会科学版）》2006年第1期。

④　陈芳：《萨提亚家庭治疗模式评述》，载《社会心理科学》2013年第2期。

待、知觉以及感受水平上将父母和儿童联结起来,改变原有不良的内部加工过程,为所有的家庭成员提供一种内部转化,从而在根本上改变每一个人的自我价值。①治疗师要鼓励服务对象学会表达,帮助他们找到并承认早些年压抑或曾被忽视的情绪,发现自己,认识自己,承认曾经的不一致,做到兼顾自我、他人和环境的表里一致这一完满状态。在萨提亚冥想中,鼓励每个人学习与自我对话,保持自我欣赏、自我滋养的积极状态,找到开启自我心灵的钥匙,成为自己的主人,让自由的能量流动于自身内部和人与人之间,能够对亲密关系保持开放的态度,成为真正的自己并且乐于接纳他人。

(二)系统排列治疗法

家庭系统排列(Family Constellations)方法是德国心理咨询与心理治疗师伯特·海灵格(Bert Hellinger)创造的。海灵格深受中国老庄哲学的影响,融合中西方文化,运用现象学方法探究问题根源。在家庭系统排列中,人不再是单一的独立个体,而是与家庭成员、祖先宗族紧密连接的系统整体中的一环,认为家庭中有强大的系统动力引领每个系统中的成员。海灵格帮助求助者看到隐藏在家庭中的系统动力。海灵格的"爱的序位"把这股不为人知、不为人见的动力通过巧妙的排列工作展现出来。②

海灵格认为,在家庭中,父亲和母亲的关系是最基本的关系,是伴侣身份的基础,伴侣关系提供的力量造就了好的父母,在良好夫妻关系支撑起来的家庭里,孩子才会感到有保障。父母和孩子之间与爱相关的第一个系统法则是父母付出,孩子接受;第二个系统法则是接受和付出之间不可调和的失衡;第三个法则是当家庭内根据时间和功能而确定的层阶受到尊重时,爱才是最完美的。③

在系统排列治疗中,治疗师、服务对象和代表们必须完全抛开意识与害怕,允许最根本的事实浮现出来,他们必须接纳呈现出来的事实,而不要将

---

① [美]维吉尼亚·萨提亚等:《萨提亚家庭治疗模式》,聂晶译,世界图书出版公司 2007 年版。
② [德]伯特·海灵格:《爱的序位》,霍宝莲译,世界图书出版公司 2005 年版,第5—7页。
③ [德]伯特·海灵格:《谁在我家》,张虹桥译,世界图书出版公司 2003 年版,第62—91页。

之归类到既有的理论、偏见或经验中。[①]在运用这一工具时,社会工作者作为助人者要秉承尊重助人原则,必须尊重他们的命运,必须与他们的命运和导致命运的事件有所连接,帮助他人成长,依循平衡和流动的方式,不带批判地协助,对每个人皆怀有平等的爱。[②]

---

① [德]伯特·海灵格:《心灵之药》,周鼎文译,世界图书出版公司 2011 年版,第 234 页。
② [德]伯特·海灵格:《在爱中升华》,林逸柔等译,世界图书出版公司 2011 年版,第 171—181 页。

第十五章　未成年人司法社工之多元化服务

一、心理评估与心理疏导

　　未成年人的违法犯罪行为往往与其人格障碍、心理问题息息相关。近些年，司法机关在办案中对未成年人心理创伤日益关注。由于心理疏导或心理救助是专业性很强的工作，需要有资质的专业人员才能开展，所以各地检察机关开始通过政府购买服务或与社会工作、心理咨询机构合作，委托专业人员对涉罪未成年人、被害人开展心理疏导和心理咨询。

（一）心理评估和心理疏导在涉未成年案件中的重要价值

　　心理评估与心理疏导是少年司法制度的内在要求。思想是行动的根源。少年司法打破了只看犯罪行为的传统，回归犯罪本源，只有清楚了犯罪行为背后的心理基础，方能对症下药，找到预防再犯的金钥匙。因此，心理评估和疏导在一定程度上是最大限度教育、感化、挽救涉罪未成年人和帮扶未成年被害人的直接要求。

　　心理评估是科学量刑的依据。心理评估是社会调查的重要内容。与社会调查内容相关，心理评估可以作为社会调查内容的一部分。心理评估可以及时发现未成年人的反社会人格等心理偏差。尤其是严重偏离正常人格的障碍（如反社会性），其具有致罪性，是犯罪危险性人格。可依据人格理论，通过心理评估及时发现反社会型人格。人格类型鉴定可作为专业评估的一部分，为公正量刑提供客观科学指引。

　　心理评估与疏导可以有效预防未成年人再犯行为。现代社会的生活节奏快，人们的心理压力大，未成年人的学业压力、生存压力更大，司法体系内的未成年人往往由于心理问题或者认知偏差而导致其有罪错行为，而进入司法强制环境中又进一步加剧了其心理压力,使他们容易产生紧张恐惧、烦躁不安等情绪。因此,需要在心理评估的基础上对未成年进行心理疏导,这不但能体现对未成年人的人文关怀,尊重其个体化差异,而且可以减轻其心理压力,恢复其认知偏差,帮助他们认识自己,树立正确的价值观,从而在源头上预防未成年人再犯。

(二) 心理评估与疏导的主体

尽管心理评估与心理疏导有重要价值和诸多优势,但是实践中实施主体不明确,谁来实施成为最为重要的问题。有两种不同的观点:第一种观点是由负责未成年人案件的警官、检察官和法官实施;第二种观点是由专业人员负责心理服务,因为这一领域具有极强的专业性。尽管处理未成年人案件的司法人员懂得心理学,但是如果同时担任心理服务人员,会让司法人员的角色边界不清,有时甚至会出现角色冲突,因此,我们认为,专业的人做专业的事,由专业人员从事心理服务更为妥当。

社会工作者与心理咨询师的专业优势明显。在整个司法程序中,专业心理服务人员都可以提供服务,无论是在侦查阶段、审查起诉阶段、审判阶段还是刑罚执行阶段,专业的心理服务都可以让未成年人放松心情,缓解焦虑的情绪,帮助他们对自我形成较为准确的认知,看到犯罪根源和自身的不足。同时专业的心理评估和心理疏导可以与社会调查报告互相补充,形成更加立体和鲜活的未成年人个体形象和特征,心理评估结果既可以成为社会调查报告中的重要内容,同时也可以单独自成体系,协助司法人员作出更为精准的处遇判断。

专业人员中,主要有社会工作者与心理咨询师,两类角色都受过心理学和心理治疗训练,但是在功能上存在差异。社会工作者和心理咨询师虽然都会运用心理治疗技术,能够开展心理疏导和干预,但是与心理咨询师不同,社会工作者更加关注人与环境的交流,运用"人在环境中"理论,关注他们的家庭生态系统和更为宏观的社会生态系统,了解服务对象所扮演的社会角色及是否存在功能失调问题。未成年人司法社工不能给服务对象贴标签,而要真诚地与服务对象建立高度信任的专业关系。社会工作一方面需要个案心理治疗的理论,如心理社会疗法、理性情绪疗法、叙事疗法等较为成熟的介入模式,同时也需要自身深厚的专业伦理和哲学素养,将方法、理论和自身的经验与底蕴结合起来，相信服务对象有改变的潜能和动力，服务对象的问题不是其自身的问题，在人和环境互动的系统观念下，个体问题是特定环境中的系统情境交互作用的结果。社会工作运用个案治疗方法，如心理社会治疗模式，对未成年人开展心理评估和心理疏导，运用积极倾听、同理心、澄清、对焦等技巧，有针对性地解决服务对象面临的问题，提升未成年人的自信心，同时由于其处于中立地位，也可以避免司法人员的角色冲突。

（三）全面、准确的心理评估

由于社会工作对个案的介入质量很大程度取决于是否全面了解服务对象的心理，因此，全面而准确的社会心理评估对心理干预至关重要。

对罪错未成年人的心理评估具有特殊性。在司法场域内，对未成年人的评估包括但不限于心理健康评估、再犯可能性及人身危险性评估。在国外，对待特定的犯罪类型，有特殊的心理评估，如英国针对性侵案件设立了性侵案件转介中心（Sexual Assault Referral Centre），研究者认为进入中心的性侵者中有40%的人有精神异常表现，需要给他们提供心理健康风险评估和心理健康支持服务。[①]

一般而言，青少年心智不成熟，进入司法体系中的未成年人普遍具有以下的心理特点：首先，对抗和抵御心理。改革开放之后，我国的社会流动性增强，很多经济落后地区的中青年到经济发达地区打工，造成留守儿童、隔代抚养等家庭和社会问题。在这些家庭中成长起来的孩子在成长过程中犯罪，背后的原因是家庭中缺少关爱，缺乏安全感，于是在司法机关会出现抗拒和防御心理。其次，追求自我的叛逆心理。青少年有自己独特的亚文化，而其中重要的因素就是他们开始寻求自我，在经济高速发展、科技日新月异的当下，他们的思想容易标新立异，如果缺乏必要的引导，这种寻求自我的亚文化可能出现越轨和偏差。再次，自卑心理。他们可能缺乏父母的陪伴与管教，行为散漫，情绪控制能力较弱，违法或者犯罪后，会有后悔和自卑的心理，害怕被他人嘲笑。最后，从众与渴望被认可的心理。处于青春期的未成年人渴望独立，如果此时与父母沟通不畅，他们就会希望得到朋辈群体的

---

① C. Brooker, E. Durmaz, Mental Health, Sexual Violence and the Work of Sexual Assault Referral Centres (SARCs) in England, Journal of Forensic and Legal Medicine, 2015, 31:47—51.

接纳，如果接触到不良人群，他们为了得到接纳，很可能在从众心理和"讲义气"的心理下顺从朋辈的不良行为指令，如很多寻衅滋事案件中，未成年人表示自己如果不参与就会被孤立和嘲笑。

未成年人对外面世界的好奇心可能会越过社会秩序的边界。如在未成年人性侵案件中，他们可能抱着对异性的好奇心；在涉毒品的案件中，他们可能听信伙伴的蛊惑之言，对毒品抱有好奇心，吸上瘾后以贩养吸。他们的自控能力差，有些有精神类问题，此时，需要开展差异化、个性化的评估服务。如美国对药物滥用者开展药物成瘾性干预与精神健康服务。

而进入司法体系后，失去人身自由，离开父母和亲人，在陌生的封闭环境中，未成年人的心理又会变得紧张、害怕、焦虑。尤其是在被司法人员讯问时，尽管有合适成年人在场，他们也往往表现出害怕和恐惧的心理。如果司法人员采取恐吓等手段，则更会加剧未成年人的恐惧心理。

> 检察官 J201："后来又提出心理干预机制，我们与区教育局、公检法司五家部门联合，利用这些资源建立了一个心理老师队伍，我们的心理疏导工作分三个方面，一是危机干预，二是心理测评，三是成长辅导。"

> 未成年人 W102："我没有偷衣服，是我不小心和我自己的衣服一起放在行李箱的。我在里面，警察问我时我很害怕。"

社会工作者是未成年人心理与综合评估中的重要角色。在美国俄勒冈州，未成年人案件在转介时要进行心理健康评估，评估由多角色的专门小组负责，参与人员包括社会工作者、观护官、心理咨询师、精神科医生等。①

评估需要多方面信息，包括未成年人自我评估和未成年人父母评估。但是这些信息有失真的可能性，未成年人及其父母的评估很可能带有明显的主观色彩，而且父母很可能为了减轻处罚故意给出不实信息，因此，专业人员在评估中需要学会鉴定信息的真实性和可靠性，对有些失真信息要能够剔除，去伪存真。

专业人员需要特别资质。为了让他们的专业性有充分的保证，需要对社会工作者进行特别培训，同时要有专业权威机构的授权才能开展工作，如

---

① Kevin Corcoran, The Oregon Mental Health Referral Checklists: Concept Mapping the Mental Health Needs of Youth in the Juvenile Justice System, Brief Treatment and Crisis Intervention, 2005, 5(10), 9—18.

美国纽约州的评估人员要有全美心理健康协会的授权,否则评估的科学性可能无法得到保障。同时,为了进一步增加有效性,还要引入一系列心理评估测试工具。国外在司法实践中运用实验和心理测量评估的技术,国际上较为常见的心理评估工具有:明尼苏达多相人格分析表(MMPI)、症状自评量表 SCL90、霍兰德职业兴趣量表、卡特尔人格因素问卷(16PF)、MAS 显相焦虑量表、艾森克人格问卷(EPQ,该量表分为青少年版和成人版)等。这些量表中有的是对未成年人主体的测量,有的是对行为进行的测量,有的是投射测量;在测量对象上,有的仅对未成年人个体评估,有的还同时辅之以家长和专业人员的评估。

　　社工 S202:"我们最早使用心理测评量表,经过一年实践,我们觉得量表的题目较多。我们现在暂时使用这个量表。我们也在想,有没有更好的量表来进行支撑。在检察院这边我们有一个牵头的心理咨询师,帮助一些未成年人和成年人缓解不良情绪。"

在实践中,对综合性、本土化的未成年人犯罪风险评估工具的需求极为迫切。2021 年,深圳市点亮心光社会工作服务中心研发出一套本土化青少年犯罪风险评估工具,包含"未成年人罪错史、家庭及生活环境、就学或就业、朋辈关系、物质滥用、休闲或娱乐、性格或行为、态度或信念、负面经验、心理及精神健康"等十个风险评估领域,2024 年申报知识产权,获得国家版权,是十分有益的本土化探索。社工开展对罪错青少年提供服务的各阶段可以结合评估工具显示的风险等级,开展针对性服务。

(四) 专业的心理疏导

正如河流淤堵会造成水灾一样,人的心灵之河也需要保持通畅,否则会导致行为的诸多偏差。在心理评估后,找到问题的症结,需要因势利导开展心理疏导。我国少年司法领域很早引入心理疏导方法。

以上海市为例,在办理涉罪未成年人案件或性侵害案件时,公、检、法根据案件需要,通过政府购买服务或委托区妇联等部门安排心理咨询师,为涉案未成年人或被害人开展心理咨询、心理疏导等专业支持。必要时,司法机关还委托心理咨询师,对涉罪未成年人或未成年被害人的监护人进行心理干预和心理救助,帮助他们正确处理事件的发生,防止事态进一步严重化。例如在嘉定区,区检察院、公安、法院与区妇联会签协议,对需要进行心理疏导的涉罪未成年人或被害人,委托区妇联在志愿者队伍中安排心理咨询师或心理医生开展心理辅导或心理救助。

上海市推行"无缝衔接",通过"政府购买服务"招聘专职的青少年社会工作者,在整个诉讼阶段,各角色相互配合,对涉案未成年人进行系统的心理疏导与矫治。

> 检察官J104:"如果有必要开展心理疏导的话,会请我们这边的社会工作者,因为社会工作者都是具有心理咨询专业执照的人员,会请他们给我们未成年的犯罪嫌疑人开展心理咨询工作。"

社会工作者在服务中要培养自己的心理学治疗能力,司法人员希望有一专多能的专业人员,比如在进行性侵受害人服务的时候,尽量不要有太多的角色参与到服务中,此时,社会工作者的心理学基础和能力就尤为重要。同时社会工作者也要懂得和学会与心理治疗师进行合作。社会工作者在进行专业服务时,如果服务对象的心理问题较为严重,甚至有精神疾病,除非社会工作者有深厚的心理学功底和实践经验,此时最好将个案转交给资深的心理咨询师或者精神科医生,各专业之间要有分工协作,发挥各自的专业特长。

社会工作者在对服务对象进行心理辅导的时候,技能、技巧和治疗方法很重要,但是更为重要的是要向服务对象表达出真诚。在对服务对象开展辅导、指引的时候,每次面谈都要以诚恳的语气沟通,用亲切的语言表达出同理心,不要着急给出建议,而是着重用心倾听,让服务对象感到被尊重。有些个案中不需要刻板地将一个模式完整地操作到底,有时候需要综合运用不同的心理治疗技术,让服务对象的功能得到改善。

有的地区工作人员认识到心理疏导的重要性,积极开展心理疏导服务,但是有些地区并没有开展,表现出区域差异性。因此,建议在未来少年司法的立法中,增加心理评估与心理疏导的明确规定,使未成年案件的司法人员考评体系区别于成年人案件的考评体系,减少司法人员的心理负担,调动司法人员的积极性。同时鼓励审理未成年人案件的法官获取心理治疗资格,或要求未成年人案件的司法人员必须经过相应培训获取必要的资格证书。同时,在未成年人案件的量刑过程中,将心理评估和疏导结果作为重要的量刑参考依据,并在实践中进一步细化,增加心理疏导结果与量刑之间的关联度。

（五）心理服务的改进空间

1. 立法明确心理评估与心理疏导的实施主体、程序设计

目前，我国少年司法中的心理服务缺乏具体的操作指引，亟待在全国层面上加强心理服务制度的规定，将心理评估与心理疏导作为处理未成年人案件的必要内容。

心理评估和心理疏导在我国未成年人刑事司法体系中有原则性的规定，但是这一规定还存在诸多问题。其一，适用阶段上。根据司法解释，心理评估和心理疏导存在于法院审理阶段，而未成年人案件中，检察机关对未成年人采取附条件不起诉的适用率较高，这导致很多未成年人案件无法到达法院。心理评估和心理疏导的法定程序需要进一步明确，制定流程性的

表 15-1　全国司法系统未成年人心理评估和心理疏导部分规定

法律效力	法律法规名称及条文	具体规定
法律层面	《未成年人保护法》《预防未成年人犯罪法》	—
	《刑法》《刑事诉讼法》	没有具体规定。
司法解释	《最高人民法院关于适用〈中华人民共和国刑事诉讼法〉的解释》（2013 修订）第 477 条	对未成年人刑事案件，人民法院根据情况，可以对未成年被告人进行心理疏导；经未成年被告人及其法定代理人同意，也可以对未成年被告人进行心理测评。
其他全国规定	《人民检察院办理未成年人刑事案件的规定》第 12 条第 3 款	人民检察院根据需要，可以对未成年犯罪嫌疑人、未成年被害人进行心理疏导。必要时，经未成年犯罪嫌疑人及其法定代理人同意，可以对未成年犯罪嫌疑人进行心理测评。
政策	共青团中央、民政部、财政部《关于做好政府购买青少年社会工作服务的意见》（2017 年）	服务清单包括心理健康教育和心理咨询服务；有不良或严重不良行为青少年、闲散青少年、流浪未成年人、服刑强戒人员未成年子女、农村留守儿童、困境儿童等重点群体的心理疏导等服务。
地方层面	《广州市中级人民法院家事心理疏导和干预工作指引》《深圳宝安区人民法院家事案件心理咨询工作规程》	—

表 15-2　全国司法系统对未成年人心理评估和心理疏导部分项目

地区	合作单位	服务对象	合作时间及内容	社会工作介入
山东省烟台市①	芝罘区检察院与鲁东大学开展检校共建	涉罪未成年人教育矫正和未成年被害人的救助	2012 年建立"测评—访谈"涉罪未成年人心理疏导工作机制；2015 年至 2017 年建立涉罪未成年人心理疏导研究项目。	2017 年 8 月 11 日，拥有专职化的未成年人司法社工队伍。社会工作队伍与鲁东大学心理专家一起开展对涉罪未成年人的行为矫正工作。
浙江省杭州市②	人民检察院与杭州西子少年司法社会工作服务中心	公检法司涉未成年人	2020 年开展心理测评、心理疏导、再犯风险评估等。	2020 年 6 月介入。

资料来源：黎嘉：《未成年人刑事犯罪心理疏导机制的构建和完善》，载《法治论坛》2019 年第 3 期。

设计与指引，在少年司法全程中依职权或者依申请适用心理评估和心理疏导。其二，适用范围上。司法解释采用"可以"，即不必每个案件必然启用。但是司法体系内的未成年人心理状况评估非常重要，对他们进行心理评估是不可少的环节，能更好地贯彻对少年司法体系中未成年人"双向保护原则"。其三，适用对象上。目前司法解释规定对未成年被告人开展心理服务，但进入司法体系的未成年人，无论是加害人、受害人还是证人，都会受到犯罪行为及司法体系的心理冲击，所以应该进一步扩大心理服务适用范围。

2. 投入经费，建立制度

在未成年人案件中，无论对加害人还是受害人或者证人，都需要进行心理评估和心理疏导。法律规定要更加具体，对心理服务的主体、方法、效果评估等进行标准化规定，投入固定的专项资金，支持涉司法体系内未成年人的心理服务，购买心理评估软件，聘请具有资质的社会工作者和心理咨询师，开展个案、团体心理咨询，在未成年人监所和专门学校等机构，购置沙

---

①　刘力萍、王韵洁：《建立涉案未成年人心理疏导社会化支持体系》，载《人民检察》2018 年第 16 期。

②　http://www.zj.chinanews.com/jzkzj/2020-06-09/detail-ifzwytza7962969.shtml，2020 年 7 月 5 日访问。

盘、音乐放松椅、宣泄人等必要的设备设施。

3. 规范化与标准化

心理评估和心理疏导都要形成规范的制度，心理疏导报告形式与内容要统一规定。明确心理评估和心理疏导报告的诉讼地位。未成年人案件证据材料中应该突出品格证据的重要地位，社会调查报告和心理评估与疏导报告都属于未成年人案件中特定的品格证据，立法中应该明确品格证据的重要性。另外，社会工作者和心理咨询师也要苦练内功，提高自身的专业水平和素养，增加心理评估的准确率和心理疏导的有效性。

二、服刑人员未成年人子女的社会工作服务

服刑人员未成年子女又被称为"法律孤儿"，长期以来，这一弱势群体得到社会越来越多的关注。2006 年我国司法部预防犯罪研究所课题组曾做过一项调研，"截至 2005 年年底，在我国监狱服刑的 156 万名在押犯中，有未成年子女的服刑人员近 46 万人，占押犯总数的 30％左右，服刑人员未成年子女总数逾 60 万"。[①]并非只有我国，其他国家也存在同样的情况。在美国大约有两百万（每 33 个儿童中就有一个）的父母至少有一方被监禁。[②]服刑人员未成年子女是无辜被惩罚的群体，他们在成长过程中被剥夺了父母亲的陪伴和爱，他们中很多人因父母被卷入刑事司法系统而受到影响，他们很可能暴露在犯罪猖獗、贫困潦倒、身心虐待、药物滥用和遭受忽视的环境中，他们常面临压力，难以与他人建立信任关系。长大后可能也会身陷囹圄，这就需要政府通过法律或者政策来回应他们的需求。

"国家亲权"理念下，我国逐步建立健全政策，关注这一群体的权益。2006 年我国司法部、民政部等六部门联合启动"为了明天——全国服刑人员未成年子女关爱行动"，这是我国首个专门针对服刑人员未成年子女救助的政策。2019 年 7 月，民政部、最高人民法院、最高人民检察院等 12 部门联合印发《关于进一步加强事实无人抚养儿童保障工作的意见》，这一政策

---

① 司法部预防犯罪研究所课题组：《监狱服刑人员未成年子女基本情况调查报告》，http://zqb.cyol.com/content/2006-07/04/content_1436001.htm，2020 年 3 月 5 日访问。

② Rita Manning, Punishing the Innocent: Children of Incarcerated and Detained Parents, Criminal Justice Ethics, Vol.30, No.3, December 2011, pp.267—287.

拓展了福利范围,将受益群体从以前只针对父母重病、重残的未成年人,扩大到父母服刑在押、强制隔离戒毒、被执行其他限制人身自由的措施人员的子女,强化了服刑人员子女的基本生活保障、医疗康复保障、教育资助救助、落实监护责任等方面。以上政策的推出给未成年人司法社工介入并提供服务提供了基础和依据,社会工作者在服务中要充分利用民政福利部门关于事实无人抚养儿童的政策,发挥专业优势,保护服刑人员子女的合法权利。

(一) 困境与需求:未成年人司法社工服务的可为空间

囚犯的子女是不小的群体。这一群体遭遇多重困境与剥夺,他们在长大后被监禁的可能性是普通孩子的六倍,如果没有有效的干预策略,多达70%的儿童将卷入刑事司法系统。[①]未成年人司法社工可以介入并有针对性地开展服务。这一群体与其他同龄人群相比面临更高的风险,无论是短期还是长期的父母监禁对他们而言都是一种成长性创伤。社会工作者可以针对他们面临的困境开展服务,这些困境有:

首先,未成年人监护权缺失。由于父母被收监服刑,未成年人子女失去监护人,在福建省一项调查研究中,35.73%的子女由父母一方抚养,8%父母双双服刑,这些失去监护的未成年人由祖父母抚养的占45.3%,由亲属抚养的占到16.26%,政府抚养的占1.81%。[②]社会工作者代表的福利部门可以为这些未成年子女寻找代养、寄养家庭。如北京市海淀区两个小女孩的爸爸因为抢劫和打架,被判处无期徒刑,她们的妈妈吸毒被判处劳教,她们3岁的时候,就由街道来抚养她们。后来她妈妈解教把女儿领回去,几天后,又把孩子偷偷地推到一个亲戚的门口跑掉了。[③]

为了避免给未成年子女带来长期或者短期问题,这些孩子需要高质量的替代性监护。[④]在未成年人监护人缺失的情况下,社会工作进行监护转移

---

① L. Jucovy, Amachi: Mentoring Children of Prisoners in Philadelphia, 2003.

② 陈伙平:《福建省家长服刑的子女家庭教育调查研究》,载《福建师范大学学报(哲学社会科学版)》2005年第2期。

③ 张雪梅、赵辉:《我国服刑人员未成年子女保护问题研究》,载2005年《全国首届服刑人员子女心理研讨会论文集》。

④ J. M. Gaudin, R. Sutphen, Foster vs. Extended Family Care for Children of incarcerated Mothers, Journal of Offender Rehabilitation, 1993, 19(3—4): 129—147.

与监护干预,整合资源,积极为其匹配合适的寄养或代养家庭,并在整个过程中,保持与类家庭的良好沟通,了解服务对象的动态,帮助其解决问题,恢复社会功能,营造良好的成长氛围。社会工作专业服务模式通过个案等方式介入,在儿童福利院与类家庭合作,架起未成年人健康成长的桥梁。如郑州市儿童福利院社会工作做的案例:

> 服务对象是小金,妈妈吸毒被判刑,小金失去监护人,被安排在市福利院的类家庭,社会工作者在这个过程中起到的作用包括评估问题,与类家庭的爸爸妈妈及时沟通。自从社会工作专业服务模式在郑州市儿童福利院开展以来,每个类家庭都有自己的责任社会工作者。社工每个月定期家访,通过频繁的接触,社工与家长已经建立信任的关系,家长对于社工的角色定位也比较清晰,工作配合默契,家长遇到问题会及时寻求社工的帮助。经过一年多的跟进服务,小金在社工、类家庭家长还有老师的共同努力下,进步很大,与家长、社工、老师、小伙伴都建立了稳定的情感依恋关系。在社工的帮助下小金顺利适应并融入新的学习环境。同时,社工联系志愿者帮助小金补习功课,提升学习能力。小金妈妈戒毒成功后,在李警官的安排下,小金又重回妈妈的怀抱,回归原生家庭。小金在福利院生活的一年中,在社会工作专业服务模式的保证下得到了最优安置。[①]

其次,物质生活困境,学业中断。这些未成年人失去父母亲的陪伴,常常处于隔代监护的状态,他们可能面临各种问题。父母一方或者双方服刑,未成年人子女失去经济来源,可能会辍学,生活艰难,食不果腹。社会工作者在这方面可以发挥最基础的资源链接作用,积极与社区、居委、学校、公益基金会等机构联系,让未成年人免于失学,保证他们基本的生活需要得到满足,并对未成年人提供帮扶与救助。

最后,社会污名化严重,犯罪可能性大。这些孩子在所生活的社区、学校中,可能被同龄群体嘲笑,遭受社会歧视,被污名化,被敌视,这会导致未成年人心理和行为出现偏差。美国研究者斯图尔特·加贝尔(Stewart Gabel)认为服刑人员未成年子女更易出现行为和情绪问题,如焦虑、压力,他认为这与父母的分离、发现父母被监禁、社会污名以及被监禁父母下落或被

---

① 王美美:《戒毒人员子女的社会工作介入服务》,载《社会福利》2019 年第 3 期。

监禁原因上受到欺骗有关。①他们的童年与其他未成年人不同,不是色彩斑斓的,不是暖色调的,而是充满挣扎、彷徨、焦虑、担心的,在这样的环境中,他们很可能变得敏感、自卑、孤僻,甚至产生攻击心理。

　　社会工作者对这一群体提供社会支持,可以极大降低他们的犯罪率。美国学者莫尼卡·罗伯斯(Monica L.P. Robbers)对全美青年调查资料进行研究分析,发现当青少年感到压力增加时,如果对他们即时提供社会支持,则可以降低青少年越轨或罪错行为的发生概率。②在监狱中,如果父母能与未成年子女有良好的互动,则可以减轻未成年子女的暴力倾向。③如果能够善待服刑人员子女,对服刑人员及其子女都是有益的。如果对这一群体没有社会支持,没有给他们良好的教育,他们就可能因为生活所迫等原因重蹈父母的覆辙。监狱社会工作可以与社区或者学校社会工作配合,将这一群体作为高危群体进行早期干预和犯罪预防。

(二) 实践模式:中外社会工作服务服刑人员未成年子女之比较

　　服刑人员未成年子女社会救助的实践模式包括注重国家责任的政府主导模式、社会参与的代教代养模式、家庭协作的亲属抚育模式。④家庭协作的亲属抚育模式主要让亲属,特别是祖父母抚育服刑人员的未成年子女,是最为基础的模式,在政府和社会机构参与不足的情况下,是主导方式。我们主要探讨社会工作参与视角下的政府主导模式与社会参与模式。

　　美国的非政府机构发达,对服刑人员子女的社会救助机构分州和联邦不同级别,还有与国际合作的救助机构。有提供单一服务的,如费城的Amachi主要开展"服刑人员子女指导计划",也有提供包括养育、咨询与指导、与父母联络等综合性服务的,其中比较著名的如美国儿童联盟(CWLA)、服刑人员子女中心(CCIP)等。⑤同时,美国也在顶层设计上关注这一未成年

　　① Stewart Gabel, Children of Incarcerated and Criminal Parents: Adjustment, Behavior, and Prognosis, Bull Am Acad Psychiatry Law, Vol.20, No.1, 1992, p.40.
　　② Monica L.P. Robbers, Revisiting the Moderating Effect of Social Support on Strain: A General Test, 2004 Sociological Inquiry, 74(4):546—569.
　　③ Shanhe Jiang, and L.Thomas Winfree Jr., Social Support, Gender, and Inmate Adjustment to Prison Life: Insights from a Nation Sample, The Prison Journal, 2006(86).
　　④ 范斌、童雪红:《服刑人员未成年子女的社会救助——基于儿童权利的视角》,载《学习与实践》2017年第8期。
　　⑤ 刘新玲、张金霞、杨优君:《中美服刑人员未成年子女救助的理论与实践比较》,载《福建行政学院学报》2009年第1期。

人群体的各项权益。美国先后出台 1997 年《收养和安全家庭法案》(Adoption and Safe Families Act，1997)、《儿童与家庭服务改进法案》(Child and Family Services Improvement Act of 2006)，对服刑人员子女监护、教育等重要问题进行明确规定，减少其行为偏差，降低他们走上犯罪道路的概率。如 1997 年的《收养和安全家庭法案》规定，如果儿童在过去 22 个月内有 15 个月处于寄养状态或是被法院认定为被遗弃的未成年人，儿童福利局必须提起终止父母监护资格的诉讼并将儿童送养，帮助儿童找到长久安置的住所。[1]在美国，社会工作活跃在家庭、儿童与青少年、监狱等诸多领域，是社会支持系统中的核心力量，在服刑人员子女服务项目中，社会工作有效衔接各方面资源，立法也不断赋予社会工作以权利，这让服务的开展更加顺畅。如在社会工作视角下，此类群体的代际犯罪问题严重，美国特拉维斯县少年缓刑部门和得克萨斯大学奥斯汀社会工作学院合作，1999 年创建推迟起诉项目——由家庭社会工作者为被监禁父母的子女提供支持小组和治疗性服务，以悲伤及损失模型的课程为重点，帮助未成年人克服悲伤，适应新的环境，重新进行情感定位；小组成员们讨论如何应对父母入狱对他们行为的影响，报告说他们有机会讨论受到压抑的情感，讨论如何应对这种情绪。[2]

　　在实务中，我国对这一群体的专门帮助模式主要是民间机构介入，有陕西回归儿童村[3]、北京太阳村[4]、福建善恩园[5]、大连爱在海边儿童村，但是这些民间慈善组织多以朴素的爱心和照管为出发点，缺乏专业社会工作的参与，缺乏政府的资助及与司法部门的资源衔接。近几年，社会工作已经开始关注这一群体，并介入这一群体的服务与照管中。如广州市的青年地带

---

　　① 刘新玲、张金霞、杨优君:《中美服刑人员未成年子女救助的理论与实践比较》，载《福建行政学院学报》2009 年第 1 期。

　　② Keva M. Miller, The Impact of Parental Incarceration on Children: An Emerging Need for Effective Interventions，Child and Adolescent Social Work Journal，Vol.23，No.4，August 2006，pp.472—486.

　　③ 实践层面的分水岭以 1996 年 5 月成立的陕西省回归儿童村为标志，这是我国第一家专门为服刑、劳教人员免费代养未成年子女的民间机构。参见刘新玲、张金霞、杨优君:《中美服刑人员未成年子女救助的理论与实践比较》，载《福建行政学院学报》2009 年第 1 期。

　　④ 刘新玲、杨优君:《我国服刑人员未成年子女的救助考察——以北京"太阳村"为个案》，载《福建行政学院福建经济管理干部学院学报》2007 年第 5 期。

　　⑤ 刘新玲等:《福建"善恩园"服刑人员未成年子女救助模式研究》，载《福建教育学院学报》2009 年第 2 期。

项目,由共青团和司法部门指导,将服刑人员未成年人子女作为重点关注群体之一,司法部门与社区矫正项目合作,发挥社会工作专业方法的优势,司法社会工作和儿童青少年社会工作之间通过转介的方式为服刑人员未成年子女群体提供服务,为他们赋权增能,调适家庭关系,恢复家庭功能,预防和降低青少年犯罪。

(三) 未成年人司法社工进一步介入的完善路径

其一,建立政府主导下的社会工作参与模式。尽管我国政府已经出台政策,关注这一群体,但是还应该在立法、制度架构、主体人员等细节方面进一步落实,并上升为顶层设计。

其二,完善监护制度。重构专业社会工作等儿童福利部门参与下的未成年人监护制度。我国《民法典》总则编第二章第二节规定了我国的监护制度(第26条—第39条),第31条第3款规定:"依据本条第一款规定指定监护人前,被监护人的人身权利、财产权利以及其他合法权益处于无人保护状态的,由被监护人住所地的居民委员会、村民委员会、法律规定的有关组织或者民政部门担任临时监护人。"第34条第4款规定:"因发生突发事件等紧急情况,监护人暂时无法履行监护职责,被监护人的生活处于无人照料状态的,被监护人住所地的居民委员会、村民委员会或者民政部门应当为被监护人安排必要的临时生活照料措施。"这些法律规定的进步之处在于对临时无监管者,如服刑人员未成年人子女的临时监护问题进行了回应,但存在的问题是多元的负责主体容易造成责任推诿,"三个和尚没水吃"。这方面我国可建立国家监护制度,明确父母服刑长于一定时间,由政府的儿童福利部门提起监护人变更之诉,落实儿童的监护权,将父母服刑期间的儿童监护权予以明确。

其三,建立配套保障制度。除了完善监护制度,我国还要进一步通过立法,以法律及其完备的配套措施,全方位保障服刑人员未成年子女的合法权利。政府还可以划拨专门资金用于这一群体的服务,建立专项教育基金、设立助学金、减免杂费,解决他们的基本生活和教育问题,让他们生活有所依,读书不能辍,而且要有专门的社会工作人员负责落实,保证一个都不能少。社会工作人员与司法机构间需要有良好的衔接,如在收监时必须询问是否有无人照管的未成年人子女,将信息与社会工作人员沟通,由专业社会工作者负责调查与落实,保障未成年人子女的基本权益。

其四,建立儿童寄养制度。建立志愿性与补助性相结合的寄养家庭制度。每个孩子都应该有个家庭,国外在儿童福利领域实行去机构化,即尽量不要将未成年人安排在儿童福利院,因为这样的机构并不利于儿童身心成长,童年的机构生活经历会让未成年人感到自己始终与其他人不同,这一心理阴影可能伴随他们一生。因此,家庭化的成长环境是最好的儿童福利策略。对服刑人员未成年子女,建立一批符合要求(经济条件、身心健康、无犯罪和虐待儿童记录等)的寄养志愿家庭,负责对未成年人进行照料、保护、管理、教育。由专业社会工作者进行双向评估,社会工作者与寄养家庭和未成年人保持沟通联系,了解他们生活的动态。

其五,鼓励儿童村等机构引入社会工作专业人才。我国已有的服刑人员子女救助机构确实为这一群体提供了很多帮助,但是他们面临诸多问题与挑战,这些机构缺乏稳定的资金支持,与教育、司法部门之间的衔接不畅。这些机构的设立和定位满足了这一未成年群体的需要,避免他们流落街头。这些机构未来的发展应该结合专业助人的社会工作理念和方法,吸纳专业的社会工作者参与,与家庭社会工作者、监所社会工作者、未成年人司法社工等社会福利人员合作,发挥专业社会工作的优势,让这一未成年群体健康成长,预防其犯罪,保障他们的生活和教育。

其六,亲情沟通与亲职辅导。社会工作要着重心理重建和家庭关系的修复。父母长期服刑,无法陪伴子女,错过了他们成长中的重要时刻。社会工作要发挥社会力量的作用,有条件的家庭推动亲属对未成年人的收养或临时抚养与监护。社会工作可能通过两条途径介入服刑人员子女的家庭修复。路径一是从社区到监所,此时,社会工作要积极与监所机构联系,建立定期探访活动,修复家庭关系。路径二是从监所到社区,这种修复计划需要司法机关的配合和支持,社会工作可以常驻监所机关,充分推广社会工作的专业理念,在监狱推广服刑人员与子女的探访活动,增加孩子与父母见面的频次,组织亲子小组,在不见面的时候,可以开展写信活动,架起监所内外亲情沟通的桥梁,消除服刑人员和子女的陌生感与误解,让孩子从内心感受父母的爱。

其七,社会工作培训志愿者,让志愿者协助搭建互动平台,在互动关系中培养他们的素养。社会工作队伍是专业支柱,但是面对数量众多的服刑人员未成年子女,社会工作需要借助志愿者的力量,如志愿者可以帮助子女补习功课、参加文体活动等,爱护这一群体,给他们温暖,不能让父母的罪错影响到无辜的子女,父母的错误不能影响孩子的生存和成长。让他们知道有人爱他们,可以健康快乐地成长。

我国的以民间组织为主体对服刑人员子女救助的模式有诸多弊端,如资金匮乏、资源不足、人员不专业,政府重视后,应当继续激发社会力量参与这一群体救助的力量,各系统形成合力。在服务内容上,不仅要关注基本物质上的养育,保证基本生活需求,同时也要关心他们的心理发育,专业的社会工作人员可以采取个案和团体等方法,在深度、广度上继续提高,精细化和个性化地提供服务。

未成年人司法社工服务的方式可以多元化。社会工作要了解这一群体,他们在生活中,有多方面需求无法得到满足,从物质层面到精神层面,社会工作要评估其基本生活状况,从未成年人利益最大化的角度分析如何介入、服务重点,激活他们原生家庭的支持性因素,树立与这个家庭共同努力的信念,而不是作为救世主去拯救与施舍。要学习儿童心理学,特别是父母缺失对未成年人的心理影响。社会工作者应该充分地接触这些孩子,了解孩子们的真实想法,如果有不理性的观念,要用理性情绪治疗法帮助他们树立正确的理念。这一群体是未成年人司法社工服务的一片蓝海,未来可以进一步加强介入,一方面需要在立法中进一步加强他们的权利保护,另一方面需要社会工作机构在服务中开展更多有针对性的项目,减少其行为偏差,降低他们未来犯罪的可能性。

三、担任"合适保证人"

合适保证人是指侦查机关、检察机关、审判机关在刑事诉讼过程中依据国家亲权理论和有关法律的规定,为无羁押必要性但无法提供法律规定条件的保证人且无力缴纳保证金的涉罪未成年人所指定的,符合特定条件并依法履行保证人职责的无利害关系人。[①]合适保证人制度是指对涉罪情节较轻可适用非监禁刑,但无法提供取保候审所需保证金或保证人的涉罪未

---

① 姚建龙、李乾:《合适保证人:实践、价值与未来》,载《人民法治》2016 年第 2 期。

成年人,司法机关为其指定保证人的制度。[1]在涉罪未成年人无法提供适格保证人的情况下进行补位救济,代为履行保证人的职责,以解决未成年人符合取保候审条件但由于无法提供保证人或缴纳保证金而不得不被羁押的困境。[2]

该制度一是"国家亲权"与"儿童最佳利益"理念的体现;二是对公民人身自由权利予以尊重的具体体现;三是对公权力进行制约的重要举措;四是昭示诉讼经济,提高诉讼效率的重要彰显;五是对于刑事诉讼本身具有重要价值。[3]对很多外来的涉罪未成年人,如果让他们回到原籍,很可能不具备附条件不起诉的条件,鉴于这种情况,未成年人司法社工又承担了一个特别的角色:合适保证人。合适保证人类似于取保候审中的保证人,但是合适保证人概念范围更大一点,替代了他们法定代理人的一部分功能。

检察官J104:"(未成年人案件)不诉率基本上是80%,还是特别高的,我们可以开展不起诉或者是附条件不起诉的话,就肯定会给他创造这样的条件。很多都是三无未成年人,就是他在本市没有住所、没有工作、没有保证人,包括法定代理人没有家长在,这样的未成年人,我们这边也是请我们社工给他做合适保证人,像是他们考察期间的大家长,一方面是保障他们的生活安全,各方面照料之类的,另一方面就是要监督他们,进行有效监管,保证他们这段时间不要再重新犯罪。""另外,我们这边是有一些爱心企业观护基地,会给一些小朋友提供工作实习的机会,有些企业会给他们提供住宿,供他们吃穿,让他们有一个固定住所,每天有固定的工作,可以把他稳定在这边,接受教育改造,提供给他们这些条件,可以让我们在这里更好地做帮教工作。"

检察官J104:"我们小孩如果放到外地去,有些地方没有条件做附条件不起诉,如果他们没有很好的观护帮教条件,我们希望小孩可以在靠近我们的地方,我们可以给他一个更有效的监管方向,所以就形成了这样的一个制度。我们这边的社会工作都能有效地对接,就是每个工

---

[1]　孟兰星:《构建完善合适保证人制度的思考》,载《检察调研与指导》2018年第1期。

[2]　姚建龙、吴燕、张宇、钟姝琴:《未成年人取保候审制度的改革与完善——以合适保证人制度构建为视角》,载《预防青少年犯罪研究》2016年第6期。

[3]　上海市徐汇区人民检察院未检科:《合适保证人制度的探索与研究研讨会会议综述》,载《预防青少年犯罪研究》2015年第5期。

作基本上都完成得很好,配合得很紧密。"

　　社工 S110:"(社会工作者担任)合适成年人这一块我们是比较薄弱的。在取保候审阶段,如果他是外地的,没有家属在这儿了,不符合担保条件,就要有人签字,我签过字,作为合适保证人,担风险的。我个人来分析他当中会有什么问题,当中也没出现什么问题。我到看守所去签的,我不签这个字他就出不来,出不来他就在里面了。"

　　此外,未成年人司法社工还能提供就业辅导和就业支持服务。如深圳点亮心光开展拾乐园项目,为刑事案件中的涉罪未成年人等困境青少年提供就业支持,"搭建就业平台"和"提供就业岗位"整合链接企业资源,联动"社工＋专业志愿者",设置"临时就业安置计划""稳定就业支持计划""职业技能提升计划",构建其社会支持体系,实现青少年的稳定就业,降低其违法犯罪风险,促进其顺利回归社会。

第十六章　我国未成年人司法社工的职业化与专业化构建

一、职业化、专业化发展是未成年人司法社工的必由之路

　　我国与西方少年司法的路径有所差异,我国的社会工作是"舶来品",曾中断过,高校社会工作教育先行,①社会上鲜有专门的社会工作者职业和岗位。地方性探索始于 2003 年,在创新社会治理的框架下,上海市引入三个社团,政府购买服务,司法社会工作开始职业化、专业化的地方性探索。全国性社会工作职业化与专业化的大发展始于 2006 年,在社会工作学界的不断推动下,党的十六届六中全会颁布《中共中央关于构建社会主义和谐社会若干重大问题的决定》,中央开始重视社会工作高素质人才的培养,这一文件的颁布让社会工作研究者和从业者受到鼓舞,很多专业人士认为这一文件标志着社会工作的春天即将到来。

　　2006 年民政部与人事部联合颁发《社会工作者职业水平评价暂行规定》和《助理社会工作师、社会工作师职业水平考试实施办法》,推进社会工作人才建设,将社会工作纳入我国专业技术人员的范畴。2007 年 12 月,民政部发布《全国助理社会工作师、社会工作师职业水平考试大纲》。2008 年 6 月全国举行社会工作人才职业考试,筛选社会工作专业人才,以后每年举行,形成制度。2011 年,18 个部委联合印发《关于加强社会工作专业人才队伍建设的意见》。2012 年,19 个部委和群团组织联合发布《社会工作专业人才队伍建设中长期规划(2011—2020 年)》,打造专业、职业的社会工作者队伍。2017 年 9 月,社会工作者职业资格正式列入《国家职业资格目录》,成

------

　　①　我国社会工作教育的复建始于 20 世纪 80 年代,高校引入社会工作教育专业,培养社会工作人才。

为国家正式认可的职业。①

2017 年,民政部发布《社会服务发展统计公报》,截至 2017 年底,全国共有社会服务机构和设施 182.1 万个,全国持证社会工作者共计 32.7 万人,其中社会工作师 8.3 万人,助理社会工作师 24.3 万人,②分布在我国养老服务、精神卫生服务、儿童福利服务、残疾人服务、社会救助、慈善事业、社区服务等领域。根据 2022 年民政事业发展统计公报,全国持证社工 93.1 万人。但在少年司法领域,社会工作者专业人才依然匮乏。截至 2015 年 6 月,全国青少年社会工作从业人员只有 2 万多人,其中持证的仅 7 500 多人,相当于每 10 万名青少年中仅有 5.3 人,而且主要聚集在北上广等发达城市,中西部地区发展滞后,个别地方还是空白。③

(一) 社会工作在中国的职业化、专业化发展历程

面对当前我国社会转型过程中不断涌现的社会矛盾和社会问题,大力推进社会工作职业化不仅是转变政府职能、提升公共服务水平的重要举措,也是解决社会问题、增进社会和谐与稳定的有力手段,更是完善社会治理、促进社会文明进步的内在要求。④我国少年司法与社会工作两个体系的发展历程是,首先有少年司法制度的创建,其次是社会工作由西方传入中国,最后是两个体系之间逐步契合到互动。

我国少年司法起源于 1984 年,随着当时社会转型,经济发展,青少年犯罪问题日益突出,上海市长宁区人民法院创新性地设立新中国第一个少年法庭。那时,少年法庭的法官承担了很多审判以外的社会化服务职能,比如在司法审判外的家访、回访、探望等,司法外的亲情付出让很多少年法庭法官被称为"法官妈妈""法官爸爸"。1986 年上海长宁区人民检察院应声而动,建立了我国第一个未成年人检察部门,随后逐渐推广到全国。

与美国等西方国家的发展路径不同,我国的社会工作是西方"舶来品",

---

① 《民政部办公厅关于 2017 年度社会工作和志愿服务法规中政策规划落实情况的通报》,http://www.chinanpo.gov.cn/2351/108932/index.html,2020 年 5 月 12 日访问。

② https://www.sohu.com/a/250899371_280188,2019 年 10 月 21 日访问。

③ 宋英辉、苑宁宁:《完善未成年人保护和犯罪预防法律体系与司法体制的构想》,载《预防青少年犯罪研究》2016 年第 4 期。

④ 唐斌:《沪深赣三地社会工作职业化运作机制的比较研究》,载《湘潭大学学报(哲学社会科学版)》2017 年第 5 期。

我国少年司法发展之初,社会工作只是在部分高校设立了专业或课程,但是并没有被广泛知晓。随着我国 20 世纪 80 年代建立少年司法制度,少年司法独有的分流制度得到更多应用,而司法体系也逐渐发现需要有专业、专门人员来帮助分流出来的未成年人,于是社会工作服务开始进入司法人员的视野,社会工作作为"舶来品"开始"介入"少年司法制度中。

美国社会工作源于青少年司法领域,但我国社会工作先在老年社会工作、医务社会工作领域得到发展。2004 年,上海市在预防青少年犯罪体系下,市委政法委牵头建立了三支队伍,包括阳光青少年社区事务中心、自强社会服务总社、新航社会工作机构,分别对青少年、禁毒、社区矫正领域中的对象开展服务。其中,阳光青少年社区事务中心专门对未成年人群体开展服务,服务 6—25 岁的青少年,也包括对涉罪未成年人开展服务。这是我国司法体系和社会治理系统的一次创新,是两个体系互动的开始。

随后,其他很多机构陆续成立专门的未成年人司法社工服务机构。深圳市宝安区人民法院于 2009 年成立"青少年犯罪社会工作帮教工作站",深圳市政府出资购买社会服务项目,由专业社会工作团体派驻社会工作者开展工作。该帮教站是以法院为依托,在法律框架下,由社会工作团体独立开展社会调查、风险评估、帮教考察、转介服务、跟踪回访等工作。①2010 年 10 月 15 日,北京市高级人民法院正式启用专业司法社会工作者进入未成年人刑事审判,北京市门头沟区人民法院和首都师范大学签署项目合作协议,由首都师范大学派出具有专业知识、取得国家资格认证的专业司法社会工作者担任社会调查员等服务。②

(二)社工发展的动力:检察部门推动建立社会支持体系

随着少年司法改革不断深入,迫切需要专业的社会服务承接分流出来的未成年人。于是,未成年人司法社工在我国未成年人检察部门不断推动建立社会支持体系的背景下得到大发展。2015 年《检察机关加强未成年人司法保护八项措施》提出"推动建立未成年人司法借助社会专业力量的长效

---

　　① 吴嘉欣:《非政府组织参与轻罪未成年人帮教问题研究》,载《预防青少年犯罪研究》2015 年第 6 期。
　　② 《北京法院将在未成年人刑事审判中引入专业司法社会工作》,载《中国审判》2010 年第 11 期。

机制"，司法机关开始主动寻找社会工作机构合作，并通过政府购买服务的方式使之成为长效机制。①

从 2016 年开始，全国检察机关通过召开会议、出台文件、搭建合作框架等方式，持续推动社会支持体系的建设，大力推进少年司法专业化、规范化、社会化建设。各地检察部门也纷纷立足本地实际，与共青团、中央综治委等部门签订合作协议，促成司法体系与社会组织的合作。如 2016 年 3 月，福建省人民检察院与共青团福建省委共同制定《关于在未成年人检察工作中引入青少年司法社工的意见》。2016 年 5 月，上海市人民检察院与市综治委预青组签署《关于建立上海市未成年人检察社会服务体系的合作协议》，建立全国首个未成年人检察社会服务体系。

2018 年 2 月，最高人民检察院和共青团中央签署《关于构建未成年人检察工作社会支持体系合作框架协议》，提出"逐步扩大社会力量参与未成年人司法的领域和范围，为构建涵盖未成年人警务、检察、审判、执行各个环节的社会支持体系提供经验"。2018 年 10 月，最高人民检察院召开全国未成年人检察社会支持体系建设座谈会，总结各地检察机关经验做法，对各地社会支持体系建设工作提出要求。2019 年 4 月，最高人民检察院和共青团中央经过评审确定在北京市海淀区等 40 个地区开展未成年人检察社会支持体系建设试点，推进未成年人检察社会服务机构实体化规范运转。②2021年扩大到 80 个地区。

国家层面未成年人检察部门极大地推动了未成年人司法社工体系的发展，使得司法部门开始主动寻找社会工作服务机构，将司法部门中分流出来的未成年人交给未成年人司法社工，让他们用专业化、柔性化的服务将儿童福利的因素引入少年司法体系中，更加符合国际少年司法的理念和发展趋势，我国少年司法领域中不断融合国际化和本土化因素。

---

① 《检察机关加强未成年人司法保护八项措施》第八项措施："推动建立未成年人司法借助社会专业力量的长效机制。大力支持青少年事务社会工作专业人才队伍建设工作，主动与青少年事务社会工作专业机构链接，以政府购买服务等方式，将社会调查、合适成年人参与未成年人刑事诉讼、心理疏导、观护帮教、附条件不起诉监督考察等工作，交由专业社会力量承担，提高未成年人权益保护和犯罪预防的专业水平，逐步建立司法借助社会专业力量的长效机制。"

② 最高人民检察院《未成年人检察工作白皮书（2014—2019）》，https://rmh.pdnews.cn/Pc/ArtInfoApi/article? id＝13697769，2020 年 6 月 3 日访问。

二、未成年人司法社工职业化、专业化的运行现状

(一)机构创建及互动模式

作为社会组织中的一类,未成年人司法社工机构的产生、发展与壮大离不开我国社会组织发展的大背景,其职业化生存路径与模式决定了未来的发展空间。各地青少年司法社工因地制宜,根据本地区特点创立并开展特色服务,地区性发展轨迹明显。一方面,社会工作从业者、学者积极推动在少年司法领域开展社会工作服务,另一方面,少年司法部门在进行创新发展时,开始要求社会支持体系建设,未成年人司法社工有了巨大的发展空间,司法部门也积极寻找社会工作组织,希望他们能够承接未成年人的考察帮教、社会观护、社会调查、心理疏导、家庭治疗等工作。

在我国社会工作与少年司法的互动模式上,有人认为:建立健全少年司法的社会支持体系主要有两种运行模式:一个是有条件的地方以政府购买服务的形式,把社会力量引入少年司法过程中;另一个是由司法机关主导的向社会招募公益志愿者参与少年司法过程。[1]本书认为,我国有两种互动模式:一是经济条件较好的地方通过政府购买服务的方式,建立社会工作机构,主导建立社会组织,将社会工作引到少年司法领域中。二是社会工作的倡导模式,在很多地方,司法机构和人员并不了解社会工作专业,于是社会工作的学者和实务从业者积极倡导司法部门引入社会工作服务,支持少年司法体系内社会工作的大力发展。

未成年人司法社工机构创建的推动主体包括(1)政府部门;(2)共青团等群团组织;(3)司法部门。

首先,政府购买服务的典型代表是上海市。2004年,上海市在社会治理方面积极引入社会工作服务,通过政府培育社会工作组织,并通过购买社会组织服务的方式构建预防青少年犯罪体系。在政府购买服务的模式中,上海市委政法委在预防犯罪体系的目标下,以"政府主导推动、社团自主运作、社会多方参与"的方式,政府购买社会组织服务,对吸毒、社区矫正和"失学、失业、失管"("三失")的高危青少年开展服务。2004年,上海市建立阳

---

① 林修猛、黄燕苹:《未成年人司法社会工作研究》,载《福建法学》2017年第4期。

光青少年社会工作事务中心，与少年司法部门合作。上海市以青少年事务社会工作为工作支撑，以五类重点青少年群体为工作对象，分阶段、分步骤、分层次地逐步将来沪青少年纳入预防违法犯罪工作体系。未来还将进一步抓好社会工作中"社团、社会工作、社会"这三个要素，不断改进工作方法，提升工作能力。①未成年人司法社工参与到未成年检察"捕、诉、监、防"一体化的办案模式中，对分流出来的未成年人开展服务。在 2020 年最高人民检察院《未成年人检察工作白皮书》中突出了上海模式社会工作机构与未成年人检察机关合作的重要内容。②

其次，工青妇等部门购买社会工作服务。2018 年 2 月，《关于构建未成年人检察工作社会支持体系合作框架协议》提出共同推动未成年人检察工作社会支持体系建设，各级共青团培育扶持青少年司法类社会工作服务机构，建设专业社会工作队伍，于是全国层面，共青团组织大力支持社会工作机构的创建和队伍的培育，积极推动未成年人司法保护与社会保护高度融合。该协议可以看作是从顶层设计高度对少年司法社会工作进行的有益探索。③

机构负责人 A009："我们社会工作机构前身是团市委下属青少年维权的一个工作点。后来 2013 年正式成立了这个机构。"

最后，司法部门在建立社会支持体系的要求下开始积极寻求与社会工作机构合作，通过购买服务的方式进行社会调查、观护帮教等服务。北京司法部门购买服务模式中，北京市未成年人司法社工的发展也得益于司法部门的重视。北京的少年司法与社会工作机构的合作从"4＋1＋N"模式④发

①　周建军：《运用社会工作方法开展预防青少年犯罪工作的探索与思考》，载《预防青少年犯罪研究》2013 年第 1 期。

②　上海市检察机关立足本地社会工作组织相对发达的优势，联合相关部门共同建立市、区两级未成年人检察社会服务专门机构，受理检察机关提出的关于涉罪未成年人帮教矫治、未成年人民事、行政案件中未成年当事人保护救助等司法保护需求，并根据实际需要转介至 27 家单位或专业社会组织提供服务，同时对服务效果进行评估。最高人民检察院《未成年人检察工作白皮书（2014—2019）》，https://rmh.pdnews.cn/Pc/ArtInfoApi/article?id=13697769，2020 年 6 月 3 日访问。

③　牛凯：《少年司法社会工作的发展路径与前景展望》，载《人民法院报》2020 年 1 月 9 日。

④　"4"指的是在处理涉罪少年的刑事案件中的 4 项职能（"审查批捕、审查起诉、法律监督、犯罪预防"）由检察院的未检处进行统一行使；"1"指的是社会工作团体，通过利用社会工作者自身的专业素养来开展关于涉罪少年相关的社会调查，并且进行帮教矫治工作；"N"指的是多方力量的支持，主要包括政府力量的主导和社会各方面的支持，以此来建构起以教育和挽救为主要目的的社会支持体系。http://www.bjhd.gov.cn/zhengminhudong/zaixianfangtan/201601/t20160105_1227677.htm，2020 年 6 月 3 日访问。

展到未成年人案件"立体式"帮教机制，将从司法体系中分流出来的未成年人交给社会工作者开展助人服务。北京市司法部门下发《未成年人案件办理及帮教工作规定》《违法未成年人帮教工作规定》等文件，要求所有未成年人案件一律引入司法社会工作帮教，凸显司法社会工作帮教专业特长，充分发挥专业优势，细化工作标准、明确工作流程。截至 2016 年，北京市 16 区的公检法都有社会工作机构配合其开展服务，服务的社会工作者达到了 1 100 多人，服务的内容包括涉罪未成年人社会调查、帮教、合适成年人等六项服务，每年未成年人司法社工的服务对象在 2 000 人至 3 000 人之间。[①]

（二）服务内容和范围

其一，从机构的服务范围来分，如果以是否专门为涉司法的青少年服务，可以分为未成年司法社工服务和青少年社会工作服务。尽管全国各地未成年司法社工逐步发展起来，但单纯以涉罪青少年为服务对象的机构并不多，代表机构如北京超越、深圳点亮星光、西安指南针等，大部分机构同时还开展其他青少年服务，将涉罪未成年人作为一个服务项目或者内容。这多数是机构自身生存压力所致，因为目前司法部门购买服务的范围、内容等并不稳定，机构为了生存需要拓展服务空间。

> 机构负责人 A009："其实我们不是专门的少年司法社会工作，在我们昆明市没有一家完全做未成年人司法社工的机构，我们团委的青少年社会工作，主要做青少年的权利维护还有未成年人的司法保护，这块业务比较多，还做青少年思想引领的工作。""如我们有留守儿童和流动儿童关怀，残障儿童关爱（项目）。只要跟青少年权利维护有关的我们都有涉及。重点就是预防犯罪，做合适成年人的派遣，法律援助，配合检察院做工作。"

其二，未成年人司法社工承担多元化的功能与角色。如果按照服务对象分，未成年人司法社工的类型可以分为(1)未成年人加害人服务；(2)未成年受害人服务；(3)未成年证人服务；(4)民事行政领域的未成年人权益保障。针对未成年加害人，未成年人司法社工的服务内容多元化，包括社会调查、合适成年人、观护帮教、亲职教育、心理测评与疏导、保护处分与分级干预、刑事调解与和解、监所服务等。

---

① 席小华：《司法社会工作在北京的发展》，载《中国社会工作》2017 年第 4 期。

社工S104:"只要涉及未成年人都能介入,未成年嫌疑人、证人、被害人我们都要介入的。"

检察官J301:"2013年12月我们未检和社会工作开始合作。那一年,我有三个附条件不起诉案子委托他们来做。从2013年到现在,合作有七年了。这个合作是全方位的合作。我们从2013年开始个案合作,在2014年签订协议。昆明市检察院和昆明市红嘴鸥机构专门签订了委托帮教、救助等协议。工作涉及未检的方方面面。"

未成年人司法社工服务的内容有很多项目。目前司法机关,主要是检察机关通过政府购买服务方式,以项目形式发包专业社会工作组织提供社会调查、社会观护和帮教考察、合适成年人到场、未成年被害人综合救助、心理干预、犯罪预防和亲职教育等方面支持。

团委T201:"每个市都有自己的青少年社会工作机构,只是发展程度不一样。我们昆明市因为是省会城市,相对好一些。有的地区实在偏远,可能就是流于形式,因为要求要注册,但开展的效果可能不一样,我们市级两家组织是能够正常运转的,然后五个主城区开展的也还行,但其他七八个县区就一般,他们没办法独立运营,可能政府购买的力度相对少一些,所以他们人才和资源就比较紧缺,所以开展起来效果就不明显。"

除了上述服务,还有社会工作有针对性地开展青少年犯罪预防项目,如上海阳光社会工作服务中心扩展多学科多部门合作应急平台,超前预防、临界预防、再犯预防,服务对象全覆盖,及时提供干预措施,同时为临时有住宿需要的未成年人提供中途驿站,储备社会工作的种子力量。北京超越社会工作机构服务类型还包括青少年犯罪预防类服务中的驻校社会工作、家庭访谈和亲职能力提升,审前调解,判后延伸观护、违法训诫教育服务,初次评估和风险评估,历奇辅导、公益服务、法律教育、家庭功能修复、社会融入、未管所矫正、情绪管理、法律认知调整与生命教育等内容。还有一些机构除提供专门针对未成年人的司法社工服务,还提供社区矫正服务、社区综合服务、禁毒服务等,各地的方法和经验都有所不同。

检察官J301:"2019年我们昆明市检察院、团市委,昆明市红嘴鸥青少年事务服务中心一起被最高人民检察院和共青团中央联合授予了未检社会支持试点单位。所以,我们这边就围绕着社会化支持体系开展了很多工作。比方说，我们专门购买了一个司法社会工作岗位。有位社会工作老师，从去年8月就开始来我们这边上班。我们设了新增岗：昆明市检察院未成年人检察司法社会工作服务工作室，成立了专门的社会工作工作室之后，这个老师就过来上班，负责未检工作，比如全市的帮教、心理疏导、被害人保护救助这些业务。比方说，我们下面14个基层院，包括我们市院，案子中需要做帮教、需要做保护救助的，干警就把这个信息线索转给社会工作老师，他就来链接一些匹配程度比较高的司法社会工作或者心理咨询师，到看守所给未成年人提供救助保护、帮教。实际上，未检支持体系这一块整合了全市资源，也就是资源共享。我们还打算建立一个社会工作人才库，找一些比较适合的社会工作者、心理咨询师，到时候需要找他们的时候就很方便。"

除了未成年加害人和被害人两大体系，有的机构还为未成年证人开展服务。

机构负责人A012："我们机构得到上海市社会机构支持，以项目形式开展活动，包括：（1）司法社会服务项目，包括个案和小组，人群经分类，用红色、橙色、黄色、绿色代表不同类型，红色问题比较大，橙、黄、绿色依次降低程度，有针对性地开展个案和小组工作，小组以宿舍为单位；（2）专项评估，了解未成年人需求；（3）大型监所活动，开展普法传统文化、感恩教育；（4）整合社会资源，提供义务教育，完成劳动，和培训学校建立课程合作，请老师给孩子们培训；（5）职业规划，对即将出所的孩子，提前3个月介入，开展模拟的笔试和面试及礼仪培训。"

未成年人司法社工机构一方面提升对服务对象的专业化服务，另一方面也加强机构的自身建设，比如有些机构经过多年发展，形成一整套少年司法的配套制度和特色项目，包括效果评价核心指标体系、考核制度，职业进阶和薪酬制度，信息化的工作机制、住所项目，信息网考察教育项目、预防核心指标体系、社区青少年管理信息系统，专业培训体系、宣传体系。有些机构除了自身服务青少年外，还积极起到孵化器的作用，协助其他机构开展青少年服务。经济发达地区的未成年人司法社工机构，目前还与科技结合，积极与社区的其他职能部门合作，

机构负责人A005："我们机构新开辟了1 000多平方米的场地：未成年人教育采用现代科技VR，法律知识问答，同时还有小剧场、心理

剧、儿童剧等灵活多样的形式。"

机构负责人 A009："我们机构成立了司法社会工作部门,服务的内容:第一,主要临界预防,我们在专门学校设立社会工作站。第二,针对已经涉案涉法的未成年人,在各个看守所,我们设立两个工作站,在看守所里边进行服务。第三部分是后续流程。检察院委托我们做社会调查、心理评估、合适成年人服务。另外,市检察院也会委托我们到未成年人管教所去做团体辅导。审前、审中、审后(就是服刑阶段),如果按这个流程来做的话就是整个司法涉案阶段。未成年人整个涉案流程我们都可以服务到。"

机构负责人 A009："前期我们设计了七彩云服务。七彩云服务有一个部分就是涵盖了涉法的青少年。那其他的六个部分呢,更多的是留守儿童、乡村儿童、城市儿童。"

团委 T201："我们的服务,社会调查和心理评估是法检两院都会涉及的,还有附条件不起诉案件,亲子教育,针对个案会涉及被害人救助,比如性侵案件,针对未成年人和她的家属,会有心理辅导。"

(三) 机构运行的经费来源

社会工作机构经费一直是考验机构生存能力的重要因素。大部分社会工作机构都存在经费来源不足、资金缺乏持续性的情况。目前全国未成年人司法社工机构的经费来源主要有政府购买服务、自筹资金、社会各界捐款等方式。

政府购买服务有三种基本方式,第一种是岗位制,即购买社会工作服务岗位的方式,按照社会工作者的人数进行拨款,大部分机构的资金来源是政府购买服务,通过政府招投标的方式,能够保证未成年人司法社工的岗位和职业化。各地岗位购买服务的价格不同,如上海市从探索未成年人司法社工制度以来,不断提高社会工作服务的购买力度,从 10 万元提高到接近 14 万元。这种拨款的好处是经费能得到基本保障,不足是经费都用于发放社会工作者的薪酬,没有专业和项目发展经费。不同的机构资金根据机构性质,资金来源途径有差异。

机构负责人 A007："我们机构都是政府招投标,但不是所有的都是招投标,一些小额的直接委托,它都是以项目制购买的方式,算不出分类。然后有少量的是一些捐赠的资金。"

检察官 J104："会通过不同的渠道。我觉得这一块需要有一个专门的保障经费的法律或者是规定，比如我们现在会跟社会工作者去外地出差，社会工作者不知道该找谁报销，而我们这边也是找文件和单位沟通来报销。我觉得需要一个独立的经费保障，再适当提高，涵盖一些应当的经费支出。"

机构负责人 A003："我们的资金来源主要分为三大类。一是通过服务收费，主要为政府相关部门的购买服务。二是通过项目推广，品牌打造，得到资助型基金会的支持。三是有小部分通过社会的捐赠。目前二是大头，次为一，最后为三。"

机构负责人 A007："项目基本是招投标，但不是所有的都是招投标，一些小额的直接委托，都是以项目制购买的方式，有少量的是一些捐赠资金。"

机构负责人 A201："购买服务的模式是正常的竞争性谈判，公开招投标，单一采购来源，按照政府购买服务文件，根据经费的不同和专项资金，按照政府相关的规定来组织。"

第二种政府购买服务的方式是项目制。调研中，某地团委下的社会工作机构开展了未管所的社会工作服务。

机构负责人 A012："我们未管所购买服务，每年经费 10 万元到 15 万元，钱不多，整合社会资源，有两个专职社会工作。没有按照岗位，都是按照项目购买。其中 40% 用于人员补贴。不仅做一个项目，除了做司法社会工作，还有禁毒。固定的未管所每年购买经费能覆盖人员工资。"

社工 S107："我们现在大部分都是以项目化的形式在运作，比方说困境儿童这一块打包一个服务，然后大部分服务经费都用在了服务对象身上，一个 10 万块钱的服务，其实能够用到社会工作者身上的也就是 15% 左右，因为当中还要包含管理费和税费。这样一个模式下来，我们这种机构还可以，因为我们有工资保障。社会上的其他一些机构存活就很难了。"

基金会捐款也是社会工作机构重要的资金来源。比如有些地区的人民检察院与公益基金会共同发起公益项目，培育专业未成年人司法社会工作，缓解经费和专业力量不足的问题。

机构负责人 A012："我们机构的人员流动性相对小，缺乏专业人才，缺经费，我们想办法从其他渠道，如基金会和企业整合资源补贴，有的比如给教材课件支持。先让企业以志愿者方式参与进来，他们也好奇，让他们参与了解困境和需求，激发他们的爱心，通过几次参与后讲项目是什么，有的企业给人力也给物资。比如有的基金会有 3 万元、5 万元、10 万元的支持，另外我们还参加公益创投大赛。"

第三种是计件制，即政府购买服务的方式是按服务数量购买服务。这种方式通常司法部门不需要一下投入过多的财政经费，而是以完成一定任务为前提，如购买社会调查服务，社会工作者每完成一个调查，按件计算总价，或者购买某专项服务。这种方式由于经费通常不多，无法保证稳定的社会工作岗位，因此常常面临社会工作者流动性较大的问题。不论哪一种方式，司法部门在购买社会工作服务的力度、范围等方面都需要深化和加强。

机构负责人 A009："市、区检察机关跟我们合作方式更多的就是委托服务，就是按一项社会调查多少钱、评估多少钱。这样的一个一个委托服务的方式，但是这样经费就比较少。"

由于市区级经费来源不同，导致机构的管理也受到限制。

团委 T201："他们区自己管，但比如我们每年都会开展合适成年人培训，我们就会直接发通知，各区团委带着他们的机构来参加，主要我觉得对他们来说就是队伍培养和指导方面起点作用，他们实际怎么样我们也没办法，因为市级层面的经费也比较有限，做不了太多工作。"

各地在服务采购的经费投入有很大差距。

检察官 J102："我们是考虑到人头费一个人有 8 万元，我们给你是属于津贴性质的，所以我们社会调查报告差不多也是 200 元，但是跟北京 2 000 元是不能比的，北京是走社会化的，就是我投入多少人力，花多少钱，我就跟你报这个价，他们是蛮贵的……这个在 2014 年还是 2015 年是出过一个文件的，把财政局也拉上，就是作为政府购买服务的项目算进去，然后我们是走办案经费，财政局允许的。等于说，这种政府购买服务它走两个口，一个是从阳光事务中心拨款购买，另外一种就是我们这边计件的，到场一次多少钱，一个为主，一个为辅。"

谁出经费也是一种博弈。

机构负责人A007:"目前大部分都还在运行,市区这块它会变得比较多一些,我们以前会做一些党建,这个变动会稍微多一些的,今年可能这个党建不做,那个社区又做了之类的。青少年相关的这种项目,基本上都还是在持续的。我们原来在苏州不是做一个检察院的项目,那个大采购去年是最后一年结束。今年,民政说可能会少量采购,具体还没有确定,因为今年他们也还没有启动招投标程序,然后苏州市人民检察院也是因为民政这边采购,所以还在观望,他们是有意要购买的,但是也说如果有其他人能出钱购买他们更乐见其成。""经费是政府招标的,是民政和司法部门合作,像我们检察院去年开始合作,基层的公安部门,跟他们联合做一些项目,但是经费都是民政出,团委搭线。"

由于经费来源、来源级别并没有明确规定,所以机构在购买服务的时候并不统一。机构培养了人才,希望能留住,但是如果岗位薪资不稳定,未成年人司法社工很难实现职业化,机构运行经费和人员工资无法保证,最终会影响未成年人服务质量。

机构负责人A009:"购买服务上面,前期基本全部经费都来自昆明团市委。团队每年会给我们一些经费。前几年是直接以拨款方式给到我们。这几年都是政府采购的方式。我们会走政府采购的流程。"

机构负责人A006:"前三年我们申请了中央财政的一些经费。"

机构负责人A005:"最近几年,我们也申请了一些青少年发展基金会的项目,比如乡村儿童服务资金。"

团委T201:"省市两级共建共管的,我们共青团要求每个区都成立自己的社会工作机构,现在每个区都有的。"

社工S107:"经费全市基本上都统一的。市委政法委对于区县委政法委,对于市委政法委,其实统管上海市整个预防犯罪工作体系,上海目前将近3 000名各条线的司法社会工作者工资待遇收入都是由市委政法委统一牵头出文件,然后各区县按照这个文件的要求来落实和实施。"

各地在推进未成年人司法社工时,多方拓展资金来源,比如有地区人民检察院争取到地方政府支持,拨款1 000万元,成立未成年人综合保护中心。

三、未成年人司法社工发展的特点

我国的少年司法社会工作依旧处于碎片化探索阶段,检察院系统与社会工作机构开展合作的意愿强烈,司法对社会工作服务的需求显著。从全国范围而言,未成年人司法社工机构的发展地区差异很大,司法机构与社会组织之间互动的模式上,各省情况不同,省内的市级层面有差异,甚至同一个城市的各区级层面也多样化。未成年人司法保护与社会保护的配合衔接实践看,呈现下面一些特点:

其一,政府和司法部门主导推动建立社会工作机构。从构建机构到购买服务,未成年人司法社工的发展是以司法部门的实践需求为导向的。学者与从业者倡导社会工作理念,政府部门主要是各级党委政法委或者司法局、民政部门、各级团委妇联等群团部门,机构有的是高校老师建立的,承接司法部门的社会工作服务项目,如北京的超越社会工作事务所;有的是政府主导推动建立,党委政法委协调牵头,团市委作为运行的主管部门,如上海市的阳光青少年事务中心机构;有的是司法部门,尤其是检察院部门主导建立,司法机构链接资源成立的,如深圳市的点亮心光社会工作服务中心。有些机构是团市委主导孵化建立,承接团委的项目,招收社会工作者开展服务。

> 社工S107:"在松江区的话主管部门是区委政法委,负责人员招聘、录用包括发放工资等,包括整个政府购买服务的大合同,就是整个合同是跟市委政法委签的。团区委、司法局和禁毒办负责业务指导,我们还有三个工作站,禁毒工作站、青少年工作站和矫正工作站。青少年就对应团委,矫正就对应司法局,禁毒就对应禁毒办,因为他们三个业务指导部门和市里面对接,对我们的日常工作和专业工作做指导,是这样一个架构。"

其二,碎片化发展与不均衡性。全国目前青少年社会工作机构很多,专门做未成年人司法社工的机构相对较少,各未成年人司法社工机构从成立时间、机构性质、主管单位、资金来源、服务对象、人员规模、运作机制等多方面存在不同,开展的服务也根据地区司法机构的要求不同而存在差异,区域性发展特点显著表现为经济较为发达地区,未成年人司法社工服务开展得较好,而经济欠发达地区由于经济条件的限制在未成年人司法社工的开展方面有观念、财政、人才等多方面限制。

机构负责人A001:"选几个省做社会支持体系试点,有的司法机关说找不到社会组织,找不到就不做了。"

未成年人司法社工机构在全国发展的不均衡性体现在多个方面,其一,服务内容的不均衡。各地的少年司法社会工作的服务范围和内容存在较大差异,有的机构有选择性地只针对未成年加害人,有的扩展到未成年被害人和证人,发展较好的地方再扩展到民事案件未成年人权益的保护。服务的内容有固定项目、阶段性项目,在结合未成年人特点的基础之上多样化展开服务。

机构负责人A004:"像上海市的这种模式的话,全国应该是比较少。它是不可复制的,因为经费充足。全国那么多的省份,我想可能绝大部分都还是像西安一样的。所以,这些问题可能才是中国发展司法社会工作或者是发展司法社会工作机构所面临的问题。"

其二,地域发展的不均衡。全国地域广博,各地情况不同,未成年人司法社工虽然是在司法领域内,但却是儿童福利的一部分,而福利供给与经济发展阶段紧密关联,所以在未成年人司法社工的发展上呈现明显的区域性,经济发达地区探索早、参与深、专业程度高,经济欠发达地区相对起步晚,有些地区甚至不知道未成年人司法社工为何物。目前全国也在探索之中,共青团中央和最高人民检察院在全国进行试点,探索阶段后,希望全国可以结合各地实践,通过法律或者政策进行顶层设计,从人员队伍、服务标准、资金支持等全方位理顺未成年人司法社工发展之路。

其三,发展的渐进性。在发展的过程中,司法人员感受到未成年人司法社工的发展,社会工作的服务也是随着司法部门的需要而逐步展开,各地起步的时间早晚各异,未成年人司法社工的理论不成熟,实务明显走在理论前面。

警官P103:"我从2007年办未成年人案子,看着未成年人社会工作从什么都没有到现在这个样子,社会工作的存在有很大的必要性,体现了社会的进步……2015年左右我们就跟市检察院合作。开始做一些合适成年人,还有一些像社会调查、心理评估的工作。当时还没有提出司法社会工作这个概念。但是其实我们做的很多工作内容就是现在司法社会工作要做的。所以不太确定是什么时候起步的。这是一个缓慢的过程,我们一个工作站、一个工作站地去拓展。"

探索与发展较早的地区发挥辐射效应,将自己的经验和模式复制到其他地区。

机构负责人 A012:"我们中心在内蒙古,是按照项目领域设置的,中心由上海市阳光青少年社工事务中心孵化,由于和上海市地理情况不一样,我们东西狭长,要走 44 个小时。机构有直属的,有孵化的,现在我们以项目的形式去做。"

青少年社会工作服务开展较早的上海,在十几年的发展过程中,也出现了一些变化。由于财政体系与机构管理体系不配套等多方面原因,有些区从市级层面的三大社团独立出来,成立区级层面的机构,服务内容与以前相似。

社工 S107:"我们与市里面同步,2003 年开始试点,2004 年全市铺开。松江区原先一直跟着市里面阳光中心,新航和自强的工作站,2010年 7 月开始,松江把这三个工作站合并在一起成立了茸平社。独立到现在。"

四、职业化:我国未成年人司法社工的制度困境及出路

所谓社会工作职业化,一般是指在满足人类特定需要基础上的社会工作活动被社会认定为一种专门的职业领域并获得专业化发展的过程。[1]我国未成年人司法社工作为社会工作的一个分支领域,其发展受到我国社会工作发展环境的影响,无法脱离我国的本土化土壤,因此整个行业的问题必然影响未成年人司法社工的发展步伐。王思斌教授认为,"我国社会工作恢复重建 30 年,特别是党的十六届六中全会和十八大以来,我国社会工作教育和社会工作事业走过了艰苦摸索、初步发展和逐步制度化的过程"。[2] 他同时指出我国社会工作学科、社会工作事业的发展还处于初级阶段,发展的问题包括政府和社会的承认度不高、本土社会工作实践的协同融合缓慢、社

---

[1]　尹保华,《试论中国社会工作职业化》,载《社会主义研究》2008 年第 1 期。
[2]　王思斌:《中国特色社会工作体系建设的内容、特点与原则》,载《中国社会工作》2019 年第 13 期。

会工作专业化人才队伍建设有待加强等。

（一）制度化困境：互动的顶层设计

未成年人司法社工的服务引入司法体系取得了良好的效果，但是全国范围内并没有形成统一的制度格局，经济欠发达地区社会工作组织的生存空间有限，故尽管司法部门有意与社会工作部门合作，但是苦于没有合适的机构。未成年人司法社工的辐射效应虽然已经扩展到东北、西部等地区，这些地区的司法部门也希望引入未成年人司法社工的专业服务，大力发展社会支持体系，但是面临诸多问题，如工作机制、衔接方法、如何开展服务等方面依然存在很多的困境，未成年人司法社工的运用不足，亟待解决完善。这些问题归根结底是政府与社会关系的困境，比如社会组织的性质不同，有的是国有的，有的是民间的，还有混合性质的，国家治理体系上，政府需要进一步放权给社会，让社会释放更多的活力。

检察官 J102："宏观的架构没有理顺。而且上海市本来搭好的架构都被现在宏观的机构改革给冲乱掉了，其实这个应该上升到立法进行明确。"

由于没有统一的宏观架构，导致各地在执行的时候随意性大，有些部门领导的观念和思路没有转换，人治大于法治。

机构负责人 A007："我们这边是团委比较给力，要不我们这么去推他们也不一定那么认可，因为你想我们毕竟不是体制内的，体制内互相沟通就比较方便，他们沟通之后就知道如何去改变他们的观念。而且团委的领导呢，我觉得比较好的是他们换了几个领导，几个领导都还相对比较认可社会工作的观念，所以跟他们去讲的时候他们会比较认可，比较容易接纳，我觉得这是很好的。"

机构负责人 A003："（社工机构）存在的问题和困境主要表现在：（1）文化输出的问题。政、社各界对社会工作认知还不够全面，开展相关服务时会遇到不少阻力。需要加大这块的知识普及。（2）政策。作为社会治理不可或缺的一部分，中央和各级政府都出台了相关支持文件政策，但到了基层很难落实，对社会工作发展带来了很大的阻碍。"

少年司法社会工作的发展需要立法保障与政策支持。随着未成年人司法制度的不断完善，社会支持体系对于未成年人司法保护工作的支持保障作用逐步被各方认可,相关的法律、政策性文件也都提出了建设少年司法社会支持体系的要求。例如,修改后的 2018 年《刑事诉讼法》将未成年人刑事案件诉讼程序作为特别程序予以专门规定,明确了社会力量在未成年人案件中的作用,主要涉及合适成年人队伍、观护基地、社会调查、附条件不起诉考察帮教等领域。但从立法规定来看,由于法律规定较为原则,且涉及领域较为有限,难以应对实践中多领域、多样性的需求,导致社会力量参与司法工作依然缺乏可操作性,存在参与主体的范围不定、职责不明、合法地位受质疑等难点。从各地的司法实践看,未成年人司法保护社会支持体系的建设,即使社会组织发展程度较高的地区,由于法律的不完备,也在一定程度上受到了制约。

为解决这一问题,我国在未成年人保护立法上要与儿童福利和司法保护协同一致,尽快研究并颁布我国的《社会工作法》《少年司法法》,加快社会工作职业化步伐。

(二) 身份构建:明确青少年社会工作者的主体定位

目前,未成年人司法社工在立法上缺乏明确的法律授权。社会工作身份合法性急需解决,法律体系不完善,没有规定未成年人司法社工在少年司法中的地位,缺乏可操作性指引,其权利义务并不明确,没有实现一条龙一体化社会化服务模式。国外很多立法中已经明确规定了未成年人司法社工者的角色和功能,在分流和超司法措施中,将司法社会工作作为重要的助人角色。

> 社工 S104:"其实最早我们阳光走的是司法社会工作的路线,一个是禁毒,一个是矫正,后来出台社区矫正法和禁毒法,他们就有了司法地位,我们主要做的是预防青少年犯罪,我觉得我们还是需要在司法上有一定保障的,我们目前的地位现在还是有点尴尬的。"

明确法律定位,在全社会加大宣传力度,给社会工作者更加广阔的发展空间。社会工作者在开展社会调查职能时,案主家人很可能拒绝社会工作者的调查,而社会工作者没有任何法律权利。应明确社会工作者的法律职权、职责,将少年司法社会工作纳入法治轨道。

提高未成年人司法社工的职业认同,避免在司法环境中迷失自我的身份。贝恩德·西蒙(Bernd Simon)认为,身份是微观的心理构造和宏观的社会进程二者的共同产物。而集体身份和个体身份一样，共同反映出人们对于社会位置和相关经验的情境依赖。①未成年人司法社工是司法辅助人，还是独立、专业的服务者，两个角色之间存在矛盾。在部分地区，司法机构在购买未成年人司法社工服务的时候，采取社会工作驻所的方式，购买固定岗位服务，这使得司法部门和社会工作的服务之间能够更加紧密地合作。司法社会工作是保持专业独立性，与司法部门保持一定距离，还是尽量缩短与司法部门之间的距离，减少沟通成本，这一问题需要在宏观制度上进行思考和设计。

（三）政府购买服务的方式、服务范围及经费来源不明确

由于没有明确而稳定的经费来源，导致未成年人司法社工岗位和薪资不稳定，经费严重不足。目前，全国司法部门没有独立购买社会服务的预算，部门探索也不敢逾越财政的红线，领导想引入社会工作，但是资金的限制成为政府购买服务的瓶颈。社会工作者从事的是职业化的助人活动，不是义务性的志愿者，社会工作岗位如同医生、教师、会计人员一样，需要有维持生计的、体面的薪酬待遇，而社会工作机构服务的开展、项目的实施也需要一定经费。因此，发展社会工作的基础性任务就是明确财政来源，固定公共财政支出，或者在司法办案经费中开辟社会工作服务购买的支出项目，明确经费标准，为司法部门与社会工作机构的合作铺平道路，这样未成年人司法社工的职业化才能大力发展起来，少年司法的社会支持体系才能逐步完善。

> 检察官J102：“因为本来青少年这块是比较烧钱的，现在我们的经费也在不断地削减，如果下调标准的话社会工作者的积极性肯定会受影响。”

因此在购买服务的时候，一些以项目制开展的服务不将社会工作者的薪金列为开支内容，抑制了社会工作职业化岗位从业者的积极性，这种薪金的不稳定性导致社会工作人才流失，很多年轻人可能以这个岗位为过渡之选或者权宜之计，于是机构辛辛苦苦将社会工作者培养起来，又不得不眼睁睁看着他们走向其他待遇更好的工作岗位。

---

① Bernd Simon, Identity in Modern Society: A Social Psychological Perspective, Blackwell Publishers, 2003. pp.44—62.

由于经费得不到保障,司法社会工作者人才流失率高,流动性大。各地社工的待遇差别很大,如目前海南的少年司法社会工作者工资待遇很低,岗位购买的社会工作者刚毕业的年薪 4.5 万元(含税),待遇最高的年薪也没有超过 6 万元(含税)的;案件购买的项目经费更少,合作一年的项目,经费总额一般不到 5 万元,基本在 3 万元到 4 万元之间。

社工 S106:"资金方面,因为我们搞个人活动都是需要资金来支持的,说难听点,就是钱的问题难住我们,我们想搞,但是没有钱是不是?"

机构负责人 A001:"民政部门是主管部门,一部分在儿童福利司,更多关注传统的儿童问题,社会工作和儿童福利司是不一样的,两个司,要和最高检定合同。司法社会工作要解决经费保障,组织民政部可以管理,但是经费涉及财政部分,人财物都是分开的、割裂的。"

机构负责人 A004:"资金来源分成两大部分,设立之初对于这种公益慈善类的社会组织认识还不是特别清楚,尤其是对于我们服务的这个群体,还有很多人不认同,所以那个时候,我们主要是靠自己去申请民政厅、民政部项目,以及团中央团省委团市委的一些项目来维持。同时,我们也跟救助儿童会有一些项目上合作。这是第一阶段。到了2016 年、2017 年的时候。我们就完全改变了,从 2017 年开始,我们就接受了政府购买社会组织服务。比如各个检察院都会给我们一些开展项目的钱来做合适成年人、社会调查,还有观护帮教。到现在为止,我们跟民政的合作基本上已经停止了。"

(四) 职业的社会关注度、认知度亟待提高

社会工作专业在我国一直存在专业认同问题,社会关注度不高,很多人不知道社会工作者是做什么的,经常与志愿者、义工搞混。尽管这十几年来,经济发达地区的社会工作者因为在社区、医院等发挥了重要作用,得到了认同,但是总体上而言,社会工作在全社会的知晓度依旧不高。究其原因,一是因为社会工作来自西方,与我国熟人社会的土壤有差异,本土化不足,中国人不习惯有事找社会工作者这样的专业人员解决,有需要可能会向亲人、政府求助,而不知道还有社会工作者可以求助,陌生人社会加剧了这一思想,这导致未成年人司法社工在开展工作的时候,遇到方方面面的问题,比如向社会募集到的资金有限。

　　社会工作作为仍在不断成长的新型职业岗位，其不仅面临着从业者对职业的自我承认乏力的状况，更承受着其他职业群体甚至全体社会对社会工作的职业承认定性不准的压力。①社会工作在开展社会调查时的认知与配合度有限，在接触未成年人家长的时候，遭到很多误解。未成年人司法社工机构在开展工作时，也很难得心应手，在社会资源的盘活与整合过程中遭遇困境。这种环境常常让社会工作者感到压抑，他们本来服务的就是弱势群体，但是现实情况是他们常常感到无力，认为自己也是弱势群体，得不到关注，四处碰壁，社会的系统性和制度性支持较少，长此以往，从业初期的热情很可能在一次次的碰壁中变为负面情绪，难以维系他们长期性的职业化、岗位化服务工作。

（五）体系间衔接：从隔离到契合

　　当前，我国少年司法中社会工作的发展不仅面临着社会力量薄弱的问题，同时还缺乏司法与社会有效的衔接机制，这逐渐成为阻碍我国少年司法发展的关键因素。罪错未成年人的行为矫治，需要社会力量，需要社会工作者、相关公益组织等介入，统筹、运用、优化社会资源，促成司法保护与社会保护的有效衔接。

　　　　团委 T201："现在的社会支持体系，团委和检察院这两个部门的推动力还是比较大的，但是因为我们要做一些联合的工作，像公安啊这些部门的协调就比较困难。包括事实孤儿，未成年的都需要民政部门来协调，不能很好地衔接。""上次也是有个案子，一个女生，她妈妈吸毒进了看守所，她就无人管教。这个案子涉及亲子鉴定和心理辅导，还有事后抚养，就召开了妇联、民政、公安的会议，但是就亲子鉴定费用谁来出，包括后面一系列问题都协调了很长时间，这样极端的个案还是需要各项部门协调联动的，这个案子后面还是成功了，但就过程而言阻碍是很多的，因为是检察长在推进这个案子才能推动，如果是普通地走程序，再来一个案子的话就很难完成了。"

　　　　社工 S110："打个比方小朋友昨天被公安局叫去问话了，这事情我们都不知道，就没有信息共享，那么好的（做法）应该是及时反馈过来，

---

　　① 范慧、范和生：《破解认同困境：社会工作职业化的演进与路径拓展》，载《宁夏社会科学》2018年9月。

这还是靠机制体制，""因为信息不对等造成大家都不管，或者都管，导致又有漏洞又有重复"。

社工 S104："我们拿不到他们的数据。我们街道禁毒、矫正、青少年三条线是在一起的，但是有些街道是三个办公室，大家都不熟。我觉得以前三条线在一起反而好些，如果分化出来，各个部门有自己的规定，会漏掉一部分罪犯。"

第一，建立各部门间信息互通机制。目前相关职能部门掌握未成年人的罪错行为信息不对等。如学校和教育部门掌握了不良行为学生的信息，公安机关掌握着涉嫌违法犯罪但未达刑事责任年龄的未成年人信息，但检察、法院及民政、团委、妇联等职能部门无法互通相关信息。

检察官 J103："针对未成年人群体性利益受到损害的线索，我们可以分享，一起做。针对侵害未成年人监护权的这种案件，肯定也需要妇联提供一定帮助，不单是民政，不单是检察，我们到时候会跟他们一起分享，各部门定期有一个例会。说实话，例会时间蛮短的，大家也就各有五分钟时间发言，时间问题导致很难聚焦。一般相对来讲，这种线索的发现，民政那边会第一时间知道，那么他们觉得有必要会找公安法院检察院，我们聚起来一起坐下来开会，而且大家现在微信也都很方便。例会的话我参加过两次，我是觉得这个上面没有办法去解决实际问题，大家就感觉是碰个面，妇联这边各个单位也都有一个微信工作群，联络群可能用得也比较多。"

检察官 J104："信息互通方面是比较重要的，我们之前是有建立区检察社会服务平台，但是信息沟通方面还是有所欠缺，我们检察院的职能也是不断地延伸，我们对所有困境未成年人都会有一个司法保护，但是困境未成年人大多会寻找妇联或者是民政方面寻求帮助，如果由我们检察力量介入的话，可以有一个更好的帮助。比如说医院里被遗弃儿童其实是可以通过检察院来寻求帮助的，我们可以让公安部门立案，查找婴儿父母，然后将婴儿送到我们区或者市里专门的机构或者安置点，撤销他们父母的监护权，为他们重新找到新的家庭。""现在医院那边如果有小孩找不到家长，就会跟检察院说，然后我们就会进行先期的证据固定，想办法去联系小孩父母，到我们觉得行为到了刑事追责的程度，我们就会给公安机关发送发现线索移送函，然后立案监督，按照刑事案件走下来,立案之后我们就会联系区或者市民政局,将小孩转送到临时安置点。"

第二,加强信息化沟通平台和跨部门协作机制。尽管司法部门与社会工作配合相对默契,但是在合作中存在对未成年人信息不对称的问题。需要进一步加强信息化平台建设,建立司法社会工作服务供求信息共享平台,跨部门、跨区域协作机制,在组织管理体系上建立司法与社会工作服务全纳入的少年司法部门,以司法和社会工作为主体,兼顾多部门,进行全系统协作,构建社会支持网络信息化平台,完善少年司法服务的转介与承接机制。"建立信息平台,像发帖子一样把信息发布出来,如果有其他单位看到可及时联系。"当然,信息平台较为重要的就是未成年人隐私保护问题,要有授权和保密承诺,一旦泄露未成年人隐私将承担责任。

信息平台建设可以结合最新科技,如大数据、云存储计算、人工智能等,将社工服务和科技化的信息平台结合起来,让服务者有充分的信息来源,同时让评估更加科学化,在这个平台里可以实现大数据分析与科学研究,实现司法办案和社会工作服务人员的信息共享,实现机构服务的更新和转介服务等。信息化可以增强未成年人司法社工的实效性,充分把握我国少年司法和社会工作的互动特点与内在规律,开展更有针对性的对策服务。

第三,联席会议制度与各平台的对接。

团委 T201:"我希望能建立一个联动机制,其实现在也建了,签了一个协议书,明确每个部门的工作职能,开了很多次联动会议了,但后续怎么操作执行呢？因为现在也没有下一个个案。""如果能从中央到地方签订协议,在政策推动方面就会有很大的改观。"

机构负责人 A005:"附条件不起诉的监督考察机制,社工机构就是以它为平台,判缓刑的矫正可以纳入进来,打通前面后面,把这个作为司法的平台,不是检察院的平台,民政搞未成年人保护站,不局限于未检,社会支持体系专业多样化,除了涉罪未成年人帮教,组建心理咨询师团队,与社会工作结合,针对个案提供服务,家庭教育和家庭课堂、团辅课堂,把原生态的环境做好。"

第四,建立专业评估和转介中心。未成年人司法社工较发达地区,可以建设政府背景、未成年人司法保护的评估与转介中心。司法部门直接与中心联动,而中心根据不同需求转介给各机构和部门。

检察官 J102:"我们希望能有一个中介组织来做这个事情,我们有社会支持的需求,不限于社会工作,有时我们还需要医疗的、低保的、转学的,这些我们都是通过派单子给中心,这个中心去寻求跟我们这些需求跟得上的社会资源来提供服务,这是一个中介组织,它来评估。这个中心可以慢慢发展到未成年人司法中心,不限于检察院,公安要用、法院要用,都可以派单子给这个中心,他来给你提供中介服务,而且有政府背景,资源调动能力要比我们强得多。官方资源,或者就像团委、妇联这些半官方资源都是可以调动,希望这个中心的发展方向是实体化注册,政府购买服务,它就来承接一些培训评估工作,这样我们相对来说不用介入那么深,由他们来连接,我们跟社会工作也不会离得太远。"

从少年司法社会工作的实践经验来看,检察机关设置专人对接和定期进行交流,有利于工作的开展和未成年人帮教取得良好效果。

(六) 吸引人才:增设政府与司法部门中的社会工作岗位

我国未成年人司法社工在司法环境中,工作人员压力大,对司法社工要求高,工资相对偏低,这导致人员流动性较大,人才流失率高,留不住人才。

社工 S102:"以前有个老师他做了一个月,就受不了,他觉得压力太大。在法院这个环境中,我们做调解笔录真的是相当压抑。法院案件所有的调解过程都有录音录像可以回看。这是最严格的质量监控。你的一言一行都很重要,而且我们现在是试点阶段,社工比一般的调解老师压力更大。"

社工 S202:"社工的工资大概在 3 000 元左右。员工会教新来的人,但新来的刚熟悉工作后就又走了。刚进来的人,跟孩子、父母沟通,如果没有社会经验,那给别人的感觉是不成熟的,别人可能不会信任你。所以这项工作,我觉得社会阅历很重要。你跟他建立关系,要能说服他,让他相信你是能帮助他修复关系的。所以人员不稳定就不利于工作。"

机构负责人 A012:"工资在内蒙古当地是高的,有职级工资,个案小组社区,都算量,干得越多工资越多,一线社工,个案一个月 3—4 个,小组 4—5 个,社区 3—4 场,一个月 5 600 多元,加上职级学历可能有 6 000 多元,我们采用薪酬体系后,一个人负责 2—3 个项目。"

检察官 J301:"虽然云南省昆明市的社会工作机构起步较早,得到的支持、扶持力度比较大，但是关键在于社会工作专业人才不够，社会工作队伍不够稳定。像我们工作对接的时候，有些社会工作老师感觉还不错，干了几年，突然一下他就不干了，就是留不住人。"

社工S103："我们的人员流动性很大，去年我们区走了13人，因为我们招的是30岁以下的本科生，工资也不高，来了以后很辛苦，留不住。"

团委T201："我觉得现在有一个最大的问题就是人才流失。早前来说是经费和政策问题，现在最高检和团中央签了文件以后，其实未检的力度比较大，在政策和资金投入方面是可以看得到改变的，人才流失可能是因为我们这边不是岗位购买制了，所以对于社工来说没有什么安全感。"

机构负责人A009："这个行业比较难吸引人才过来。就像新的人才过来，他接触一段时间，觉得司法社会工作特别困难。的确比普通社会工作更难，一些专业要求更高。就有很多人才流失，人员不稳定，找不到人去做。去年我们昆明市是全国40家试点（之一），检察院就购买了一个岗位，我现在在市检察院工作。市检察院想大力发展社会工作，找社会工作机构的人才过来。接触了一下，人才专业水平普遍不高，怎么去做社会调查是最基本的，这些都很难，怎么做附条件不起诉，这些法律大家都不是很熟悉。如果要做培训的话，第一节培训完第二节人又换了，因为人已经辞职了。人员流动性特别大，这是现在比较大的一个困境。"

社工S107："社会工作的收入相对来说普遍比较低，人员流失会比较大。2015年之前我粗略统计一下，我们茸平社包括原先跟市三大社团在一起的时候，我们每年的流失率大概将近10%，有一年可能到过15%，我们就比较担心了。到2015年之后，市司法社会工作的薪酬体系建立，职级也分出来了，年限长的专业能力强的可能职级高一点，有初级、中级，还有副高和高级，按照序列晋升的。再加上每年市委政法委对社工的薪酬保障都有调整，我们再同步调整。到目前来说，我们社会工作整体的平均收入，虽然还不高，但是要比往年好很多了。所以人员的流失率现在每年基本上都在5%以下，是一个正常单位的流失率。"

机构负责人A004："我们社会工作的人员福利待遇保障存在问题。我们给社工发的钱都是来源于检察院的。你给项目预算的时候，总是要列出你这个项目经费花到哪儿了。但是你不能写人员工资，你只能写社会调查、观护帮教等之类的,可是你服务一次,这个费用是很低的。这部分的钱,我们都会支付给社工作为工资。因为他们的这个钱比较少,所以我们付给社会工作者的也比较少,所以现在社会工作者转行的就比较多。这个行业认同感不是很高。"

流动性大带来服务质量不稳定。

　　检察官 J101 说:"这几年还好有驻检社会工作,我个人觉得观护帮教的质量不如以前了,老的社会工作者做得很好但是不在这里了,新的社工进来还是有一些问题。"

　　检察官 J103:"社会工作这两年人员流动蛮大的。除了几个老的,其他的新人真的流动特别快,对业务也不是特别熟悉,需要一段时间磨合。老的那批社会工作者不单单是在参加讯问在开庭过程的教育做得比较好,另外在案外的观护帮教方面,他们经验也是比较丰富的,但现在的社会工作者可能相对比较年轻,工作经验也比较浅一点,这方面可能还需要再不断提升。"

为了提升未成年人司法社工的职业稳定性和服务质量,应该进一步提高社会工作者的薪酬福利,在政府和司法体系内大力吸收社会工作人员作为专业人才,如在司法体系内可以设置少年司法分流官、社会调查官、观护官等,由有资质的司法社工担任,重塑其专业地位和自信度,在社会工作为其服务对象赋权增能之前,赋予社会工作以资源和权利。

　　社工 S107:"上海市养老社会工作和医务社会工作采用体制内模式,他们用的人相对都很高端,比方说我们有好多名校优秀毕业生都去考这种医务社会工作者或者是养老社会工作者,因为他毕竟进去以后有保障有编制。"

　　社工 S107:"竞争很激烈,特别是医务社会工作者都是海归。毕竟在上海生存,靠社区、靠社工这点收入肯定很困难。民政社会工作、团社会工作、妇联社会工作、学校社会工作也会马上起来,在推进过程中,领导重视就能发展,包括社区矫正法颁布之后,社区矫正官好像也是在讨论过程当中。"

政府采购服务,可以有效地降低行政运作成本,优化人才配置,较好地解决司法机关力量薄弱的瓶颈问题,是我国司法部门转变职能的必要手段。当然,我国司法体制的改革规定着司法社会工作的介入空间,司法实践也制约着司法社会工作的走向。所以,必须创新司法管理体制,探索司法社工的介入模式,充分发挥司法社会工作人才的作用,推进司法社会工作队伍的职业化、专业化、社会化。[①]

　　　机构负责人 A009:"今年我们通过市检察院的副检察长提了一个政协提议,就是希望昆明至少要建立起一支司法社会工作的队伍。薪酬保障是最基本的吧。要能吸引一些人才进来。把人才吸引进来,稳定住,慢慢培训,慢慢带,才可能成长起来。如果要有这样的配套制度,至少政府层面要重视。有这样的制度,我觉得司法社会工作队伍才有可能发展起来。这也是我目前最希望看到的景象。"

五、专业化:我国未成年人司法社工的问题及完善路径

　　人力资源专业化是发展的根本,专业社会工作的实践能力要求高,要有创新能力,要求服务标准化、规范化,不断对实践经验进行反思,提升服务能力和技巧,一专多能,提供更加精细化、全方位、专业化的服务。社会工作队伍不仅要为服务对象提供专业服务,同时也要注重自我发展,行业协会要注重人才培养和人才储备。

　　对于少年司法社会支持体系建设,不少地区的检察机关、法院联合团委、妇联等相关职能部门及社会力量,开展了多种形式的合作模式。但从全国各地的探索情况看,少年司法社会支持体系建设依然相当薄弱,相关探索主要集中在经济较为发达地区,各地差异较大,深度与广度均有待提升。

(一)标准化、规范化亟待提高

　　未成年人案件执行主体应充分了解未成年人的身心特点,同时须针对不同个体施以个别、多样的处遇措施。开展这些工作需要专业方法和技巧,涉及多学科专业知识。这对少年司法社会工作者的综合素质提出了极高要求。但从目前参与少年司法工作的人员状况看,专业性不够,队伍的综合素能参差不齐,从参与开展涉罪未成年人教育矫治的工作成效上看,预期效果难以确保,不少个案成效不佳。专业人才缺乏,往往会影响社会调查、观护

---

　　① 　王淑萍:《社会治理背景下司法会工作介入路径研究》,载《犯罪与改造研究》2015 年第7 期。

帮教、行为矫治等专业性较强的服务成效,在一定程度上降低社会支持的整体效果。

社会工作是不是一门学科,自从诞生之日起一直伴随着各种争议。但是随着社会分工的日益精细化,国际社会趋于认同社会工作的学科地位,认为在社会工作的发展政策、知识体系、实践经验总结、队伍建设等方面都需要进一步加强。未成年人司法社工的专业化路径与其他社会工作相比,更加错综复杂,因为除了需要掌握社会工作专业知识,还需要了解儿童心理学、教育学、法学等,因此,青少年司法社会工作必须有足够的专业支持,从高校就开始有针对性的培养,在上岗之前有专业实习,到岗后有专业培训。

在司法实践过程中,建立专业标准。上海市发布的地方未成年人司法社工的专业化标准,对专业发展具有一定指引作用。2023年4月20日,据《人民日报》报道:由最高人民检察院、共青团中央等共同推动完成的《未成年人司法社会工作服务规范》国家标准发布,这是我国在司法社会工作服务领域的第一项国家标准。全国未成年人司法社工标准化建设,社会工作者增加评估技能,在司法的强制性环境中发挥柔性功能,既要有艺术性,又要有科学性。

警官P103:"这支队伍需要更加专业化,但也要知道队伍专业化就涉及很多问题,比如和人员招聘、筛选与薪金工资待遇都有很大关系。"

机构负责人A005:"专业化发展的困难很多。本来社会参与度就不高,资金支持又弱。""现在社会化、专业化的问题,犯罪未成年人帮教,涉及行为矫正的16个维度,职业导航、心理等方面,多样性服务。"

机构负责人A001:"需要顶层设计来推动社会支持体系,我们和最高检沟通,做未成年人司法社工的国家标准,推动社会工作组织建设,遍地开花。但是基层发展需要上层的呼吁和倡导。"

机构负责人A009:"社会工作现在发展最大的问题就是没有司法社会工作发展的路径。我们自己也是摸着石头过河。怎么样去购买服务?怎么去评估?怎么培训?这些标准都没有。"

社工S107:"社会工作专业毕业的学生来做社会工作的人不多,整个社会工作者队伍还是以相关专业的、半路过来的比较多,他们仅仅通过考社会工作证取得上岗资质,在过程中边学习边摸索,跟做医务社会工作、老年社会工作相比较的话,可能我们在专业性上会欠缺一点。我们这两年一直在花心思和精力追赶。"

培训不足导致未成年人司法社工的专业性欠缺。

　　警官 P106:"缺少专职未成年人社工,也都没有学习过未成年犯罪心理学,还是需要加强培训,在招聘时往相关专业人才倾斜。"

　　检察官 J301:"我觉得开展未检沙龙,在一起搞活动的方式比较好。比方说一个案子,这个案子涉及未成年人保护救助,就根据具体个案,邀请检察官来未检、社会工作观摩,台上是具体的承办人和社工,大家一起来谈这个案子,通过提问、回答的方式,我觉得可能会迅速提高未检和司法社工的能力。"

　　机构负责人 A004:"服务效果跟服务质量的问题,我自己知道他们的服务质量还是可以的。当然有可提高和可改进的地方。但是至于是朝哪个方面改、怎么去改,就不知道了,因为现在就是没有统一规范,导致各个地方服务标准服务质量完全不统一。大家都是由着性子来,你做你的,我做我的。"

2023 年,最高人民检察院、共青团中央等联合发布《未成年人司法社会工作服务规范》国家标准,规范该领域服务的原则与伦理,明确未成年人司法社会工作中的主要服务流程、内容和方法。这是我国在该服务领域的第一项国家标准。在这之前,有上海、浙江等地发布本地的《未成年人司法社会工作服务地方标准》,提炼并固定实践中的优秀做法,指引温暖更多的涉案未成年人。

(二) 资源整合提升专业服务

　　社工 S106:"我们一线社工的人力、物力、各种资源太少。针对学校辍学的 16 至 25 周岁的青少年有个统一的名单,我们会从社保、公安拉取闲散青少年名单,然后排摸,有一些工作很久很稳定的,我们就放弃,游荡在社会上的我们会进行各种观护,我们会定期走访或者进行电话访谈,组织活动,让他们来参与。有些青少年可能性格比较内向,待在家里就不肯出来,特别是有网络成瘾问题,在家上网不肯走出门,我们青少年社工会组织各种活动来让他们融入社会,我们有个案、小组团康来帮助他们,但是我觉得我们资源真的太少了,我们未成年人社工对接的是团委,资源也不是很多。"

(三) 专业化:细分领域的深化

　　检察官 J201:"合适成年人在程序上一定要与其他的角色分开,因为在法律上合适成年人代表的是家长角色,他在教导孩子的同时也在保护孩子的权益,这一角色有一定的帮教作用。司法社会工作要去行政化,社会中介组织又是一个桥梁,所以这是很矛盾的,后期帮教也由社工来做,理想状态是分开的,该维护孩子权利的维护权利,帮教还是由社会工作者来做,要分开,但现在这个状态,我们社会工作有 12 项职能,包括合适成年人。目前国家在这方面的发展处于萌芽状态,没有一支专门队伍。如果后期成熟了,督导也是要分开的,社工就做他们的本职,包括社会调查、心理测评这一块也要有另外的老师来做。"
社会工作自身情绪支持需要关注。

　　社工 S201:"我们尽力去做这个事情,我们社工自己也会有倦怠期,自身也要疏导情绪压力,不调节好没办法继续工作,我也不能保证我手上的每个个案都不会再犯罪,我也不敢说个案成功,我们都是尽力去做,积极引导他们。"

(四) 跨区域协调与转介

　　目前,由于各地在探索中有区域特色,发展程度不一致,所以跨区域协调成为难题。比如目前性侵未成年人案件发生新变化,随着网络的发展,出现网络猥亵未成年人的案件,这样的案件往往未成年人分布在全国不同地区,一旦案发,针对未成年人受害者的社工服务就成为难题。

　　法官 F101:"社会工作跨区域做,比较难做,很难转介……最好是把资源都用起来,不要各做各家的。"

　　案件办理地区指派的法律援助律师和社会工作者很难跨地区接触到受害者,最好有跨区域协调和合作机制,通过协作机制由未成年受害者所在地的社工和法律援助机构提供服务,当地机构更加熟悉本地的文化环境,能用当地语言,开展面对面沟通和交流,了解更多情况。同时,由未成年人所在地的机构提供服务,需要其他机构配合时还可以在后续提供更好的服务。

小结

　　作为少年司法中福利因素的表达，未成年人司法社工契合降低监禁率和刑事惩罚的国际趋势，社会工作助人自助的宗旨在涉罪未成年人群体得到彰显，少年司法制度中迫切需要柔性化的理念，而为罪错少年服务也是社会工作扶助弱势群体、赋权增能原则的完美诠释。因此，在少年司法场域中，社会工作成为特色少年司法的需要，社会工作者在少年司法场域内需要职业化、专业化的发展。当下，我国的未成年人司法社工处于起步阶段，发展之路必须有职业化和专业化建设，与自下而上的推动和倡导相比，通过立法和政策而自上而下地建立未成年人司法社工体系更加顺畅，容易做到一体化、制度化、信息化协作。在推进过程中，未成年人司法社工要加强自身专业化、标准化建设，借鉴国际先进理念和优秀做法，同时立足我国国情，将国际化和本土化结合，利用后发优势和我国科技大发展的背景，进行本土化实践探索，实现少年司法系统的主要目标，维护公共安全，同时着力挽救未成年人，发展他们的技能，培养其适应能力，帮助他们顺利重返社会。

参考文献

一、中文著作

1. 朱久伟、姚建龙：《上海市青少年社区服刑人员教育矫正的理论与实践》，法律出版社 2012 年版。

2. 于国旦、许身健：《少年司法制度理论与实务》，中国人民公安大学出版社 2012 年版。

3. 张立勇主编：《中国特色少年司法制度改革与完善研究》，法律出版社 2012 年版。

4. 尹琳：《日本少年法研究》，中国人民公安大学出版社 2005 年版。

5. 卢琦：《中外少年司法制度研究》，中国检察出版社 2008 年版。

6. 姚建龙：《超越刑事司法：美国少年司法史纲》，法律出版社 2009 年版。

7. 何明升主编：《司法社会工作概论》，北大出版社 2013 年版。

8. 杨旭：《意大利少年司法社会化研究》，中国社会科学出版社 2015 年版。

9. 张乐天：《社会工作概论（第三版）》，华东理工大学出版社 2009 年版。

10. 刘旺洪：《国家与社会：现代法治的基础理论》，黑龙江人民出版社 2003 年版。

11. 梁治平：《习惯法、社会与国家》，载张静：《国家与社会》，浙江人民出版社 1998 年版。

12. 林纪东：《少年法概论》，"国立编译馆"1972 年版。

13. 程琥：《全球化与国家主权》，清华大学出版社 2003 年版。

14. 王雪梅：《儿童福利论》，社会科学文献出版社 2014 年版。

15. 张鸿巍：《儿童福利法论》，中国民主法制出版社 2012 年版。

16. 顾明远：《教育大辞典（增订合编本）》，上海教育出版社 1997 年版。

二、中文论文

1. 徐永祥：《社会工作是现代社会管理与公共服务的重要手段》，载《河北学刊》2007 年第 2 期。

2. 皮艺军：《中国少年司法理念与实践的对接》，载《青少年犯罪问题》2010 年第 6 期。

3. 张鸿巍：《儿童福利视野下的少年司法路径选择》，载《河北法学》2011 年第 12 期。

4. 叶青、周登谅：《未成年人案件不起诉交易制度的构想》，载《法学》2003 年第 7 期。

5. 胡春莉：《论我国的未成年人赦免制度》，载《青少年犯罪问题》2009 年第 6 期。

6. 何明升：《司法模式与社会工作的关系及其渐进式亲和》，载《学术交流》2012 年第 11 期。

7. 席小华：《社会工作介入少年司法之探究》，载《青少年犯罪问题》2009 年第 7 期。

8. 张善根：《司法社会工作的功能定位及其范畴——以未成年人的司法保护为中心》，载《青少年犯罪问题》2011 年第 5 期。

9. 钱晓峰：《少年司法跨部门合作"两条龙"工作体系的上海模式》，载《预防青少年犯罪研究》2015 年第 6 期。

10. 杨旭：《社会化理念下的司法宽免制度——以意大利为借鉴》，载《青年研究》2015 年第 1 期。

11. 杨旭：《司法社工在少年司法领域中的应用——以意大利经验为例》，载《华东理工大学学报（社会科学版）》2015 年第 2 期。

12. 熊贵彬：《兴起、衰退和呼唤：美国司法社会工作百年发展历程的回顾》，载《社会福利》2015 年第 8 期。

13. 张坤：《优势视角下司法社会工作实践模式探析》，载《社会工作（学术版）》2011 年第 11 期。

14. 童潇:《司法社会工作组织推进中的四重张力及其消解——政府与民间组织协同司法社会工作的"互适性"问题》,载《社会科学研究》2014年第4期。

15. 井世洁:《司法社会工作的方法学检视——基于学理与实践基础的思考》,载《华东理工大学学报(社会科学版)》2011年第3期。

16. 姚建龙:《少年司法与社会工作的整合》,载《法学杂志》2007年第6期。

17. 胡杰容:《司法社会工作介入违法青少年教育监管研究——基于我国澳门特区的实践与经验》,载《江苏大学学报》2015年第3期。

18. 杨旭:《意大利〈未成年人刑事诉讼法〉评析与启示》,载《青少年犯罪问题》2016年第6期。

19. 侯东亮:《芬兰少年司法福利模式及其启示》,载《预防青少年犯罪研究》2012年第1期。

20. 高键、王淇:《少年司法福利性之质疑》,载《预防青少年犯罪研究》2012年第3期。

21. 吕世伦、任岳鹏:《根本法、市民法、公民法和社会法——社会与国家关系视野中的法体系初探》,载《求是学刊》2005年第9期。

22. 伍俊斌:《国家与社会关系视野中的中国市民社会建构》,载《福建论坛·人文社会科学版》2006年第1期。

23. 冯军:《试论刑事司法的社会化问题》,载《学习与探索》2010年第4期。

24. 江华、张建民、周莹:《利益契合:转型期中国国家与社会关系的一个分析框架》,载《社会学研究》2011年第3期。

25. 谢佑平、万毅:《论司法改革与司法公正》,载《中国法学》2002年第5期。

26. 郭道晖:《权力的多元化与社会化》,载《法学研究》2001年第1期。

27. 郭道晖:《以社会权力制衡国家权力》,载《法制现代化研究》1999年第00期。

28. 马长山:《西方法治产生的深层历史根源、当代挑战及其启示——对国家与市民社会关系视角的重新审视》,载《法律科学》2001年第6期。

29. 郭道晖:《多元社会中法的本质与功能——第二次亚洲法哲学大会

评述》，载《中外法学》1999 年第 3 期。

30. 唐文玉：《行政吸纳服务——中国大陆国家与社会关系的一种新诠释》，载《公共管理学报》2010 年第 7 期。

31. 苏明月：《从中日少年案件处理流程与矫正之比较看少年司法模式》，载《青少年犯罪问题》2010 年第 1 期。

32. 何芳：《美国儿童福利立法的历史演进及对我国的启示》，载《青年发展论坛》2018 年第 3 期。

33. 姚建龙：《中国少年司法的历史、现状与未来》，载《法律适用》2017年第 19 期。

34. 胡云腾：《论全面依法治国背景下少年法庭的改革与发展——基于域外少年司法制度比较研究》，载《中国青年社会科学》2016 年第 1 期。

35. 满小欧、李月娥：《美国儿童家庭寄养体系及其启示》，载《东北大学学报（社会科学版）》2011 年第 6 期。

36. 张坤：《我国儿童心理弹性研究的回顾与展望》，载《华东师范大学学报》2015 年第 4 期。

37. 曾守锤、李其维：《儿童心理弹性发展的研究综述》，载《心理科学》2003 年第 6 期。

38. 张秋凌、邹泓、王英春：《亲子依恋与青少年犯罪行为心理适应的关系（综述）》，载《中国心理卫生杂志》2005 年第 7 期。

39. 谷传华、王美萍：《儿童依恋理论述评》，载《山东师范大学学报（社会科学版）》2000 年第 1 期。

40. 胡剑：《论恢复性司法理念在未成年人刑事司法中的暗合与分野》，载《北京青年研究》2019 年第 3 期。

41. 张鸿巍：《少年司法语境下的"国家亲权"法则浅析》，载《青少年犯罪问题》2014 年第 2 期。

42. 童小军：《国家亲权视角下的儿童福利制度建设》，载《中国青年社会科学》2018 年第 2 期。

43. 郑净方：《国家亲权的理论基础及立法体现》，载《预防青少年犯罪研究》2014 年第 3 期。

44. 安文霞：《论未成年犯刑事司法帮教一体化》，载《中国青年政治学院学报》2014 年第 2 期。

45. 刘华丽:《社会工作视野下的亲职辅导》,载《华东理工大学学报(社会科学版)》2010 年第 6 期。

46. 陈爱武:《论家事审判机构之专门化——以家事法院(庭)为中心的比较分析》,载《法律科学(西北政法大学学报)》2012 年第 1 期。

47. 常红丽:《萨提亚家庭治疗模式在青少年心理健康工作中的应用》,载《科协论坛(下半月)》2010 年第 7 期。

48. 张莉萍:《亲子关系促进工作坊——家庭社会工作的示范》,载《华东理工大学学报(社会科学版)》2006 年第 1 期。

49. 陈芳:《萨提亚家庭治疗模式评述》,载《社会心理科学》2013 年第 2 期。

50. 王琪、杨帆:《萨提尔家庭治疗模式评析》,载《医学与哲学(人文社会医学版)》2008 年第 8 期。

51. 刘力萍、王韵洁:《建立涉案未成年人心理疏导社会化支持体系》,载《人民检察》2018 年第 16 期。

52. 王美美:《戒毒人员子女的社会工作介入服务》,载《社会福利》2019 年第 3 期。

53. 孙梦云、袁燕、周小清:《对服刑人员未成年子女的帮扶途径》,载《改革与开放》2009 年第 16 期。

三、译著

1. [英]玛丽·埃伦·里士满:《求索的一生》,郑国锋译,华东理工大学出版社 2019 年版。

2. [美]罗比特·施耐德、洛丽·莱斯特,韩晓燕等译:《社会工作倡导——一个新的行动框架》,格致出版社、上海人民出版社 2011 年版。

3. [美]巴里·C.菲尔德:《少年司法制度》,高维俭等译,中国人民公安大学出版社 2011 年版。

4. [意]玛利亚·蒙台梭利:《童年的秘密》,中国长安出版社 2010 年版。

5. [美]富兰克林·E.齐姆林:《美国少年司法》,中国人民公安大学出版社 2010 年版。

6.《法国新民事诉讼法典》,罗结珍译,法律出版社 2008 年版。

7.《日本民事诉讼法典》,曹云吉译,厦门大学出版社 2017 年版。

8.[意]安娜·迈什蒂茨等主编:《欧洲青少年犯罪被害人—加害人调解——15 国概览及比较》,中国人民公安大学出版社 2012 年版。

9.[德]伯特·海灵格:《爱的序位》,霍宝莲译,世界图书出版公司 2005 年版。

10.[德]伯特·海灵格:《谁在我家》,张虹桥译,世界图书出版公司 2003 年版。

11.[德]伯特·海灵格:《心灵之药》,周鼎文译,世界图书出版公司 2011 年版。

12.[德]伯特·海灵格:《在爱中升华》,林逸柔等译,世界图书出版公司 2011 年版。

四、外文著作

1. Albert R. Roberts, David W. Springer (eds.), Social Work in Juvenile and Criminal Justice Settings (3rd ed.), Charles C. Thomas Publisher, 2007.

2. Charles Zastrow, Introduction to Social Work and Social Welfare, Ninth Edition Thomson BRooks/cole, p.42.

3. P. J. Day, A New History of Social Welfare (6th ed.), Allyn & Bacon, 2008.

4. B. DuBois, K. Miley, Social Work: An Empowering Profession (7th ed.), Allyn & Bacon, 2010.

5. A. R. Roberts(ed.), Juvenile Justice Sourcebook: Past, Present, and Future, Oxford University Press, 2004.

6. A. Platt, The Child Slaver: The Invention of Delinquency, University of Chicago Press, 1969.

7. J. Gittens, Poor Relations: The Children of the State of Illinois, 1818—1990, University of Illinois Press, 1994.

8. J. P. Kenney , D. G. Pursuit, Police Work with Juveniles (2nd ed.), Charles C. Thomas Publisher, 1959.

9. John Pitts, The New politics of Youth Crime: Discipline or Solidarity?, Russell House Publishing, p.175.

10. David S. Tanenhaus et al. (eds.), A Century of Juvenile Justice, University of Chicago Press, 2002.

11. E. V. Hollis, A. L.Taylor, Social Work Education in the United States, Columbia University Press, 1951.

12. V. Fox, Foreword to the First Edition, in Albert R. Roberts (ed.), Social Work in Juvenile and Criminal Justice Settings (2nd ed.), Charles C. Thomas Publisher, 1997.

13. H. Abadinksy, Probation and Parole: Theory and Practice (4th ed.), Prentice-Hall, 1991.

14. John Pitts, The New Politics of Youth Crime: Discipline or Solidarity?, Russell House Publishing, p.175.

15. Annamaria Companini, L'intervento Systemico—Un Modello operativo per servizio sociale, Carocci Editore 2010, p.32.

16. M. Main, J. Solomon, Discovery of An Insecure-disorganized/disoriented Attachment Pattern, 1986.

17. J.Bonta, S. J. Wormith, Risk and Need Assessment, in G. McIvor & P. Raynor (eds.), Developments in Social Work with Offenders, Jessica Kingsley Publisher, 2007.

18. D. P. Farrington, The Developmental Evidence Base: Psychosocial Research, in D. A. Crighton, G. J. Towl (ed.), Forensic Psychology, Wiley, 2015.

19. S .Case, K. Haines, Understanding Youth Offending: Risk Factor Research, Policy and Practice. Willan Publshing (UK), 2009.

20. S. Case, K. Haines, Taking the Risk out of Youth Culture, Palgrave Macmillan, 2016.

21. B. Print, The Good Lives Model for Adolescents Who Sexually Harm, Brandon, Safer Society Press, 2013.

22. S. Leeson, M.Ashead, The Response of Adolescents and Practitioners to a Good Lives Approach, in B. Print (ed.), The Good Lives

Model for Adolescents Who Sexually Harm, Safer Society Press, 2013.

23. R. Lawrence, M. Hesse, Juvenile Justice: The Essentials, Sage Publications, 2009.

24. Ned Lecic and Marvin Zuker, The Law is (not) for Kids—A Legal Rights Guide For Canadian Children And Teens, AU Press, 2023.

五、外文论文

1. A. M. Platt, The Rise of the Child-saving Movement: A Study in Social Policy and Correctional Reform, Annals of the American Academy of Political & Social Science, Vol.381, 1969.

2. Tina Maschi, Mary Loukillian, The Evolution of Forensic Social Work in the United States: Implications for 21st Century Practic, Journal of Forensic Social Work, Vol.1, 2011.

3. Jason Tashea, Youth Courts International: Adopting an American Diversion Program under the Convention on the Rights of the Child, Oregon Review of International Law, Vol.15, 2013.

4. Rosemary C. Sarri, The Future of Social Work in the Juvenile and Adult Criminal Justice, Advances in Social Work, Vol.6, 2005.

5. J. O. Midgley, The Treatment of Juvenile Offenders, Acta Juridica, Vol.188, 1975.

6. Frank D. Hearly, Legislation Concerning Juvenile Delinquency in Vienna (Austria), Journal of Criminal Law and Criminology, Vol.35, 1944.

7. Clark M. Peters, Social Work and Juvenile Probation: Historical Tensions and Contemporary Convergences, Social Work, Vol.56, 2011.

8. Rosemary C. Sarri, Jeffrey J. Shook, The Future for Social Work in Juvenile and Adult Justice, Advances in Social Work, Vol.6, 2005.

9. Edwin M. Lemert, Choice and Change in Juvenile Justice, British Journal of Law and Society, Vol.3, 1976.

10. José Luis de la Cuesta, Isidoro Blanco Cordero, The Juvenile Justice System in Spain, Lex ET Scientia. Juridical Series, LESIJ NR. XVI,

Vol.1/2009.

11. Frank D. Hearly, Legislation Concerning Juvenile Delinquency in Vienna (Austria), Journal of Criminal Law and Criminology, Vol.35, 1944.

12. Katherine van Wormer, The Hidden Juvenile Justice System in Norway: A Journey Back in Time, Federal Probation, Vol.54, 1990.

13. M. M. Severson, Adapting Social Work Values to the Corrections Environment, Social Work, Vol.39, 1994.

14. K. L. M. Pray, The Place of Social Case Work in the Treatment of Delinquency, Federal Probation, Vol.9, 1945.

15. S. Schwartz, H. V. Wood, Clinical Assessment and Intervention with Shoplifters, Social Work, Vol.36, 1991.

16. Catherine A. Hawkins, Karen S. Knox, Gender Violence and Discrimination in Russia: Learning from an American-Russian Partnership, International Social Work, Vol.57, 2014.

17. A. R. Roberts, P. Brownell, A Century of Forensic Social Work: Bridging the Past to the Present, Social Work, Vol.44, 1999.

18. J. Bosman, City Signals Intent to Put Fewer Teenagers in Jail, New York Times, January 20, 2010, at A31.

19. L. A. Robbins , C. H. Rieder, The John A. Hartford Foundation Geriatric Social Initiative, Journal of Gerontological Social Work, 2002.

20. J. H. Ward, Promises, Failures, and New Promises in Juvenile Justice: Imphcations for Social Work Education in the 1980s, Journal of Gerontological Social Work ,Vol.15, 1979.

21. Raymond Arthur, Protecting the Best Interests of the Child: A Comparative Analysis of the Youth Justice Systems in Ireland, England and Scotland, International Journal of Children's Rights, Vol.18, No.2, 2010, pp.217—232.

22. P. Camilleria, L. Thomsonb and M. McArthurb, Needs or Deeds? Child Protection and Youth Justice in the Australian Capital Territory, Journal of Social Welfare & Family Law, 2013 Vol. 35, No. 2, 193—206.

23. Julia Sloth-Nielsen, The Role of International Human Rights Law in the Development of South Africa's Legislation on Juvenile Justice, Law, Democracy and Development 5, No.1 (2001):59—83.

24. Julia H. Mclaughlin, The Fundamental Truth about Best interest, Saint Louis University School of Law. Vol.54:113. 123(2009).

25. Raymond Arthur, Protecting the Best Interests of the Child: A Comparative Analysis of the Youth Justice Systems in Ireland, England and Scotland, 18 Int'l J. Child. Rts. 217 (2010), p.221.

26. Jean Koh Peters, How Children Are Heard in Child Protective Proceedings, in the United States and around the World in 2005: Survey Findings, Initial Observations, and Areas for Further Study, Nevada Law Journal 6, No.3 (Spring 2006): pp.966—1110.

27. A. Stewart, M. Livingston, and E. Waterson, Transitions and Turning Points: Examining the Links between Child Maltreatment and Juvenile Offending, Child Abuse and Neglect, 2008, Vol.32, pp.51—66.

28. B. Goldson, G. Hughes, L. McAra, S. McVie, Youth Crime and Justice: Key Messages from the Edinburgh Study of Youth Transitions and Crime, Criminology & Criminal Justice, 2010, 10(2), pp.179—209.

29. Robert Ludbrook, Juvenile Justice—New Zealand's Family Oriented Approach, Children Australia Volume 17, No.4, 1992.

30. Andrzej Marek, Juvenile Justice in Poland: Its History and Current Development, 14 Rev. Socialist L. 305 (1988), p.311.

31. B. D. Perry, R. A. Pollard, T. L. Blakley, W. L. Baker, D. Vigilante, Childhood Trauma, the Neurobiology of Adaptation, and Use Dependent Development of the Brain: How States become Traits, Infant Mental Health Journal, 16(4), 1995, pp.271—291.

32. B. D. Perry, Childhood Experience and the Expression of Genetic Potential: What Childhood Neglect Tells us about Nature and Nurture, Brain and Mind, 3(1), 2002, pp.79—100.

33. J. Block, A. M. Kremen, IQ and Ego—Resiliency Conceptual and Empirical Connections and Separateness, Journal of Personality and Social

Psychology，70，1996，pp.349—361.

34. S. B. Johnson, R. W. Blum, J. N. Giedd, Adolescent Maturity and the Brain: the Promise and Pitfalls of Neuroscience Research in Adolescent Health Policy, Journal of Adolescent Health, 45（3）, 2009, pp.216—221.

35. K. Black, M. Lobo, A Conceptual Review of Family Resilience Factors, Journal of Family Nursing, 14(1), 2008, pp.33—55.

36. R. Gilligan, Beyond Permanence? The Importance of Resilience in Child Placement Practice and Planning, Adoption & Fostering, 21(1), 1997, pp.12—20.

37. M. W. Fraser, M. J. Galinsky, Toward a Resilience-based Model of Practice, Risk and Resilience in Childhood: An Ecological Perspective, 1997, pp.265—275.

38. S. Freud, J. E. Strachey, The Standard Edition of the Complete Psychological Works of Sigmund Freud, 1964.

39. M. Main, J. Solomon, Procedures for Identifying Infants as Disorganized/disoriented during the Ainsworth Strange Situation, Attachment in the Preschool Years: Theory, Research, and Intervention, 1990, pp.121—160.

40. D. A. Andrews, J. Bonta, R. D. Hoge, Classification for Effective Rehabilitation: Rediscovering Psychology, Criminal Justice and Behavior, 17, 1990, pp.19—52.

41. P. B. Hoffman, J. L. Beck, Parole Decision-making: A Salient Factor Score, Journal of Criminal Justice, 2, 1974, pp.195—206.

42. D. A. Andrews, J. Bonta, S. J. Wormith, The Recent Past and Near Future of Risk and/or Need Asessment, Crime and Delinquency, (2006) 52, 7—27.

43. M. M. Ttofi, D. P. Farrington, A. R. Piquero, M. DeLisi, Protective Factors against Offending and Violence: Results from Prospective Longitudinal Studies, Elsevier, 2016.

44. A. K. Andershed, C. L. Gibson, H. Andershed, The Role of Cu-

mulative Risk and Protection for Violent Offending, Journal of Criminal Justice, 45, 2016, pp.78—84.

45. Keira Stockdale, Mark Olver, Stephen Wong, The Validity and Reliability of the Violence Risk Scale—Youth Version in a Diverse Sample of Violent Young Offenders, Criminal Justice and Behavior, 41, 2013, pp.114—138.

46. T. Ward, C. Stewart, Criminogenic Needs and Human Needs: A Theoretical Model, Psychology, Crime & Law, 9(2), 2003, pp.125—143.

47. K. Hannah-Moffat, Gridlock or Mutability: Reconsidering "Gender" and Risk Assessment, Criminology & Public Policy, 8(1), 2009, pp.209—219.

48. Clare-Ann Fortune, The Good Lives Model: A Strength-based Approach for Youth Offenders, Aggression and Violent Behavior Volume 38, January-February 2018, pp.21—30.

49. T. Ward, C. A. Fortune, The Good Lives Model: Aligning Risk Reduction with Promoting Offenders' Personal Goals, European Journal of Probation, 5(2), 2013, pp.29—46.

50. T. Ward, P. M. Yates, G. M. Willis, The Good Lives Model and the Risk Need Responsivity Model: A Critical Response to Andrews, Bonta, and Wormith (2011), Criminal Justice and behavior, 39(1), 2012, pp.94—110.

51. G. M. Willis, P. M. Yates, T. A. Gannon, T. Ward, How to Integrate the Good Lives Model into Treatment Programs for Sexual Offending: An Introduction and Overview, Sexual Abuse, 25(2), 2013, pp.123—142.

52. Timo Harrikari, Exploring Risk Governance in the Nordic Context: "Finnish Juvenile Crime and Child Welfare", 20 Current Issues Crim. Just. 29, 42 (2008).

53. Katherine van Wormer, The Hidden Juvenile Justice System in Norway: A Journey Back in Time, 54 Fed. Probation 57, 61 (1990).

54. Kerstin Nordlöf, The Role of Social Work in Juvenile Justice in

Sweden, in Robert G. Schwartz, Yifang Chen(eds.), The Role of Social Work in Juvenile Justice: International Experiences, Raoul Wallenberg Institute, 2020.

55. Ivo Aertsen, Restorative Justice through Networking: A Report from Europe, 2007 Acta Juridica 91, 112 (2007).

56. Andrzej Marek, Juvenile Justice in Poland: Its History and Current Development, 14 Rev. Socialist L. 305, 1988, p.311.

57. Katherine van Wormer, The Hidden Juvenile Justice System in Norway: A Journey Back in Time, 54 Fed. Probation 57, 61 (1990).

58. Edwin M. Lemert, Choice and Change in Juvenile Justice, British Journal of Law and Society, Vol.3, No.1 (Summer, 1976), pp.59—75.

59. Jim Hackler et al., Locking up Juveniles in Canada: Some Comparisons with France, Canadian Public Policy/Analyse de Politiques, Vol.13, No.4 (Dec., 1987), pp.477—489.

60. Jane McPherson and Robert G. Schwartz, The Role of Social Work in Juvenile Justice in the USA, in Robert G. Schwartz, Yifang Chen (eds.), The Role of Social Work in Juvenile Justice: International Experiences, Raoul Wallenberg Institute, 2020.

61. Brad Sures, Juvenile Justice System: A Brief Overview, Law Forum 10, No.2 (Spring 1980), pp.31—32.

62. Rosemary C. Sarri, Jeffrey J. Shook, The Future for Social Work in Juvenile and Adult Justice, Advances in Soical Work, Vol.6, 2005.

63. Jason Tashea, Youth Courts International: Adopting an American Diversion Program under the Convention on the Rights of the Child, Oregon Review of International Law 15, No.1 (2013):pp.141—166.

64. James E. Rivers, Robert S. Anwyl: Jvenile Assessment Centers: Strengths, Weaknesses, Aand Potiential, The Prison Journal, Vol.80, No.1, March 2000, pp.96—113.

65. David Shichor, Historical and Current Trends in American Juvenile Justice, 34 Juv. & Fam. Ct. J. 61, 76 (1983).

66. Robert D. Hoge, Introduction to the Canadian Juvenile Justice

System，139th International Training Course Visiting Experts' Papers，Resource Material Series No.78.

67. Eric Paul Berezin，A Comparative Analysis of the U.S. and Japanese Juvenile Justice Systems，Juvenile & Family Court Journal，November 1982.

68. Angkana Boonsit，Restorative Justice for Adults and Juveniles in Thailand，156th International Senior Seminar Participants' Papers.

69. Mutazm Qafisheh，Juvenile Justice System in Palestine：Current Situation and Reform Prospects，International Journal of Law Policy and the Family，October 2011，25(3)：365—397.

70. Karen R. Blaisure，Margie J. Geasler，Results of a Survey of Court—Connected Parent Education Programs in US Counties，Family and Courts Review，Vol.34，No.1，January 1996，23.

71. Carol Smart，Papers Celebrating the 25th Anniversary of the Family Court of Australia：From Children's Shoes to Children's Voices，Family Court Review，July 2002.

72. Lisa Bunting et al.，Trends in Child Protection Across the UK：A Comparative Analysis，British Journal of Social Work (2018) 48，1154—1175.

73. Charlie Brooker，Mental health，Sexual Violence and the Work of Sexual Assault Referral Centres (SARCs) in England，Journal of Forensic and Legal Medicine，2015(31).

74. Kevin Corcoran，The Oregon Mental Health Referral Checklists：Concept Mapping the Mental Health Needs of Youth in the Juvenile Justice System，Brief Treatment and Crisis Intervention，2005，5(10)，9—18.

75. Rita Manning，Punishing the Innocent：Children of Incarcerated and Detained Parents，Criminal Justice Ethics Vol.30，No.3，December 2011，pp.267—287.

76. Linda，Jucovy，Amachi：Mentoring Children of Prisoners in Philadelphia，2023.

77. James M. Gaudin & Richard Sutphen，Foster Care vs. Extended Family Care for Children of Incarcerated Mothers，Journal of Offender

Rehabilitation，1993，19(3—4)，129—147.

78. Stewart Gabel，Children of Incarcerated and Criminal Parents：Adjustment，Behavior，and Prognosis，Bull Am Acad Psychiatry Law，Vol.20，No.1，1992.

79. Monica L. P. Robbers，Revisiting the Moderating Effect of Social Support on Strain：A General Test，Sociological Inquiry，2004(74).

80. Shanhe Jiang，L. Thomas Winfree Jr.，Social Support，Gender，and inmate Adjustment to Prison Life：Insights from a Nation Sample，The Prison Journal，2006，86(1)：32—55.

81. Keva M. Miller，The Impact of Parental Incarceration on Children：An Emerging Need for Effective Interventions，Child and Adolescent Social Work Journal，Vol.23，No.4，August 2006，pp.472—486.

后　记

　　随着最后一页的轻轻翻过,本书也终于画上了圆满的句点,我心中涌动着难以言表的感慨与感激。这不仅仅是一本著作的完成,更是一段旅程的结束,一段充满挑战与发现的旅程。

　　在这段旅程中,我有幸踏足了许多地方,从庄严的检察院到肃穆的法院,从秩序井然的公安部门到充满人文关怀的社会工作机构。每一个地方都以其独特的方式,为这本书的撰写提供了宝贵的素材和深刻的见解。我深感荣幸,能够与这些机构的负责人和工作人员进行深入的访谈,他们的热情、智慧和专业精神,为我的思考和研究提供了坚实的基础。

　　我要特别感谢每一位参与访谈的人士。你们不仅分享了宝贵的经验和见解,更以开放的心态,接纳了一个探索者的渴求。你们的故事,你们的智慧,你们的热情,都已成为这本书不可或缺的一部分。在这些访谈中,我看到了少年司法与社会工作之间微妙而复杂的互动,也感受到了每一位工作者对于保护和引导青少年的深切责任感,每个人用自己的专业与敬业守护祖国的未来。

　　在写作的过程中,我时常被那些触动人心的故事所打动,被那些在一线默默付出的司法工作者与社工的坚持和奉献所感动。他们不仅是法律的执行者,更是心灵的抚慰者,是那些迷失方向的青少年重新找到希望的引路人。这本书,是对他们的工作的一份致敬,也是对所有少年司法与社会工作领域人士的一份感谢。

　　感谢我的家人,他们一直是我最坚强的后盾。在我埋头苦干的日子里,他们给予了我无限的支持和鼓励。感谢他们的理解和爱。

　　感谢本书的责任编辑伍安洁,她的专业眼光和细致入微的指导对本书的完成起到了不可或缺的作用。她有专业素养和耐心,她始终如一地保持着对工作的热情和对质量的执着追求。与她的合作是一次愉快而富有成效的经历。

　　我要感谢每一位翻开这本书的读者。你们的阅读,是对作者最大的认可,也是对少年司法与社会工作领域最大的关注。我衷心希望这本书能够为读者带来启发,为少年司法与社会工作的互动提供新的视角和思考。

　　愿我们都能为构建一个更加公正、和谐、温暖的社会贡献自己的力量。

杨　旭

2023 年 11 月于华政

图书在版编目(CIP)数据

司法能为下一代做什么？：少年司法与社会工作的
互动研究 / 杨旭著. -- 上海 ：上海人民出版社，2024.
ISBN 978-7-208-19287-4

Ⅰ. D926.84

中国国家版本馆 CIP 数据核字第 20242SU253 号

责任编辑 伍安洁
封面设计 一本好书

司法能为下一代做什么？
——少年司法与社会工作的互动研究

杨 旭 著

出　　版　上海人民出版社
　　　　　　（201101 上海市闵行区号景路 159 弄 C 座）
发　　行　上海人民出版社发行中心
印　　刷　上海景条印刷有限公司
开　　本　720×1000　1/16
印　　张　22.75
插　　页　2
字　　数　352,000
版　　次　2024 年 12 月第 1 版
印　　次　2024 年 12 月第 1 次印刷
ISBN 978-7-208-19287-4/D·4439
定　　价　92.00 元